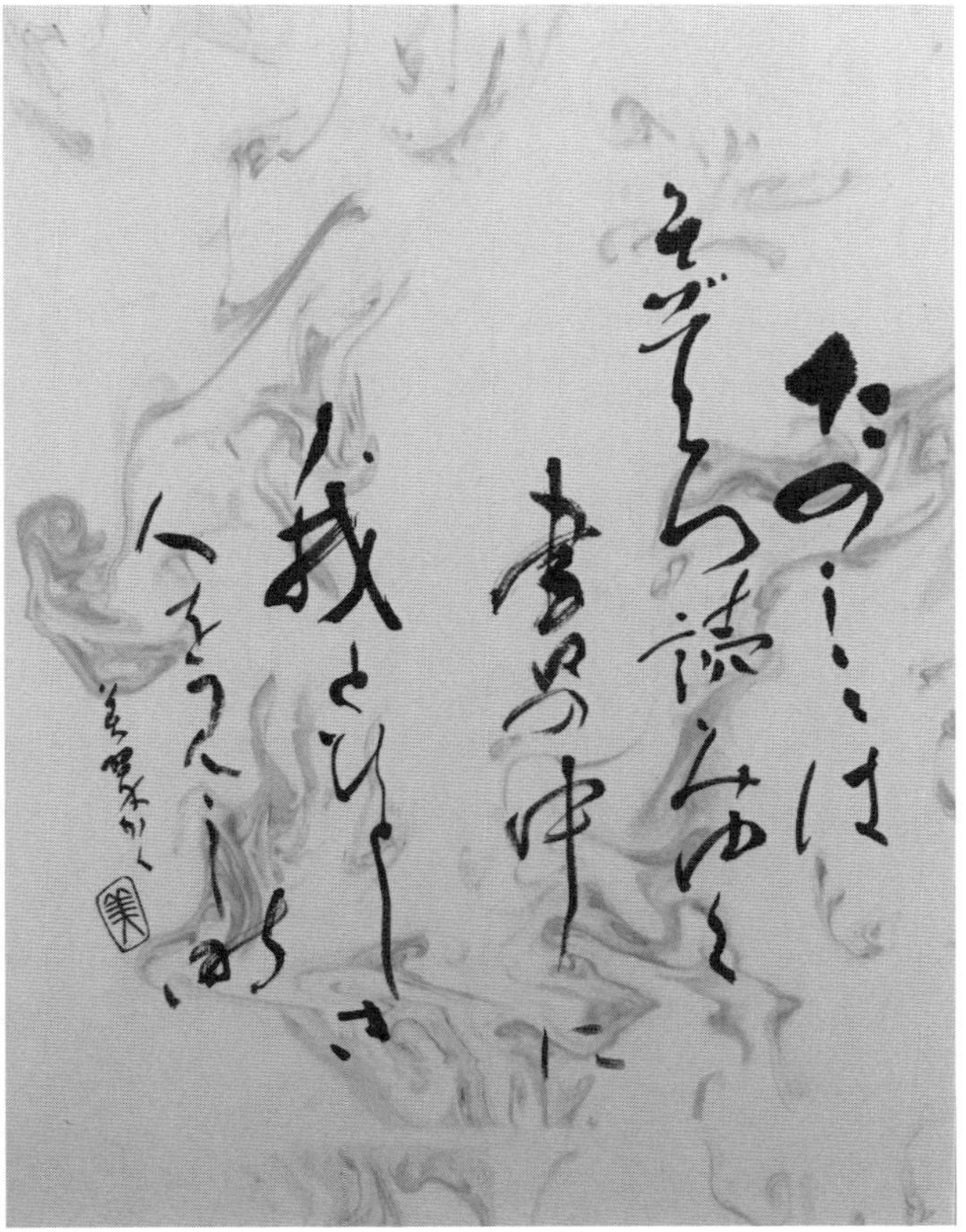

「新版あとがき」より、橘曙覧の和歌（藪田美翠筆）

新版 国訴と百姓一揆の研究

藪田 貫

清文堂

新版　国訴と百姓一揆の研究

目次

前篇　国訴の研究

後篇　百姓一揆の研究

装幀／森本良成

新版　まえがき

歴史とは「過去と現在の対話である」――歴史家Ｅ・Ｈ・カー著『歴史とは何か』(一九六二年)に載る有名な格言である。しかし、この程度の認識は、歴史研究者なら誰しも知っている。問題は、現在の何と対話するかであろう。新聞紙面を眺めるだけで、アベノミクス、普天間移設、原発廃止、女性の貧困、ヘイトスピーチなど、たくさんのテーマを見つけることができ、「何と対話するか」は、立ち止まって熟考するほかない。のちに歴史研究の道を歩むこととなるわたしが、最初に「現在」と向き合った時、それは何がテーマであったのか――それを確認することができるのではないかと期待して四月半ば、上京した。向かう先は国立公文書館。ジョン・Ｆ・ケネディ大統領図書館・博物館との共催「ＪＦＫ―その生涯と遺産」展を見るためである。

個人的な話になるが、四三歳の若さで第三五代大統領となったケネディの暗殺に、大きな衝撃を受けた記憶がある。一九六三年一一月二二日の暗殺当時、わたしは一五歳、田舎の中学三年生であったが、ＴＶでの報道を聞いて号泣したのである。なぜか、その理由はいまとなっては思い当たらないが、ケネディ暗殺が、強烈な印象をわたしに残したのは間違いない。中学校の新聞部に属し、世界や社会の動きに目覚め始めていたことも、また若い優れた社会科担当の教諭(新聞部顧問)を慕っていたことも伏線にあるかもしれないが、六七歳の今まで記憶に残っているのだから、相当な強烈さであった。

展示では、キューバ危機や宇宙開発計画など、ケネディの事績が詳細に跡付けられていたが、当時の中学生が、それについて十分、理解できていたとも思われない。なぜなら、それら個別の事象の記憶が薄いからである。したがって強烈な印象の根源は、若い・アメリカ大統領・ケネディにあったと言えるだろう。「ケネディの時代には、アメリカの内外で希望が語られた」という、図録に寄せた阿川尚之の一文は、中学生の漠然とした共感を言い当てているかもしれない。

一

わたしがおそらく、自覚的に初めて向き合った「現在」には、アメリカという強烈な存在がある。大統領ケネディを生んだアメリカがある。そのアメリカに対し、先輩の歴史研究者たちは安保改定問題に続き一九六八年前後に、「明治百年問題」として直面していた。当事者であった故佐々木潤之介(一九二九〜二〇〇四)は、こう書いている。

世直し状況の研究というのは、御承知のように、一九六六年の歴研臨時大会から始まります。すなわち、いわゆる「明治百年問題」について、歴史学はいかに自分の担っている責任を研究という形で果たすか、というところから始ったわけです(「歴史学が求められているもの」『史海』三一、一九八四、のちに藪田貫・深谷克己編『展望日本歴史』一五近世社会、東京堂出版に収録)。

ここには回想として「明治百年問題」が捉えられているが、同時代の証言として著書『幕末社会論』がある。一九六九年六月三日付の「おわりに」には、「この三〜四年、私が行ってきた講義の軌跡でもある。」と書かれているので、「明治百年問題」の最中に書かれたものであるのは明白である。しかしこの書、「まえがき」がない。唐突に、I「維新変革期研究の視点」、A「二つの視点」に続き、「慶応二、三年に、ひとつの大きな高まりを示している「世直し騒動」や「ええじゃないか」をみるときに」という一節から始まる。最終章Ⅳ「歴史的前提と展望」のC「展望」の注(8)に入れた一文―「幕末維新期の階級闘争の研究に、ブルジョア民主主義運動を美化する傾向、そのために、ブルジョア民主主義運動の展開とともに、その内部に顕在化している矛盾を無視乃至軽視してしまう傾向がなかったか」を読むとき、佐々木の筆鋒が、どこに向かっているかが了解される。一切、明示されていないが、佐々木の念頭にあったのは、ケネディ大統領によって駐日大使に任じられたライシャワーをはじめ、アメリカの学者たちが精力的に説いていた「近代化論」である。

その意味で『幕末社会論』は、状況説明抜きでは理解しがたい高度な書物である。しかし、大学生となって歴史学、なかでも日本近世史を学び始めたわたしには説明が不要であった。世代差がありながらも、時代の空気を共有できたからである。正確には時代の空気を共有できたと「思えた」からである。しかし根っこには、大きな違和感があった。佐々木とわたしの間にあるその違和感が形を整えるには、それなりの時間が必要であった。

二

コツコツと論文を書き、著書としてまとめようと決めた直後、一九八七年度の日本史研究会大会近世史部会報告を担当したが、その場で聞いていた佐々木の批評が『日本史研究』誌に収録された(本書補遺)。それを読んで、正直、理解に苦しんだ。どこがいいとか、どこが悪いとか、個別のレベルを超えて、そもそも発想と言語に対する違和感しか表明されていないからである。その後、一九九二年に出版された小著『国訴と百姓一揆の研究』に関する青木美智男(一九三六〜二〇一三)の批評「変革期における民衆運動の歴史的役割を描き直す」(本書補遺)を読んで二人の受け止め方の違いが分かり、五年前の佐々木の違和感を悟った。『幕末社会論』を読んだときにわたしが根っこに違和感を抱えたように佐々木もまた、わたしの研究に強い違和感を受けたのだと。

そこで問題の所在は、移動する。佐々木と藪田の間には違和感しかなく、青木と藪田の間には共通理解が成り立っているが、それはなぜか。幸い、それについては青木自身の解説がある。「こうして明治百年批判のための人民側からの維新像を具体化する作業が、佐々木さんを中心に歩み出しました」として佐々木の功績を説く青木は、続けてこのように言う(傍線藪田)。

ただ、日本社会は高度成長政策下で大きく変わり出しました。まず農村人口の多くが村を離れ工場労働者として都市に移り、農民運動が脆弱化していきました。都市では所得倍増政策の恩恵で労働運動が弱体化し、運動力も組織力も弱体化しました。過激化するばかりの学生運動も学生たちから見放されていきます。そんな中で公害運動が深刻化し、自然破壊が進み、住民の生活環境は劣悪化する一方です。沖縄は祖国復帰を果たしても米軍の脅威はさりません。そこに生きる人々の命を守るための運動の主役は、もはや労働者でもなければ政治家でもなく、住民自身に委ねられることとなり、闘いの主体が地域住民となりました。もはや人民という国家に対峙する概念では捉えきれない社会集団が主役です。地域には、さまざまな職種の方々が共栄共存しております。そんな住民の命に危機が及べば、地域住民全体で闘いを組織します。そこでそうした多様な人々の運動を包含する概念として民衆概念がクローズアップしてきたのです。(略)この民衆運動の観点に立てば、佐々木さんの半プロ主体の世直し状況論には異論が出ることとなります」(「日本近世農民運動史から生活文化史研究へ」『歴史評論』七六〇、二〇一三年)。

急逝する直前に語られたものだが、佐々木と藪田の間に横たわる境界を解き明かしている。〈世直し+半プロ〉という用語から、〈地域+民衆〉という用語への転換が、一九七〇年代から八〇年代にかけてあった、と青木は説いている。小著『国訴と百姓一揆の研究』は、その転換を証明する作品の一つだが、それに止まらないことも青木は丁寧に説いている。誰かひとりの見方が変わったのでなく、向き合う「現在」が変わっていたのである。

これを要するに、佐々木とわたしの間には向き合う「現在」の捉え方の違いがあった、と言えるだろう。* それは、青木の指摘するとおりである。しかし、そこには明示的に語られていないが、もう一つの大きな違いがある。「現在」の向こうに見えるアメリカの存在である。「明治百年問題」を考える佐々木にとって当のアメリカは、近代化論を張る論敵としてあったが、わたし自身は近代化論に必ずしも批判的でなく、むしろ親和的であった。その原点に、一九六三年秋のケネディ暗殺という体験がある。この原点はのちに、一年間（一九九九年四月〜二〇〇〇年三月）のアメリカ暮らしをもたらすが、帰国直後に書いた「管見：アメリカの日本史研究」（『日本近世史の可能性』二〇〇五年）には、佐々木とわたしの間にあった距離感の向こうに、アメリカがあったことが記されている。

＊　とはいえ、一九八〇年八月、佐々木に連れられてルーマニアの首都ブカレストで開催された国際歴史学会に参加した事実を書き留めておきたい。同行者には津田秀夫・渡辺則文・松本四郎・松尾寿・大野瑞男・竹内誠・菅野則子・佐藤和彦らがいた。日本研究の国際的な立ち位置を確認したいという共通の思いが、世代を超えてあったのだと思う。

三

語りつくされた感があるが、「近代化論」の一つの特徴は、例外的に近代化・資本主義化に成功したヨーロッパと日本は、ともに封建制を経験していたとする理解である。したがってそれは、マルクス主義の「世界史の基本法則」という理論に強く関わるものであった。しかし理論的仮説として、実態経験の濃淡を超えた認識論のレベルで論じられる性質のものであるから、著書や論文で論及しなければ、論者の認識は見えてこない。しかし、大前提として戦後歴史学は、「マルクス主義の基本タームである世界史の基本法則・発展段階論に依拠することにより、普遍性をもつと意識されたがその普遍の先は西ヨーロッパであった」。この一文は、須田努の論考「通史でみる日本近世史像・近世社会論の変容」（『歴史評論』七三五、二〇一一年）から引用したものであるが、一九五〇年代から二〇〇〇年代の日本近世史の通史叙述を取り上げ、通観した須田の論考を参考に、小著『国訴と百姓一揆の研究』の立ち位置を振り返ってみたい。

須田の荒業覚悟の整理によると、一九五〇年代の北島正元『江戸時代』から二〇〇〇年代の深谷克己『江戸時代』にいたる戦後歴史学四〇年、その間に描かれてきた日本近世史像の変遷を語るキーワードは、「西ヨーロッパからの歴史意識からの脱却、治者・被治者の関係性重視、被治者の社会への関心となる」。

「西ヨーロッパからの歴史意識からの脱却」(α)という点で言えば、まず挙げるべきはマルクス主義の「世界史の基本法則」である。しかもそれは、一九三〇年代の講座派譲りのものであって、戦後、突如として登場したわけではない。むしろ敗戦という事実が、戦前には日陰であった「世界史の基本法則」を、日向に配置替えしたのである。それに対し一九六〇年代、高度成長とともに「近代化論」が欧米から襲来した。それが「明治百年問題」を舞台に交差し、火花を散らした。しかし、双方の歴史認識の根本には共通して西ヨーロッパが理念型としてあった。その結果、ほどなく、一九六八年前後に、あれほど厳しく対立していた両者が、アッという間に雪融けしたのである。その帰結をわたしは、ケンブリッジ日本史にみる。

ケンブリッジ日本史 The Cambridge History of Japan は、戦後の日本史研究の成果を英語版として海外に発信した書物で、その後の日本研究の基準的文献となった。古代・平安・中世・近世・一九世紀日本・二〇世紀日本の全六巻からなり、近世 Early Modern, 1991は、近代化論を主導したジョン・ホール John W. Hall の編で、日米合わせて一四人の執筆からなる。日本からは朝尾直弘・脇田修・尾藤正英・辻達也・古島敏雄・中井信彦の六名が参加している。

須田は「西ヨーロッパからの歴史意識からの脱却」(α)を、一九八〇年代の作品である深谷克己『士農工商の世』に見て取り、「はじめて西ヨーロッパ型の歴史認識からの脱却がはかられた」と書き、さらに一九九〇年代の朝尾直弘編『世界史のなかの近世』を例に、「朝尾は西ヨーロッパ型の歴史認識＝封建制・絶対主義というタームを捨てている」と評価する。この時期に書かれた小著が、近代化論といい、アナール派といい、「西ヨーロッパ型の歴史認識」に大きく影響されているのは間違いない。

四

問題は、次にどこに、どうして向かったかである。須田は、「西ヨーロッパ型の歴史認識からの脱却」を自主的な行為として評価するが、わたしは「世界史の基本法則」派と「近代化論」派の雪融けとともに、典型＝理念型を措定する思考方法が消えてしまったことが大きいと思う。その一撃で、はるかに遠い西ヨーロッパが後景に退き、代わって海続きのアジアが浮かび上がった。この転換をもっとも意識的に進めたのが深谷克己であることは間違いない。

「治者・被治者の関係性重視」(β)について須田は、一九六〇年代の仕事として佐々木潤之介『大名と百姓』をおき、そこに西ヨーロッパ型の歴史認識(α)と同時に、「治者・被治者の関係への視点」(β)を読み取る。百姓一揆の研究でスタートした深谷も、事柄の性質上、「治者・被治者の関係への視点」(β)を強く有していたが、須田は、『士農工商の世』(一九八〇年代)のなかで「民間社会」という概念が提起されたことに注目し、「治者・被治者の関係はもとより、被治者の社会に対する認識は深まった」と述べる。この評価を「一九八〇年代は、「戦後歴史学」と、日本近世史研究にとっての曲がり角＝画期となった」という一文に重ねて読むとき、須田にとって画期を構成するものとして、西ヨーロッパ型の歴史認識(α)からの脱却とならんで、「被治者の社会への関心」(γ)が重視されていることが見て取れる。

しかし、この読みには完全に同意できない。その理由は、「民間社会」について深谷が、つぎのように書いているからである。

だれにも、士と農工商以下の身分の者たちとのあいだにある支配・被支配という現実がみえないわけではないが、どの身分にも家職を継承していく小家族という共通項があって、この点から、士農工商を上下でなく横並びに論じる見方がうけいれられるようになる。（『士農工商の世』はじめに）

これを読む限り深谷は、「治者・被治者の関係への視点」（β）を補強すべく「民間社会」を提起したのである。この点を率直に指摘しているのが、『熊本藩の地域社会と行政』（二〇〇九年）を取りまとめた三澤純である。深谷の整理をもとに三澤は、つぎのように述べている。

氏の「民間社会」論が、〈領主からの「委託」を受けた「官僚制的代官」が、領主の「支配意図」を「貫徹」させる「民政」を展開する〉と総括されることには少なからず違和感を抱いた。領主支配の展開過程で「民政分野」が「独立」する背景には、何よりもそれまでに「民間社会」の側に蓄えられた「自治」能力が存在するのであり、領主側もこの「自治」能力に依存することなしには支配を実現できないと判断した結果の「独立」であったと考えるからである。（『中近世の領主支配と民間社会』あとがき、二〇一四年）

三澤は、深谷の「民間社会」論がトップダウンであることに特徴を見ており、同時に、それに対抗して「民間社会」には本来、ボトムアップ―「自治」―という特徴があると指摘しているのである。その時、「民間社会」と「地域社会」はどうかかわるのか？

一九八〇年代に「治者・被治者の関係への視点」（β）から「被治者の社会への関心」（γ）の移動を見る須田は、さらにつづけて「二〇〇〇年代に入り身分制論と地域社会論とがとくに大きく進展した」という認識を披露し、「渡辺尚志・藪田貫・平川新らがこの分野をリードしている」と書く。今日では、ほぼ定式化された評価と言っていいものだが、我々の間にあった小さくない相違については、幸い、本書旧版に寄せられた書評（補遺に収めた）があるので、それについて確認することができる。

五

さて『国訴と百姓一揆の研究』という民衆運動を扱った小著が、地域社会論として位置づけられている点については説明を要する。

小著は序章で、国訴と百姓一揆を階級闘争史としてではなく「民衆運動それ自体の固有な分析」を目指すとして、佐々木潤之介の民衆運動理解への異論を述べている。具体的には、民衆運動を通じてA多数派の形成、B代議制への契機、C実力の展開、を論じると書いている。そこに含意されているのは、「治者・被治者の関係」(β)をボトムアップで捉えなおすという視点であるが、その根拠として村の自律性を評価する。したがってのちに「村の自律性という視点を得た地域史研究」(野尻泰弘「近世地域史研究の潮流」『歴史評論』七三一、二〇一一年)と概括されることとなるが、それについては、相次いで著書として発表された谷山正道『近世民衆運動の展開』(一九九四年)、渡辺尚志『近世の豪農と村落共同体』(一九九四年)、平川新『紛争と世論』(一九九六年)、久留島浩『近世幕領の行政と組合村』(二〇〇二年)などに共通している。その意味で、ここにある視点の移動は、「治者・被治者の関係」(β)から「被治者の社会への関心」(γ)というよりはむしろ、「村と自治への関心」(θ)というべきであろう。その際、視点の移動にともなって主役に躍り出たのが村役人・中間層である。

ここから地域社会論への道程が始まると解釈することも可能であるが、それがある種の飛躍であることは、つぎのコメントをみれば理解される。青木は、「こうした闘いを経済発展と村落社会の変容の地域差による運動の質の違いと見て、その双方が歴史変革に主体的にかかわったとみる藪田貫さんのお仕事」と説明する(「日本近世農民運動史から生活文化史研究へ」『歴史評論』七六〇、二〇一三年)。この評価は補遺に収めた青木美智男「変革期における民衆運動の歴史的役割を描き直す」にも共通する。他方、井上勝生は「民衆運動史に、運動の内部の仕組みに着目するという、社会史の視点を持ち込んで大きな影響をあたえた」と評価した(『開国と維新変革』二〇〇二年)。これもわたしの意図したことであった。さらにわたし自身のことばで言えば、「一揆の評価は、国訴と異なった形での地域意思の形成(委任関係の形成)という問題と並んで、実力の展開という面からも行われるべきであろう。」の如く、地域論は実力とセットである。

加えてわたし自身、本書の中でつぎのように「地域社会」という概念を限定的に使用している。

いいかえれば国訴闘争や(郡中)議定に示された地域秩序の維持、展開なくして近世の村落とその成員の安定的再生産はありえなかったのである。地域秩序の日常化ともいいうるし、また「地域社会」の成立ということもゆるされるだろう。(第四章)

このように限定する理由は、自律的な村社会に対して地域社会が、どれほど実体的で自立的かが確認されていないからである。その意味で小著のなかでの「地域社会」は、あくまで仮説概念である。したがって正面切って課題として設定されていない。

ところが本書は、地域社会論として読まれ、位置づけられ、今日に至っている。その背景には、本書の発表された一九九〇年代に入り、「近世から近代への「地域社会構造の変容」の問題を対象にした研究の隆盛」(久留島、一九九一年歴史学研究会大会)という学界状況があったが、この状況は日本近世史に限定するものではなかったことは留意しておいてよい。中国史に関しても岸本美緒が、「階級論に必ずしも還元され得ない社会編成への独自の関心は、この十数年来の「地域社会論」などにおいて復活しつつあるように感じられる」と述べている(「「市民社会」論と中国」『歴史評論』五二七、一九九四年)。いい方を変えれば、その潮流に合わせて小著が読まれたのである。〔補遺〕に収めた渡辺尚志や久留島浩らの書評は、それを物語る。その結果、後編の主題である得物と「竹槍蓆旗」論が洩れ落ちた。

「治者・被治者の関係」(β)から「村と自治への関心」(θ)への移動とならんで、「被治者の社会への関心」(γ)への移動が明瞭になるためには、村社会の内外にひろがる差別関係への目配りがなければならない。小著の場合、郡中議定のもつ差別性と排他性への着目が、そこに至る回路を用意したが、もっとも明瞭な形で、しかもボトムアップとして力説したのは塚田孝らの身分的周縁論である(『身分的周縁論』一九九四年など)。被差別民としてのエタ・非人から、身分制全体を把握しようとする志自身がボトムアップの思考を物語るが、身分制論における社会的集団論は、「被治者の社会への関心」(γ)を決定付けた。その意味で、わたしたちの「村と自治への関心」(θ)と塚田たちの「被治者の社会への関心」(γ)が同時にブレイクすることで地域社会論が用意されたと解することができる。その背景には、一九九〇年代に向き合うこととなった「現在」のテーマとして地域社会が浮上していたと推察される。

今日、「地域社会」を冠にした著書が相次ぐが、本来それは、実体概念でなく作業仮説として登場し、そこには「村と自治への関心」(θ)とならんで、「被治者の社会への関心」(γ)が存在したことを想起したいと思う。

六

こうして「治者・被治者の関係への視点」(β)が展開し、「村と自治への関心」(θ)とならんで「被治者の社会への関心」(γ)を生み出したのちに、近年は再度、「治者・被治者の関係への視点」(β)の捉えなおしが始まっているとわたしは理解する。「村と自治への関心」(θ)が、非領国地域を舞台として広がった事情に鑑み、今度は、領主制を基軸に地域社会を捉えようとする研究、たとえば高野信治『近世の領主支配と地域社会』(二〇〇九年)、籠橋俊光『近世藩領の地域社会と行政』(二〇一二年)、吉村豊雄『日本近世の行政と地域社会』(二〇一三年)、稲葉継陽・今村直樹『日本近世の領国地域社会』(二〇一五年)が相次ぎ、それはなお、現在の研究潮流になっている。この潮流にわたし自身も加わっているが、それについては大島真理夫「近世地域社会論の成果と課題」(『日本史研究』五六四、二〇〇九年)が示唆に富む。

この潮流の中にあって大塚英二は、地域史と地域社会論についてつぎのような問題を提起する。非領国・領国のふたつの地域を素材に『日本近世地域研究序説』(二〇〇八年)と『近世尾張の地域・村・百姓成立』(二〇一四年)という作品を著わした大塚は、「地域社会」という用語を避け、「地域秩序」を意識的に使用している。その念頭にあるのは岸野俊彦をリーダーとする「尾張藩社会」の共同研究で、それは「社会研究であって地域研究ではない」、「社会研究とはそこに存在し関係を作るすべてのものを対象にしうるが、地域研究は社会のなかの地域(自律的に存在している)に限定して問題を立てなければならない」と主張する。主張の当否はしばらく措くとしても、地域社会・藩社会という用語が多用されている現状に鋭く問いかけするものとして注目したい。

わたしが須田の荒業な研究整理によりながら、あえて異なった経路を提示しているのはほかでもない。定式化された研究史整理のもつ安定性に、一抹の不安を抱くからである。研究は常にアモルファス、つまり無定型である。その理由は、それぞれの研究者の向き合う「現在」が、同一でないからである。しかし、研究史として整理された瞬間、定型化する。それは宿命、あるいは運動法則でもある。したがって研究史は、原初的には不定型であったことを想起することがきわめて重要となる。

こう考えた時、「治者・被治者の関係への視点」(β)から「村と自治への関心」(θ)への展開が、「被治者の社会への関心」(γ)以外のものを生み出さなかったか、吟味する必要がある。そこで想起されるのは、須田努『「悪党」の一九世紀』(二〇〇二年)、保坂智『百姓一揆と義民の研究』(二〇〇六年)および白川部達夫『日本近世の自立と連帯』(二〇一

○年)である。須田は得物論や竹槍蓆旗論を悪党論として転回させ、保坂は「百姓一揆の作法」を論じ、さらに義民伝承を扱うことで、深谷克己『死者の働きと江戸時代』(二〇一四年)の母胎となった。そして白川部は、国訴の中で育まれた「頼み証文」を百姓世界の隅々に求めることで、委任関係論の可能性を拡げた。その意味で、学問は複線的に展開している。

研究史は決して単線的に発展していないが、研究史整理は得てして単線的になる傾向をもつ。その欠点から逃れるためには、いかに時代が離れ、世代が異なっていようが、その研究の生まれた環境に立ち戻り、臨場感たっぷりに自分の感性で読む以外に方法はない。その時、現在の「何に」向き合っているのかが、大きく物を言うだろう。小著の新版出版にあたって、わたしの意図するところはそれに尽きる。

二十余年前、小著を公刊しようと意図したとき、わたしの念頭にあったのは日本の近代化と民主主義であった。そしていま、念頭にあるのもまた日本の民主主義の未来、民主主義の力である。『日本人は民主主義を捨てたがっている?』(岩波ブックレット、二〇一三年)という過激なタイトルの小冊子を書いた映画作家想田和弘は、同書の「はじめに」でこう記している。

本書が、民主主義という名の街に住む皆さんの少しでもお役にたてるとしたら、住民の一人として本懐です。

新版『国訴と百姓一揆の研究』を上梓するわたしの想いも、それにちかい。

二〇一五年六月二日

藪田　貫

序 章——本書の課題と方法——

われわれは自分の歴史を自分でつくってゆくが、しかし第一に、きわめて特定的な前提と条件とのもとでつくるのである。（中略）第二に、歴史がつくられるのは、最終結果がつねに多くの個別意志の衝突から生じるという形においてである。それらの個別意志のおのおのは、これまた多くの特殊の生活条件によってその現在あるようなものにつくられているのである。したがってそこには、相互に交錯する無数の力、力の平行四辺形の無限の群があって、そのなかから一つの合成力—歴史的成果—が生じてくるのである。

〈F・エンゲルス　〝J・ブロッホへの手紙〟（一八九〇年九月二一～二二日より）〉

東欧・ソ連を中心とする世界の大きな変動を目のあたりにして、感慨を催さない人はきわめて少ないだろう。事実、その衝撃はさまざまな形で論じられ、また私たち自身の感じるところとなっている。このような世界の民衆の圧倒的な力を見せつけられて、一様に日本人がインパクトを受けた記憶は、六年前にもあった。それは一九八六年二月の新生フィリピンの誕生であった。今となっては、だいぶ新鮮さも薄れたのではないかと危惧するが、マルコス独裁政権の打倒とアキノ政権という「無血革命」が与えた衝撃を、精神科医の小此木啓吾氏は、つぎのように語っていた。(1)

ここ一週間、フィリピンの政治情勢のニュースは、まことに刺激的であった。何十万という民衆のパワーが、一見、強大に見えていた既存体制を脅かし得るという事実そのものが、人々に、ある種の覚醒作用をひきおこしている。（中略）私が、いま貴重だと思うのは、われわれ一人一人の心の中に思い描く国家・社会をよりよいものにしようという善意が、時と所によっては、アキノ・パワーのような形になって、強大な力になり得るという人びとの実感である。この実感をわが国の人びとはここ十年、忘れ、見失っていたような気がする。そして、この実感こそ、民主主義の基本なのだと思う(『東京新聞』一九八六年二月二六日付夕刊)。

一方、大阪キタの八百屋さん(四九歳)は、「自由を願うフィリピン人のエネルギーが爆発した感じですね。日本でいえば、昔の一揆みたいなものでしょうな」(『朝日新聞』同日付夕刊)との感想を洩らしている。

それから三年後の東欧。その直前には中国天安門事件があり、さらに遡ると韓国、ニカラグア、ベトナムと、ここ数年の間に世界各地で民衆の決起が相ついで起っている。そしてその報道に接する時、私たち日本人はいつも、彼ら民衆が示すパワーの偉大さを目のあたりにして、大なり小なり、覚醒作用を受けて来ている。「国家・社会の動きに対する無気力、無関心、しらけ」の広がるわれわれ日本人は、常に世界の民衆によって目を醒まされつづけている。しかし悲しいかな、所詮それは対岸のことであって、われわれの共有する体験とはなっていない。その結果、これだけ世界の各地で民衆が——老いも若きも、男も女も——闘っているにもかかわらず、わが日本では、「体操」という意味以外の運動を知らない青年が溢れている。(2)

一九八九年の一月一四日、「成人の日」を前にして総務庁が発表した「世界青年意識調査」によると、日本の青年の社会に対する満足度は、「満足」「やや満足」を合せてほぼ半数の五一%で、調査一一カ国中の七番目にあたる。日本より低いのは英国、フランス、ブラジル、韓国の四カ国。世界がいうほど、日本の青年は現状に満足しきっているわけではない。ところが不満をもったときにどう行動するかという問いに対しては、日本では「選挙権を行使する以上の積極的な行動はとらない」が四一%で、もっとも多い。したがって陳情、署名運動、デモ、ストライキなどを通じて、「合法的な範囲で積極的な行動に訴える」は一九%で、一一カ国中最低である。逆に最も多いのは韓国の五六%で、スウェーデン、米国、オーストラリアも五〇%を超えている(『朝日新聞』一九八九年一月一五日付朝刊)。(3) いかに日本では「体操」と違った意味での運動をしようとしない若者――若者が社会を映す鏡だとすれば、総じて日本人が――が多いことか、理解されるであろう。日本だけがある意味では、特異なのである。その一方で江戸時代の日本は、三千件余の百姓一揆がありましたという記述が、まるで一〇年前のマラソン世界記録のように人びとの感動を呼び込まないで、教科書に載っている。感動を呼び込まない民衆運動史は、置き去りにされるばかりである(4)。

加えてそんな若者の風潮に胡坐をかくかのように、民衆運動史に対して寄せられるさまざまな批判。その代表的な論調は、つぎのようにいう。

日本において、近ごろ流行の感さえあるいわゆる「民衆史」は、その成立の事情から、民衆の非日常的行動――たとえば一揆であるとか、民衆の運動であるとかを対象としているものが多い。つまり、――意識的にせよ、無意識的にせよ――民衆のハレの社会を描いてきている。このことは民衆行動の全体像を知る上で、不可欠の作業であることには相違ないけれども、そのような特定化された研究が民衆史というものではないだろう。（中略）民衆史の研究が始まったことはおおいに慶賀すべきことなのだが、それが民衆の非日常的行動の称揚だけに終わってしまうのでは、歴史の「表層部分」だけしか見ないことになるのではないか、というのが筆者の偽らざる気持ちである（速水融「江戸時代の歴史民勢学から」『家の歴史社会学』新評論、一九八三年、二七三～四頁）。

このように百姓一揆＝非日常性とおき、日常性の部分と大きく裁断したうえで、日常性こそ重視すべきだとする論調は、「社会史」の流行とも相俟って、人々を暗黙のうちに非日常性の世界から遠ざけている。しかし「実際には、一揆のときだけが異常事態で、その他のときはすべて静謐であったかのように歴史を描くのは、当を得ていない」（鹿野政直『「鳥島」は入っているか』岩波書店、一九八八年、一二九頁(5)）。だが、これまでの百姓一揆を始めとする民衆運動史研究が、このような批判を招くだけの弱点をもっていたことも事実ではないだろうか。とくにこれまでの階級闘争史研究は、そうだったと断言していいと思う。だからいま、その再生が求められている。再生のための模索が行われている。西洋史家の柴田三千雄氏は、つぎのようにいう。(6)

戦後歴史学のなかで農民一揆、都市暴動、労働運動といった運動史は最も研究の多い分野で、基本的テーマの一つであった。ところが「民衆運動」という言葉が使われだしたのは、比較的最近のことである。しかし階級闘争から民衆運動への「この用語の変化のなかに、実は、パラダイムの転換が蔵されている」。戦後歴史学において民衆運動はすべて、階級闘争の見地から捉えられていた。いいかえればそれぞれの社会構成体の内部に存在する矛盾の存在証明としての意味をもち、それゆえに取り上げられた。「したがって、重要視されたのは、民衆運動それ自体でなく、それに表現される社会構成体の矛盾であった」。そこから二つのことが生じる。一つは民衆運動の研究は、その原因の分析(通常、これはもっぱら経済構造のなかに求められる)と、暴動・一揆の叙述とに還元され、この両者が結びつかないために、「民衆運動それ自体の固有の分析をさまたげる結果となる」。二つには民衆運動の評価が生産様式との関連で行われるため、新しい生産様式を担わない運動は、「将来への展望をもたぬ時代錯誤的な脇役」とみなされ、研究の隅に押しやられる。

このように柴田氏は、戦後歴史学は民衆運動を重要なテーマとして掲げながら、その処理に成功しなかったときわめて辛い採点をするのだが、そこから脱皮すべき新しいアプローチとして、「日常的な生活意識に即して民衆(および民衆運動——引用者)を捉えようとする態度」を強調する。ほぼ同様の認識と主張は、二宮宏之『全体を見る眼と歴史家たち』(木鐸社、一九八六年)にも見られ、日常性と並んで、「集合心性」や「結合」概念を、民衆運動史研究のあらたな理論的起点として重視している。

これに対して佐々木潤之介氏は、かなり違った角度から「民衆運動」を捉える。(7)氏も「古典的な階級闘争と歴史発展とにかかわる理解の、短絡的直接的な適用では、歴史把握がむずかしいということが、はっきりしている以上」と、戦後の階級闘争史研究の問題点を認めるが、それゆえに「その階級闘争の理論を、どのように創造的に発展させていくかということ」が、いまもっとも必要なことだとするのが氏の立場である。氏は別のところで「現在の歴史綜合の方法は、階級闘争と民衆意識を基軸として行われるべきだ」と述べているが、ここには「民衆運動」という言葉は出てこない。わずかに「階級闘争史は、民衆運動を組み込んで、理論的にも内容的にも豊かにする必要がある」という文脈で出るくらいである。この一文に示されるように氏にとって民衆運動は、階級闘争に含まれる一部にすぎず、それに代るものとしてまったく位置づけられていない。

では氏にとって、「民衆運動」とはなにか。要約していえば佐々木氏における民衆運動は、「直接には、権力が介入できない、あるいは、することができない、してはならない、分野での問題を主題にしている」運動と性格規定され、具体的には民衆宗教運動や世直し騒動がそれにあたる。したがって「これら騒動と一揆とが、歴史具体的に、どのようにかかわりあうか(中略)ということが、民衆運動こそ、真に階級闘争を深化させるのだという観点からみて、階級闘争史上の主要問題であろう」ということになる。

以上が佐々木氏の「民衆運動」に対する理解であるが、先の柴田氏と異なって、民衆運動という用語にパラダイムの転換はいっさい含まれていないのである。わずかに「階級闘争」という戦後歴史学の基準的パラダイムを豊かにし、深化させる一分野としての位置しか与えられていないのである。これで、いいのだろうか？　率直にいって私は、佐々木氏の立場をとらない。むしろ柴田氏の認識に共感を覚える。そこで本書では、近世の民衆運動を階級闘争史の一分野としてでなく、「民衆運動それ自体の固有な分析」として描こうと思う。そのためにつぎに、本書の方法ないし視点について述べておかなければならないだろう。(8)

本書では国訴（前篇）と百姓一揆（後篇）について検討するが、この両者については戦後歴史学のなかでかなりの研究蓄積がある。それだけ重要テーマとされてきたことの現れである。しかしここで、その研究史をたどることはしない。[9]ここでの課題は、それらを分析するときの方法ないし視点である。

ところで、戦前からの研究がある百姓一揆に比べると、国訴は新しく戦後の一九五〇年代になって発見され、近世の民衆運動の仲間入りをしたものだが、その当初から国訴と一揆には、一方の合法性、他方の非合法性という問題が絡みついていた。そして一般に民衆運動史研究においては、合法性よりも非合法性がより高く評価される傾向にあったことは、布川清司氏らのいうように[10]否めない点である。戦前の講座派以来の階級闘争的視点と、この傾向は無関係ではないだろう。その結果、合法的であるゆえに国訴の評価が下げられ、それをめぐって議論もあった。しかし一揆がすべて、最初から非合法であったわけでもなく、国訴同様、終始、合法的訴願に徹した一揆も数少なくない。さらに一揆にあっても、公儀に対する御百姓意識が基調としてあったとする（深谷克己『百姓一揆の歴史的構造』校倉書房、一九七九年）とき、合法・非合法という表面的な現象だけで、はたして国訴と一揆の分岐線が引けるであろうか。このように考えてくると、合法・非合法といって、簡単に両者を裁断することは当を得ていない。もっといえば民衆運動を分析する際に、合法・非合法という基準はあまりに形式的すぎて、有効なものとはいえないということになろう。

それならば民衆運動の「民衆運動」たる所以はなにかといえば、私はそれを多数派の形成と、そのうえでの実力の展開だと考える。

1

「多数派の形成」（A）という点でいえば国訴も、どのような一揆も、また村方騒動、世直し騒動、都市打ちこわしなどについてもすべてに妥当する点である。村であれ、町であれ、また村役人であれ、小前百姓、奉公人、町民、借家人であれ、彼らが自らの生活点を中心に多数派を形成しないかぎり、どのような運動も展開しない。その意味で民衆運動の研究にとっては、多数派形成の経路はまず第一に問われるべき問題である。G・ルフェーブルやM・アギュロンらの提唱する「社会的結合」や「集合心性」という概念は、この問題群に深くかかわるが、それらを援用するまでもなく、すでに百姓一揆史研究ではかなりつっこんだ分析が行われている。安丸良夫氏の「民衆蜂起の意識過程」(『日本の近代化と民衆思想』第五章、青木書店、一九七四年)は、この点でのもっともすぐれた分析として私たちが共有できるものであろう。また都市打ちこわしについては、近年、岩田浩太郎氏の研究が発表されている。[11] それらに対し私は本書で、国訴における多数派の形成過程とその特質を論じている。

国訴についてはその合法性と並んで、千余の村々が参加した農民闘争であるという、その広域性が注目されていたが、どのようにしてそのような広域的村落結合が、「非領国」といわれる支配関係の錯綜した大坂周辺で組織されたのか。それがここでの問題で、最初に農民的商品流通機構の担い手である在郷商人が注目されたのは、当時学界で支配的だった「閉鎖的(封建的)共同体」論の影響を度外視しても、ある意味では当然だったと思う。なぜなら国訴という農民闘争にブルジョア的性格を認めるとするならば、そこから担い手を農村のブルジョア的存在に求めるのは、当時の階級闘争史研究の水準では止むを得ないことだと考えるからである。その結果、行き着く先は、在郷商人しかなかった。したがってほとんど論証なしに、在郷商人説は広く信じられることとなった。[12] その意味で国訴は、階級闘争史研究の手法をも問うていたのである。[13]

しかし国訴の担い手は在郷商人ではなかった。実証にこだわるかぎり村役人しか検証できない、というのが真相である。国訴の発見者でもある津田秀夫氏は、終始、この事実にこだわった。しかしこだわる以上に、なぜそうなのかという説明は氏からなされなかった。その結果、黒白のつかないうちに、国訴は民衆運動史の後景に退き、それに代るかのように世直し騒動と、半プロレタリアが脚光を浴びることとなった。それとともに「国訴と百姓一揆」という問題意識も、失われていくこととなった。決定的だったのは佐々木潤之介氏の、つぎのような近世の民衆運動に関する位置づけである。(14)

私は一揆と騒動とは区別するべきだと思うし、騒動については、御家騒動・打ちこわし騒動・村方騒動・都市うちこわし、を区別するべきだと考える。(中略)この二つ(打ちこわし騒動と村方騒動――引用者)を考えながら騒動と一揆とを区別するのは、封建社会解体期の階級闘争には二つの側面があるからである。一つは、封建社会にとって基本である、領主対農民の間の基本的階級矛盾の激化したものとしての闘争であって、いうまでもなく、基本的階級闘争である。二つは、人民の中に存在し、形成してくるところの、諸階層の間の矛盾の激化したものとしての闘争であって、その意味で封建社会にあっては、副次的階級闘争である。そして、階級闘争の前者の側面を一揆、後者の側面を騒動と呼ぶことにする(『世直し』岩波書店、一九七九年、六六頁)。

このように規定されたとき国訴は、どこに位置づけられるのだろうか。その入りこむ余地はあるであろうか。同書にも国訴の記述はあるが、その座りの悪さは、論理明晰な氏だけに眼に見えて明らかである。(15)のちに氏は、民衆的正当性の論理という観点から位置づけを補強し、「公的権威によりかかりその解決機能に期待している」点で国訴は一揆系列の運動だと説くことになる(『近世民衆史の再構成』校倉書房、一九八四年、一一二~五頁)。氏ならではの探求の成果だと思う。がしかし、階級闘争としての独自の位置付けを与えられなかったために、(16)結果として国訴は、一揆の中に埋もれてしまうこととなった。

それを再び研究史のなかに蘇らせたのは、たぶん私であろう。私には何よりも国訴と百姓一揆という問題関心へのこだわりが強く、それが私の国訴研究の根っこにあった(前篇第一章参照)のだが、具体的に多数派形成の一方途として、国訴に光を当てる点で参考になったのは、久留島浩氏の惣代庄屋＝組合村研究である。[17]氏の研究は国訴を主題としたものでなく、むしろ佐々木氏の半プロ論に対抗して中間層論を提起したものだが、津田氏らがすでに着目していた「郡中惣代」に再び光を当てるきっかけとなり、それを手がかりとして国訴の組織過程に関する研究が相ついで生まれた。いわば国訴の広域性原理を解く手がかりとして郡中惣代、組合村が注目されたのだが、国訴の広域性はそれにとどまるものでなく、領主支配関係を超えて村々が連合する「地域性原理」と呼ぶべきものが、その組織過程に存在することを明らかにしたのが、前篇第二章である。さらにそれを負担関係から確認しようとしたのが、同第三章である。およそ民衆運動史研究でその負担が究明されることは一揆、国訴ともにほとんどないが、本章は国訴についての初めての分析になると思う。また「地域性原理」は国訴のときばかりでなく、日常的に「郡中議定」として存在し、それこそが国訴という農民闘争の基盤であることを主張したのが、同第四章である。[18]

このようにして国訴という非日常的運動は、郡中議定というより日常的な地域秩序とリンクすることとなり、その結果、両者の志向する地域秩序や地域構想の検討を通じて、国訴そのものの評価も変わることとなった。とくに国訴が発見されたときからまとわりつき、そのために近世の民衆運動のなかで異端視される要因でもあった、畿内第一主義的発想の枠を破る手がかりが与えられた。[19]その意味でも私の国訴研究は、村役人を中心に置くという点で共通しながらも、彼らが作る地域的結合や郡中議定に着目することによって、空間(地域)論的視点を大きく打ち出し、時間的視点からのみ見る津田氏らの国訴論と異なる地平を拓きえているのではないかと考える。このような私の空間論的視点が、どのようなものかという点については、付論として収めた「地域史研究の立場」を参照してほしい。

さらに多数派の形成として国訴の組織、運動構造を見たとき、そこには広域性といってしまうだけでは済まされない問題が存在していた。それは多数派の内部に存在する関係が、どういうものかという点である。実のところ民衆運動によって多数派が形成されるとき、その多数派には、一揆において一揆集団(「徒党」)と呼ばれたものがあるように、一時的にしろ、なんらかの集団的関係を形作るが、そこでの関係はどういうものか。それを国訴と百姓一揆を通じて考察するという課題である。

その点について本書では、多数派のなかに生まれる委任関係に関心を注いでいる。もちろん近代以前の民衆運動だけに、国訴にあっても「委任」という文言は出てこないが、ここでは、形成された多数派が、その集団のなかから惣代を選んだとき、彼ら惣代と彼らを選んだ構成員との間に取り結ばれる関係を「委任関係」と呼ぶのである。したがって世直し騒動のように惣代を選ぶことが少なく、直接行動が全面に出るタイプの運動にあっては、このような関係は見いだしにくいが、訴願として展開した場合には一揆も含めて存在する可能性が高い。事実、国訴にあっては委任関係が明瞭に「頼み証文」として成文化され、それにもとづいて成立した惣代制(国訴惣代制)が、国訴の運動構造を貫いているのである(前篇第二章)。また国訴の負担関係を検討してみることによっても、この点は確認することができる(同第三章)。つまり国訴は地域社会に委任関係を積み上げ、地域秩序を作ることによって制度的契機をつかんだのである。

このように「頼み証文」によって示される国訴惣代制は、いわゆる国訴の合法性と深いかかわりがあるのだが、この事実を手がかりにすることによって、民衆運動のなかに育まれてくる委任関係について広く探求する道が開ける。

その作業を行ってみることによって本来、近世の村落のなかには委任関係が、村役人と村人の間で内包されていたこと、さらに百姓一揆にも、その存在が確かめられることとなった（後篇第三章）。百姓一揆といえば、非合法、暴力、直接行動などと先入観をもって見ることに私たちが慣れてしまったため、それを見失っているだけのことである。ここにも、階級闘争的視点と民衆運動的視点の違いが示されているだろう。ただ国訴のそれは、村役人同志の間に形成されたものだが、一揆の場合は村の小前百姓を起点に、村を超えて委任関係が作られた点で相当な開きがある。前者を本書では「代議制の前期的形態」、後者を「本来的形態」と呼んでいる。[20]

このようにあえて国訴や一揆の場において形成される惣代制を、代議制として捉えようとするのは本書の方法的特徴の一つだと思うが、その理由は運動のなかから育まれる代議制を拾いだすことによって、「制度としての代議制」への道を見極めようとしたいからである。本書のなかに「運動のなかの代議制」「運動としての代議制」という表現が多出するのは、そのような意図があるからである。その意味で委任関係を手がかりに「運動と制度」（B）の関係を論じているのが、本書の二つめの視点である。

一般に前近代の民衆運動に「代議制」的契機を見ることは、日本では皆無に近いといっていいだろう。それよりはむしろ「ここで、前近代の階級闘争についての、一般的前提をひとつおかなければならない。それは階級闘争と政治体制との関連については、階級闘争の激化と成果とが、民衆の一部（中略）によって、『代表』『代理』されて権力抗争に転化するという脈絡が不可欠だということである」とされるのが有力であろう。[21]

しかしこのように考えてしまうと、日本における代議制成立の内的契機やその成立経路、特質についてどのように解くことができるのだろうか。具体的にそれは、明治一〇年代における自由民権運動を待って議論するとしても、その民権運動に近世後期の民衆運動はなんらかかかわりをもたないのだろうか。この疑問をほぐすために、佐々木氏の

「豪農」論の提唱によって近代史研究者、とくに地租改正・自由民権運動の研究者がある種の戸惑いをもって受けとらなければならなかったと記した中村政則氏の指摘(「現代民主主義と歴史学」『講座日本歴史』一〇、東京大学出版会、一九七一年)を想起してみたい。氏は佐々木氏の仕事を「無産大衆＝原動力論」的階級闘争史と括ったうえで、その根底にある「ブルジョア民主主義美化の傾向へのするどい批判意識」に注目するが、その半面、民権運動における豪農＝中間層の役割を正当に評価する道を遮断してしまうのではないかと危惧している。私自身はいま、世界的にブルジョア民主主義は再評価されるべきだと考え、とりわけ代議制についての再評価は、きわめて重要な実践的課題となっているとの認識をもっているので、二〇年前の佐々木氏の問題意識とは大きくずれているのであるが、それはしばらく措くとして、佐々木氏には民衆運動と制度を架橋するという問題意識がないのだと思う[22]。そこで一知半解との批判を覚悟のうえで、福田歓一氏や杉原泰雄氏ら政治学者、憲法学者の研究に学んでみたいと思う。

福田氏は『近代民主主義とその展望』(岩波新書、一九七七年)のなかで、①近代国家の規模を考えると代表原理を入れないで、民主主義を機構化することはむずかしい、②身分制議会に示される代表原理は、それ自体が民主主義的ではない、③それが民主主義の機構原理となるのは、政治社会の規模の問題と政治のリアリズムを民衆の選択に結びつけるからだとして「本来民主主義と関係なかった議会という機構に、社会における多数を反映させる」ことによって議会は民主主義の道具となったと述べる。いいかえれば貴族主義的な代表原理と「運動としての民主主義」が交差することによって、代表原理は民主主義の機構原理となった。この点をよく示すのは、代表的委任と命令的委任という二つの委任原理の存在である(杉原『国民代表の政治責任』岩波新書、一九七七年)。ヨーロッパと違って身分制議会という受皿のない日本であるが、明治維新後輸入された議会制論に日本的内実を与えたのはほかでもない、日本の民衆の多数派としての運動であり、近世後期の民衆運動は、その一つであったと考える。もちろん民衆運動には後にふれるように実力や共同幻想、地域構想といった、制度的契機には収まり切らぬ部分を必ずもっていたが[23]、それも制度化への道をたどることによって、よく見えるのではないだろうか。

3

本書で論じている三つめの問題は、先にふれた多数派が生み出す「実力」(C)という問題である。

ドイツ法史家の村上淳一氏はイェーリングの名著『権利のための闘争』を解説するなかで、「権利のための闘争と実力行使」という項をもうけ、ドイツでは民事訴訟を、実力闘争の代替物と解釈するとしてつぎのような一文を引いている。

> 自力救済を行なうこと、すなわち自己の権利を自分で実現することは、きわめて例外的な場合にのみ許される。その他すべての場合、自力救済は禁止されている。（中略）こうして自力救済を禁じた結果として、権利保護の国家的独占を生じる。国家が国民に対して自力救済を禁ずるならば、国家は、国民が自己の権利を実現するための別の道を用意しなければならない。それが民事法の分野では、民事訴訟である。それは、裁判所において個人の権利が確認され、実行されるための、法律で定められた手続きである。個人は、国家に対して、裁判してくれと要求する権利をもつ（『「権利のための闘争」を読む』岩波書店、一九八三年）。

日本における訴訟観と大きく異なることはいうまでもないが、このような国民の自力救済禁止を引替えとする国家の権利保護の独占化は、西ヨーロッパでは中世末期から近世にかけて強力となり、近代に至って完了するのであるが、ここにみられる視点は、民衆運動と実力、国家の関係を考えうるうえで大変示唆に富む。

これまで一揆の実力は、ただ暴力、非合法としてほとんど歴史具体的な検討を加えることなく見過ごされてきたといっていいだろう。[24] そのようななかで安丸良夫氏が、一揆のなかの打ちこわしについて『強制』とは、人々の蜂起への願望や意欲にはずみをつけてくれる媒介性のこと」「地域社会の正義を代表した懲悪の行為」などと述べていること、また佐々木氏が豪農商への打ちこわしを「変革的正当性の論理」にもとづく行為だとする見解などが眼につく程度である。したがってその実力を構成しているものや、その特質について議論されるようになってきたのは、最近のことに属する。斎藤洋一氏と私の得物論(後篇第一章)が発表されたのも一九八三年のことである。[25] これまでの長い、また多数の一揆史研究のなかでだれ一人、得物について検討する人がいなかったのは、いまから考えても不思議でしようがないが、上述の傾向と無関係ではないだろう。また私たちの「得物」研究に最初に着目されたのが、藤木久志氏であった(「『豊臣の平和』によせて」『歴史地理教育』四一三、一九八七年六月)ことも、当時の私には意外であった。

しかしよく考えれば大著『豊臣平和令と戦国社会』(東京大学出版会、一九八五年)を著し、日本中世における諸階層の自力救済慣行と統一権力による「惣無事令」「刀狩令」の拮抗する関係を正面に据えて研究していた氏にこそ、農民の自力救済慣行を保証するものとしての「実力」のもつ具体的意味合いが見通せたのであろう。ところが私の得物論にはそこまでの視野がなかったために、藤木氏の批判を受けることになった。とくに私には農具から成る得物は、農民が権力によって丸裸にされた結果だという先入見がつよく、また得物の保証する実力についても、一揆の実力にばかり眼がゆき、それがのちに国家の手で民事訴訟に収斂されていく(したがって実力が排除されていく)山論や水論といった争論の場と深く重なっていたという点への配慮を欠いていた。それゆえの批判であったと考える。いいかえれば私には「民事訴訟と実力闘争の連続性」(村上前掲書)という視点が、まったくなかったのである。いや正確にいえば、「民衆運動」といいつつ、階級闘争史観に拘束され、せっかく見えてきた一揆の得物の半分しか捕まえていなかったのだと思う。氏の批判にも応え、改めてこの機会に得物について考察を深めたいと思う(後篇第二章)。

さらに百姓一揆史における得物をたどっていくと、その先に竹槍がみえ、それは現実の一揆(とくに新政反対一揆)における実力であると同時に、私たちの百姓一揆観に深く結びついているイメージとしての問題がある。前者でいえばすでに安丸良夫氏の指摘があり(『日本ナショナリズムの前夜』朝日新聞社、一九七七年)、明治初年の新政反対一揆の特質でもあるが、もう一つの一揆イメージと結びつく竹槍観は、なにもとづいているのだろう。それを検討したのが、後篇第四章「『竹槍蓆旗』論――自由民権期の百姓一揆観――」である。

得物、竹槍への関心はさらに蓆旗、鳴物、蓑笠などへと広がることを通じて、近年、百姓一揆への新しい視点が一揆史研究者の間で確立しつつある。その詳細は本書のなかでふれているが、このような研究動向について深谷克己氏は、つぎのように評価している。

一揆の得物や装束、物音や色彩、あるいは情報、伝承、義民創造などにつよい関心が示され、それらが研究論文として発表されるようになってきたのは、近来の新しい傾向である。こういう動向を、闘争主体の階級・階層規定と要求の性格を中心に検討してきた一揆史研究の蓄積の立場から、興味本位に流れる些末主義というような論調で批判するのは適当でないと私は思う。どちらが重要だと決めるのではなく、一揆の「全体像」へ接近し、日本史上の一揆行為を世界史の流れのなかに適切な「位置を与える」ためには、それらのことどもがおおいに解明されなくてはならないのである。それらの問題群が一つでも多く解かれていってこそ、ほかの国々における闘争行為との比較もより多角的にできるようになるのである(「編年百姓一揆史料集成　編集のしおり13」三一書房、一九八五年)。

民衆運動史研究の立場からみて、まことに適切な評価だと考える。事実、日本の百姓一揆が、農具から成る得物から殺傷行為をともなう竹槍に変っているとき、朝鮮半島でも一九世紀の六〇年代、李朝末期の農民運動において突如として竹槍が登場している（鶴園裕「李朝後期民衆運動の二、三の特質について」『朝鮮史研究会論文集』二七、一九九〇年三月）。その意味で竹槍は、日朝ともに一九世紀の後半になって農民の「武器」として働く段階に達しているのだが、帝政ロシアでは一七六二年の「貴族の解放令」を契機に農民一揆は激化し、ここでは農民たちの「武器」によって領主の殺害が行われている（土肥恒之『「死せる魂」の社会史』日本エディタースクール出版部、一九八九年、一六六～一七〇頁）。それぞれの国制の間にはいうまでもなく大きな違いがあり、農民の存在形態にも違いはあるが、それでも農民一揆とその実力、および「武器」に示される農民的社会観の比較を通じて、深谷氏のいうように、日本の一揆史像をもっと世界史的な位置づけのなかに据えることができるのではないだろうか(26)。

以上、A多数派の形成、B民衆運動と制度、C民衆運動と実力、という本書の三つの方法的立場について記し、あわせて本書の構成にも触れてきたが、これらの三つの視点を総合して、日本の近代化問題にアプローチしようとしたのが最終章「近代化と国訴・百姓一揆」である。近世の民衆運動が、日本の近代化＝後進国型の変革過程のなかで、どのような継承と断絶の関係を示したかが終章の問題関心である。「近世史研究の自立」を書いて朝尾直弘氏が、日本近代の前提としてでなく自立した近世史研究をと呼びかけたのは一九六五年のことである。それから二五年余。自立した近世史研究が、今度は中世や近代に翼を広げ、相互に乗り入れることがいまや必要ではないだろうか。転換する戦後歴史学の枠組のなかにあって時代区分の再検討は、重要な課題の一つであるはずである。そう考えて最後に、日本近代史にまで足を踏み入れようとした次第である。

『幕末社会論』（塙書房、一九六九年）以来の佐々木潤之介氏の精力的な研究によって、これまでどちらかといえば百姓一揆一辺倒だった近世の民衆運動史研究の幅が広がり、奥行が深まったことはいうまでもない。『国訴と百姓一揆の研究』と題する本書によってさらに、それが加味され、民衆運動史像に陰影がくわわることとなれば、これにすぎる喜びはない。そうすれば変わる世界史像に遅れることなく、日本の近世史像も変わっているのだということが内外ともに明らかになるだろう。(27)

最後に、本書のもとになった既出論文を発表順に記しておく。

「得物・鳴物・打物」(一九八三年七月、『橘女子大学研究紀要』一〇)
「国訴の再検討」(一九八四年五月、『日本近代の成立と展開』思文閣出版)
「国訴の構造」(一九八五年五月、『日本史研究』二七六)
「百姓一揆と国訴」(一九八五年一二月、『橘女子大学研究紀要』一二)
「国訴と郡中議定」(一九八六年九月、『日本史研究』二八九)
「百姓一揆と得物」(一九八七年一二月、『橘女子大学研究紀要』一四)
「近世後期の民衆運動と地域社会・国家」(一九八八年三月、『日本史研究』三〇七)
「村方出入と百姓一揆」(一九九〇年一一月、『日本村落史講座』5、雄山閣出版)

(1)　ところが今や「揺らぐアキノ政権」「幻滅の四年半」(『毎日新聞』一九九〇年一〇月一〇〜一二日)と評されている。民衆のパワーや要求を「制度化された平和的手続き」に乗せる(南塚信吾ほか『'89・東欧改革』講談社現代新書、一九九〇年)ことの難しさも同時に、フィリピンは私たちに教える。

(2)　この言葉は、アメリカ軍のＮＬＰ(夜間発着訓練)空港誘致に反対する三宅島島民の闘いを描いた亀井淳・森住卓『ドキュメント三宅島』(大月書店、一九八八年)のつぎの一文から学ばせてもらった。

「なるほど、反対運動っていうものはこういうふうにやるのかと、坪田の沼田就子さん、池田章子さんの姉妹は感心した。なにしろ体操と違う意味での「運動」ということをやるのは生まれて初めての人ばかりである」(「島いくさ」六五頁)。

(3) 総務庁青少年対策本部が一九七二年から五、六年おきに実施しており、今回は一九八三年についで四回目。去る八八年一月から六月にかけて、日本、米国、英国、西ドイツ、フランス、スウェーデン、オーストラリア、シンガポール、韓国、中国、ブラジル一一カ国の世論調査機関に委託して、一八〜二四歳の約千人から回答を得たもの。

(4) ここで横井清氏が、かつてこんなことをいっていたのを思い出す。「『戦後』幾年かのうちに世に送られた中世史関係の論著には、なによりも『民衆』像の若々しさが漲っていて、『村落』『町』像の生き生きとしたようすとあいまって、読む者の心を早鐘を撞くように打ちつづけたものであった。(中略)『民衆』『村落』の分析がすすみ、精緻をきわめるにつれて、どちらかというと私たちの潜在意識下の『民衆』も『村落』も、いささかひねた相貌で突っ立っているように思えてならない」(『中世民衆の生活文化』東京大学出版会、一九七五年)。横井氏はこの関心から、中世民衆史における「一五歳」の意味について検討を加え、村落イメージの若返りを主張しているのであるが、若返りは村落のみならず、民衆運動史についてもいえることだろう。

(5) これに続けて氏はつぎのようにいう。「不平・不満・いらだち・愚痴・怒り・歎き・悲しみ・あきらめ・そねみ、その他もろもろのかたちをとる秩序への違和感は、人びとのうちに不断に醸しだされてきているのが、むしろ常態で、その意味では一件の一揆は、無数の未発の一揆の延長線上にある一つの波頭としての性格をもつ」。

(6) 柴田『近代世界と民衆運動』(岩波書店、一九八三年)二〇〜七頁。「運動の基盤を『階級』構造に還元するだけでは、(民衆運動の——引用者)この大きなうねりは捉えることができない」とする二宮宏之氏の発言とも相通じている(シリーズ「世界史への問い」『社会的結合』岩波書店、一九八九年)。

(7) 佐々木『近世民衆史の再構成』(校倉書房、一九八四年)三〇〜三、九八〜九頁。このような民衆運動観が、氏の『世直し』(岩波新書、一九七九年)と具体的にかかわっていることはいうまでもない。また一揆と騒動とを、二つの異なった系列に分けるという氏独自の運動理解を、階級闘争と民衆運動に置き換えたものではないかと推測する。

（8）最初に断っておくべきだが、佐々木氏の方法的立場をとらない私は、したがって騒動と一揆とに分けるという近世の民衆運動全体にかかわる理解もとらない。

（9）国訴については最近、その研究が再開されるなかで研究史が振り返られている。平川新「国訴研究史と肥料訴願」(『大阪の歴史』二五、大阪市史編纂所、一九八八年一〇月)、谷山正道「国訴研究の動向と問題点」(『新しい歴史学のために』一九四、一九八九年三月。のち『近世民衆運動の展開』高科書店、一九九四年所収)。私の研究にも触れながら、それぞれの筆者の観点で手際よく整理されている。なお私自身も『近世史研究事典』(東京堂、一九九〇年)のなかで、ごく短かな研究整理を行っている。また一揆を含む民衆運動全般については深谷克己「近世の民衆運動史」(『歴史研究の新しい波』山川出版社、一九八九年)が参考になる。このなかで氏は八〇年代の民衆運動史研究の動向を大きくいえば、「闘争史の階級対立関係の研究から闘争史の運動構造の研究に重点を移しかえた」と記している。

（10）「日本では、どうしても派手な非合法的革命運動が、思想的にも、運動理論としても、正統なものとして幅をきかせがちである」(布川『近世日本の民衆倫理思想』弘文堂、一九七三年、二七七～八頁)。この観点から氏は同書後篇第二章「経済的自由の要求」で、国訴を扱っている。

（11）岩田「都市打ちこわしの論理構造」(『歴史学研究』五四七、一九八五年。のち『近世都市騒擾の研究』吉川弘文館、二〇〇四年所収)。

（12）『詳説日本史改訂版』(高校社会科用、山川出版社、一九八七年)は、脚注に「一九世紀初めには大坂近郊の農民が大坂問屋の特権に反対し、農村の商人(在郷商人)指導のもとに数ヵ国を連合した国訴をおこした」と記している。在郷商人指導説の普及ぶりが、よくうかがわれる。

（13）階級闘争的視点を堅持しながら、国訴についてユニークな評価をしたのが林基氏である。氏は国訴を、農民闘争から市民的反対派の闘争が分離してくる第一段階として位置づけた(「宝暦―天明期の社会情勢」『岩波講座日本歴史』一二、一九六七年)。

(14) 谷山氏は先の研究整理(9)のなかで、この後、国訴は〝冬の時代〟に突入し、それは佐々木氏の世直し状況論の隆盛と対照的であったと書いている。

(15) 同書では国訴について、二～三頁ほど書かれている。それによると、世直し状況の本格的開幕は慶応元年の国訴によって告げられる。その結果、米以外の商品について幕府の流通統制は最終的に解体され、国訴はその任務を終えた。そして都市の前期プロや農村の半プロの運動が、それに取って代ると説かれる(七〇～二頁)。これだけである。「世直し」の眼でみたときの、国訴の位置づけの軽さがよく示されている。

(16) 同書のなかで氏は階級闘争について四つの問題系列があるとしている。①歴史発展と階級闘争の関連にかかわる問題、②階級闘争の形態あるいは内容にかかわる問題、③その基礎ないし形成にかかわる問題、④歴史上の民衆が果たした役割と現代との関連にかかわる問題。適切な提言だと思う。このうち民衆的正当性は第三の系列に属し、そこで引用された本文が出てくる。しかし国訴には第一、二の系列に属する問題もあるのであって、それも含めて検討することが階級闘争史としての国訴研究ではないだろうか。

(17) 久留島「直轄県における組合村―惣代庄屋制について」(『歴史学研究』一九八二年度大会特集。のち『近世幕領の行政と組合村』東京大学出版会、二〇〇二年所収)。

(18) この点については青木美智男氏が、『大系日本の歴史』一一「近代の予兆」(小学館、一九八九年)のなかで、「国訴の基盤」として紹介している。

(19) 五〇年代の国訴研究がもったこの暗黙の前提をもっとも鋭く指摘したのは井上勝生氏(「幕藩制解体過程と全国市場」『歴史学研究』一九七五年度大会特集。のち『幕末維新政治史の研究』塙書房、一九九四年所収)で、最近では平川新「地域主義と国家」(『歴史学研究』六一〇、一九九〇年九月。のち『紛争と世論―近世民衆の政治参加―』東京大学出版会、一九九六年所収)が、国訴を近世国家のなかの地域問題としてみる新しい論点を提示している。

(20) 村のなかの委任関係は、水本邦彦氏によって明らかにされた(『近世の村社会の国家』東京大学出版会、一九八七年)が、氏も含めて私たちにそれを啓示したのは中田薫氏の業績、とくに「明治初年における村の人格」(『法制史論集』二、岩波書店、一九三八年)である。それについて佐々木氏から、「古い古い仕事をそのまま引用している」として批判が寄せられ(「一九八七年度大会報告批判」『日本史研究』三〇九、一九八八年五月)、西川善介氏からもコメントが『日本歴史』五〇八(一九九〇年九月)に寄せられている。

(21) 佐々木注(16)文献一二五頁。さらに注(20)の「批判」では、このような「代表」を最初に問題にしたのは羽仁五郎氏(「幕末における社会状態・階級関係および階級闘争」一九三二年を指す――引用者)であったので、私の議論は、それとの噛み合せが必要だと述べている。農民は孤立分散的で自ら「代表」することができず、「代表せられ」ねばならなかったとう羽仁氏の「古い古い仕事」に、どうしてもかかわることが必要なのであろうか。それに対して谷山氏や平川氏の受け止めはかなり違う。谷山氏は、私の研究によってわが国近代の代議制形成へ連なるあらたな在来的な道筋が近世の側から開かれた――ただし階層性の強さを射程に入れる必要がある――とし(注(9)文献)、平川氏は、近世の惣代の地域利害代弁者としての役割は、現代政治がもつ特質を歴史的に解明するうえで重要な示唆を与えるのではないかと、記している(注(19)文献)。さらに深谷氏は「日本の民主主義形成史という新しい視角から検討し、代議制的秩序が運動の前史に形成されることを重視する」と述べている(注(9)文献)。

(22) 東欧の変革をみて痛切に思うのだが、それについて南塚信吾氏は東欧史研究者の立場から、スターリン型社会主義が支配する以前の東欧には、人民民主主義の道として議会制民主主義の意義が強調されていたと記す(「人民民主主義の可能性と限界」『歴史評論』四八四、一九九〇年八月)。

(23) 早くは安丸『日本の近代化と民衆思想』、最近では鶴巻孝雄「近代成立期の民衆運動・試論」(『歴史学研究』五三五、一九八四年一一月)、同「近代成立期の民衆的要求と民衆運動」(『日本史研究』三〇七、一九八八年三月)、安丸「困民党の意識過程」(『思想』七二六、一九八四年一二月。両論文とものち『近代化と伝統的民衆世界』東京大学出版会、一九九二年所収)、稲田雅洋『日本近代成立期の民衆運動』(筑摩書房、一九九〇年)など。また隣国中国の大同思想にもとづくところの「大同的近代」(溝口雄三『方法としての中国』東京大学出版会、一九八九年六月)などにも学びたい。

(24) 一揆の実力については松永伍一『一揆論』(一九七一年、大和書房)が、独自な視点で論じている。第一章「暴力からの誘惑」は文字どおり一揆の「暴力」を正面から扱ったものだが、このなかで氏は安丸良夫氏の仕事と並んで、田中惣五郎『暴力と独裁』(一九五〇年、北隆館)を高く評価している。「暴力の伴わない革命。それはなんというはればれとしたあかるい、そして望ましい期待であろうか」にはじまる田中の著書は末尾で農民の暴力を論じ、武器の停滞性と敵を見る目のくもりにおいて農民暴動は限界性をもつとしている。農民一揆では一貫して武器が「百姓道具」であったことを停滞性とみ、その原因を刀狩りに求めるのである(三六五～六、三七八頁)。

(25) 斎藤「武州世直し一揆のいでたちと得物」(『学習院大学史料館紀要』一、一九八三年三月)。これ以前に氏は「武州世直し一揆の考察」正・続(ともに一九七七年)を書き、また八〇年三月には「武州世直し一揆における打ちこわしの様相」(『学習院史学』一六)を発表しており、これらの上に最初にかかげた労作が生まれている。氏は武州世直しに関する豊富な史料のなかから出立ちと得物について考察し、私は一揆記録に寄りながら得物、打物、鳴物、指物について検討している。手法が違うが、期せずして西と東で得物に注目する人間のいたことは偶然というほかないが、民衆運動史のパラダイムの転換が底流としてある以上、かりに私たちでなくとも得物に気づく人は早晩、出ただろう。

(26) すでに安丸氏は、民衆闘争の高揚があらたな人間類型の形成過程にほかならなかった、農民闘争が村共同体を基盤にして組織される、という二つの「普遍史的事実」をふまえて、近世日本の民衆闘争を分析している(注(23)文献、二二九、二三二頁)が、その後、十分に氏の指摘は深められていない。これからの民衆運動史研究の課題であろう。

(27) 近年の近世史研究の動向を「変わる近世史像」として私見を述べ、そのなかに本書の課題に触れている(『歴史科学』一二〇、一九九〇年四月。のち『女性史としての近世』校倉書房、一九九六年所収)。参照ねがえれば幸いである。

前篇　国訴の研究

第一章　国訴の再検討——支配国と地域経済——

はじめに

「国訴」が津田秀夫氏により初めて発見（「封建社会崩壊期における農民闘争の一類型について」『歴史学研究』一六八、一九五四年）されてから、まもなく四〇年になる。今日では高等学校用の社会科教科書にも、「村方騒動」などとともに書入れられ、ひろく国民共有の歴史用語として定着した観がある。(1)

そもそも畿内における百姓一揆稀少説の批判・再検討という問題視角から見いだされた国訴だが、その後はそれ自体の構造、特色にかかわって数多くの研究が積み重ねられた。一九五〇〜六〇年代のことであり、関連する業績として安岡重明『日本封建経済政策史論』（有斐閣、一九五七年）、津田秀夫『封建経済政策の展開と市場構造』（御茶の水書房、一九六一年）、八木哲浩『近世の商品流通』（塙書房、一九六二年）、小林茂『近世農村経済史の研究』（未來社、一九六三年）などが公刊された。

ところが昨今は、その頃の熱意に比べるときわめて低調で、新しい研究動向をまったく示していない。俗にいう「鳴かず飛ばず」の状態である。とくに一揆研究に新しい潮流が生まれているのに比較すると、その対比は鮮やかで

ある。やや印象的な表現が先走ったが、管見の限りで一九七〇年以降、国訴についてなんらかの新しい発言をしたものを記せば、

宮城公子「変革期の思想」(『講座日本史』四、東京大学出版会、一九七〇年)
布川清司『近世日本の民衆倫理思想』(弘文堂、一九七三年)
井上勝生「幕藩制解体過程と全国市場」(歴史学研究別冊『歴史における民族の形成』一九七五年)
佐々木潤之介『世直し』(岩波書店、一九七九年)

ぐらいであろうか。

それぞれに啓発をうけたところ少なくなく、後段で若干関説するが、井上氏の所説をのぞけば、全体として右の諸氏の研究もそれぞれ国訴以外のところに重点があり、国訴には言及している程度といった方が正確であろう。したがってあらためて国訴を再検討するためには再度、従前の研究に立戻って、その視点を定めなおさなければならない。

国訴の研究史ということでは津田秀夫氏の名前があがるが、氏の著書『近世民衆運動の研究』(三省堂、一九七九年)の付論として収められた「いわゆる『文政の「国訴」』について」(『ヒストリア』五〇、一九六八年)は、それまでの国訴研究を総括された論文である。そこでは国訴について、大きくいって三つほどの問題点をあげておられたと思う。一つは国訴というものが、要するに歴史的な用語・概念であって、その意味では厳密に使わなければならないのではないか、という批判である。これらはとくに国訴年表(たとえば八木哲浩前掲書、青木虹二『百姓一揆総合年表』)のようなものが、肥料だとか菜種だとか綿だとかを対象に近世の中期から幕末期までの幅で作られるという研究の広がりのなかで、かえって混乱が起ったのではないかということを指摘されている。二つめは、国訴という農民闘争の段階的な把

握をするべきではないか、ということである。これは私の理解では、要するに、中央市場を担う大坂の都市問屋の市場統制機能のたいへん強い段階で、それと生産者農民が対抗するという段階から、在方の資本を含めたギルド的な結合が強まって、そのギルド的な結合をもつ商人組織と農民(生産者)とが対抗するという段階的な流れを整理しておれたと思う。三つめの点は、担い手の問題である。いわゆる在郷商人か庄屋クラス、あるいは直接生産者農民かという形での議論があった。

一九五〇年代の国訴研究がもった枠組をほぼ網羅した整理だが、これに対し井上氏は一九七五年度歴史学研究会大会で国訴を論じ、津田氏らが国訴を積極的に評価しながら、「市場論としての何らの展開を持たない中央市場優位論・在郷商人特権論・村役人主導論」に陥っていたと批判し、国訴研究の転回を訴えた。

井上氏の所説は幕藩制市場の転換期において、中枢部・畿内において闘われた国訴の意義を、「限定された畿内的特質」としてでなく、「国訴がもつところの日本的意味・日本的展開」を問うことにある。

文字どおり国訴研究の新生面を切りひらこうとするものであり、その問題意識を共有したいと考えるが、私にはなお国訴の地域的特質にこだわることが必要だと思える。それはつぎに述べるように近年の国訴概念の拡散化傾向に疑念をもつからであり、またかつての国訴研究が、「畿内の特質的先進性」にのみ一面化され、その地域的経済構造ならびに政治支配構造を十分に組み込んでいなかったと判断するからである。この点にかかわって本章では、筆者が近年アプローチしている支配国と地域経済という視点から国訴の再検討をこころみる。そのうえで井上氏の提起した、国内市場論を媒介に国訴の「日本的意味・段階」を考察するという手順をとりたい。

(1)　教科書での取扱いの実際についてみてみれば、「中学社会」では、ほとんど載せるものはない。一例として少し古いが大阪書籍(昭和五六年度用)版には、つぎのように出る(見出しは「百姓一揆と打ちこわし」)。

生活が苦しくなると、農民は年貢の引き下げや商品作物の自由な売買をくりかえし訴えるようになり、聞き入れられないと、多くの村の農民が、くわや竹やりで武装し、百姓一揆をおこしました。

「商品作物の自由な売買をくりかえし訴える」との文言には、国訴が念頭に置かれているだろうが、明記するには至っていない。百姓一揆の一つとして、国訴も位置づけられているのだろう。語彙の限られた「中学社会」としては十分な配慮であろう。つぎに歴史的語彙のふえる高等学校用教科書では、どうだろうか。

①『高校日本史』(一九八七年発行、三省堂)

「百姓一揆と打ちこわし」

百姓一揆と打ちこわしにふれたあと「また、肥料や木綿などの自由な取引を要求した近畿の国訴のように、特権商人がにぎる流通の仕組みを打ち破り、農民の権益を拡大しようとする運動も、大きな流れとなってきた」。

②『改訂日本史』(同年発行、東京書籍)

「百姓一揆」

越訴・強訴・村方騒動・小作騒動・打ちこわしを載せるも、国訴はない。

③『詳説日本史改訂版』(同年発行、山川出版社)

脚注に「一九世紀初めには大坂近郊の農民が大坂問屋の特権に反対して、農村の商人(在郷商人)指導のもとに数ヵ国を連合した国訴をおこした」。

第一節　国訴概念について

最初に、国訴というものが歴史的概念であるという点についてふれてみたい。この点はたしかに津田氏が指摘するように、国訴概念に拡散傾向があったことは否めず、それへの対処は国訴論の原点にかかわる問題である。近年の拡散傾向は、二様の方向をとって現れているように思える。一つは林基氏の提唱以来普及した「広域闘争」概念(1)にかかわってみられ、近年の一揆研究にも国訴を伝馬騒動や絹一揆と同じく広域闘争として捉える見解が強い(斎藤純・吉武佳一郎「一揆と打ちこわし」『一揆』二、東京大学出版会、一九八一年)。またもう一つの傾向は、関東に国訴同様の訴願闘争があったことを論じるもので、伊藤好一『江戸地廻り経済の展開』(柏書房、一九六六年)以来、地道につづけられている。

かつて津田氏は、文政六年(一八二三)を境に、「前期的」国訴と(本格的な、文字どおりの)国訴とに分かったが、近年の研究動向をみれば、国訴概念を時期的のみならず地域的に限定、擁護しなければならないように思われる。関東地域に国訴に類する農民闘争がみとめられること自体は、畿内の国訴を手がかりに、近世後期日本農村のブルジョア的発展を一貫して把握しようとする姿勢ならびに立証として、賛同するところである。しかしながら国訴はにも、肥料の値下げだとか、都市問屋による綿製品や菜種の流通独占に対して、生産者農民が闘ったという事実だけを含意するわけではない。同じ要求であれば、形をかえて百姓一揆として展開することもあるし、事実そのような一揆はいくつも起っている。

また反対に支配領域をこえて闘われた国訴を広域闘争として捉え、伝馬騒動などとともにその出現の歴史的意義を問う立場にも、両者の広域性に重点が置かれるあまり、両者の違いは強訴と合法的訴願といった形式(これも重要だが)でしか理解されていない。

一方は農民の経済的基盤の共通性をテコに国訴を拡散させ、他方は支配領域をこえた側面を重視するあまり、違いは形式論にすぎず、経済的基盤も豪農論として一括して捉えられる。双方の論調は井上氏の説く「畿内的特質としての国訴の観点を根底的に批判」する方向と、一脈相通じるものがあるが、このような形での拡散化・普遍化には大きな問題がのこる。双方ともに国訴をその一面でしか捉えておらず、中央市場圏の農民を国訴に至らしめた経済的基盤、もしくはその地域構造のどちらかを欠落させている。この限りでやはり、「国訴」概念の厳密性は保持されなければならない。したがって国訴という概念が、いつ、どのような状況で、どこで生み出されたのかという問題はやはり基本的な問題といえる。津田氏の指摘はこの点を衝いた先駆的なもので、国訴が生まれる前提を田沼期の株仲間政策にあると押さえたうえで、「国訴」という用語ができあがってくるのは、文政六年（一八二三）の実綿および種物の統制に対する摂河泉農民の反対闘争からであるとされた。またもう一点、商品生産の直接の成果である生産物の商品化にあたって「高」価格実現のために闘われた綿や菜種と、本来交換価値であるよりは、使用価値として「低」価格で購入されることを求めた肥料とは、「全く逆の方向に打ちたてられている」と論じられた。

このうち後者は、綿実・菜種とそれを原料とする油、さらにその搾り粕である油粕の関係性から考えて、このようにまったく対蹠的に区別することは正確でなく、また実際の国訴の運動構造は、綿・菜種の場合と肥料の場合とでも、連続的に展開していると判断される。

したがって重視すべきは、『国訴』が文政期に始まる歴史概念である」と説く点である[2]。右の点を津田氏は、文政六年国訴の組織上ならびに闘争成果の画期性にその主たる理由をもとめ、あわせて傍証として河州丹南郡岡村(藤井寺市)庄屋岡田家所蔵の「文政六未年ゟ摂州、河州、泉州国訴一件」と表記された文書を提示したのである。

右の文書は文政六年五月二五日付の摂河七八六カ村(惣代河州高井田村平左衛門ほか二八人)実綿売捌き手狭につき願書（a）、同七月二五日の摂河一〇〇七カ村惣代の願下げ口上書（b）および七月付の「在方綿商人」から一〇〇七カ村「御村役人中」宛てに差出した一札（c—1）の三通（いずれも写）が綴り合されたものである。これとまったく同一のものが古市郡碓井村庄屋松倉家文書中にあり、それには「綿一件願之写」と記されている(『羽曳野市史』五、近世史料編)。いつ頃筆写されたのかは不明だが、文政六年訴願闘争の経緯からみて右の三通の史料は、おそらくもっとも貴重な証拠類というべきものであろう。その実、惣代の一人であった河内若江郡高井田村庄屋平左衛門は上小坂ほか一八カ村に宛てた廻状(七月二六日付)のなかで、七月二三日一件落着、今後の取締りのため一村ごとに請印を取りたい。ついては願書、願い下げ願書、取締書両通の写をそれぞれ回すので、写しとって取締りにあたるよう指示している(『布施市史』二)。このうち願書は岡田家文書中の(a)に、願い下げ願書は(b)に相当する。そして取締書は本来、在方綿商人からの一札(岡田家文書のc—1)とともに「摂河申堅め一札」(c—2)の二通からなっていたが、岡田家文書は後者を欠いているのである。

それに対し藤井寺市林家文書の「摂河州村々実綿一件嘆願書並ニ取締綿屋共より一札写」は、平左衛門の指示どおり、四通(a、b、c—1・2)すべてを収める。併せて同文書には、本紙はすべて今宮村に預け置くと注記している。もちろんそこに「国訴」の文言はない。

また朝尾直弘氏の紹介によって知られる富田林市杉山家文書中の「摂河両国之内千七ケ村申合、大坂三所問屋株御取放奉願上候一件之始末控、石川郡村々」は前記四点のほかに、文化三年と文政六年の江戸屋弥兵衛出願の綿市場に関係する四通と、同六年の秤改め延期願い関係二通の合せて一〇点を収め、関係史料としてはもっとも詳細である。まったく同一の史料が、大阪市立大学図書館所蔵文書中にある。

以上、文政国訴に関係する史料の残存状況を検討すると、大きく岡田家文書のタイプ(A)、と林家文書のタイプ(B)、杉山家文書のタイプ(C)に分類することができ、なかには(a)(b)(c)のほかに、秤改め関係を一通収める羽曳野市森田家文書「綿一件願之写」のような中間タイプのものもある。どのタイプがもっとも広く見られるかまで調査が行き届いていないが、後に分析する国訴の組織構造（前篇第二章）から判断して、（C）は惣代間を往復し、保管された文書、（B）は惣代から参加の村々に交付された文書、そして（A）はそのケースでありながら、なんらかの事情で、一部文書を欠いているものと整理することができよう。津田氏が取り上げられた岡田家文書はこのように、文政国訴に関する残存史料の一型にすぎず、しかもそのなかでも不完全な残存状況のケースである。また岡田家文書の表題を除けば、どのタイプにも「国訴」の表記はない。したがってそれは後年に、追記されたものと判断するのが適当であろう。その時期はいつか。それは文政国訴が想起され、その時の史料が合せて綴られたりしている安政二年国訴の時ではないだろうか。

いずれにしても文政六年当時に、「国訴」という通念が成立していたということはできない。

［補注］

これまでの調査のなかで歴史的概念としての「国訴」について、以下の一一例が知られる。そのうち初見は、天保九年（一八三八）三月の年記をもつ、つぎの史料aである。

a　河州錦部郡村々頼み一札（河内長野市福田家文書、なお写真提供は河内長野市教育委員会のご厚意による）

覚

一菜種作并油方之儀、御国訴奉申上度、右ニ付惣代其許江相頼申候儀ニ御座候、願意之義者兼而申談置候通リ御取斗可被
成候、為其頼書依而如件

天保九年河州一六郡の農民が結集した菜種・油国訴の折、錦部郡では全村参加のもと甲田村庄屋弥兵衛を郡中惣代に頼んだが、そのときの頼み証文である。

b　林猪十郎宛て　森田三郎左衛門書状（藤井寺市林家文書）

御尊書拝見、（中略）然者下拙義過日より不快罷在候ニ付、国訴一件集会之義得出勤不仕候故、尊公様御頼申上、早速御承引

被成下、御苦労之段忝存候、扨一件弥々二日出訴相成候間、明朔日より御出張被下候ニ付、委細被仰下承知仕候得者、菜種一条義委敷聞取不申、昨日も浜卯詰合惣代名より廻状ニて、今晦日罷出候様申来候得者、下拙病気故尊公様御頼申上置候趣申遣、出勤義断申置候(下略)

安政二年国訴は六月二日に一〇八六カ村によって提起されるが、その前々日五月晦日の日付をもつ手紙で、幕領の郡中惣代の一人として大坂に出勤するはずだった古市村森田が、病気のため近隣野中村の庄屋で郡中惣代でもある林に「当郡も兼用」で出勤してくれるよ

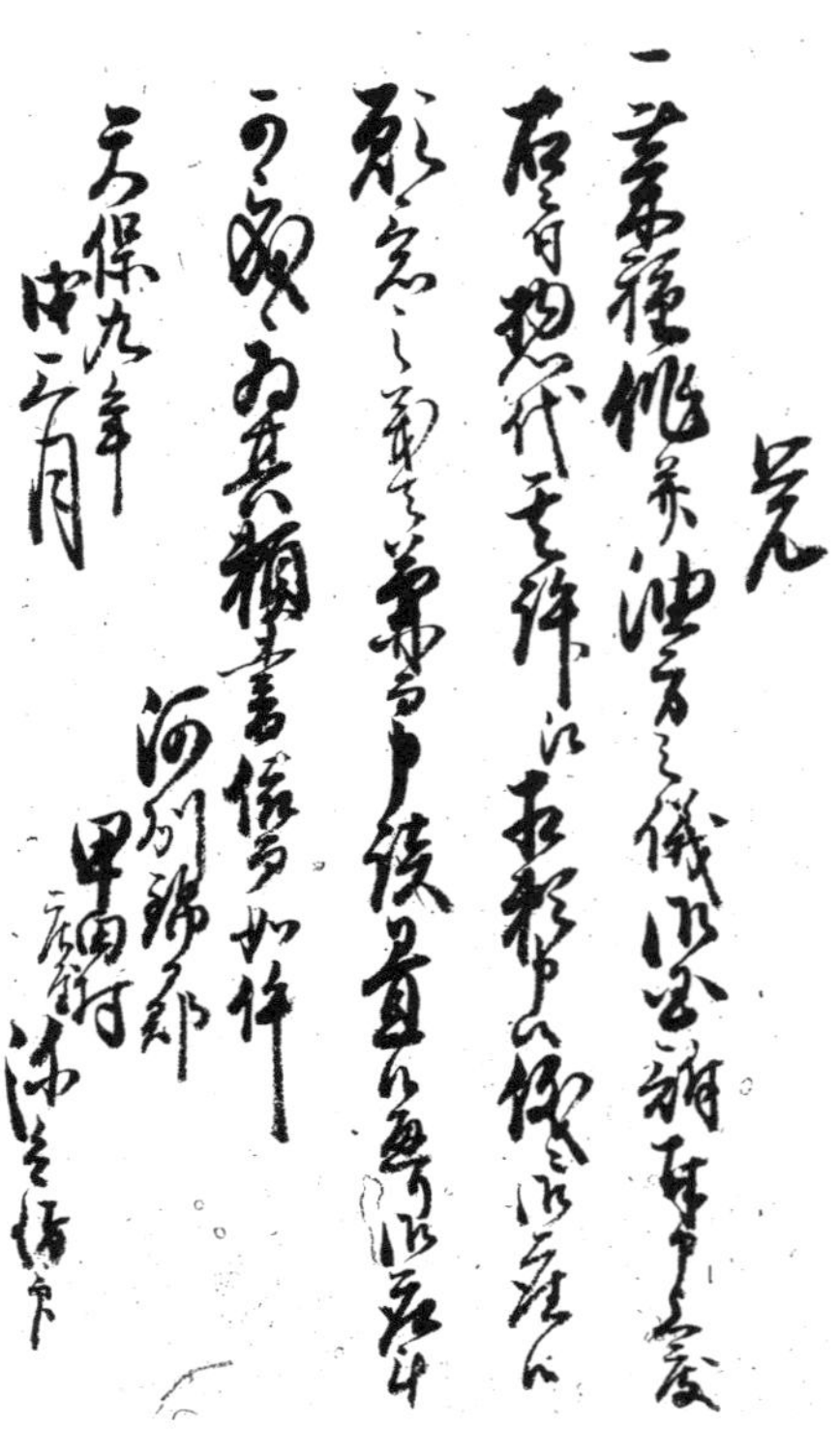

う依頼している文面である。

以下のc・dは、文書および袋の表書で、安政国訴のときのものである。

c　安政二年六月(林家文書)

「綿菜種肥料国訴一件諸入用控」

d　(同右)

「摂河州作菜種売捌方ニ付国訴一件書類入り」

つぎのe～hは、元治元～慶応元年の国訴に関するものである。

e　元治元年七月　組合勘定帳(羽曳野市森田家文書)

一　銀三匁　　六月一六日　国訴一件小山鍋店行　　弥三右衛門

f　慶応二年一二月(同右)

一　銀弐百五拾匁　　丑六月三日より　　国訴一件出勤十日分　　源三郎

g　元治二年四月一六日付廻状(羽曳野市矢野家文書)

弥々歎願国訴も致度、過日より御料所集会致候ニ付而ハ、御最寄御村々へ通達申上、御打合御示談申上候

h　慶応元年六月(林家文書)

「菜種国訴一件諸入用　摂州拾弐郡高掛り割賦帳」

i・j・kともに慶応元年のもので、iは一橋領の「摂州郡中割方帳」の経費の一項目で、j・kは願書と勘定帳のセットになっている(大東市中島家文書、浄謙俊文「慶応元年国訴願書及び勘定帳」『愛泉女子短大紀要』八、一九七三年)。

i　慶応元年一二月(箕面市中村家文書)

一　(金額略)是ハ菜種売捌手狭ニ付、摂河両国手広国訴一件、当御分一手高掛り、七月八日御料所惣代江相渡し高

j　慶応元年一二月「菜種売捌手狭ニ付難渋国訴願書控」

k　慶応元年「摂河州国訴一件諸入用帳」

国訴概念の形成史については、もっと確実な史料が必要である。ここで注目されるのが、一九七三年、『富田林市史研究紀要』三として公刊された「明治元年河内木綿株設立一件」と題する史料である。これは慶応三年(一八六七)から明治元年(一八六八)にかけて、河内の富田林や八尾の木綿商を中心に、木綿株設立の顚末を記述した木綿商(杉本藤兵衛)の筆録である。[3] ここに「国訴」という用語が三カ所出る。

(その一)

河内木綿往古ゟ株と申事、決而御免事無之候義者、当国第一之産物故、〆(締)括り相成、手狭窮屈ニ而者、百性障リ相成事故、中古も綿問屋・仲買と申もの拵度存込、是者大坂共申合、願出候得共、河泉両国一致して国訴致し、終

ニ者調株相成不申仕義も承居候

ここに出てくる木綿はいずれも綿布で、河内では綿布が往古より問屋・仲間株として統制されたことはなく、以前、大坂のものが共同して願い出たが、河泉の百姓が一致して「国訴」し、ついに株仲間は認められなかったと書いてある。ここに国訴というものが幕末期の社会通念として使われているひとつの例がある。この文面はなにを指しているかということだが、綿問屋・仲買仲間を大坂の者が作ろうとして願い出たというのは、明らかに安永二年（一七七三）の実綿・繰綿・綿布に対する在方株の設置が摂河村々を対象として行われたことを指す。それに対し反対闘争のあったことを記しているが、そうだとして問題なのは「河泉」ということで、後でふれるように安永二年のものは摂河であって、泉州は対象に入っていない。その意味で、記憶違いだろう。もし私の理解が正しいとすれば、ここでの「国訴」は安永二年の事件をもふくみこんで捉えている。あと二カ所あるが、

（その二）

此辺ニ者入組多、機場ゟ大坂之通行人抔《等》へ直売等も致し候、若《もし》夫ヲ厳重ニ差留候ハ、油方之菜種之様成事ニ成行歟、此辺百姓人気強、万一国訴等も出来有之歟、夫而已心配

と、株立てを推進しようとする側が、万一国訴の起ることを心配している。この数行のちに「国訴等噂も承り」と、国訴による株立て阻止行動の噂が耳に入っている。この史料もどの時点のものだということが書いていないが、要するに油や菜種というものは大坂周辺では非常に統制のきついものであって、それに対して繰り返し摂河泉の百姓が国訴を起し訴えつづけてきたという地域事情が、「この辺の百姓は気が強いから、菜種のように厳しく統制すれば、国訴をおこす」との危機感あふれる文言に反映している。

（その三）

仮令《たとへ》寺内ニ何程の能手《よき》筋有之、願出候共、寺内之配下ニ成様之事成者、此一件国訴ニても致し、急度破談之積

三つめの史料として、この株立てそのものが、富田林と八尾という中河内と南河内、それぞれの木綿商のヘゲモニーのもとで展開されるわけだが、そのヘゲモニーをどちらがとるかというところの脈絡のなかで、右の文章が出る。もし八尾寺内組の方が差配をして、そのヘゲモニーのもとで株立てが行われるならば、この一件は国訴を引きおこしてでも破談にしてやろうというような仲間割れが出てくる。ここにも「株立て」というものに対して、それを潰すためには「国訴」という手段があるんだ、国訴という戦術があるんだという受けとめが表明されている。

右にみたように「国訴」は、木綿株立てを企画する側のさまざまな局面で使われており、その用例に、明治元年(一八六八)以前の国訴の歴史が受け継がれている。この意味で幕末・維新期に国訴は、文字どおり一つの社会通念として確立、定着していたといえるであろう。しかもその受けとめは、綿・菜種といった農民的商品生産に対する都市並びに在方資本の統制への反対運動として、国訴は捉えられている。私も、文政六年(一八二三)の摂河一〇〇七カ村国訴に運動上の画期性をみとめることに賛成だが、津田氏が主張するほど文政六年の訴願闘争に、国訴概念そのものにとっての象徴的な意味を持たせるということについては疑問をもつ。むしろ氏が、田沼期における繰綿・実綿延売買会所の廃止運動という既往の経験が活かされて、文政の国訴が闘われたといわれたように、田沼時代からの株仲間統制が展開されて以降の農民的な反対闘争の経験とその蓄積というものが、国訴概念を形成させたと考える方が正確であろう。かくて国訴は近世後期、摂河泉を中心とする地域に形成された一つの社会通念であると断言できる。その限りで国訴は、百姓一揆と並ぶこの時期の民衆の行動様式に対する社会通念である。後述のように一揆がそれ自身の歴史と構造に規定された通念をもった[4]ように、国訴もそれにふさわしい社会通念をもったが、その地域的および構造的特色は明瞭である。

ここで再び国訴は百姓一揆との対比という、その研究史の原点に戻る。私はこの点を意識的に追究してみたいと思うが、宮城公子氏がすでに同様の視点から、国訴に示される小商品生産者の批判の論理を示しながら、「幕末日本各地で一般民衆の反封建闘争の高まりの中で、畿内の民衆のさめた傍観者的態度はきわ立った特色が認められる」と述べている(「変革期の思想」『講座日本史』四)。[5] 今後の解明に期するところ大きく、それは後章に譲るとしても、右の立場にたつかぎり講座『一揆』二にみられる国訴観は支持できず、階級闘争史研究における一揆と国訴の問題は、ほとんどまったく研究に進展がみられないというほかない。[6]

(1)　林基「宝暦—天明期の社会情勢」(『岩波講座日本歴史』一二、一九六七年)。

(2)　『新版封建経済政策と市場構造』でもつぎのように記す。「本来は『国訴』というのは、すでに旧幕時代から使用されてきた歴史的概念であり、文政六年の摂河一〇〇七カ村の農民闘争のときから始めて使用され、特定の歴史的内容をもつ用法として使用されていた」(四一八頁)。

(3)　この史料は福山昭氏の手で編纂されたもので、同事件はすでに今井修平「近世後期河内における木綿流通の展開」(脇田修編著『近世大坂地域の史的分析』御茶の水書房、一九八〇年)で紹介されている。

(4)　拙稿「得物・鳴物・打物——百姓一揆研究ノート」(後篇第一章)。

(5)　宮城氏は安丸氏の指摘した通俗道徳の諸思想との対比のうえで、畿内先進地域の民衆思想の異質性を強調し、その現われを国訴における小商品生産者の批判の論理にみる。非合法手段をいっさい排除したことにも注目するが、同様な観点は布川清司氏や市井三郎氏(『近世革新思想の系譜』日本放送出版協会、一九八〇年)にもみとめられる。

(6)　階級闘争史研究における一つの進展として、佐々木潤之介『世直し』をあげうる。そこでは一揆と騒動が峻別され、論理構成の基軸を占めているが、その反面、国訴と一揆の対比は考慮の外におかれている。佐々木氏には独自の豪農(農民層分析)論があり、多くの一揆研究がそれに依拠しているため、この面でなんら進展がみられないのではないだろうか。

第二節　国訴と支配国

つぎにあらためて国訴について再検討するが、国訴概念が研究動向のなかで拡散傾向をもった理由は、その地域的構造が十分に考慮されなかったからではないかと思う。正しく国訴の経済的基盤は指摘されていたが、国訴の全体的な理解にさいし経済的基盤にのみ比重がかかり、国訴を生みだす地域の経済構造・政治構造に対する認識は弱かった。私がいまあらためて、国訴を再検討、再評価してみるべきだと考える理由の一半は、ここにある。そこで、近世畿内の地域構造を把握するうえでのキーワードと思われる支配国と地域経済概念を使って国訴の理解を深めてみたい。

「支配国」という概念については、拙稿「『摂河支配国』論」（脇田修編『近世大坂地域の史的分析』御茶の水書房、一九八〇年）において、高木昭作氏の国奉行研究を引きつぐ形で、慶長期から寛永期ぐらいまでの支配国像を検討した。それを念頭に置いて、ここでの支配国と国訴のかかわり合いには二つの意味がある。ひとつは国訴というものは、文字どおり訴訟裁判闘争である。（1）その意味では必ず原告と被告というものがあるわけなので、広い意味での民事訴訟である。一般に近世国家では、原告と被告とがどの支配国に属するかによって、その裁判管轄がどこに帰属するのかという問題があるが、摂河の百姓が大坂の都市問屋、ないしは摂河に所在する問屋を訴えるということは、摂河両国内での民事訴訟であるので、大坂の裁判役所（町奉行所）が扱う。ここに裁判管轄としての支配国原理が働いている。

もうひとつ――こちらの方が大事だが――支配国というものが、慶長～寛永期についでもう一度顕著に現れる時期は、田沼期である。（2）それは要するに、この時期、都市を拠点とするところの幕府の金融並びに経済政策が支配国を単位に展開されている時期だからである。その意味で幕府による都市問屋あるいは在方問屋を使った形での流通統制と

表１◉摂河泉国訴合計表

	摂津	河内	和泉	摂河	摂河泉	その他	計
菜種	23	7	2	5	4	1	42
綿	3	3		8			14
肥料	19	2		11			32
合計	45	12	2	24	4	1	88

（注）『堺市史続編』一（福島雅蔵氏執筆分担）による。

いうものが、摂河支配国ないし大和、あるいは和泉の支配国という形で展開されていく。それゆえに、摂河・泉州あるいは大和という、支配国レベルでの国訴という訴訟闘争が展開されていくわけである。

『堺市史続編』一のなかで、福島雅蔵氏が八木哲浩氏の国訴年表をもとに、摂河泉の国別国訴表を作成している[3]（表1）。それによると摂津・河内・和泉三国での訴願行動に、かなり異動のあったことがわかる。国訴が国（近世六〇余州の一つとしての国）の下部単位である郡や所領域ごとに闘われはじめ、一国ないし二、三カ国に拡大、連合されていったことの反映であるが、一国をこえて展開した場合、摂河と摂河泉とではその数（二四件と四件）に極端な違いがあるが、どうしてだろうか。これを闘う農民の組織的力量の度合に求めることは、適切でない。農民的商品生産と流通という共通の経済基盤のうえに、異なった支配国原理が働いているからである。

右の点を史料に即して、少しくみていこう。たとえば天明八年（一七八八）、泉州で肥料の国訴が行われたときであるが、およそ幕府は集権的な性格を持っているので、問題の解決は通常、江戸に集中する。だが畿内近国については分権的な行政・裁判機構というものがあって、その限りで処理される事例が多い。史料では「江戸御表へ御歎奉申上候儀、所詮不仕ニ而、当御番所様（堺――引用者）御支配下之百姓ニ御座候得者、何方様へ御歎可奉申上候様ニも無御座」（北村禎三文書、『堺市史続編』四）と、和泉の支配国の百姓は堺の奉行所にすがって、この件について訴願を行うと書かれている[4]。

文化二年（一八〇五）菜種・綿実国訴は摂河村々の場合で、「然ルニ両国之儀ハ、当御奉行所様（大坂）江御縋り可申上より外、可致様茂無御座(中略)一昨日両国ゟ訴訟奉申上候」(西川吉次文書、『松原市史』五)とある。別の箇所で「摂河両国申合御訴訟」と記すが、摂河が大坂町奉行所の支配国であるということが、国訴の基本的枠組となっている。この枠組が文政六年、「摂河州村々作綿売捌方、近年御当地(大坂)三所実綿問屋共手狭ニ取締、難渋仕候ニ付、売捌手広ニ相成候」よう一〇〇七カ村が訴願した場合にもあてはまる。

基本的枠組はまた、支配国レベルでの株立てにも貫いている。安永二〜三年、摂河村々が反対訴訟を行った大坂周辺の在郷綿屋株は、「大坂三郷幷隣村を除、摂州・河州村々実綿・繰綿幷繰屋・毛綿諸商仕来候者」を仲買株一五〇〇枚、冥加金一五〇両で株立てしようとする計画であった(塩野俊一文書、『羽曳野市史』五)。

文化五年、堺の山本茂平なる者が綿せりわけ問屋の開設を願い出たが、これに対し泉州の田安・一橋領村々惣代は連名で、せりわけ問屋の設置は「一国一株之御問屋」となって泉州の在町に限らず、綿商人はすべて茂平の手先になり、作綿の売捌きが手狭になるのは必定と申し立てている(『堺市史続編』一)。

後にふれる安永二年(一七七三)の大和一三郡村々あげての国訴も、大和一国レベルでの実綿仲買・繰屋職の株仲間廃止のたたかいであった。(5)

このように摂河・和泉・大和といった支配国限りの訴願闘争は、どちらかといえば単純に理解しえるが、摂河泉三カ国の大連合戦線というように、支配国をこえた場合、事情はもう少し複雑である。文政六・七年の国訴はこの代表例だが、普通この場合、地域的利害の偏る綿よりも菜種という各国郡村々に共通性の強い部門で大連合戦線を張ったと農村の組織的力量で説かれているが、問題はそれに尽きない。

文政六・七年以前に摂河泉、つまり大坂町奉行所の支配国と堺奉行所の支配国をこえて、訴願が展開された例が三回ある。一回目は安永六・七年の堺・大坂・平野の繰綿延売買会所廃止を求めての運動である。二回目がさきほどみた文化二年の菜種と綿実の種物に関する訴願、それから三回目が文政六年から七年の実綿と種物の訴願である。そのうち安永七年の場合、最初に河内の百姓が大坂と平野の繰綿延売買会所の禁止を願い出るというところから運動が始まって、ほぼ同時に並行して和泉の百姓は堺の会所差し止めを願う。ところがこの時、和泉の百姓は堺奉行所より「堺之儀ハ追々御沙汰可被　成下旨、摂刕ニ有之候売買所(大坂と平野)之儀ハ、其向ゝ御番所へ御願奉申上候様」(児山忠信文書、『堺市史続編』四)にとの指図をうけた。大坂の支配国にあるところの繰綿延売買会所に関する訴願は、大坂町奉行所に訴えよということである。そこで彼らは民事訴訟の手続きにそって、堺奉行所から添簡という手継文書をもらって、大坂の町奉行所に訴え出る。その結果、ここに摂河泉で共通して大坂と平野の繰綿延売買会所の廃止運動が展開され、天明七年に廃止される。堺の会所だけが遅れて、天明八年に廃止される。

ところが油と種物の場合は、少し様相が違う。文化二年は両種物と油小売りに関する訴願が、摂河泉共同して行われたが、これに先立つ天明八年は、泉州だけで種物売捌き手狭の訴願があった。その時、堺奉行所は左のような判断を下している。

油稼水車・人力共株受候儀、大坂御役所ニ而取扱之儀ニ候得ハ、其筋へ願出候もの格別、当役所ニ而ハ難被為御沙汰候(北村禎三文書、『堺市史続編』四)

菜種と油の統制は堺奉行の関知するところでなく、いっさい大坂の管轄であるからそちらに行け、というわけである。この先例をうけて文化二年、そして文政六・七年の時点で、摂河泉三国の百姓は、種物と油について大坂に訴願する。

要約すれば実(繰)綿、木綿に対する統制は、摂河、泉州、大和というレベルで通常行われ、農民の訴願も支配国限りの形態をとる。ところが種物と油については、摂河泉(および播州)一円を大坂が管轄するため、種物と油の小売りに関する訴願は大坂に集中する。前出の表で、摂河泉三国におよぶ国訴がすべて菜種であることに、あらためて注目されたい。支配国という基本的枠組が働きながら、大坂周辺には摂河（大坂町奉行所管轄）と和泉（堺奉行所管轄）の一次的支配国とともに、摂河泉（播）におよぶ二次的支配国（大坂町奉行所）という、支配国の重層性が存在し、これが一〇〇〇カ村をこえる国訴のもう一つの枠組となった。また支配国の二重構造のもと、綿製品と種物・油の場合とでは広狭二元的な幕府の経済統制が機構的に行われていたこととも関連する。

なお、畿内近国にはもう一つ、京都を中心とする支配国が、山城・大和・丹波・近江に展開していた。だがこの二つの――大坂と京都に代表される――支配国をこえ、国訴が展開されることは一度もなかった。このことも併せて注意されるべきである。

（1）非領国概念の提唱者安岡重明氏の『日本封建経済政策史論』（有斐閣、一九五九年）が想起される。同書第四章「畿内における封建制の構造」で、すでに幕府の裁判権、行政権（産業統制の特殊性）のもとに、国訴の闘われたことが指摘されている。

（2）この表には不備があり、本章でも扱った安永年間の綿延売買会所廃止をもとめた摂河泉三国の訴願と、文化一二年の堺実綿売買繰屋株差し止めを求めた堺周辺（摂河泉に属する）村々の運動が、その欄に記入されていない。

（3）農民の要求は諸国漁場の網数を多く取立てて、干鰯値段を下げることであった。この件は「泉州ニ限候儀ニ而無之」ため取扱われず、わずかに肥料の正道を売買すべき勧告が泉州一国に出ている。

（4）杣田善雄「和州繰綿買次問屋仲間の存在形態」（『日本史研究』一六〇、一九七五年）。

第三節　国訴の国内的要因と地域的契機

つぎに国訴の舞台となった畿内農村のもつ地域構造としての特質を、経済面から探ってみよう。さきにふれた井上氏の批判もこの点にかかわり、氏は局地的市場圏に一面化された理論の欠陥を指摘し、国訴を「幕藩制市場解体の基礎過程に位置づける」ことを強調した。大筋において井上氏の批判は正当だが、部分的にはすでに、その線にそった成果は現れていたことに留意したい。(1)

綿や菜種国訴となった田沼期の、中央市場における商品流通機構の再編、在株化の推進は、松本四郎氏が明確に説いており(「商品流通の発展と流通機構の再編成」『日本経済史大系』四)、種物と油については津田秀夫氏の詳細な仕事(『封建経済政策の展開と市場構造』)がある。また大坂繰綿価格と西摂農村の実綿価格の相対比較から、在方綿価の相対的上昇を文政期の大国訴の反映とみる山崎隆三氏の論稿(「近世後期における農産物価格の動向」、大阪市立大学『経済学年報』第一九集)も注目される。大坂＝中央市場における都市問屋の在方支配力の後退は明白であり、井上氏はこの変化を、長州藩内における問屋制経営主「綿屋」の国内市場への登場と結合することにより、形成期国内市場の現実把握とした。氏の仕事は市場論を媒介に、国訴の国内的要因を探ったものと位置づけることができるが、私はそれと同時に国訴の地域的契機をも重視する。

具体的には前節にみた支配国レベルの株立てや、その商品市場への影響、さらに農民の訴願というものの相互連関を把握する課題につながる。この場合とくに中央市場圏の地域構造がポイントとなり、地方との関係では単一にみえる大阪市場とその周辺社会も、一歩立入れば複数の地域的契機をもっていることが重要である。商品生産の成果をめぐる新・旧二つの商業資本の対抗関係も、このような地域的契機と絡んで展開するのである。

ここではそのような地域的契機の析出に主眼があるが、その前に、国内的要因について私見を述べておきたい。素材として文化七年(一八一〇)、堺の繰綿問屋増設と、一二年の実綿繰屋株をめぐる泉州農民を中心とする反対訴願をとりあげる。堺にはすでに享保年間に繰綿問屋が設立されていたが、文化六年末に冥加金と引替えに、あらたに問屋株一三軒の増設許可が出願された。問屋側は直売を専門とする小売の商人ができ、かえって他国からの買入高が減少したので、今後泉州の繰綿を一三軒の問屋にのみ売り出すよう求めているが、泉州四郡村々はもちろん、それに反対している(『堺市史続編』一)。

関連して文化一二年には、堺の実綿売買繰屋株差し止めを堺周辺に分布する摂河泉三国の村々が訴え出る事件が起っている。発端は文化九年、堺に繰屋株(一五〇軒)が設けられたことにあり(『堺市史』三)、無株の者への実綿売買を統制したため、この年、作綿を多く堺へ出す村々が打開をもとめて立ち上がった(中山信正文書、『松原市史』五)。

文化七年と九年に繰綿および実綿に対する問屋株と繰屋株の設立が企図されたことに、この二つの訴願は起因しているが、なぜいったい、この時期に堺で右の計画がもち上がったのだろうか。一二年の訴状で農民たちは堺を「繰屋之外諸国客先へ売渡、船積仕候商人」の多い地だと述べている。繰綿問屋と繰屋仲間はこのような流通機構を担ったが、とくに実綿売買繰屋仲間は問屋の下で遠国へ積下ろす繰綿を吟味したため、一時期しめり綿などが混り、目方も減り、客方の評判を落していたのが立直り、「近来者客方気請立直り、相応之注文入込」むまでに活況を呈してきた、とその口上書で述べている。

堺から移出される繰綿の品質管理と量の確保が、この時期の株立てと絡んで問題となっているが、右の事柄と符節をあわせるかのように、堺を遠く隔てた越中高岡の綿場で堺の繰綿に対する規制強化がはかられている。高瀬保氏の

『加賀藩海運史の研究』(雄山閣、一九七九年)によれば、文化年間、高岡綿場と取引のあった堺の繰綿問屋は一一軒を数えたが、文化一一年以降、下り綿の品質・量目とも悪く、高岡綿場はその改善にのり出し、繰綿一袋三貫一〇〇目入の見本綿提出に応じない綿問屋に対し綿場取扱い指定の解除を要求している。

堺から高岡の綿場にどれほどの繰綿が入ったかは不詳だが、堺繰綿はその地の中心銘柄であった。高岡綿場を経由した綿は、新川郡村々に運ばれ、そこで織られ新川木綿となった。新川木綿は全国的な綿業発達のなかで、文政期江戸に一〇〇万反が運ばれたとするほど高成長をとげるが、この時期には信州松本への販路が開け、綿の需要が激増、それにしたがい移入繰綿の品質が低下したという。

かくて高岡綿場からの品質管理・量目確保の要求に応える形で堺の問屋株増設、繰屋株結成というものがあり、それがこの時期、泉州などの堺周辺村々に綿訴願を引きおこさせた、という関係が導き出せる。訴願の結果、問屋株については農村の直売要求がみとめられた(繰屋株は停止されたかどうか不明)。この結果は当然、高岡綿場に直接、影響を与えたと思われ、高岡では文政八年(一八二五)、堺の締綿市場のほかにあらたに中国(備後福山、備前下津井など)綿をもって玉綿場をつくり、競争させることで供給の拡大と品質向上をはかった(高瀬前掲書)。文政大国訴の翌々年である。

堺をこの期の、綿中央市場(の一翼)とおくならば、加賀藩の殖産興業策を背景とする高岡綿場の要求にもかかわらず、堺の株仲間組織による在方綿花(繰綿)支配の再編は、摂河泉農民の訴願闘争の前にはたさず、「幕藩権力を背景とする問屋の権力的寡占体制」(井上氏)の衰退は明瞭であった。それを前提に文政後期、高岡綿場はそれにかわる繰綿市場を新興地、瀬戸内に見いだしたのである。この背景には一八世紀中期以降に進展した綿作・綿業技術の流出と、それにともなう全国的な分業構造の転換があった。(2)

つぎに国訴の畿内的ないし地域的契機ということでは、たとえば中央市場圏における商品流通統制が幕府権力を背景に、近隣の異なった支配国で行われたとき、隣接する綿(木綿)市場や菜種市場にどういう影響を与えるかが、議論の出発点となる。

近隣の支配国としてまず大和と河内を取り上げる。大和では安永二年(一七七三)、町在の実綿仲買と繰屋職に対する株立てが行われ、それに対し大和一国の訴願闘争が起った。このとき農民は、訴願のなかで、

株商人共ゟ差障り之儀ニても申立候哉、例年他国ゟ入込候綿商人共和州へ入込不申、註文も不申越、不残河州へ入込 専《もっぱら》 綿買入込、東国へハ一向入込不申、株商人斗《ばか》りニて申合せ、綿直段不引下ケ候而ハ買不申

と主張した(杣田注(4)論文)。事実この時期、株立ての結果、河内と大和で綿花の価格差が随分と開いている[3](表2参照)。それまでは大和の綿花の方が、河内以上に売り手市場として高価格(三〇~五〇匁も高い)を保っていたが、この年の株立てによって逆転し、大和に比べ河内の綿花価格が上昇したのである。これは、ともに売り手市場として綿花市場が大坂周辺に展開されている場合[4]、一方の地域(支配国)で株立て＝統制が行われるということは、他方の地域の売り手市場としての有利性がさらに増すことを示している。

表2●河内と大和の綿比価

	河　　内	大　　和
安永2年以前		全体に高値
安　永　2　年	183.67	120～130
安　永　3　年	171.00	110～120

(注)　綿100斤についての価格(匁)。
杣田論文による。

逆に拡大された商品市場のもとでは、株立てをする必要性も同じように隣接する支配国レベルでの問題として出てくる。

古手道具之儀ハ大坂ニおゐて河刕表仲間株相立、依之大坂同(様)河刕之もの共、泉州在々江入込商《あきない》内仕候へ共、泉刕之者共ハ同村といへ共、河刕表江立入り商内仕候事一切不相成手狭之商内、一向引合かたく難渋至極仕候(土居通和文書、『堺市史続編』四)。

これは文化八年、古手道具と質屋の株立てを在方商人が願い出たものであるが、明和年間、大坂に株立てされた古手古道具・質屋株があり、その株商人が河内一円はもちろんの

こと、泉州までも入り込んで商売をしている。そのために泉州の質屋だとか古手古道具屋は河内へ入り込めないのはいうにおよばず、泉州でも手狭な商売をしなければならない、ということである。この時期、国というものは、畿内では国郡制的な枠組としてあるが、それに比べ、市場そのものは広域的に展開している。それゆえ隣接した地域（支配国）で株立てが行われる、ないしはそれが廃止されるということは、それぞれの商品市場に影響を与えていくということは当然の事態であろう。国訴に即していえば先の綿花の場合、株立てがされることによって価格差が逆転をするという大変動を引きおこし、そのことが逆に大和の農民の訴願というものを激しくしていく、という連関がつかめるのではないか。

要するに商品市場の拡大というものと幕府が行う支配国レベルでの統制というものとの矛盾というか、緊張関係を示している。先に紹介した安永七年の繰綿延売買会所の廃止問題で、和泉の農民が大坂・平野の会所差し止めを願ったとき、大坂町奉行は、大阪・平野は遠方であるのになぜ泉州からわざわざ願い出るのかと詰問している。それに対して泉州の農民は、この際、土地の遠近は関係がないんだという点と同時に、大坂は穀物その他「値段の梢（鞘カ）」である（児山忠信文書、『堺市史続編』四）と表現している。文字どおり大坂という中央市場の存在は、拡大された商品市場のなかでの要としての役割を持っており、それは国や郡という支配国のレベルをはるかに越えたものである。加えて市場圏の拡大はひとり大坂にとどまらない。たとえば文化九年（一八一二）の泉州一国の申合せ条項には、大津（近江国）に綿市場が立てられるということに対して四郡村々が、どう対処すべきかが入っている（児山忠信文書、『堺市史続編』四）。このように拡大した商品市場のなかで、大坂周辺に存在する諸都市の動向が、畿内の商品生産者にたいへん大きな影響を持つものとして受けとめられていたのである。

右の問題を国訴そのものに即して理解した場合の一例として、大和と河内の綿国訴の比較をしてみたい。ここで考えてみたいのは、先ほど述べた大和の実綿・繰綿仲買株撤廃運動と、大坂周辺での繰綿延売買会所の反対運動の時間的な差という問題である。周知のように、大坂・平野・堺の繰綿延売買会所の開設は、堺では宝暦七年(一七五七)、大坂では宝暦一〇年にそれぞれ許可され、おくれて平野に安永三年(一七七四)設置された。ところが今まで確かめられたところによると、繰綿延売買会所に対する訴願というものは、安永六年一一月、河内若江郡村々が大坂の二カ所と平野郷の延売買会所廃止を願い出たのが最初である(武部善人『河内木綿史』吉川弘文館、一九八一年)。これを皮切りに以後、訴願村々は拡大し、同年一二月には泉州四郡村々から堺会所の差し止めが主張される(『堺市史続編』一)。

大坂・堺に会所が設立された年から数えると設立と反対訴願との間には、一七年から二〇年の歳月がある。二〇年近くも経ってその存在が、にわかに農民の障害になったということであろうか。この当然の疑問は、泉州の農民が堺奉行所に訴え出たとき、堺奉行から発せられ、「十九年も前に作られているのに、なぜ今頃になって訴願するか」と指摘されている(児山忠信文書、『堺市史続編』四)。農民たちは開設された時点で一度願い出た(宝暦一二年九月の二八四ヵ村の訴願、『同前』一)が、そのときは決着がつかなかったと答えている。

それに対し発端を切り拓いた河内若江郡村々の訴状はより明白に、「此近年昨年ニ至り候而者、正綿売買不捌ニ付」年貢の収納にも差支えると述べ、安永五年に画期のあったことを教える。なぜ河州村々で、安永五年になって急に、正綿の売捌きが困難になったのだろうか。ここで想起されるのが、この年の七月、信貴・生駒山系を隔てた大和で、大和一三郡村々の強力な運動が功を奏して、実綿仲買・繰屋職の両株仲間が撤廃されたことである。[補注] そのことが摂河泉地域で、綿延売買会所というものをあらためて問題にさせる直接的な契機になったのではないだろうか。先に述べたが、安永二年に大和で株立てが行われたことが河内の村々に与えた影響と、ちょうど正反対のことが起ったのである。つまりいままで、大和での株立てにより有利性をもっていた河内の綿花・繰綿市場が、その有利性を一時的に失い、生産者にとって綿延売買会所の重圧がよりいっそう加わったと考えるならば、なぜ摂河泉三カ国での訴願が、安永六年に始まったのか、その説明がつくのではないだろうか。

大和といい河内といい、ともに中央市場圏に属し、大和では奈良とその周辺農村が、摂河泉ではその村々が大坂と共通の綿市場圏をもった。それを舞台に都市の特権的商業資本と、在方の商品生産(流通)者が対抗関係をもったのが国訴であるが、それぞれの訴願が相互に関連しあっていることを右の事実は教えている。大和の農村が繰綿を通じて江戸、関東の綿業地とつながり、大坂周辺の村々が大坂資本の在方支配に抗しつつ諸国に繰綿・綿花を直売、直船積している関係が、中央市場圏における国訴の相互規定性を生みだしていると考えられる。

（1）　安岡重明氏の仕事を第一に挙げるべきであろう。同時に氏は、大半の研究者が農民層分解論と国訴をつなぐ努力をしているのを「勿論、小作騒動・村方騒動が、新しい村役人層を輩出させ、こういう勢力関係の上に『国訴』が現われたことは事実であろう」と認めつつも、国訴を全国経済に対する統制力弱化にともなう大坂問屋資本の危機を背景とする、周辺農村への統制強化に対抗する農民の村落連合の訴訟闘争とみている。それゆえ国訴は「畿内(とくに河内・摂津)の農村社会経済内における変質、たとえば階層分化にともなって生じた村落内の勢力関係の変化の直接の結果でない」(『日本封建経済政策史論』一九三頁)と明快に指摘する。

（2）　拙稿「商品生産の発展と幕藩制の動揺」(『日本経済史を学ぶ』下、有斐閣、一九八二年)。

（3）　この期の実(繰)綿価格を連続して知りうる史料は入手しえていないが、「荒蒔村宮座仲間年代記」(『改訂天理市史』史料編)の断続的な記述によると大和の実綿価格(実綿一〇〇斤につき匁)は、上表のとおりである。明和から安永期にかけての低落ぶりがよみとれ、訴状の主張を裏づけている。

年次	綿　価
明和 5	140～180
9	130～180
安永 5	114～100
6	100～60・70
8	110

（4）　大坂とその周辺農村が共通の綿市場圏に包摂されていたことは、山崎隆三氏による綿価動向の

分析で明らかである(「近世後期における農産物価格の動向」『経済学年報』第一九集)。

［補注］

安永期大和の綿国訴については、谷山正道「安永期大和の綿国訴をめぐって」『奈良学研究』一五、二〇一三年)で新知見が示され、あわせて「近世大和における広域訴願の形態」(『日本文化史研究』四一、二〇一〇年)に大和の広域訴願年表が公表されている。

おわりに

国訴の新しい視角からの再検討を意図して、これまで国訴の概念、国訴と支配国ならびに地域経済との関連について論じてきた。津田氏の整理によればさらに、国訴の段階的把握と担い手の問題が残っているが、前者についてはあらためて検討の必要を認めない。しかしながら担い手の問題については、氏の村役人説を継承しながら、さらに発展させるべきだと考えるが、そのためには国訴の組織・運動構造を全面的に考察することが必要であろう。

第二章　国訴の構造

はじめに

国訴の再検討を始めるにあたり前章では、国訴の通念をはじめ二、三の問題にふれたが、一つの運動が当該社会においてあらたに社会通念を獲得するとき、その通念と運動との間にはどのようなかかわりがあるのだろうか。

これまで一揆をはじめとする民衆運動の社会通念についてあまり関心が払われてこなかったが、後述のように江戸期を通じて百姓一揆には、その闘争の蓄積と伝統に応じた社会通念が形成され、それが社会成員の間で共有されていた（後篇第一章）。また国訴についてはすでにみたように、大坂周辺の民衆運動に固有の歴史的概念として近世後期に成立していた（第一章）。一揆に比べれば国訴は、大坂周辺に限定されるという局地性をもつものの、両者は近世後期の民衆運動に固有の社会通念として並存したといえよう。このように国訴が社会通念として成立・定着している以上、国訴にはそれにふさわしい民衆運動としての構造——百姓一揆とは別の——が存在しているはずである。その解明が本章の課題である。

ところで、その論点を国訴と一揆の対比に求めるとすれば、まず「広域闘争」がひとつのポイントとなる。この概念は一揆研究の側から提唱され、近年では領域をこえた一揆(たとえば伝馬騒動など)と、一〇〇〇カ村余の村落連合による国訴とを、ともに同概念で括るのが慣わしとなっている。だが、その広域性形成の具体的道筋に関する研究は少なく、「政治的経済的にどのように『領域』とこえる契機を農民がつかむようになったかは、今後の研究テーマ」と評される状態である。(1)

これに対しこれまでの国訴研究において、広域性の問題はどのように捉えられていただろう。結論からいえば領域をこえた村落結合の契機を、在郷商人で説く見解が有力であるが、基本的には未解決である。在郷商人説は古島敏雄・永原慶二著『商品生産と寄生地主制』(東京大学出版会、一九五四年)以来ひろく普及し、八木哲浩氏も「在郷商人は一般に国訴闘争において農民と行動を共にし、ときにその指導者となったことは疑いない」(2)とするが、すぐその後に「それぞれの国訴において具体的にこれを明らかにしえないので推論にとどめる」と書くありさまである。在郷商人説は立証されていないというほかない。

それに対し劣勢ながらも、在郷商人説批判にこだわったのは津田秀夫氏である。氏は豊富な史料調査をもとに、「今日一般に信ぜられているように、文政段階の『国訴』を単に在方綿商人や繰綿屋の指導や主体による運動として理解することは、大変困難である」「簡単に常識的な在郷商人の活躍を定式化して、この段階の『国訴』の位置づけをおこなうことはできない」と批判した。(3)そして本来的になお孤立分散的な農民自身が広範に結集するにあたり「従来からの行政組織が大きな役割を果たす」と、村落行政組織を広域性の契機をもつものとして提起した。一方、小林茂氏の所論にも在郷商人説によらない叙述がみられ、国訴の指導者は「郡中惣代」であることは、近世農村が入会・用水関係のほかに、貢租徴収のために組合村を結成したり、領内組織を強固にするために郡中惣代をおき、「村々郡々の連絡を密にした」(4)といった注目すべき指摘がみうけられる。両氏がさらに論理的かつ全面的に所説を展開していたならば、実証ぬきの在郷商人説が「一般に信ぜられる」ようにならなかったかも知れない。

しかし津田・小林氏らの指摘が少数意見の地位に甘んじたのは、むしろ実証如何の問題というよりは特別の事由が当時の歴史学界にあった。それは「孤立分散的な農民たちがかかる広汎な結集を実現するには農民の力では不可能」(古島・永原前掲書)とする思い込み以外の何物でもない。それにくわえて「未分化ながら市民的反対派の闘争としての面をすでに考慮せねばならない(5)」とする国訴のもつブルジョア的特質が、在郷商人説を存立させていた。

このようにして在郷商人説にかわる広域性の論理と契機は、津田・小林氏らの指摘を継承し、あらためて解明されなければならない。これが本章の第一の課題である。

第二の課題は、その合(遵)法性をめぐる問題である。国訴のもつ合法性は、一揆の非合法性と著しい対照をなし、誰しもその差違に注目するところである。林基氏も同じ商品生産にからむ広域闘争でありながら絹一揆のように蜂起・打ちこわし形態をとるものと、国訴のような合法的訴願形態と、「この両者のちがいがどこからくるかを明らかにすることは重要な問題(6)」と指摘する。また国訴研究の側でも合法的だから反封建闘争として評価できないとする所説に対し、「内容の反封建的性格を軽視して形式的な合法運動の面のみを強調すべきでない」と反論する(7)など、重要な議論があった。筆者もこの反論にまったく同感だが、その限りでは問題は一歩も前進しない。

これらの研究潮流に少し距離をおいて、国訴の広域性や合法性にあらたな評価を試みたのは民衆思想史研究の人たちである。その一人市井三郎氏は、国訴を「日常経済にかんする合法闘争」とおき、一〇〇〇カ村をこえる農民の連合を念頭に「今のように電話はなく、自転車、自動車もない当時に、コミュニケーションと合議とがなりたつ仕組(人間の肉体的・内面的な主体性)のはげしさを想う」と述べた(8)。

しかし、これらの所論においても高い意義づけ以上に分析はなされず、国訴に固有な合法性のよってきたるところは提示されていない。これが本章の第二の課題であるが、ここでは合法性如何の問題を深めるために、国訴に一貫する代議制的形態(惣代制)に着目し、蜂起・打ちこわしといった一揆に特有な直接行動との対比において究明する。

要約すれば近世の民衆運動史に占める国訴の位置と構造を解くために本章では、㈠民衆運動における広域性の契機と論理、㈡民衆運動における代議制的形態と直接行動、という二つの仮説的枠組をおく。

(1) 深谷克己「幕藩制と階級闘争」(『日本経済史を学ぶ』下、有斐閣、一九八二年)。
(2) 八木『近世の商品流通』(塙書房、一九六二年)二八五頁。
(3) 津田『近世民衆運動の研究』(三省堂、一九七九年)二〇三～四頁。
(4) 小林『近世農村経済史の研究』(未來社、一九六三年)二七〇、二七九頁。
(5) 林基「宝暦―天明期の社会情勢」(『岩波講座日本歴史』一二、一九六七年)一二七頁。この指摘はきわめて重要であるが、そのブルジョア的性質を実証ぬきの在郷商人説に短絡させたのはやはり誤りである。
(6) 林前掲論文一一五頁。
(7) 八木前掲書二八二頁。
(8) 市井『近世革新思想の系譜』(日本放送出版協会、一九八〇年)一二四頁。

第一節　国訴の展開——広域性をめぐって——

国訴の広域性を解く鍵は在郷商人でなく、近世の村落そのものにある。この視点から津田氏は、文政六年(一八二三)の国訴について「まず郡切りの申し合わせがおこなわれ、それには一領かぎりの申し合わせ」が前提となったと記す[1]。また小林氏によれば「国訴の組織力は驚くべきで(中略)地縁的な連絡はもとより領主間の連絡も緊密であった」[2]。総合すれば国訴の組織過程には地縁的な村落結合と、領主別のそれとが並行して行われ、惣代が選出されたといえる。

一般にこの時代、民衆運動のもつ広域性には領主制的諸関係によるものと、その他の地域的諸関係にもとづくものとがある。いまこれを「領主制原理」と「地域性原理」と名づければ、全藩的一揆は前者を代表するものであり、広域闘争とよばれる領域をこえた闘争は、後者に相当する。そこには領主制以外の結合原理がさまざまに働いており、その広域性を担う主体と契機に応じて、それぞれの広域闘争は多様な現れを示すだろう。以下、これら二つの異なった広域性原理の存在と機能を、国訴の展開過程に即して考察しよう。

1　文政六年国訴の惣代

九〇件近くを数える国訴(およびその前期的訴願闘争)のなかで、一〇〇七カ村の結集をみた文政六年の綿国訴に画期性を認める点では大方の承認がえられている。三所実綿問屋の停止をめぐるこの訴願闘争では、五月二五日摂河七八六カ村の結集があり、追訴の村々をくわえて一〇〇七カ村となった。五月の時点で訴状に名を連ねた惣代を分類すれば表1が得られる。

表1 ●文政6年5月、786村の惣代一覧

支配関係	惣代村数	郡名	村名	庄屋名	区分
小堀主税代官所	摂河 75	若江	高井田	平左ヱ門	
		豊島	才田	三郎右ヱ門	
岸本武太夫代官所	〃 137	西成	勝間	儀平	
		〃	大和田	治郎左ヱ門	
		東成	今市	甚兵衛	
辻六郎左ヱ門代官所	〃 145	川辺	山本	丈右ヱ門	A
		東成	天王寺	孫三郎	
		住吉	北田辺	惣助	
石原清左ヱ門代官所	河 丹北郡21	丹北	三宅	新兵衛	
永井飛騨守預所	摂河 105	讃良	御供田	左兵術	
		茨田	一番上	太郎兵衛	
松平和泉守領分	摂河 12(13)	東成	天王寺	半兵衛	
大久保加賀守領分	〃 52(72)	大県	南法善寺	重助	
		高安	万願寺	八右ヱ門	
土岐山城守領分	河 13	若江	寺内	忠右ヱ門	
		志紀	西弓削	五兵衛	
私領入組	摂河 17	若江	下若江	五郎兵衛	B
同	〃 13	西成	北大道	休左ヱ門	
同	摂 豊島郡18	豊島	渋谷	吉兵衛	
		〃	今在家	七郎右ヱ門	
同	河 志紀郡9	志紀	北木之本	政太郎	
御料私領入組	摂 菟原郡20	菟原	中野	弥惣左ヱ門	
同	河 錦部郡49	錦部	三日市	五兵衛	
		〃	市村新田	八郎兵衛	
同	河 石川郡48	石川	大ヶ塚	藤九郎	
同	河 古市・安宿部郡13	古市	古市	三郎左ヱ門	C
同	河 大県郡7	大県	大県	官左ヱ門	
同	河 河内郡25	河内	豊浦	八右ヱ門	
		〃	額田	小兵衛	

(注) 1. 5月25日付訴状連署(京大博物館古文書室蔵杉山家文書ほか)による。
2. 史料による異同は括弧にて示した。

表中のA・Bは所領ごとの惣代で、Aは代官所、Bは私領である。それに対しCは「御料私領入組」んだ地域ごとの惣代である。このうち河内・錦部《にしきべ》・石川三郡の惣代村数は、郡内全村の数と一致し、惣代が郡内全村を基盤として選出されていることがわかる。古市・安宿部《あすかべ》両郡の欄は村数が一致しないが、これは文書上の集計によるものと思われ(3)、古市郡では

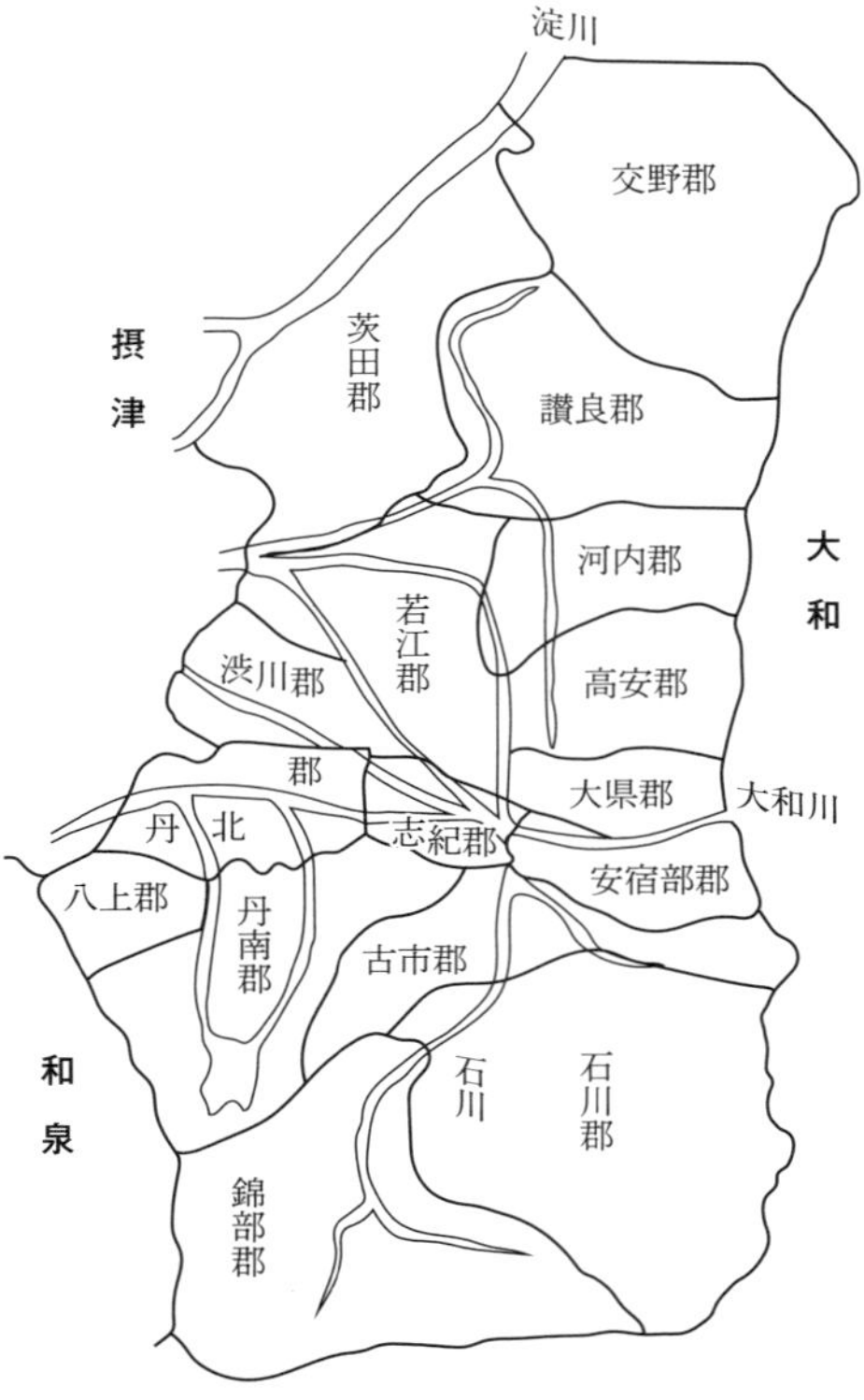

河内16郡図

六月郡内一五カ村が集会し、「一郡限ニ取締可致」く古市村庄屋を惣代に頼んだ。(4) 古市郡惣代庄屋三郎左衛門には一五カ村役人連印の「頼み証文」が手渡されたが、この種の文書は郡切りの惣代決定における手続きを示すものとして注目される。AやBの所領別惣代の場合に、この種の契約文書が確認されない事実に鑑みれば、郡中惣代の選出は新たな文書様式の出現をともなっており、そのもつ意味は吟味される必要がある(後述)。いずれにしても惣代選出には、その組織的基盤と広域性原理に著しい相違がある。簡単に示せば、

A　惣代庄屋―幕領組合村―領主制原理

B　惣代庄屋―私領村々―同右

C　郡中惣代―郡中寄合―地域性原理

となる。(5)

文政六年の綿国訴にみられた二つの組織原理は、国訴全体に一般化できるのか、と問えば当然それは可能である。

国訴とよばれる支配領域を大きくこえた村落連合による訴願闘争を、「碁石を打交る」ような様相を呈す大坂周辺の所領状況の上で考えたとき、その組織化の鍵はいったい、どちらの原理と組織基盤にあるのだろうか。国訴の成立にとってなによりも基本的なのは、どのような村落結合であろうか。

2　国訴における二つの組織原理

寛保三年（一七四三）一一月、河州丹北部の三カ村より大和川筋一三カ村にあて、干鰯高値打解のため大坂町奉行所へ出訴すべく、参会をよびかける廻状がまわされた。[6]

先頃ゟ泉国一国申合、堺　御番所様へ御歎出訴被致候処（中略）御裁判書被下置、直ニ堺町中粕・干鰯買入之族も候哉と町々厳敷被仰付候、追而肥シ下直ニ可有之と申儀、昨日堺へ罷出直ニ承申候、然ハ河刕分ニも（傍点引用者、以下同じ）早々大坂へ出訴可致と被仰候村方御座候ニ付、来ル六日朝飯後早々大堀村竹屋方へ、左之御村々先御寄合御相談申上度候（中略）御互ニ百姓方専一ニ御座候間、無相違御参会被遊可被下候（下略）

隣国和泉での訴願闘争の成果を聞きつけて、どこからともなく出願の計画が持ち上がり、芝・城連寺・大堀の三村（いずれも丹北郡）が大和川北岸の一三カ村に参会をよびかけた。一三カ村は住吉郡枯木村から東へ志紀郡柏原村の間に隣接して位置し、支配領域はもちろん郡域も無視されている。同年の訴願では七月、摂津川辺郡でも「隣在一統」の村々が出訴しているが、[7]ともに地域的結合による国訴闘争の始まりを如実に示している。

安永年間に入れば地域的な村落結合は郡中寄合に発展し、それを基礎とする訴願闘争が現れる。[8]訴願は摂河在々の綿業者を対象に株仲間を結成させようとする動きに反対するもので、まず安永二年（一七七三）四月志紀郡で「差障りの有無は何れの村方も一同」として、郡中寄合がよびかけられた。[9]そのうえで口上書が一七日付で作成され、二〇日付で古市郡一五カ村、丹北郡五〇カ村、二三日付で「河内郡連印書付」がそれぞれ提出された。支障の有無を郡ごとに糺すとした大坂町奉行の指図にも要因があるが、この後、訴願闘争を通じて「歴史的領域としての郡」[10]が鮮明にその姿を現す。

同六～七年には綿延売買会所差し止め闘争が激しく闘われた。六年一一月志紀郡では「御領私領村々一郡切ニ書付」を作成、出願している。同郡村々は一代官所、五私領、二寺社領に分かれていた。このうち土岐領村々ではすでに一領限りに志紀・若江郡一三カ村で出願を用意していたが、「当郡之儀文言望之村も御座候故、右之通認替」えて領主に届けている。郡中村々の一斉出願によって、一領限りの出願が改められたわけである。その反対に西老原・東老原の二村は、地頭よりの一領限りの指示を墨守し、参加していない。ここに国訴の組織過程における二つの原理――領主制と地域性――の拮抗関係をみてとることができる。

郡限りの参会による訴願行動は、志紀郡のほか河内・若江・高安・大県《おおがた》・渋川の七郡村々と、丹北・丹南両郡の一部村々にもみられ、一一月一二日付で願書を提出した村数は、二〇〇余村に達した。隣接する郡中村々での同一歩調がやがて、郡ごとの連携として大きな規模に至るのは当然の勢であって、同月二六日には七郡村々が惣代の名で統一した口上書を提出した。このうち渋川・志紀両郡の連携は、二一日にあった築留樋と青地樋という二つの用水組合の会合の場で行われた[11]。

他方、南河内の古市郡では七年八月、「綿延売買会所御差留願ニ付、郡中参会之上諸事相極候趣」として四カ条の郡中議定を決め、そのなかで「右用向ニ付、他郡へ参加」と、他郡への連携が謳われている[12]。

このように中河内や南河内の村々では、干鰯の高騰、在郷綿屋株の結成、綿延売買会所の設立といった状勢の下で、局面打開のために利害関係の共通性をもとに、支配関係＝領主制原理をこえて地域的に村落連合が形成され、郡中寄合をへてさらに隣接諸郡への連携と、その組織を拡大していった。これこそが国訴の組織過程である。連合にあたり農民は、彼らに共通する利害関係を「御互ニ百姓方専一」「差障りの有無は何れの村方も一同」と表現している。

文政六年の綿国訴のように摂河二カ国、一〇〇〇ヵ村余の村々を連合した訴願闘争においても、二つの広域性原理のもつ位置関係は明瞭である。同年五月の出訴を前に河内の伯太藩領一〇カ村(志紀郡五、古市郡四、丹北郡一)では、志紀郡林村庄屋麻野より古市郡駒ケ谷村庄屋真銅に宛て、つぎの書簡が届けられた。(13)

昨日弓削村ニ而志紀郡中参会御座候、御案内之木綿菜種勝手売買之儀、古市郡も過日御参会御座候、古市郡ハ一郡ニ御壱人之御相談ニ相決候哉、又ハ一領限ニ惣代相出シ被成候哉、御尋奉申上候

郡をこえて所領が散在するため、他郡での郡中寄合の結果に大きな関心が寄せられている。結果は先述のとおり古市郡は参会のうえ、郡中惣代一人を選んだ。だが志紀郡はそのようにならず、郡内の伯太《はかた》領五カ村は「私領入組」九カ村として惣代名簿に名をのせる。領主制原理にもとづく村落結合は、他郡での郡中寄合によって断ち切られたのである。

書中に、「一郡一人ハ諸雑費少ク掛リ候得共、他領之人へ相頼候へハ入用高無覚束《おぼつかなく》、一領ニ一人ニ而ハ入用多ク候得共無心置事ニ御座可有哉」との文言がみえる。国訴の組織網をなす村役人たちが取り結ぶ人間関係のレベルでいえば、高い経費を差し引いてまでも「一領ニ一人」の基準で惣代を選ぶ方が心安いものであった。だが実際にはこの選択はとりえず、領主制原理は運動のなかで乗り越えられたというべきだろう。

くわえてこの国訴において基準とされたのは、「摂河両国御料・私領郡々惣代集会之上」出訴すべく「一郡限ニ取締可致」き道筋であって、それは種物・油をめぐる訴願に泉州村々の参加を訴えた書状にも「泉州向者御料私領惣代相兼一郡ニ而壱人宛〆《しめて》四人」のごとく貫かれていた。(14) 寛保年間以降の訴願闘争の蓄積＝集大成を、ここに確認する

ことができるであろう。

3　国訴の組織構造

国訴における二つの組織原理の位置関係を確かめたうえで、つぎにその他の訴願にふれながら幕末までの国訴の展開を追究してみよう。二つの広域性原理の存在とともに、複雑な組織構造がそこに見いだされるだろう。

(1)　天明八年(一七八八)肥料国訴

この国訴にも、郡を単位に現れる地域性の原理が如実に読みとれる。

此度摂州三百ケ村余別紙之通大坂御番所へ御願有之、河刕も同様罷出申度、書付下書相認入御覧申候、北辺郡々何連《いずれ》も罷出候筈ニ御座候間、其郡々御同様可然と存候、(中略)書付印形之儀ハ村毎ニ御取可然候、御料御私領一統ニ御連印可然候、河内郡若江郡讃良郡茨田郡ハ御料私領一統ニ而郡々書付相認メ、印形取可申積ニ御座候(下略)

四月一日　　　河内郡

〔志紀郡〕柏原村　〔渋川郡〕植松村　〔丹北郡〕六反村　〔丹南郡〕北宮村

右の廻状(15)を先の河内十六郡図と照らして読むとき、摂津→河州北辺郡→中河内諸郡へと、訴願運動が南下、波及していくありさまがよくわかる。これをうけて志紀郡では郡中寄合を催し、一村の脱落もなく惣代を選出し、四月一三日に大坂にて参会。同日訴状を提出したのは河州九郡二四四カ村、書付は七通であった(16)。

南河内の石川流域では一足早く組織化がはじまり、二月二七日に古市郡では、石川郡のよびかけに応じ郡中廻状をまわし、三月一日の郡中参会を知らせた。[17] 先陣を切った摂津では豊島《てしま》・川辺・武庫郡一五九村、島上・島下郡一二〇村、西成郡六五村の六郡二三四カ村が四月二日付で訴状を提出した。大きく摂津、北・中河内、南河内と三つの地域ブロックごとに村々の地域連合が形成され、それぞれ断続的に大坂での参加・出訴が行われ、その都度組織を拡大した。最終的にそれは摂津八郡、河州一四郡あわせて二二郡八三六カ村に及んだ。裁許後の河内郡廻状に「摂津両国村々不申合候得共、自然と一諸(緒)仕、四月十二日御訴訟」[18] と書くが、広範な郡村の連合をよびかける廻状や「肥し物高直ニ付、直下ケ之御願、摂河一統ニ御番所へ罷出度」(古市郡廻状)との文言に照らせば、「自然と一緒」という表現は正確ではない。しかし村々の連合・出訴が断続的に行われ、いっせいの出願という形をとっていないことからすれば、「自然と一緒」に一抹の実感が込められているかもしれない。

国訴を摂津・河内両国の諸郡村々による共同訴願闘争とするならば、天明八年のそれは摂河八〇〇カ村余の規模に及びつつ、まだ自然的共同性を強く残していたと判断できるだろう。国訴の組織構造やそれを担う機構は、このような闘争を積み重ねて姿を整えるものだろう。[19]

⑵ 文化二年(一八〇五)菜種国訴

地域ごとの村落結合が連携しあって摂河二カ国の規模へと、国訴の組織は拡大しつつあった。この年の八月二五日、摂河の御料私領五六五カ村の村々は「両国之儀ハ当　御奉行様江御縋り可申上より外、可致様茂無御座」[20] と、菜種・綿実の手広願いを大坂町奉行に提起した。右の文言にうかがわれるように、国訴という闘いは「摂河支配国」という枠組に大きく規制されていたが、国訴の組織構造は支配国という枠組みからただちに説明できるものではない。

訴願は七月、摂津菟原《うばら》郡一八カ村、武庫郡五六カ村の、灘目《なだめ》水車油稼人による菜種相場支配への抗議に始まったが、遅れて八月に行動をおこす河内では南部の三藩(狭山・館林・丹南)領村々が連合して願い出る一方、北部の交野《かたの》郡(21)でも「摂河泉三ケ国出願之趣ニて任候ニ付、交野郡相決、是ひ様被申、尤之筋合ニ茂相聞候ニ付」一七日の郡中寄合が計画された。ところが同郡では翌閏八月末に、摂州より「河夘御代官之所相談決候趣ニ候得共、御私領之分ハ未取締義ニ付、急々取締一所ニ御願申上度」との督促がかけられ、郡内の私領村々が参会しているので、当初の郡中寄合→郡中惣代の選出というコースをたどらず、幕領村々のみが他郡の幕領村々と共同して先に行動を起したと思われる。

幕領村々が独自の組織体制をとって訴願闘争を支えている状況が、右の経緯に示されているが、幕領の組合村体制が国訴の組織構造に大きく関与しはじめたものとして注目される。

(3) 文政六～七年(一八二三～二四)の国訴

安永六～七年の綿延売買会所停止訴願において、古市郡一五カ村が連合して闘った組織は、古市・渋川二郡村々に久世・秋元・高木・牧野・土岐の五私領村々を加えた七組であった。郡切りの村落結合(C)、私領村々の連携(B)という二種の村落連合がこのときの綿国訴の組織構造であったのだが、約四五年後の文政六年綿国訴においてはさらにもう一つ、代官所ごとの組合村体制という村落連合(A)があらたに加わり、一〇〇七カ村の大統一戦線を支えた。

組織構造の実体をみればそこには広域性原理が混在していたというほかないが、それは当初からの予定というよりは、組織原則の変更を余儀なくされたことによって生じた帰結であった。三所実綿問屋廃止の訴願は、四月一七日上本町の郷宿浜屋武(卯)蔵方で開かれた「摂河両国御料私領大参会」で相談のうえ、決められた。ここに「郡元」として出席した古市村役人は帰村後、郡中寄合をふれる廻状のなかで「余り大締ニ而行届兼、引取一郡限ニ御取締、五月二日再会可仕様治定[22]」したと記す。これこそが組織原則であって、河内古市・錦部《にしきべ》の二郡、摂津菟原郡[23]などではその原則を遵守履行し、郡中惣代を頼んだ。ところが実際にはこの原則にはずれ、代官所・私領ごとに組織して加わった村々が多かった。古市郡でみれば地域性の原則は、領主制の原理による村落結合を断ち切って郡中惣代をきめたが、一〇〇七カ村の全体でいえば地域性原理は、領主制原理によって大きく変更を余儀なくされたといえよう。一郡に一人計四人の惣代を申し出られた和泉の村々が、その意に反し一領限りの惣代で参加した(後述)ことにも、組織原則と実体の関係が読みとれる。

　綿国訴は七月末、成功裡に終結するが、この間並行して種物売捌きと油小売値段引下げ訴願が行われた[24]。六月一三日に一一〇二カ村、惣代六三人で出訴したが[25]、綿国訴惣代二九人のうち四人を除く二五人が、この訴状にも名を連ねている。綿から種物・油訴願へ、組織体制はほぼそのまま移行している。

　六月の訴願は「願面不行届」にて却下、再び出訴するのは翌七年四月である。古市・錦部二郡では六年九月、種物・油訴願のためあらためて惣代を決定・委任しているので[26]、六月の願下げ後、再組織化が行われたのだろう。ところがこの時古市郡では五月の時点とうってかわり、頼み証文に伯太領四カ村が除かれている。同領村々は一領限りとして郡中惣代にくわわらず、翌七年二月「御料摂河惣代」から「去年中御相談申上候菜種一件、急々出訴仕度」ため、一五日浜屋卯兵衛宅へ参集するようよびかけられている。それを受けて伯太領下郷の一つ北木本村より、上郷五カ村にあて「弥右《いよいよ》(三日市)村御頼被成御積りニ候哉、又ハ当郷一体ニ御加り被下候哉」との問い合せがあった。「若《もし》御村々領半《ハンハン(ママ)》と而難相決筋も候ハヽ、参会相催」かとの問い合せも重ねて記されている[27]。古市郡の他村はすでに同じ岸本代官所管下の関係から、錦部郡三日市村庄屋五兵衛を惣代に頼むことを決めていたから、「三日市村を頼む」とはそれに同調することを指す。結局、この度も伯太領では一領限りの出訴という形態はとりえず、領主制原理は再び断ち切られた恰好だが、断ち切ったのが郡中惣代という地域性原理でなく、岸本代官所下村々による組合村体制であるところに、綿国訴から種物国訴への大きな転機があった。

郡中寄合による郡中惣代の選出といった組織体制から、幕領組合村体制に依拠した形での他郡惣代の下への結集と、古市郡における組織構造は大きく変化した。それにともない国訴惣代の構成も大きく変り、幕領の惣代庄屋の占める比重が高まった。文政七年四月の惣代一覧をみるとき[28]、そこに組合村体制という幹に枝葉となって連なる村落結合を読みとることができる。かくしてここに、地域性原理にもとづく郡中寄合と郡ごとの連携による村落結合の拡大とは別に、幕領の組合村体制を基軸とする村落結合の拡大というコースを、国訴のもう一つの組織過程として摑み出したことになる。

(4) 天保六・九年(一八三五・三八)の国訴

六年の肥料訴願闘争においてもまず、「摂河両国御料之分、惣代を以」て出訴に及んだ。町奉行は「私領之義も一体ニ願立候義ニ有之候哉」と糺したが、これに応え惣代は「最寄〳〵此旨を沙汰」し[29]、幕領と私領村々の連携がすすむ。錦部郡では「河州川上(石川上流)一統ゟ難渋願」のよびかけに応じ、狭山・小出・神戸・三好の各知行所村々が同意した[30]。交野郡内の旗本久貝氏領では、讃良《ささら》郡内の同領村々とともに惣代二名をおくった。摂津の尼崎藩領でも、惣代二名をおくった。

五月末から六月初めにかけてこのような動きが展開し、最終的に御料・私領あわせて二五郡九五二村の参加をみる。尼崎藩の大庄屋は、訴願の結末を役所に届け出る文書のなかで「然ル処両国御料之外、他領村々惣代之者差出不申候ニ付、右両人之もの共儀惣代ニ罷出不申」と書いているので[31]、六年の訴願闘争は終始一貫、幕領惣代がその中心を担ったことがわかる。三年後の九年、在方油稼人の出願に対し河州一六郡の村々が出訴した種物訴願では、この組合村体制を「御料所七分惣代寄合」[32]と記している。彼らのイニシアチブによって郡内全村が加わった錦部郡では、甲田村庄屋を郡中惣代とする頼み証文を交した。[33]

同郡の「油方一件諸入用勘定帳」[34]によれば、その経費は大きく大坂行、石川・古市・錦部三郡の会合および錦部郡中の諸経費に充てられている。同年の国訴は、郡中村々の参会を基礎に、隣接三郡の連合、大坂での惣代参会という三つの重層構造をもっていたわけである。隣接三郡の村落連合は、六年七月堺奉行に出訴した肥料訴願闘争ですでに実現しており、[35]その経験を踏まえたものに相違ない。国訴に参加した村々の数の多さのみに眼を奪われないで、「孤立分散的な農民」が自分たちの居村を拠点に積み上げた組織構造の堅固さを正当に認識すべきである。

(5) 嘉永七〜安政二年（一八五四〜五）の国訴

組合村体制の主導性はこの後の国訴にいっそう顕著で、嘉永七年、綿・菜種・肥料三項目の訴願闘争の口火を切ったのも彼らであった。閏七月二日、谷町・鈴木町の両代官所惣代庄屋から他の惣代庄屋たちにあて参会がよびかけられ、[36]参会・協議をへて、文政六年綿国訴の成果を堅持することのほか、菜種・肥料についても訴願することを決定、ただちに摂河村々の大結集にとりかかった。

その方法は各代官所組合村の惣代庄屋網を軸に、摂河諸郡村々によびかけ「其御郡々幷御私領分共勿々《(早)》ニ而願惣代」を決めることであった。各地域ごとの願惣代を決めるにあたり、「頼み証文」が作成されるが、その案文も彼ら幕領惣代より回された。[37]各所でそれにならった頼み証文が作られたことはいうまでもない。いま私の確認しえた頼み証文を掲出すれば、表2のとおりである。一郡村々に及ぶものもあれば、郡内数カ村といったものまで多様である。

表2●頼み証文一覧

	月・日	差出人	宛先	出典
1	閏7.14	河内丹北郡9村	池尻村十兵衛	松原市史5
2	閏7.	錦部郡水野氏領2村	西代村仁兵衛	河内長野市史6
3	閏7.15	摂津能勢郡29村	宿野村四郎兵衛	能勢町史3
4	閏7.	豊島・川辺郡青木甲斐守領 惣代ほか60村惣代	池田村六兵衛 野村久兵衛	川西市史5
5	閏7.15	住吉郡沢口村惣代一人	中喜連村寛兵衛	大阪市佐々木家文書
6	閏7.	同郡喜連・堀村ほか3村惣代	同上	同上
7	4	東成郡天王寺村・住吉郡15村	中喜連村才三郎	同上
8	4	住吉郡15村ほか鈴木町支配134村	江口村田左衛門	大阪市江口乃里文書
9	5	豊島郡牧之庄4村	惣代衆中	箕面市史4
10	5	豊島・川辺郡青木氏領30村	畑村市郎兵衛	池田市奥畑家文書
11	5	川辺郡岩屋村ほか7村	欠	豊中市史

(注)　1．1～6は嘉永7年、7～8は元治2年(4月7日、慶応と改元)、9～11は慶応元年のもの。
2．代表関係は重層的で、7の宛先人(惣代)が、8では差出人のなかに入っている。

一郡限りか一領切りか、惣代選出基準の問題はこのときもクローズアップされ、河内の志紀・大県二郡では参会の結果、一領に一両人ずつ出すことに決めた。そのため志紀郡の伯太領一庄屋は古市郡の同領駒ケ谷村庄屋に対して、「一領ゟ壱人惣代ニ罷出候而相済候ハヽ、当郡も同様之事故、貴様御惣代ニ御出被下度」と申し出ている(38)。文政六年のときとは逆に、領主制原理が地域性原理を圧倒している。

ところで願惣代が一領限りで選ばれるとすれば、その人数が多数にのぼることは必定である。したがって「願惣代相定り候上ハ、此人数之中ゟ重掛り之者見立」て、出訴にのぞむ(39)。いうなれば頼み証文を媒介に、惣代制の梯子をもう一回架けるわけである。上掲の表2中、池田村・野村の両庄屋にあてた証文はこの過程を示し、それぞれの地域惣代より提出されたものである。頼み証文により願惣代を委任されたもののうち、出訴時の惣代四五人中に顔をみせないものがいるのは、右述の組織過程に原因がある。

この国訴は安政二年六月に一〇八六カ村を結集して訴願に及ぶが、その惣代四五人と幕領組合村体制—御七分制—との関係についてはすでに前田美佐子氏の論考(40)がある。

(6) 元治二・慶応元年(一八六四・六五)の国訴

一二六二カ村を結集した菜種国訴においても、いっせいに頼談書が作られた。元治二年四月一六日三宅(丹北郡)・野中・河原城(丹南郡)の三カ村が廻状元となって、廻状が回された。[41]「菜種手広売捌一条」は昨年末より協議してきたが、「京都異変」などのため延引、このままでは当年収穫の菜種買入に際し油稼人が価格協定をするだろうから、「弥々歎願国訴も致度、過日ゟ摂河御料所集会致候ニ付而ハ、御寂《(最)》寄御村々へ通達申上、御打合御示談申上候」と、廻状は四月二〇日の参会をよびかけた。ここでも「摂河御料所集会」が、組織化の中核を担っている。

廻状の宛先は、館林・狭山・丹南・小田原・伯太・戸田・土岐・片桐の八私領村々と信楽御分の惣代庄屋たちである。これらの村落は河内の八上・丹南・丹北・志紀・古市・安宿部・大県の七郡に分布し、「川南(大和川以南)惣一体ニ致、同所ニおゐて熟評《(談カ)》之積」という大掛りな計画である。惣代は「其御領分御支配限」りに選ぶが、「何国迄も出願いたし願意貫度候故、指図〆等急度取究」めるとの強い覚悟のもと、その人柄を選ぶことが求められている。

一カ月ののち五月二〇日(四月七日慶応と改元)に摂河一二三六カ村が惣代五四人[42]をたてて出訴に及ぶが、その間、廻状と頼談書を媒介に急速に組織化がすすむ。鈴木町代官所管下では四月、同支配所の摂津三郡(東成・西成・住吉)、河内丹南郡、泉州三郡それぞれの組合村惣代が、江口村の田中田左衛門を願惣代とする頼談書を交した(表2)。彼ら惣代たちが、同じ頼談書によってより下位の組合村ごとに惣代として委任されていたことは、住吉郡中喜連《(きれ)》村庄屋才三郎あての頼談書によって立証できる。安政二年の国訴と同じ重層性が、ここでもみられる。

信楽代官所管下の村々でも「御分惣代」を取決めるべく、一五人の組合村惣代庄屋に参会がよびかけられた。だがここでは鈴木町代官所村々のごとく、信楽分として惣代を決めることをせず、河内一一郡に散在する九四カ村の村々が、八つの地域ブロックに分かれ、近隣の私領村々と入組んで惣代を選んだ。八ブロックのうち四ブロックは茨田郡内にあり、大庭庄、八ケ庄、門真庄といった地域結合がその基盤となっている。規模も一〇村前後と小さいが、交野郡では郡内四〇村が一つの地域結合を結んで惣代を選んでいる。惣代に対する委任の論理はタテに積み上がらず、ヨコに拡散したわけである。組合村体制主導の国訴においても、なお地域性原理は健在だといえる。訴状末尾に連署する惣代には前記二つのコースをとって選ばれた惣代にくわえて、私領もしくは私領入組のみの惣代という三種の構成が認められる。どの場合にも適用される委任の論理は、共通の頼談書（頼み証文）に拠っている。

上述のごとく摂河村々を舞台に展開された国訴闘争は、利害関係の共通性をもとに村々が地域性原理による村落結合を推進したことに、その組織構造の第一歩がある。村々の地域的結合は郡村規模からさらに数郡の連合へと、領主制的原理や機構に依存することなく、むしろそれを乗りこえて拡大する。国訴という民衆運動を通じて、村々を起点に郡・国という歴史的領域が形成されていったともいえる。

文政六年の大国訴はこの経験＝蓄積の上に実現したものだが、同時にこの国訴には幕領村々の組合村――惣代庄屋制による村落連合が並存、拮抗しあい、もう一つの骨組をなしていた。そして組合村制はこの後の国訴において主導性を如何なく発揮し、それを幹にあるときは郡内の村落連合や、またあるときは私領ごとの参加という枝葉を広げた。郡中寄合や議定による組織化と比べるならば、この方法は組合村―惣代庄屋制という恒常的な中間機構をもつため、その組織化は早く、かつ大規模になされるという特徴をもった。

4　和泉の国訴

泉州の村々にも国訴とよぶべき訴願闘争の展開がみられたが、ここでの組織構造は基本的に一貫しており、異なっ

表3 ◉泉州四郡惣代訴願一覧

	年　次	訴　願　事　項	出　　典
1	寛保3．7	牛売買方につき	国立史料館小谷家文書
2	寛保3	干鰯高値につき	中之島図書館太田村文書
3	明和3．7	菜種・絞り綿実売捌につき	続編堺市史4
4	〃4．7	油買次問屋新設につき	和泉市史2
5	安永6～7	繰綿延売買会所差し止め	続編堺市史4
6	天明8～7	堺繰綿延売買会所ほか5カ条	同上
7	寛政3	泉州木綿の堺問屋一手買占め反対	泉佐野市史、小谷家文書
8	文化2．閏8	菜種・綿実・油小売につき	続編堺市史4
9	〃4～5	綿せり分問屋設置反対	泉佐野市脇田家文書
10	〃7．3	繰綿問屋新株設反対	続編堺市史4
11	〃7.4～7.8	毛綿の一手買占め反対	小谷家文書ほか
12	〃8．5	質屋など三株設置反対	小谷家文書、続編堺市史4
13	〃9．4	泉州一国四郡申合（3カ条）	続編堺市史4
14	〃10．3	質屋など三株設置反対	小谷家文書
15	文政6．7	菜種・綿実売捌につき	同上
16	天保6．5	肥類高値につき	同上
17	文久1～2	毛綿の自由販売につき	堺市史3ほか

た広域性原理をもとに複雑な経路を示した摂河と比べて単純である。その構造は、泉州四郡惣代の参会・運営として確立していた。いま四郡惣代のもとに泉州の村々が、広域的な訴願闘争をくりひろげたものを管見の限り掲出したが[43]、四郡惣代の一貫した役割を看取しえるであろう（表3）。文化二年（一八〇五）閏八月の書状に、岸和田郷会所が「先年ゟ四郡御相談も毎々有之候得共」と記すように[44]、この方式は泉州の在地社会に定着したものと評価しえる。

四郡惣代という表現からは、各郡一両名の選出惣代が連想され、村々の地域性原理にもとづく郡限りの連合が思いうかぶが、その実体は、和泉一国の幕領・私領・寺社領が一領限りに連合しあったものであった。

文政六年五月二七日付で摂津今宮村庄屋より石津村・大鳥村の両庄屋に宛て書状が届けられ、「油方ハ摂河泉同様之事」だから「泉刕向者御料私領惣代相兼、一郡ニ而壱人宛、〆四人も御出勤候ハヽ摂河も大ニ力を得」るとよびかけた。庄屋両名はこの通報方を各所領の用達に指示、上神谷《にわだに》の伯太藩領村々には六日七日付の書状が届いた[45]。四郡相談は堺で行われたが、出界したのは御料・私領一領限りの惣代庄屋たちで、そのなかから泉州三二〇カ村惣代として願書に名を連ねたのは大鳥郡三人、日根郡一人の庄屋である。(46)たしかに四人と願惣代の数は一致しているが、一郡一人の郡中惣代という摂河側の要請とは食い違っている。一郡一人という地域性原理による惣代選出の基準は、この基準を生み出した摂河村々でも全面的に貫徹したわけではなかったが、泉州の村々では受け入れられる余地もなかった。泉州には寛保年間(一七四一～四三)以降の訴願闘争を貫いた、一領限りの村落結合とその連携という組織構造があり、同じころ摂河の村々が編み上げてきた地域性原理の発展した郡中寄合―郡中惣代とも、また後年に主軸的位置を占める幕領の組合村―惣代庄屋制とも大きく隔たるものであった。前述のようにそのいずれもが近世の民衆運動がとりえた広域性の論理であるが、その具体的現れとして組織構造でみる限り、摂河と和泉の村々はまったく別箇の歩みを示したといえよう。

(1)　津田前掲書三〇四頁。
(2)　小林前掲書二七九頁。
(3)　古市郡一五村のうち四村は岸本代官支配のため除かれて岸本代官所の欄に集計され、安宿部郡でも同様の操作がされた結果、両郡で一三村と村数が少ないものと判断される。
(4)　真鍋宏文書(『羽曳野市史』以下『羽』と略称、五、四八〇～三頁)。
(5)　天明八年肥料訴願の一文書には「兼而之組合」「寂寄申合惣代」の二つの村落結合が表現されているが、Aの組合村は前者に相当し、後者には御料私領入組んだ郡中惣代(C)と、私領入組(Bに含まれる)が入るだろう。
(6)　覚帳(太田村文書、大阪府立中之島図書館所蔵)。
(7)　地続きの一四村(五支配)による出願。吉川五雄文書(『かわにし』五、四九六～七頁)。

(8) 明和三年(一七六六)には武庫郡五五村が絞草類売買につき出願しているが、これには武庫郡全村が名を連ねている(『尼崎市史』六、八七頁)ので、安永以前にも一郡限りの訴願闘争はある。
(9) 以下の記述は覚帳(太田村文書)による。
(10) 歴史地理学の分野で使われている概念で、制度的地域との対比をなす。詳しくは藪田「地域史研究の立場」(付論)参照。
(11) ともに新大和川から引かれた水路で、築留樋組には七郡七八カ村が加入し、その村高総計は約五万石である(川島孝「近世河川灌漑における用水組合の研究」『ヒストリア』六二)。青地樋組については『柏原町史』参照。
(12) 森田周作文書(『羽』五、四六六頁)。
(13) 五月一八日付書状(真鍋宏文書、羽曳野市役所架蔵)。
(14) 文政六年未七月菜種綿実願一件扣(国立史料館所蔵小谷家文書)に収められた五月二七日付の今宮村庄屋伊藤耕右衛門書状写。
(15) 河内郡廻状写(大阪市立大学図書館所蔵)。
(16) 肥料高値一件書(同右)。
(17) 森田周作文書(『羽』五、四六九〜七〇頁)。
(18) 中西家文書(『枚岡町史』四、五一九〜二〇頁)。
(19) 寛政六年(一七九四)再び立ち上がった肥料国訴では摂河二〇郡六五〇村の惣代四四人が立会い、「摂河両国御料私領村村一同申合」を定めるに至っている(『松原市史』五、八六〜八頁)。
(20) 西川吉次文書(同右、一二頁)。
(21) 御触書廻状留帳(『枚方市史』九、一四一〜二頁)。
(22) 古市村役人廻状写(真鍋宏文書)。同村からは年寄が古市郡惣代として四月一六日より出勤し(実綿油願ニ付諸雑用割賦帳、森田周作文書)、平野郷からも参加があった。平野郷会所覚帳にも「郡切申合、一郡ニ惣代壱両人ツヽ相究」と明記されている(津田前掲書、三〇〇頁)。

(23) 菟原郡三八村の頼み証文(『本山村誌』一一七頁)。
(24) 八部《やたべ》郡白川村の藤田家文書(「綿一件」)によれば、五月二六日惣代が亀屋喜兵衛方に集まったとき、三日市村庄屋五兵衛より油方願書の案文が提示されている。
(25) 『本山村誌』一一九〜二七頁。
(26) 松倉重興文書(『羽』五、四八三〜四頁)、福田茂文書(『河内長野市史』以下『河』と略称、六、四〇三頁)。
(27) 二月八日付書状(真鍋宏文書)。
(28) 氏名一覧表は省略するが、摂河の惣代一七人のうち八人が岸本・石原・小堀・辻・高槻藩預所の五幕領から出ている。
(29) 田口村願書旧記(『枚方市史』七、三一〇〜一頁)。
(30) 福田茂文書(『河』六、四二五頁)。
(31) 岡本俊二文書(『尼崎市史』六、一〇五頁)。
(32) 額田家文書(『枚岡町史』四、五三八頁)。
(33) 菜種作増幷売捌方手広願ニ付惣代頼一札(福田茂文書)。
(34) 福田茂文書。なお国訴の経費と負担については後述する(第三章)。
(35) 真鍋宏文書(『羽』五、四八五〜八頁)。
(36) 以下は御触状留帳(森田周作文書『羽』五、四八八〜九〇頁)による。廻状は中・河内方面一一人の惣代に回されているが、いずれも代官所管下の惣代庄屋たちと思われる(藤井寺市岡田績文書)。
(37) 案文(雛型)は『尼崎市史』五、一〇六頁に収められている。
(38) 閏七月一九日付浅野吉右衛門書状(真鍋宏文書)。
(39) 嘉永七年八月申合書(岡田績文書)。惣代四五人の一覧は『河内長野市史』六(一三二〜六頁)などにのせる。
(40) 前田「摂河泉幕領における郡中惣代制について」(『ヒストリア』一〇七、一九八五年六月)。安政二年の訴願が、文政六年七月の国訴終結に際しての申し合せにもとづいて行われていることは、『大阪府史』第七巻で詳述した(四九四〜六頁)。
(41) 御触書留帳(矢野家文書、羽曳野市役所所蔵)。
(42) 惣代名は『大阪周辺の村落史料』二などで簡単に知ることができるので省略した。
(43) 文久元〜二年の木綿訴願については岡田光代「泉州における木綿の流通」(『ヒストリア』一〇五、一九八四年一二月)が詳しい。また同氏によると寛保三年以降、文久二年までの間に三一件の訴願が和泉ではみられる(「和泉における農民の訴願運動」『大阪府立大学経済研究』三五—二、一九九〇年三月)。
(44) 土居通和文書(『堺市史続編』四、七六七頁)。
(45) 菜種綿実願一件扣(国立史料館所蔵小谷家文書)。
(46) 小堀代官所領大鳥郡上石津村庄屋、石原代官所領大鳥郡北荘村年寄、一橋領大鳥郡大園村庄屋、岸和田藩領鶴原村庄屋の四人(『堺市史続編』一、九九六頁)。

第二節　国訴の構造——惣代制の検討——

国訴の組織構造を検討した前節をうけて、本節ではその運動構造を考察する。この点での国訴の著しい特色は、終始一貫した合法的訴願行動にある。それゆえ打ちこわしや蜂起形態をともなう一揆、あるいは村方騒動とも異なり、国訴は民衆運動史上に固有の位置をもつ。このような国訴闘争の合法性を規定している要因はなにか。

第一の要因は、それが訴訟裁判闘争であったことによる。たとえば文政六年の三所実綿問屋を相手とする大訴願闘争を大坂町奉行は、

綿作重《おも》ニいたし候千七ケ村百姓共、銘々手作之実綿幷在方綿商人取扱候実綿繰綿一同売捌方之儀ニ付、大坂

之問屋与及公事合候

のごとく「公事」と認識している。(1) それゆえ公事としての要件が求められ、㈠公事日の出訴、㈡日延べや願下げ、㈢奉行所による審理裁許、㈣済口証文や請書の提出、といった手続きが必要であった。また大坂周辺には民事裁判管轄が支配国ごとに存在したため、泉州の村々が大坂町奉行へ、その反対に河州の村々が堺奉行にそれぞれ出訴する場合、管轄をこえる証明として「添翰」という手継文書が不可欠である。

これらはすでに前章(2)で指摘しているが、さらにいえば社会通念として国訴は幕府(奉行所)の側にはみられず、訴願主体である農民自身とともに、「此辺百姓人気強、万一国訴等も出来有之歟、夫而已《のみ》心配」する株立て商人、すなわち訴訟相手に共有されている。国訴における公儀権力の位置が、端的に示されている。しかしながら支配者側の設定する枠組が、農民の訴願闘争の合法・非合法性を全面的に規制してしまうのであれば、およそ近世社会において非合法的な一揆など起りえない。強訴とはその語の示すとおり、幕藩権力の認可、設定した訴願行動の秩序体系を破り、「強いて」訴願することに最大のポイントがある。それに対し国訴においては、大衆的な直接行為に転化することはなかった。しかし転化への契機がまったく内包されていなかったといえばそうでなく、安政二年の国訴では惣代たちが「多人数之儀ニて願惣代ニ罷出候共、御歎方不行届故、願意貫通不仕様申成程も難斗(計)」いと思慮するほど、その成り行きを注視する広範な農民の眼が惣代たちの後ろにあった。

このとき審理に当った強面の与力内山彦次郎は惣代たちを「厳敷察当(度)」し、「強情に申立て藪の中を掃除すれば蛇が出るぞ」と威嚇したというが、彼ら惣代は公儀の権威的秩序と、「此度不願相立、願下ケ致し願書御下ケニ相成候てハ(中略)百姓人気ニも拘」る広範な民衆の大衆的基盤の間に立っていたのである。

その限りで国訴と一揆(強訴)は紙一重なのである。国訴に結集した農民たちはなにも公儀の権威的秩序に規制されて、惣代制という合法的形態をとったのでなく、彼ら自身が、多人数にて出願すれば「百姓難渋之趣意貫通難致義も可有之」との判断をもっていた。(3)それゆえに国訴は大衆的直接行動の途に至らず、また大規模な農民の結集に当っても、不参加村への参加強制(打ちこわしなど)をとらなかったのである。

それならばなぜ、国訴という民衆運動において、直接行動への契機は発展しなかったのか。この点を国訴の組織構造が必然的にもった惣代制に着目し、考えてみよう。

1　惣代制の形態と論理

国訴の組織構造の検討を通じて浮び上がった惣代制には、前節でみた三つの形態があった。一つは地域性原理にもとづき、所領関係をこえて選出された地域別惣代(C)である。これにも郡中惣代とよぶべき一郡全村を代表するものから、門真庄や大庭《おおば》庄という地縁的な村落結合を母胎にもつものがあった。

他の形態は領主制的原理にもとづくもので、私領ごとに一領単位で選出される惣代(B)がその一つである。泉州の四郡惣代はその典型といえる。私領ごとに連携することがあっても、おおむね所領ごとに選出され、領主制的原理の貫徹度は強い。もう一つは幕領村々が代官支配を単位に、組合村体制の上においた惣代庄屋―郡中惣代たち(A)である。これについては近年、久留島浩氏が集中的に考察しており、その視角からの研究が畿内でも現れている。(4)

和泉を除く摂河の国訴において、このいずれもが国訴の組織過程に存在し、国訴の歴史を語るとき、どれ一つ欠いても完全でない。しかしながらそれを固有の運動構造としてみるとき、何よりも地域別惣代の存在を重視しないわけにいかない。それは国訴というべき一国規模での訴願闘争が、錯綜した支配領域をこえ地域性原理によって結合した村村によって切り拓かれたというだけでなく、「頼み証文」という民衆運動上のあらたな文書様式を生み出しているからである。

たしかに私領ごとの惣代とて、必ずしも大庄屋がその任に当るわけでなく、そこに一定の委任関係が存在したはずである。また惣代庄屋や郡中惣代も、代官所支配機構そのものでなく、下位の村落ごとの支持基盤が存在し、嘆願惣代としての側面を保持していた。したがってここでもその委任関係を反映し、頼み証文のごとき文書が作成される余地は皆無でない。国訴においても組合村ごとの頼み証文が、安政・慶応期の国訴では作成された。しかしそれは国訴の始点に位置するものでなく、地域別惣代の生み出した文書様式の継承というべきものである。

なぜならば頼み証文は、領域をこえる村々の委任関係を取結ぶなかで農民たちが獲得した文書様式であって、その場にあった農民は「他領之人へ相頼候へハ入用高無覚束」いと、領域をこえることに頭からの不信を隠さない。領主制原理による限り「一領ニ一人ニ而ハ入用多ク候得共、無心置」いのであって、その境界をこえ、どこの馬の骨か分からぬ人間に訴願惣代を委任することは、まったく新しい人間関係の形成を意味した。

地域別惣代の選出・委任が、農民社会における新しい人間＝信頼関係の形成を意味するとすれば、それは短時日にはなしえない。郡中惣代の登場する程度は郡により大きな差があり、河内では古市・志紀・交野・錦部の諸郡に多く、どちらかといえば比較的大きな私領の存在する丹北・丹南郡ではほとんど見かけない。日常不断に働く領主制原理の影響力の強さゆえであろうか。また領主制原理のもつ一つの形態である組合村—惣代庄屋制の場合も、それが国訴の組織構造を決定づけるにつれて、郡中惣代の姿が弱くなる傾向も看取できる。したがって訴願時に現れる郡中（地域別）惣代が、郡内で日常的な基盤をもつかどうかを問うてみる必要がある。私はその基盤として諸種の郡中議定に着目しているが、(5)その検討は別稿（第四章）に譲り、国訴惣代制の評価は、それとの関連のもとに行われるべきだとの見解のみ記しておく。

2　頼み証文の分析

それではつぎに国訴惣代制のもった意味・内容を、その史料的表現ともいうべき「頼み証文」の検討より確定しておこう。

国訴の歴史のなかで同文書は幾度か作成されているが、管見の範囲でその初見と思われるのは、安永六年一二月に志紀郡村々で取り交されたものである。(6)

一札之事

一此度綿延売買所商内相止り候様、御番所表へ御願奉申上候処、右御糺ニ付村々罷出候御義仰山ニ可被思召候ニ付、相談之上、此印形之内川北ニ而弐ケ村、川南ニ而一ケ村、右三ケ村惣代ニ而御用相頼候、然ル上者此一件ニ付諸造用銀之儀ハ半分ハ高割、半分ハ村割之割賦を以、村々相懸り可申候事

一右惣代勤入用之儀ハ飯酒供日用共一日ニ付拾二匁ニ而相勤候極、右三ケ村之内若《もし》差支有之候ハヽ、何れ之村方ゟ惣代相勤候共、相互ニ大割賦相懸り可申候、為後日一札仍而如件

控証文であるため連印村名は略されているが、その内容は、㈠村々で出願すれば「仰山《ぎょうさん》」(多数)なので、大和川の以北・以南より三カ村を惣代として頼む、㈡出訴費用は半分高割、半分村割として郡内全村が負担する、㈢惣代の出勤費用は一日一二匁とする、というものである。惣代選考に当り考慮されているのは川北(村数一一)、川南(村数九)という地理的区分のみであり、(7)支配関係はもちろん、村役人が誰かという判断も考慮の外におかれている。郡内村落としての平等性が反映しているといえよう。

その平等性は出訴費用を高割、村割で折半し、全村に割賦するという負担方式にもうかがわれる。くわえて惣代は

この件に限り、郡内村々より委任されたものだとの意味合いが、一日の惣代経費を指定した条項に盛りこまれている。同じ綿延売買会所廃止訴願闘争のなか七年八月、古市郡では出願に当り「郡中相談極書」が交されているが、ここでも「願に付大坂へ出勤造用之義、壱村ゟ上下弐人共御雇賃とも、一日ニ銀拾匁ツヽ之筈」と、出勤惣代の費用を決め、入用の郡中割賦を高割八分、村割二分と定めている。ここには「惣代を頼む」という委任文言がみられないが、頼み証文がこのような郡中議定ときわめて近い位置にあることは間違いない。[8]

加えて両郡で、惣代の一日当り経費と総経費の割賦方式に違いがあるごとく、本来この種の文書には各郡の自主性が含まれている。それゆえこの種の文書が、一郡限りでなく最初から国中諸郡に共通する委任形式として成立することはけっしてない。諸郡、諸地域に共通する普遍性のある委任形式を示す文書様式が成立するためには、歴史的個性と郡中寄合という生々しい場をもって成立したばかりの一郡限りの頼み証文が、国訴闘争の繰り返しと蓄積のなかで運動構造としての一般性を確保する過程が必要である。[9]

文政六〜七年の国訴においても、頼み証文はなお郡ごとの自主性を失っていない。古市郡では六年五月と九月に二度、頼み証文が作成されるが、五月は三所実綿問屋停止の訴願、九月は油高値と菜種下値打開のための共同行動をとったときのものである。「一郡限ニ取締可致」との原則を順守しつつ、頼み証文は出願のたびに、それぞれの訴願事情にあわせて作成され、けっして形式的踏襲に終らない。錦部郡では文政六年九月に引きつづき、一五年後の天保九年三月にも「菜種作幷油方之儀、御国訴奉申上度、右ニ付惣代其許江相頼申候」にはじまる「頼書」が取り交され、郡村レベルでの継承性が確かめられる。[10][11]

このようにして摂河村々では、国訴という運動は頼み証文という文書様式を表裏一体の関係で随伴しながら幕末に至った。そして嘉永七年の訴願において同文書は、参加諸郡村々に共通のものとして初めて機能した。幕領の組合村体制を組織的な骨格としてこの訴願はスタートするが、その初期の段階で「村々ゟ夫々頼一札取置候上ハ、早々御訴訟可申上」との手筈が整えられていた。(12) そのため指導部――幕領の七(八)分惣代の手でか――で案文が作られ、回された。この案文(雛型)は作綿売捌き、諸肥高値、作菜種売捌きの三項目について出願するとして、「其元殿村々惣代ニして相頼」むと記されている。文字どおり委任文言のみといってよいものであり、先行の頼み証文のごとく各郡村村の決起に至る個別的事情はもちろん、物代の出勤費用の指定、経費割賦方式のいずれも記入されていない。

また同じときに「三種歎願ニ付申合書」が交され、そこでは、㈠入用は惣高割、㈡出勤惣代の賄方は人別負担、と決められている。(13) 個別的事情と自主性をもって下から生まれた頼み証文の伝統が、一転して上から諸郡村々への適用を前提に単純で一元的な負担方式に、引継がれたことが知られる。

頼み証文を取り交し、保持している限り、一〇〇〇カ村をこえる村々の組織網は、かなり長期に持続されることが可能であった。七年閏七月に決められた三カ条の出願は、ペリー来航などのために大幅に遅れ、実現をみたのは一一カ月後の安政二年六月である。しかも訴願項目は、三項目から菜種販売自由の一項目に変っている。文政六年の古市郡の例でいうなら、この時あらためて頼み証文は作成されるべきであるが、そのような手続きはとられていない。

嘉永七年国訴時の頼み証文がもった形式性と普遍性は、元治二年の菜種国訴にもそっくりそのまま引継がれ、同文からなる頼談書が四～五月にかけて各地で取り交されている。しかし文化二年、安政二年と二度までも大挙して出訴に及びながら果せない菜種販売自由化の要求を、再度、提起したのがこの年の国訴である。なんとしても願意貫徹するようにと、願惣代の人体を選んで準備を整えただけに、このときの頼談書には同文書が本来的にもった自主性と地域ごとの個別性が復活していると思う。それは頼談書の存立基盤にあり、安政二年のように頼み証文によって惣代制がタテに積み上げる形に終始せず、組合村体制によりながらも惣代が、より小さな地域単位に選ばれている例があるからである。出願人の人体（柄）を考慮する以上、その選考は人物に対する信頼度の確認を含めて、より小さな地域世界に還元される必要があろう。元治・慶応期の国訴はそのスタートから数えて一世紀の隔たりをもっているが、そこになお地域性原理が働いているという意味は、右のことを指している。

3　国訴惣代制の特質

前節では頼み証文を手がかりに、国訴惣代制の展開をたどってきた。その結果、組織構造の変容に関連して、同じく委任形式をとりながらも惣代制にいくつかの変化があることを知った。本節では国訴の運動構造の横断面を切り裂いて、惣代制の特質を探ってみよう。

まず国訴惣代がなにを基盤として選出されているかといえば、頼み証文の連署から知られるように郡内の各村落、なかんずく村役人である。「御村々庄屋・年寄中不残、御印形御持参」のうえ参会し、協議をへて惣代を決める。相給村の場合は「被仰合、御双方御出席」を求めるが、ときには「入組之御村者（中略）御出之儀者、壱人宛御出可被成」と要請し、その結果、相給村の惣代が出ることもある。[14] 地域性原理は郡内だけでなく、村内においても領主制的関係を乗りこえる勢いをもっていた。

参加村としての形式的平等性のうえに願惣代は決められるが、彼らがいっさいの領主的公認を必要としないことはいうまでもなく、世襲性をもたない。村役人とは別個の要件をもって、惣代制は成立していた。

彼ら惣代の人数とその母胎となった村落数の関係でみれば文政六年五月一人当り二七村、同七年四月五八村と、七年は惣代一人当り村数が頭抜けて多く、摂河幕領の組合村―惣代庄屋制を軸に私領組々を結集したその組織構造がよく示されている。ところが安政・慶応両年次の国訴では同一の組織構造を有しながら惣代一人当り村数は二三～二四村と、文政七年の半分以下である。それだけ惣代はより狭い範囲で選出されたことになる。同一の頼み証文によって委任関係をタテに重ねる現象がみられる反面、一領限りの根強い志向とともに、郡や庄といった小地域世界に基盤をおこうとする傾向が存在したといえよう。このように惣代制は、下に向かう論理と志向を備えていた。「私共義ハ惣代ニ罷出候儀ニ御座候ヘハ、相退組合村々江申聞候上、御答奉申上度」(15)との応答に、その志向がよく示されている。訴願結果が組合村々へ逐一、報告されていることはもちろんである。

このように下に向かう論理、負担の平等性原則、さらに「各方を惣代ニ相頼候上ハ、縦令《たとい》中途ニ而如何様ニ成行候とも違背申間敷」との共同責任を示す文言は、惣代の経費を指定し「其外ニ勝手之入用持出し候儀者不相成」と厳禁する条項とあわせて(16)、頼み証文を媒介にした委任関係には代議制の精神が存在していると考えられる。

他方、国訴惣代制は、その基礎たる村落数の多さに示されるように、多数派形成の論理を含みこんでいる。かつて岡本良一氏は国訴の評価に否定的な立場から「惣代は数の優位を簡単に打消された」と述べたが(17)、それが誤認であったことは、「当度は川南惣一体ニ致」そうとする廻状にみられる意気込みの大きさによって証明されている。同氏の見解は一揆のごとく、直接行動に展開しなければ数の優位性を認めないとする立場から生まれたものであるが、一般に民衆運動のもつ多数派の論理は、直接行動とともに代議制的形態においても貫く。泉州村々の参加をよびかけるに当り摂河惣代が、泉州の参加は「摂河も大ニ力を得」ると書き送ったように、国訴は多数派確保のためにその組織構造を築き上げてきたのである。

それならばなぜ国訴は、多数派の形成を惣代制という形態において行ってきたのか。それゆえに合法性をとったか。慶応元年の頼談書に「多人数罷出候而者諸失費も相嵩、第一　御上様江も奉恐入」(18)と、公儀の権威的秩序の遵守を第一義に書いている。しかし筆者はこの文言が、国訴惣代制の本質を語っているとは考えない。並記されている経費の軽減が、他の頼み証文[19]には「困窮之百姓大勢罷出候而者諸雑費等相掛、猶々難渋ニ付郡中惣代」(菟原郡)を選ぶと謳われ、重ねて「余り大締ニ而行届兼候ゆへ、一郡限ニ取締可致」(古市郡)と代議制組織の秩序性に高い評価を与えている。志紀郡の一庄屋が惣代選出にあたりバランスシートをとったのは、他領の人かどうかという点とともに入用の高低であったことを想起したい。負担軽減の論理が、直接行動でなく惣代制をとらせたのである。どちらに「願意貫通」の途は開けるか。大衆的直接行動に眼を奪われがちな私たちの判断をよそに、「何国迄も出願いたし願意貫度候故」、願惣代を選択する途を彼らは選んだのである。それは瞬時の選択というよりは、国訴闘争の蓄積と経験に支えられた歴史的な選択というべきであろう。願意の貫徹如何は「百姓の人気」[20]にかかわることがらであって、その去就如何によって直接行動にも転化しうることは、この地域の農民たちの実例に徴して説明することができる。このような転化をとらなかったところに、国訴の運動構造上の特質がある。

それではつぎに、数の優位性、いいかえれば広範な村々の参加は、農民たちのどのような判断に支えられているのか、検討してみよう。なによりも「差障有無之儀者、何れ之村方も一同」とする利害関係の共通性が基本にあり、くわえて組織する側には「三所問屋差支無之村方も在之、半々ニ相成」るのであれば実綿にくわえて菜種の問題も取り上げ、「両様出訴」するといった戦略的配慮が働いていた[21]。その結果国訴は、広範な村々の結集を実現させるに至ったのだが、その組織網の陰には「神戸《かんべ》領丈け除の儀不都合」だが、多分の雑費も迷惑と逡巡した挙句、結局「何分外領分ニ准し」参加する[22]といった判断も働いていた。国訴闘争の合法性と広域性に高い評価を与えるあまり、千余の村々が「めくら判」を押さなかったとするの[23]は、贔屓の引き倒しだ。それに近い参加・押印もあった。国訴が惣代制という運動構造をとる以上、それは避けられないだろう。一揆には打ちこわしなどの強制体系が働いていたが、地域的な村落結合に乗りおくれまいとする論理は、この時代の民衆運動がもった、もう一つの多数派形成の道筋なのである。

多数派形成の道筋から考えるならば頼み証文は、多数派の論理が委任関係をもって示されるときに生まれる一つの文書様式といえよう。それならば同じく多数派を背景とする訴願行為である一揆や村方騒動の過程に、この種の文書が見いだされてもよい。

一揆の例として文化八年(一八一一)摂津の旗本長谷川氏領に起きた大庄屋・陣屋役人忌避騒動をあげよう。[24]この騒動のなかで村人は久世大和守江戸屋敷への越訴にあたり、頼み証文を取り交している。証文は高田・友行・野田・金楽寺の四カ村役人・百姓より、三名の惣代にあてて出され、「御役様所よりイケ様之御咎メは不及申」ず、出訴費用についても「村々一致同心之義」につき共同責任を負うべきことを約している。金楽寺村では年寄以下二五人の百姓が、惣代である自村庄屋に対し同旨の誓約文言をもつ頼み証文を手交している。

村方(郷中)騒動の例としては、天明八年・文化三年の摂津萱野郷、文化二年の河内西浦村の騒動などがある。萱野郷[25]では村中の百姓総出で出願すべきところ困窮の折、「入用等多分ニ相掛り候得ハ難義ニ御座候故、各々方相頼惣代ニ而御願」と、費用負担軽減のために惣代制をとったことを表明している。費用は高掛りで負担し、惣代に処分が及んだ場合は「相残百姓抽出相働」と約束している。西浦村騒動[26]では、「高持百姓相談之上、各々方惣代ニ相頼」とみえる。

日常的な秩序関係をこえて訴願闘争が切り拓かれたとき、その訴願行為が多人数を背景に委任関係をもって展開すれば、そこに頼み証文がいくつかのレベルで生まれる。国訴のそれは郡中惣代と郡内村役人の間で、陣屋役人忌避騒動では惣代と四カ村役人、惣代庄屋と彼の村落成員の間で、郷中騒動では惣代の年寄・百姓代と組頭の間、そして村方騒動では高持百姓相互の間で、それぞれ委任関係が結ばれている。

高持百姓相互の間や、惣代庄屋とその村落構成員との間で取り交された頼み証文と比べるならば、国訴(郡中)惣代のそれは村役人限りのものであった。下に向かう論理をもち「村々小前申立候ニ付、我々罷出取計」と表明してみても、委任関係としてみる限り村役人にとどまり、一人ひとりの村落構成員にまで及んではいない。村落内の日常的な秩序関係は国訴の全過程を貫いて、ほぼ現状維持されていたといえよう。

その意味で国訴惣代制は代議制の精神をもちつつ、それが既存の村落組織――その日常的秩序関係――を起点とするという特質をもつ。近代国家の一個の市民を起点とする代議制と比較して、その前期性は明らかであり、かりに「代議制の前期的形態」とよんでおきたい。あえて代議制の一形態として歴史的に把握する所以は、ここからも日本近代における代議制が展望されると考えるからである。しかし真にその展望が開けるためには、もう一つの契機が決定的である。それは国訴惣代制が前提とした、既存の村落秩序の否定という契機であり、それは既述のように、国訴の組織・運動構造から生まれなかったものである。そのためには一揆や村方騒動という、もう一つの民衆運動と交差することが必要である。

かつて津田秀夫氏や脇田修氏はこの期の国訴と村方騒動の関連に着目して、「村役人は村内民主化闘争をうけていた」とか地主富農が小作貧農による突き上げをうけていたと説いた[27]。惣代との対面のうえで大坂町奉行与力内山彦次郎が吐いた、「その方ども願意にあらず、百姓共申立に付よんどころなく認めたのだろう」との発言を引くまでもなく、国訴状にはその担い手＝村役人の単一性にかかわらず、「願之義は高持百姓はもちろん、無高百姓にても人々難義」だと、中農はいうに及ばず地主富農から小作貧農までの幅広い階層的要求が反映している。

もし彼ら農民諸階層がそれぞれの階層的利害を、それぞれの行動様式によって追求したとするならば、そもそも国訴という民衆運動は生まれなかっただろう[28]。国訴である限り、終始、村落ぐるみの惣代制をとるため、村落構成員それぞれの行動様式がその枠組を破って表面化することはない。村方騒動による突き上げとか、またその反対に富農の地主化による戦意喪失とかは、情況説明や個々の惣代に関する説明にはなりえても、国訴惣代制それ自体を説く論理ではない。国訴はあくまでも既存の村落組織を起点とする組織・運動構造をもつのであって、村内民主化闘争は惣代制に直接リンクしない。[29] 幕藩権力に直面しての動揺が惣代にあるとすれば、それは彼ら村役人を担い手とする運動自体にはらまれた基本的属性である。小作貧農の立場からいえば「抑えこまれた」ともいえるが、それも含めてこの時代、摂河泉の民衆が歴史的に形成、選択した運動様式が国訴であった。

ここで再び国訴に対して与えられた社会的通念に戻ってみよう。たしかに国訴惣代の頼み証文には、一揆のそれのように「咎めがあったならば」との指導者に対する処分を仮定した文言がまったくみえない。摂河泉にも一揆の伝統と歴史はあったが、その伝統に照らして国訴のもつ合法性——いかに多数の農民を確保しようとも——を認識していたからこそ、指導者の処分を仮定することをしなかったのだろう。幕藩権力の暴力機構に押されてでなく、自らが選びとった運動様式なのである。

この地域の民衆が国訴について共有した概念は、「当国第一之産物」である綿や菜種に対し、「〆（締）括相成り、手狭窮屈ニ而者百姓障り相成事故」「国訴ニても致し、急度破談之積」というものである。すなわち綿・菜種という農民的商品生産・流通に対する都市・在方資本の統制への反対運動として、理解・継承されていた。同じ論理から主題は肥料価格の統制撤廃や小売油の販路拡張にも広がったが、それらの主題に応じた訴願闘争に固有なものとして、国訴はそれ特有の組織・運動構造をもった。

封建的貢租をめぐる闘争や、米価高騰時の飯米確保、村役人の不正追及などの主題については、別個の運動を展開している。両者の鮮やかな分離[30]—訴願主体からいえばそれぞれの歴史的選択を繰り返してきた点に、当該地域の民衆運動は歴史的特質を備えていたと評価することができよう。

（1）天保一三年八月大坂町奉行触五五一四（『大阪市史』四下、一五七～八頁）。
（2）拙稿「国訴の再検討」（第一章）。
（3）嘉永・安政の国訴はこの間の経緯をもっともよく示し、奉行側は「強情ニ申者決而心得違」いだと威嚇し、惣代の人数すら減らすことを指示している。それに対し惣代側も「強而可願上筋ニ者無御座」くと一歩下がりつつ「実ニ百姓難渋」、願意貫通のため惣代にて出願すると申し合せている（菜種売捌手狭につき取調始末手続書『河』六、四五〇～五頁、嘉永七年八月申合書、岡田績文書）。
（4）久留島「直轄県における組合村――惣代庄屋制について」（一九八二年度歴史学研究会大会報告、のち『近世幕領の行政と組合村』東京大学出版会、二〇〇二年所収）など。畿内については前田前出論文。
（5）『羽曳野市史』五、解説参照。
（6）覚帳（太田村文書）。
（7）同郡では天明八年の肥料国訴においても川北三村、川南一村の惣代が選ばれている（大阪市立大学図書館所蔵文書）。
（8）『羽』五、四六六頁。
（9）国訴経費の負担方式については後に考えてみたいが、村割・高割をどの歩合にするかは、郡内村々にとって重大な問題であって、石高の大きい村は村割を望み、小高の村は高割を主張する傾向があった（『村用日記録』東大阪市史資料七、二九頁）。両者の調整が、郡中寄合によって行われているので、郡ごとに歩合が異なるのである。
（10）『羽』五、四八〇～五頁。このときは村割三、高割七であった。
（11）『河』六、四〇三～四頁。
（12）七年八月申合書（前出）。なお天保九年の油国訴時にも頼一札の案文があったようだ（『藤井寺市史』七、二四八～九頁）が、それに拠った証文は未見である。むしろ錦部郡ではまったく違った証文が作られている。
（13）『河』六、九五～六頁。
（14）嘉永七年閏七月郡中廻状（『河』六、九七頁）、文化二年八月郡中廻状（『枚方市史』九、一四一頁）。

(15)　児山忠信文書(『堺市史続編』四、一一五五頁)。

(16)　文政六年古市郡頼み証文(『羽』五、四八一～二頁)、嘉永七年中合書(『河』六、九五～六頁)。

(17)　岡本「河内国錦部郡河合寺村の国訴資料」(『近世史研究』一の一、一九五四年)。

(18)　中村家文書(『箕面市史』史料編四、四五三～四頁)など。

(19)　『本山村誌』一一七頁、『羽』五、四八一～二頁。

(20)　天明七年小堀代官所下の摂津島上郡富田村では、凶作のため、庄屋・年寄が上京して出願した。ところが残された小百姓たちのなかには、自分たちの願書が取り上げられないかもしれないから、我々も直接願い出ようといいだすものがいて、集まった村民は小堀役所へ直接訴願に出た(『高槻市史』二、四四三頁)。

(21)　平野郷会所覚帳(津田前掲書、三〇〇頁)。なお平川新「国訴の論理と運動構造」(『日本史研究』三三七、一九九〇年九月、のち『紛争と世論』東京大学出版会、一九九六年所収)は、国訴の要求項目のうちもっとも取り上げられることの少なかった肥料を素材に、肥料問題こそは広域的村落連合の契機としてもっとも早く登場し、またもっとも広く共通する課題であったとして、国訴を消費者運動としてみる見解を出している。肥料に着目するゆえのすぐれた見解で、ことに国訴の組織運動構造の基底部分に肥料・油問題が位置する点の指摘は明快である。しかし肥料はこの地域の農業経営にあって、販売のための購入品である点は重要で、国訴の高価格形成運動としての特質はやはり見失われてはならないと私は考える。

(22)　嘉永七年閏七月、錦部郡長野村庄屋吉年米蔵は出訴の可否を水郡善之祐に相談したところ、当地の百姓は難義と見受けられないが、自領(神戸領)だけが不参加なのも不都合、さりとて参加して多大の経費がかかるのも迷惑と結論のないまま、惣代西代村庄屋田中仁兵衛の判断に任せると答えている(『河』六、一〇二頁)。

和泉の上神谷《にわだに》諸村でも文化八年の出訴にあたり、「当郷斗《計》破談ニ茂難相成哉、何連他郷へ相准候歟」との惣代村の判断に、村々は「何分可然取斗」と答える。また後年の訴願で釜室村は、格別の了簡はないが、当郷の不参加もできず、何分外領多分に准ずると答え、そのうえに小領でも不参加があれば勘弁されたいと追記している(国立史料館所蔵小谷家文書)。

(23)　市井前掲書一二九頁。

(24) 中村光夫「旗本長谷川氏領の大庄屋・陣屋役人忌避騒動」(『地域史研究』七―三、一九七八年三月)。

(25) 池永家文書(『箕面市史』史料編五、三八六、四〇四頁)。天明八年のそれは組頭五名より年寄・百姓惣代に、文化三年のときには惣代である一一カ村年寄・百姓代の申合一札と、出訴村々が郷中として助け合うことを約した一札が作成されている。

(26) 葉山忠二文書(『羽』五、五九二～四頁)。佐々木潤之介『世直し』には甲州藤田村の例がみえる(三二頁)。

(27) 津田前掲書一四三、三〇五頁など。脇田「地主制の発展をめぐって」(『歴史学研究』一八一、一九五五年)。

(28) この点に対して谷山正道氏から、私の国訴研究は「いかなる村落構造(農民諸階層の動向)のうえに展開されたのかを十分見極めた上で論を展開していない」という批判が寄せられている(「国訴研究の動向と問題点」『新しい歴史学のために』一九四、一九八八年三月、のち『近世民衆運動の展開』高科書店、一九九四年所収)。

(29) 端的な例をあげよう。安政二年六月の出訴にあたり、大津代官所の惣代庄屋の一人として大坂に出勤する予定であった古市村庄屋三郎左衛門は、病気のため近隣の野中村庄屋猪十郎(信楽代官預り地惣代庄屋の一人)に対し「当郡兼用」にて出勤するよう頼みこんでいる(五月晦日付書状、藤井寺市林寛次文書)。これではたとえ古市村で強力な村内民主化闘争が闘われても、野中村庄屋にまで及ぶはずはない。

物代制の評価はそれ自体に即してすべきで、その点では安政二年の惣代制はもっとも形式性が顕著で、その教訓が慶応元年の折に、惣代の人柄を選ぶといった形で受け継がれたと思われる。この点は惣代の主張にもうかがえ、慶応期のそれは安政度とはまったく違った強硬なものだった(小林前掲書二七二頁)。

(30)「封建地代中心の領主収奪と闘う本来の農民闘争のなかから小ブルジョア的闘争が分離してくる第一段階」という林基氏の指摘を基本的に継承する。

おわりに

近世後期の民衆運動のなかで国訴の占める歴史的位置を確定しようとするとき、他の地域でも国訴同様の訴願行為があった、またその反対に他地域では同様の訴願闘争が一揆・打ちこわしをともなって展開した事実にどうしても触れなければなるまい。

まず関東などに類似の訴願闘争があった点でいえば、畿内ではそれが点在したのでなく、封建貢租をめぐる農民闘争から農民的商品生産に関する訴願闘争が派生、独立し、一世紀余の蓄積をへて国訴として定着したのである。それゆえ国訴に特有の組織・運動構造が形成されるとともに、一定の政治意識や社会通念を生み出した。もしその類似性を惣代制にもとめるのであれば、後述するように惣代制は、多数派形成を使命とする民衆運動が基本的にもった二つの道筋の一つであって、畿内に、また国訴に限るものではない。

それに対し他地域では、農民的商品生産にかかわるものも一揆(専売制反対一揆など)として闘われ、ここでは組織・運動体として一揆からの分離・独立はみとめられない。しばしば説かれる畿内の経済的先進性―ブルジョア的発展の特質と民衆運動は、明瞭な対応関係をもった。

近世後期に日本各地にブルジョア的発展が拡大するが、摂河泉以外の他地域ではそれがただちに訴願闘争の合法性を規定せず、国訴のような自立した組織・運動構造も、社会通念も生み出さない。高水準の木綿生産を示した長州藩の瀬戸内沿岸地帯に起きた天保二年(一八三一)の農民闘争が、はげしい蜂起形態をともなう一揆として闘われた理由を、右のように考えたい。この地域では農村におけるブルジョア的発展と民衆運動との間に、明確な対応関係は形成されていない。その限りで井上勝生氏のいう「国訴の日本的意味・段階」論[1]は、経済発展論として支持しえても、民衆運動史には導入できない。

ブルジョア的発展に巻き込まれ、上から商品生産化していった農民層の貧窮分解地域には、一揆のなかからもう一つ別の新しい質をもつ運動が分離・発展した。それが世直し騒動である。一揆と(世直し)騒動を峻別する佐々木潤之介氏の所論[2]は、この点で説得的である。いわば近世日本の民衆運動は一揆それ自体の発展を示しながら、その歴史と伝統を中軸に右に国訴、左に世直し騒動という、新しい質をもつ運動を分離・独立させたといえよう。たとえその地域的広がりと件数の多寡および思想的な深度に格段の差があるといっても、両者が相隔たってもった民衆運動としての特質は正当に評価されるべきである。

国訴が典型的に、「頼み証文」という文書様式に示した代議制的形態についていえば、これも本来は百姓一揆が、多数派形成の論理として歴史的に持ち来ったものである。ところが強訴の全面的展開の結果、一揆といえば直接行動にのみ眼を奪われ、文書様式としても天狗廻状や傘連判のみが注目されてきた[3]。その結果、一揆自身が頼み証文という文書様式をも同時に生み出していたことを見落した。本章で示した諸例は狭い管見の範囲にすぎない。一揆における代議制的形態については、後篇第二章で考察してみたい。

（1）井上「幕藩制解体過程と全国市場」(歴史学研究別冊『歴史における民族の形成』一九七五年、のち『幕末維新政治史の研究』一九九四年所収)。

（2）佐々木『世直し』(岩波書店、一九七九年)六六～八頁。ただし同氏が国訴を一揆の系列におく点は再考を要し、国訴と百姓一揆の区別もやはり考慮に入れなければならない。

（3）　一例として『日本古文書学講座』七の一揆（山田忠雄氏執筆）。

第三章　国訴の負担と村

はじめに

国訴の実行は、それが大衆的な訴願運動であっただけに当然のように少なくない負担を参加村々に求めた。それだけに参加の可否を判断するにあたり村々は、その利害とともに負担の大小を計った。文化八年(一八一一)の訴願にあたり泉州では、惣代村がその廻状のなかで「追々入用も相掛り候事故、いかが御了簡」か、村名の下に書くよう求めている。また文政六年(一八二三)の国訴では参加にあたり、河内国志紀郡林村庄屋が同領の古市郡駒ケ谷村庄屋に宛て、惣代を一領限りに選ぶのか、それとも一郡限りに選ぶのかを尋ねる書状のなかで、「一郡一人ハ諸雑費少ク掛り候得共、他領之人へ相頼候へハ入用高無覚束、一領ニ而ハ入用多ク候得共無心置」いと述べる。一郡に一人の惣代であれば費用も少なくてすむが、それが他領の人ではかかる負担も適正かどうか不安だ。それにひきかえ自領の人なら、その分負担は大きいが安心できると、いわば経費の高低と、惣代の人柄とをバランスシートに取っているのである。それではいったい、国訴にはどれだけの経費と負担がかかったのであろうか。その検討が本章の課題である。そうすることによって組織・運動構造のみならず、負担の構造を通じても国訴と百姓一揆の民衆運動としての比較が可能となるであろう。

なおこれまでの研究で、国訴の経費と負担に注目したものは皆無に近く、それは一揆についてもいえる。(1) 民衆運動の分析としては片手落ちの観が否めないが、階級闘争史観がもたらした一つの問題点といっていいだろう。

（1）　わずかに野原浩一「『国訴』の組織と村落」（大阪教育大学『歴史研究』二三、一九八五年）が、安政二年の国訴にふれるなかで、その負担の少なさを指摘しているにすぎない。また一揆研究では宮崎克則「越訴と代表者の旅」（『日本近世交通史論集』吉川弘文館、一九八六年）が、越訴者の旅程から旅費までを明らかにしているのが注目される。

第一節　国訴の経費と負担

国訴についてその要求事項にかかわる史料は多く残されているが、その経費や負担を知らせるデータについては、これまでもごくわずかしか知られていない。(1) まったく研究者の注目の外にあったからである。したがってその検討のためには、まずデータの収集から始めなければならない。これまで集め得たものもわずかで、けっして満足のいくものではないが、ひととおりの様子を観察する程度には集まったので、それらを手がかりに検討してみよう。

1　安永六〜七年の訴願

大坂や堺・平野に置かれていた繰綿延売買会所の廃止を求める訴願は、安永六年（一七七七）一一月頃より河内の村村で開始されたが、運動が所期の目標を達したあとと思われる同七年一二月四日の日付をもつ文書によると、(2) 河内で

表1●安永訴願の経費(古市郡)

番号	金額(匁)	立替えた者	使　　途
1	5.8	大黒村平右衛門	7年12月築留参会入用
2	1.5		郡中廻り人足賃(1日)
3	4.16		7年12月より38カ月分の利息
4	5.8	古市村源左衛門	7年12月築留参会入用
5	3.3		7年12月より38カ月分の利息
6	4.5	古市村三郎左衛門	郡中廻り人足賃(3日)
7	1.28		6の利息
8	3.0		郡中廻り人足賃(2日)
9	5.0		筆工料・紙代
10	20.0		8年12月河州惣代参会につき大坂出勤料
計	54.34		
11	34.35		7組割の負担
計	88.69		

(注)　天明元年「古市郡村々割賦帳」(羽曳野市森田家文書)による。

はつぎの七つの地域連合が一組にまとまり、統一した運動をしたことがわかる。それは久世・秋元・高木・牧野・土岐の大名領に渋川・古市二郡を加えた七組で、前章で述べた村落の結合原理でいえば、前者は領主制原理、後者は地域性原理によってそれぞれ結ばれ、それがさらに一つに連合して惣代を頼み運動したのである。この文書はそうして選ばれた惣代二名から、訴願運動の経費として組ごとの負担を求めたものである。

それによるとこのときの経費は、縮緬代はじめ訴願にあたっての贈答品・挨拶料が八一匁七分、二人の惣代の大坂出勤料(四回二〇日分)が一〇〇匁、筆工料が三〇匁、築留樋会所での参会費の残りが二八匁七五、合せて二四四匁四五である。参会費が残額であるため、これをこのときの訴願に要した経費の総額とすることはできないが、大方の傾向を読み取ることができる。なかでも惣代の出勤料が、一番高い比率を占めているのが注目される。

この全体の経費は、さらに七組に割り掛けられるが、この場合、組の参加村数や石高に関係なく均等割され、一組あたり三四匁三五(Aとおく)となる。河内古市郡にもこの負担がかかったのは当然だが、同郡ではさらにもう一つ、郡限りでの運動に要した経費（Bとおく）がある。それを表示すれば、表1のとおりである。

表中の三人はいずれもこのときの古市郡惣代で、経費は主に彼らの活動費からなり、築留樋会所と大坂での会合費用が一番大きな比重を占める。前者は前述の七組連合の協議のためであり、後者は大坂上本町で、河内の惣代たちが参会したときのものである。ついで郡中の村々へ廻状などを出したときの人足費も計上されているが、注目してよいのは、大坂への出勤料が一日一〇匁、築留会所への出勤が一日五・八匁、郡中廻り人足が一・五匁のように金額が定まっていることである。同郡ではこの訴願を始めるにあたり、つぎのような申し合せを行っているが、これらの支出はそれに従ったものである。郡中の申し合せは五カ条からなり、一条で訴願の趣旨をうたった後、二条では大坂への出勤費用を一日一〇匁とすること、三条では他郡への参会や郡中への廻状などの人足費は郡中へ割り掛けること、四条では郡中割賦の方法、五条では参会の経費は村切りに出すことを決めている(3)。運動と負担の密接な関係がうかがわれる。なお表中、立替え分に対する利息が計上されているのは、三八カ月という長期間のゆえであろう。

いま七組連合の経費の負担額（A）と郡中の経費（B）とを比べると、四対六となる。国訴の組織・運動構造は別に論じたように、つねにこのような重層性を示すので、その負担にも重層性が現れるが、この場合、後年の訴願と比較して、郡中の経費（B）の少ないのが目立つ。

2　天明八年の訴願

天明八年（一七八八）の二月頃より始まり、最終的には摂河二二郡八三六カ村を連合するに至った肥料訴願にも、古市郡では郡中協議のうえ参加している。このとき郡中で支払われた経費は、以下のとおりである（表2）。

表2 ●天明訴願の経費（古市郡）

番号	金　額	立替えた者	使　　途
1	104.0	古市村三郎左衛門	出勤料13日分
2	15.0		飛脚賃3回分
3	7.5		訴状筆工料
4	13.0		郡中廻り、その他聞合せ人足賃
5	70.32		郡中参会入用
6	120.0	西浦村小左衛門	出勤料15日分
7	15.0		飛脚賃3回分
8	5.0		人足賃
9	104.0	蔵内村兵七	出勤料13日分
10	10.0		飛脚賃2回分
11	3.0		御用聞合せ人足賃
12	104.0	西坂田村市左衛門	出勤料13日分
13	8.0		飛脚賃と人足賃
計	588.82		

（注）　1．寛政元年「古市郡村々割賦帳」（羽曳野市森田家文書）による。
　　　　2．出勤料1日8匁、飛脚賃1回5匁、人足賃1人3匁。

前記した安永年間の訴願に比べて、経費が格段に跳ね上がっているのがわかる。その中心はなにか、その点をみるために、費目ごとに整理してみる（表3）。比較のために、安永訴願時の経費も併記した。

表3から明らかなように、このときの経費は惣代四人の出勤料が、その大半を占めている。四人の惣代は四月一七日〜二一日、五月二七〜三〇日、七月二六〜三〇日と、各月三、四日の日程で揃って出勤しており、のべ日数にすると五四日分となる。その費用が、郡中の経費をふくらませているのである。いいかえれば、このように多数の惣代の出勤によって、同年の訴願運動は担われていたのである。彼らを郡中惣代に頼むにあたって同郡では、全村協議の場を持っており、その費用が二番目の比率を示している。両者あわせると八五％ちかくにもなるが、このような経費の構成比は、運動の構造に深く関係しているのである。古市郡惣代の大坂出勤は、四月、各郡で訴願が提出される頃から始まり、この月は訴状提出のために出勤、五月には奉行所から惣代の召喚があったので、そのために出向き、また

表3●訴願費用の比較

番号	費　　用	金額(匁)	比率1	金額(匁)	比率2
1	惣代出勤料	432.0	73.0	20.0	36.8
2	郡中参会費	70.32	11.9	11.6	21.3
3	人足賃	24.0	4.9	9.0	16.6
4	筆工料・紙代	7.5	1.3	5.0	9.2
5	飛脚賃	45.0	7.6	—	—
6	利息	—	—	8.7	16.1
計		588.82	100%	54.34	100%

（注）　左が天明、右が安永のものである。

七月には裁許があり、済口証文が提出されているので、そのための出勤であろう。またこの間、大坂からだと思われる飛脚が九回出され、また郡中では各村に向け人足が何回となく派遣されている。

いまこれらの経費から勘案して、同郡での国訴の組織・運動過程を描けば、郡内村々への人足による参会のよびかけに始まり、全村協議と惣代の選出をへて、以後、惣代の頻繁な大坂出勤が始まる。出願にあたっては、隣郡への聞き合せなども行われたことだろう。惣代はこの後、必要に応じて大坂に出向き、他郡の惣代とも協議し、また奉行所への出向などを行うが、この間の様子は、仕立てられた飛脚によって地元の郡村に伝えられる。そして奉行所の裁許を受ければ、その顚末を知らせて了解を求め、また立替えた経費の精算と割り掛けを惣代間で行い、郡内村々に支払いを求める。その支払いが終って、一つの訴願運動は終決するが、ざっと、国訴はこのような過程をへるのであろう。かつて市井三郎氏は国訴の運動にふれ、「今のように電話はなく、自転車、自動車もない当時に、コミュニケーションと会議とが成り立つ仕組のはげしさを想う」と述べた(4)が、具体的には右のような仕組が成立していたのである。

3　寛政六年の訴願

摂河二〇郡六五〇カ村による肥料訴願についても、その経費が古市郡についてわ

表4●寛政訴願の経費(古市郡)

番号	金額(匁)	立替えた者	使途	
1	136.0	古市村三郎左衛門	惣代出勤料	17日分
2	72.0	同　治郎右衛門	同	9日分
3	96.0	軽墓村久左衛門	同	12日分
計	304.0	72.67%		
4	37.23		摂河惣代5人入用の割賦分	
5	1.92		同	雇い賃・亀屋に
6	7.5		同	紙・筆工料
計	46.65	10.91%		
7	52.4		郡中参会造用(3月1日)	
8	10.8		惣代算用の造用	
9	4.5		廻り人足賃	
計	67.7	16.18%		
総計	418.35	100%		

(注)　寛政6年「古市郡村々割賦帳」(羽曳野市森田家文書)による。

かるので項目ごとに書き出してみる(表4)。

表に記したように、経費は大きく三つに分類される。番号1～3は郡中惣代の出勤料で、全体の七三%と高く、天明八年とほぼ同水準である。惣代は三郎左衛門と久左衛門の二名で(一時、次郎左衛門が三郎左衛門に代っている)、のべ三八日になるが、三月四日を皮切りに、頻繁に出勤している。いま月ごとに示せば、三月四～五日、二〇～二一日、四月五～七日、一二～一三日、一七～二三日、二七～五月一日、五月七～一〇日、六月八～一〇日、八月二六～二八日となる。ほとんど二日ないし三日の出勤であるのは、当時の交通手段と距離を考えれば当然だろう。このうち三月四日は「肥し物高直につき、直下ゲ之御願摂河一統ニ御番所」へ出願のため、村々が参会した日である。この後四月二一日には訴状の提出、同二七日には奉行所の尋問に対し、各種肥料の価格状況を書き上げて提出している。訴状などで知り得るのはこの程度の出勤状況であるが、注目すべきことに、彼らの大坂出勤はそれ以上に頻繁に行われている。訴願開始から終結に至る間、惣代による協議が、繰り返されていたことを推測させる。

また六月一〇日には、肥料の不正販売の監視のため監視団を派遣することを四四人の惣代で申し合わせている。[5] このなかに、三郎左衛門も久左衛門も顔をみせている。この申し合せでは惣代として五〜六人の農民を大坂谷町の郷宿亀屋に常駐させ、粕類や干鰯の不正販売を監視することを決め、その費用は「願村一統ニ割掛け」るとしているが、表中の4〜6はそれに該当する。全体の一一%弱と少ない。番号の7〜9は古市郡限りの経費というべきもので、一六%を占める。このように経費面でみたとき、この時期の国訴は何よりも郡中惣代の活動に主として担われ、その母体としての郡中での活動費がそれにつぎ、全体の統一組織からの割賦分はもっとも低い比率しか占めていない。ここからも、国訴という運動様式における郡中惣代の重要性が確認できる。

4　文化二年の菜種訴願

このときの訴願についても一点、一一月二七日の日付をもつ「菜種一件願入用割合帳之写」と題する摂津島上郡の史料が残されている。[6] それによると郷宿などへの諸払い、摂河参会入用、四郡参会入用、惣代出勤料などをあわせた一貫四四三匁五分が、島上郡の負担額である。島上郡で寄合い、さらに隣接四郡、摂河と組織・運動構造が重層的に組み上げられていたことは、ここでも確認できる。経費のうち多額を占めるのは丸屋清兵衛に対する飯代で五五一匁四四(三八・二%)——郡中参会時のものだろう——、ついで惣代出勤料が四八〇匁(三三・三%)となっている。一日の出勤料は一二匁である。これを同郡の高二万八三四七石に割り掛けると、一〇〇石あたり五匁一分となる。さらに高浜村はじめ「五領六ケ村」ではこのほかに、参会費や夫代として一八匁九分五厘を独自に要し、一〇〇石にすると五分六厘となる。その結果、双方合せて一〇〇石に五匁六分六厘となるのが、このときの高浜村などの負担である。

5　文政六年の綿および七年の菜種・油訴願

さらに、文政六年(一八二三)の摂河一〇〇七カ村訴願の場合をみてみよう。同年九月一八日、古市郡の惣代は参加した古市・安宿部郡村々に対し、終結した綿国訴の費用取調帳を回覧するので割合銀を出すこと、願書など訴願関係書類を回すので村ごとに留め置くこと、油訴願について調印することなどを通知しているが、この時点で古市郡の総経費は六四九匁五五である。それを項目整理して表示すると、つぎのようになる(表5)。

先に述べたように古市郡一五カ村・安宿部郡四カ村はこのとき、古市村庄屋を郡中惣代に頼み、さらに幕領組合村制に連なり、一〇〇七カ村の一翼として国訴に加わるが、その経費はここでも、大きく二つの部分から成る。一つは摂河全体の経費として割り掛けられたもの、もう一つは郡中の諸経費である。表の七項目のうち6・7は前者にあたり、6は惣代一人割(この二郡は古市村庄屋が惣代)、7は一〇〇七カ村への村割で、合計すると七〇匁二九(一〇・六%)である。6は二九人の惣代が大坂の郷宿に参会したときの費用で、一人あたり五四匁九分と頭割されている。それに対し7は村割されている。惣代二九人といい、一〇〇七カ村といい、明らかに同年の綿国訴に要した費用の割賦分であるが、後述する錦部郡の史料によるとこのときの総経費は一貫七七五匁二分で、半分が惣代二九人割、残る半分が参加村数(このデータでは一一〇二カ村)割されている。

一方、後者にあたる郡中の諸経費は総額の八九・四%で、その主たるものは1の郡中惣代出勤料と2の郡中参会費である。ここでも国訴は、摂河一〇〇七カ村としての連合と郡中としての結合という重層的な組織構造を示している。負担として両者を比べてみるとき、やはり後者が優位であるが、仔細にみると様相の変化に気づく。それはとくに郡中の経費についていえ、郡中惣代の出勤料が激減している。天明八年や寛政六年ではともに総経費の七〇%を占めて

表5 ●文政6年訴願の経費(古市／安宿部郡)

番号	項　目	金額(匁)	比率	備　　考
1	郡中惣代出勤料	208.0	34.95%	1日6.5匁のべ32日分
2	郡中参会費用	234.0	39.32	5月と8月の2度
3	郡中の通信など	21.3	3.58	
4	筆工料・紙代	47.3	7.95	
5	村方よりの通信・使者・挨拶など	84.45	14.19	今宮・三日市村への挨拶など
	小　計	595.05	100〔89.4〕	
6	摂河惣代入用	54.9	〔8.3〕	浜屋宇蔵・亀屋喜兵衛方にて参会
7	惣　割	15.39	〔2.3〕	1007村割で19村分(1村0.81)
	計	665.34	〔100〕%	

(注)　1．文政6年「実綿油願ニ付諸雑用割賦帳」(森田家文書)による。
　　　2．表の1～6の合計が649.95(但し原数値は649.55)。

いた惣代出勤料が、ここでは三五%と半減している。なぜだろうか。彼らは摂津今宮村からの廻状に応えて一七日の「摂河大参会」に出席すべく、前日の一六日から出勤したのに始まり、裁許後の二五日まで、出勤した日数は三二日となる。やや少ないが、それは比較的早期にこの訴願が成果を挙げたためであって、彼らの役割は少しも変っていない。むしろ出勤料が、一日六・五匁に減らされていることにその原因が求められる。いいかえれば惣代の頻繁な出勤が郡中の経費をふくらませ、村々の負担増をもたらすものとして経験的に捉えられたことの反映ではないだろうか。

しかし経費は、必ずしも軽減されていない。その代りに、郡中会合費が増加しているのである。五月は出願にあたり惣代を頼んだとき、八月は終結後の協議(おそらく引き続き菜種訴願に加わるという)のために参会したときのもので、いずれも重要な会合であったが、金額そのものはかなり増えている。郡中の経費のなかでもう一つ重要な変化は、番号5にあたる今宮村と三日市村への挨拶料があらたに加わっている点である。今宮には「綿一件ニ付挨拶先入」、三日市には「菜種願秤改年延願挨拶先入」と記されている。九月の時点ではもう菜種訴願は始まっており、三日市村庄屋五兵衛は、古市村な

表6●文政6年の訴願経費(錦部郡)

番号	項　目	金　額	比　率	備　　考
1	郡中惣代出勤料	615.0	66.77	89人分と供人足18人分
2	郡中参会費	268.0	29.10	4回
3	人足賃	16.1		亀屋からの分も含む
4	筆工料	22.0		
	小　計	921.1	〔71.8〕	
5	摂河惣代割	235.04	5－7合わせて	29人割含む
6	摂河村割	39.69		1102村割
7	村割	30.53		秤改め延期願　362村の分
8	その他	56.2		惣代出勤亀屋立替分ほか
	小　計	361.46	〔28.2〕	
	総　計	1282.56	100%	実数値は1278.66

(注)　1．文政6年12月「実綿種物売捌方手狭ニ而難儀並油小売直段高直ニ付歎願諸造用割方帳」(河内長野市福田家文書)。
　　　2．惣代出勤料1日6匁。

ど同じ幕領組合村という関係から、古市・安宿部二郡村々に頼まれて以後活動する。そうなればこれまでの郡中惣代に代って彼の活動する場が増え、その結果、郡中惣代出勤料は確実に減少するであろう。経費のあり方からみてもこの頃、国訴は大きな転機を迎えていることは確実である。

同年の訴願についてはもう一つ、河内錦部郡のデータが得られる。それを分類表示すれば上のとおりである(表6)。

先に示した古市郡の場合とかなり様子が違う。第一に総額が倍近い。なによりもここには綿のみならず、種物・油さらに秤改めといった種々の訴願項目が含まれ、期間も春から年末までと長い。第二に郡中に対する割賦分の比率がかなり高く、とくに惣代割の負担が高いのがその一因である。それには古市郡同様の二九人割のほか、大坂での「下宿造用」や人足費の割賦分が含まれる。同郡では二人の惣代が出勤したが、彼らの活動の多さがこの数値に現れている。古市郡に比べて惣代の活動量は大きく、それは大坂のみならず、郡中においても同様で、出勤日数ははるかに多い。その反面、三日市村への挨拶料のような支出はない。これが第三の点で、それだけ自前の運動をしたことになる。このように文政

表7 ● 天保9年の訴願経費(錦部郡)

番号	金額(匁)	比率(%)	使　　途
1	79.75		惣代出勤(2度)と人足賃
2	48.5		同(1度)と人足賃
3	9.0		立会算用出勤
4	55.0	34.28	筆工料・人足賃とも
5	133.0	23.72	郡中参会(2度)の勘定時の入用
6	104.61	18.65	河14郡の割賦分
7	130.93	23.35	石川・古市・錦部郡の割賦分
計	560.79	100.0	

(注)　天保9年6月「油方一件願諸入用参会割賦帳」・同年七月「油方一件諸入用勘定帳」(河内長野市福田家文書)による。

六〜七年の共同訴願においても、土台である郡中での活動にはかなりの差異があったことがわかる。

6　天保九年の油訴願

天保九年(一八三八)の河内一国の油国訴では、第二章に述べたように錦部郡を例にとれば、郡中の参会を基礎に、石川・古市の隣接二郡との連合、大坂での惣代集会という三つの重層的な組織・運動構造があったが、その各々について経費の詳細がわかる。(1)河州一四郡の惣代の諸活動にかかわる経費が一貫三五六匁二七、このうちの七七%余にあたる一貫四九匁五五は「度々寄会造用その外、諸方飛脚賃入用」、つまり惣代たちの度々の寄合いや各方面への通信費で、郷宿亀屋喜兵衛が立替え負担している。その他寄合いの席料が金一〇〇〇疋、願書相談の謝礼が一〇〇疋といったところが主だった経費である。これは参加村の総石高二二万六一四五石に、高割されている。つぎに(2)石川・古市・錦部の隣接する三郡での諸活動に要した費用が、三七三匁八五。主な内容は三郡の惣代たちの参会費や各郡中への通信費である。この三郡は三年前の天保六年、肥料訴願を共同して起しており、それを踏まえた活動であろう。これも三郡の総石高四万九七七九石に割り掛ける。最後に(3)郡中限りの諸活動に対する経費で、錦部郡の場合、表7のようになっている。なお(1)・(2)の分も併せて記入してある。

三つのレベルの経費を比較してみると郡中(五八%)・三郡(二三・二五%)・河内一四郡(一八・六五%)の順になり、ここでも土台は郡中にある。しかし郡中の比率は、これまでよりもかなり低い。それは惣代の出勤料にうかがえ、人足賃などを含めてみてもその比率はかなり低い。この訴願は三月に始まり、五月には終結するという比較的短期であったことにも関係するだろうが、惣代出勤料の比率の低さは、総額の少なさに結果している。

7　嘉永七〜安政二年の訴願

嘉永七年(一八五四)閏七月、幕領郡中惣代のよびかけに始まり、その後、予期せぬペリーの来航によって一時中断、翌安政二年の六月になってやっと出訴の及んだこの訴願では、総額一七貫七六〇匁三分七厘もの経費を要した。(7) 摂河一〇八六カ村、惣代四五人という大規模なものであったのにくわえて、訴願運動が長期化したことを考慮に入れてもかなりの金額であったことは、文政六年と比べても明らかである。しかし残念なことに、その内訳を知る史料が、いまのところ未見である。

8　元治二(慶応元)年の訴願

ところが、一二六三カ村という最大規模の結集をみたこの訴願では、総額とともに内訳までがわかる。総額は実に七三貫六一四匁五分八厘、金にして五一一両余という巨額である。このうち四貫三三七匁余は前年の「綿市場一件」(8)の経費であるので、残る六九貫二二七匁ちかくが、元治二年(一八六五)四月に始まる菜種訴願に要した経費である。使途不明の分もあるが、大きく内訳をみれば、浜屋ほか五軒の郷宿の入用がトップで二五貫九九七匁四九(総額の三五

表8◎惣代の出勤数

月　日	人数	月　日	人数
5．11	33	6．1	10
19	37	2	27
20	29	4	20
21	36	5	21
22	35	6	17
23	3	7	14
24	3	8	18
25	3	9	15
計	179	10	15
		11	2日分
		12	39
		13	2日分
		14	6
		15	7
		19	3
		20	52
		21	50
		計	314

（注）　1．浄謙論文史料による。
2．のべ数である。
3．6月10～11日、12～13日はともに2日分の人数。

・三二%)、ついで惣代の出勤料が一六貫五九〇匁(二三・五三%)、三番目は使途不明ながら金一〇〇両(一九・五六%)である。

このうち郷宿への支払いでいえば、四月七日の飛脚賃に始まり、四月一〇日五三人(一貫二四三匁三五)、同二五日六一人(一貫四五〇匁三六)のように出勤する惣代の止宿賃が書かれている。一二六三カ村の出訴があったのは五月二〇日であるが、そのひと月も前から、多数の惣代が出坂していることがわかる。いま訴願のあった五月と、油屋仲間との間で示談交渉が繰り返された六月を例にとれば、彼らの出勤はつぎのとおりである(表8)が、ものすごい出勤数である。

このような連日に及ぶ出勤の結果、郷宿への入用のみならず惣代自身の出勤が四月一〇日から六月二三日までで一〇六日、一日一五匁として一六貫五九〇匁となる。このうち五月一五日から六月二四日の間は、惣代ごとの出勤日数がわかるが、五二日出勤した石川郡山田村から、わずか二日の丹北郡立部村までバラツキがある。おそらく組ごとの出勤であるためであろう。惣代の筆頭を勤めた江口村田中田左衛門については記していないが、五〇日をこえることは間違いない。この間の日数は、閏月を含むのでのべ七〇日ほどになるが、出勤日数五〇日とすれば、三日のうち二日は出勤したことになる。あらためて、国訴における惣代の役割の大きさを思う。

もちろんこれら全体の経費とは別に、組合限りのものがあったが、摂津一橋領五一カ村でみれば表9のとおりである。これまでの場合と大きく異なって、組合限りの費用よりも、全体からの割賦分がはるかに大きい。五四人もの惣

表9 ●元治・慶応国訴の負担(一橋領)

番号	金額(匁)	立替え村	用　　途
1	1755.23	倍賀村	全体の割賦分(7月支払い)
2	105.31	同	立替利息(7～12月)
計	1860.54(74.95%)		
3	302.31	同	御用達方止宿代・元利とも
4	251.68	郡　村	同支払い方・元利とも
5	52.0	倍賀村	飛脚賃
6	15.80	郡　村	同
計	621.79(25.05%)		

(注)　慶応元年12月「丑七月より十二月迄摂州郡中割方帳」(箕面市中村家文書)

代を要し、その出勤が郡中や組合村で負担されるのでなく、一二六三カ村の組織の経費として扱われたことが、このような関係をもたらしたのである。

(1)　浄謙俊文「慶応元年国訴願書及び勘定帳」(『愛泉女子短期大学紀要』八、一九七三年)。
(2)　『羽曳野市史』五、四六七頁。
(3)　同、四六六頁。
(4)　市井『近世革新思想の系譜』(日本放送出版協会、一九八〇年)一二四頁。
(5)　『松原市史』五、八六～七頁。
(6)　関西大学図書館所蔵西田家文書。
(7)　前出野原論文。
(8)　これは元治元年、大坂玉造に綿市場を開く江戸屋弥兵衛が、在方において仲買を組織しようとしたのに驚いた村々が、「大坂御二分惣代」を中心として反対運動を展開、成功させたものである(『河内長野市史』六、一五七～六三頁)。

第二節　国訴の構造と負担

これまで摂河の村々において展開した訴願運動を取り上げて、その経費の明細を調べてきた。まだまだ史料が十分ではないのは否めないが、経費は一様でなく、またその経費が訴願運動の構造と密接に関係していることがわかったと

表10●郡中と全体組織の比較

番号	訴願年次	B(匁)	%	A(匁)	%	合　計
1	安永6－7	34.35	38.7	54.34	61.3	88.69
2	寛政6	46.65	11.1	371.7	88.8	418.35
3	文政6	70.29	10.6	595.05	89.4	665.34
4	文政6	361.46	28.2	921.1	71.8	1282.56
5	文政7	75.6	29.4	181.2	71.6	256.8
6	天保9	104.61	18.6	325.25	58.0	560.79
7	慶応元	1860.54	74.9	621.79	25.1	2482.33

（注）　1．1～3.5は河内古市郡、4.6は錦部郡、7は摂津一橋領を例にとっている。
　　　　2．6には近隣3郡の諸経費割賦分23.35％があるが、除いてある。

思う。以下それをさらに、第二章で述べた国訴の組織・運動構造の変化と関連づけて分析しよう。

1　国訴の組織と郡中の関係

国訴と呼ばれる訴願運動はまず、村々が利害関係の同一性にもとづいて地域的な結合を組織し、それがさらに拡大することによって、一〇〇〇カ村前後の大連合を実現した。その結果、いずれの国訴も重層的な組織・運動構造を示したが、それと経費・負担の関係を見るため、組合村や郡中を単位とする地域的な村落結合の限りで要した経費、たとえば郡中の会合費や通信、惣代の出勤料などをA、それらを土台にしながらそのうえに組織された連合レベルで要した経費が、参加村に割り当てられたときの組合村や郡中の負担分をBとおき、その関係を検討してみる。まずその比率を表示しよう(表10)。

7を除いて、いずれの場合も全体の割賦分Bよりも、郡中限りの経費Aの比率がはるかに高い。いいかえれば国訴にあって農民が負担すべきは、なによりも自分の村をはじめとする近隣(郡中)での諸活動に要する費用であった。それが、国訴における通常の姿であったといってよいだろう。国訴と呼ばれる運動の第一歩が、利害関係の共通性によって結ばれた地域的な村落結合にあったという意味は、この点にかかわる。表中2（寛政六年）や3（文政六年）の古市郡村々と国訴組織との関係は、その典型といえるだろう。それだけに安永年間の国訴のように、活動の始点において惣代の出勤料は一日一〇匁とする、他郡への参会や郡内の通信費は郡中に割り掛ける、割り掛けに際しては村割と高割の比率を二対八とする、郡中の参会費用は村ごとに出す、などと詳細に費用の指定をすることがあったのもうなずける。

ところがA、つまり郡中の経費の比率も、文政六年以降は減少の一途をたどる。文政六〜七年にかけて国訴には、郡中の村落結合を基軸とするものから、幕領の組合村制に依拠する形への大きな転換があったが、上の事実はそのことに関係があろう。幸いここに、七年の菜種・油訴願をへた後の古市郡の経費明細がある[1]ので、それによってこの間の変化をみよう。経費は二つからなり、(1)は割賦分にあたるもので、七年七月と翌八年三月の郡中割と紙筆代・人足費からなる。金額は七五匁六分（B）で、いずれも三日市村五兵衛に払われているのが注目される。それに対し(2)は、七年二月以後の郡中で要した諸費用で、菜種・油訴願時のさまざまな人足費、会合費、出勤料などからなり、一八一匁二分である（A）。A対Bの比率は、七一対二九となる。Bすなわち全体からの割賦分が、これまでより増えているのが明らかだが、それはこのとき古市郡では、郡中の組織を持ちながらも、幕領組合村の関係から錦部郡三日市村庄屋五兵衛を頼む形で訴願に加わったからである。いいかえれば自郡の惣代が担う国訴から、委任関係によって組合村の惣代庄屋に依存する国訴への転換が行われ、経費も基礎組織である郡中のそれに対し、依頼を受けた惣代と彼の属する全体組織の経費が膨張することとなったのである。その結果、当然のことながら全体からの割賦分は増加する。したがってBの数値（金額と比率）の増加は、国訴が郡中という足元のしっかりした構造から頭でっかちの構造へ転換したことに照応しているといえよう。幕領の組合村制が、それを促進したのである。

同じ事情は、安政二年の国訴にもいえる。この場合、幕領惣代庄屋のイニシアチブは明らかで、終結後の費用徴収でも彼らが、「頼み証文」によって委任を受けた近隣の村々（私領含む）の費用徴収にあたっている。[2] 総計費は一七貫七六〇匁三分七厘で、文政六年の総計費が一貫七七五匁二分であったのと比べると、安政国訴の経費は一〇倍に跳ね上がっている。組合村単位で要した経費が不明であるが、いかに頭でっかちであるかがわかろう（なおこのときの割賦方法は、後にみるように幕領に負担が重く、私領に軽いように配慮されている）。頭でっかちの構造は天保九年にもみられるが、このときは錦部郡が自郡の村々を基礎にしながら、隣接三郡との共同、さらに河内一四郡との連合という三つの重層構造をもち、そのことが郡中の比率を押し下げることとなった。しかしいかにB、つまり全体組織の比率が高まっても、国訴が近隣の村落結合を基礎とし、組織を積み上げて運動する限り、その比率が五〇％をこえることは想像できない。この点で、Bが七〇％をこえる慶応元年訴願は特異な位置にあるといってよい。なぜこれほど、全体組織の経費が高いのであろうか。それは、同年訴願の国訴史上に占める位置にもかかわる。少し、角度を変えて考えてみよう。

2　惣代制と負担

第一節から明らかなように、国訴の経費の主体はなんといっても各種の惣代の出勤料やその賄い費用であった。その点で国訴という民衆運動における惣代制の重要な位置は、いくら強調してもしすぎることはない。しかしその惣代についても、いくつかの変遷を確かめることができる（表11参照）。

まず天明八・寛政六の両年は惣代出勤費の占める比率が非常に高く、国訴の経費の大半は郡中惣代への人件費であるといってよい。運動構造に即していえば、郡中惣代こそが国訴を担っているといえる段階である。その結果村々は、惣代の出勤費の多寡を自分たちにかかる負担の多少と直結して捉えることとなるだろう。そのことが、郡中惣代がそれぞれの所領関係にかかわりなく選ばれているという緊張感をともなう人間関係と合わさって、逐一、惣代の委任に

表11●国訴の経費に占める惣代出勤費

年　次	比　率	金　額	日　数	単　価	順　位	備　　考
天明8	73.4	432.0	54	8(匁)	1	古市郡
寛政6	72.7	304.0	38	8	1	同
文政6	34.95	208.0	32	6.5	2	同
同	66.77	615.0	—	6	1	錦部郡
慶応元	22.53	16590.0	1106	15	2	
同	35.32	25997.49			1	郷宿入用を含む

（注）　1．それぞれの数値については、第1節参照のこと。
2．単価は1日あたりの出勤料。
3．順位はすべての支出項目におけるもの。
4．天保九年は不明のため省略。

あたって出勤費を指定することに繋がる。それでも郡中惣代の積極的な活動は、当然経費を膨張させることとなる。文政の国訴において出勤費の単価が下げられているのは、それへの対応とみることができる。

文政六年訴願においてもやはり郡中惣代が国訴を担ったが、そこで古市郡と錦部郡は大きく異なる道を歩んだ。その結果が、両郡の訴願経費（表10の3・4）と惣代比率（表11の古市郡三四％、錦部郡六六％）に現れている。一方の錦部郡は旧来のごとく自郡の惣代の活発な活動によって終始、訴願を展開したが、他方古市郡は、運動の途中より幕領組合村の関係から他郡の惣代に依存する形を選び、その結果、自郡の惣代に要する経費を減らした。しかし他面、他郡惣代への挨拶料という別途の費目を生じた。文政七年の菜種訴願をその体制の下で闘った同郡では、自郡惣代の出勤費に倍する経費が、頼んだ他郡の惣代に支払われている。

このように組合村制を媒介することによって、国訴は土台のしっかりとした組織から頭でっかちの組織に転じたが、ここでも経費の主体が惣代の出勤費であることは変らなかったと思われる。総額一七貫余を要した安政二年の費用明細はこのことを教えるはずであるが、残念なことに不明である。しかし慶応元年では、惣代の出勤費だけで一六貫五九〇目とほぼ安政時の総額に匹敵する。それはこの訴願が安政時と違い、一一〇六日という日数に示されるように、惣代の多数の出勤があったからである。しかもその出勤日数はバラバラであるが、それらを頭割にしてその経費を惣代の選出母体である村々に割り掛けることなく、すべて訴願経費として括ったうえで村々に割り掛けている。後にみるようにこれも異例といってよい割賦方法であるが、それほどに、膨張する惣代の経費を村々で受け持とうとする意志の現れをこの訴願にみることができる。「何国までも出願し願意貫くために、この度は惣代の人体を選ぶ」とは、このとき回された廻状の文言であるが、文字どおり惣代の全力を挙げた訴願、交渉運動を展開することによって、このとき菜種訴願は最後の壁を突破したのである。総額に占める惣代費の比率は低くとも、その金額と日数は村々の総力を挙げたものと理解していいであろう。

いいかえれば自郡の惣代を頼むことによって、訴願と負担の関係を緊張に満ちた雰囲気のなかで作ることでスタートした国訴は、その後文政六年以降、骨組を幕領組合村制に依存することによって、常時一〇〇〇カ村余の村々を結集することに成功する。しかしその分、自分たちの手の届かないところで全体組織の経費がふくらみ、負担分が増える。安政二年訴願はそのようなものであったが、そのときもなお訴願は目的を果さず、慶応元年にはこれまでの力量を総結集し、これまでの例では異常ともいえる支出をしてまで運動を展開した。それは一二六三カ村という村数のほか、一一〇六日という惣代の出勤日数、一六貫目余に上る出勤費、七三貫目という総額に示されている。

3　泉州の国訴

つぎに泉州における国訴の経費、負担と構造についてみておこう。天明八年四月、摂河と並んで繰綿延売買会所の停止ほか五カ条の申し合せにもとづいて順次訴願し、翌寛政元年四月に終結をみた一件をはじめ、文化七年の木綿訴願、同八年の質屋ほか三株新設差し止め一件、同九年の浪人など廻在者の取締り一件、そして文政七年の菜種・油訴

表12◉文化七年訴願の経費

番号	金　額	構　成　比	使　　　途
1	123.2	岸本屋治助	御用達入用(席料・筆工料・心付など)
2	345.5	紀国屋利兵衛	
3	302.5	茶碗屋市兵衛	
4	834.5	紀国屋重助	
5	553.0	住吉屋長兵衛	
6	289.4	大　安	
	2450.7	21.5%	その他席料2.6含む
7	2304.0	20.2	落着謝礼
8	5910.0	51.9	惣代出勤料
9	728.79	6.4	飛脚賃・筆工料など
計	11393.49匁	100.0%	

(注)　文化7年9月「毛綿一件諸入用四郡勘定帳」(関西大学図書館所蔵小谷家文書)による。

願についてデータを得ることができる。このうち組織・運動構造とのかかわりが判明するのは、以下の場合である。

(1) 文化七年の木綿訴願

総額一一貫三九三匁四分九厘という相当な費用を要したこの一件では、その使途はつぎのようになっている(表12)。ここでも経費の一番は惣代の出勤料で、一日一〇匁としてのべ五九一日に上る。惣代の出勤日数は、岸和田藩領惣代が一四六日、一橋領が一〇五日、幕領小堀代官所惣代が七三日、旗本小出領が二一日のように不均等であるが、いずれも各所領別の惣代であることが、泉州の村々に一貫する特徴である。堺や貝塚に位置する御用達への支払いがそれにつぐが、彼らは各藩の御用達として普段、村々と領主間の連絡機構の役割を果している。

なおこの領は、「四郡惣代」とされる各所領惣代の連合に要した経費で、他方それぞれの所領で活動が行われ、独自の経費を要したことはいうまでもないが、それについては不明である。

表13●文化八年訴願の経費(伯太藩領)

番号	項　　　目	金　額	比　率
1	四郡惣代ほか出勤費用	251.3	45.8
2	郷惣代参会費	23.9	4.4
3	郷惣代出勤費	39.0	7.1
4	人足賃	26.7	4.9
5	酒飯代	64.8	11.8
6	錦市場訴願の利息分	60.0	10.9
7	四郡割賦分	82.62	15.1
計		548.32匁	100%

(注)　1．文化８年５月に始まり６月に終結。
　　　2．文化８年11月「伏尾新田惣治より古手並道具株願出候ニ付、泉州四郡掛り弐郷割勘定帳」(関西大学図書館所蔵小谷家文書)による。

(2) 文化八年古手ほか三株停止訴願

この場合は、全体からの割賦とそれを受けた伯太藩領での経費とがわかる。表13のように全体からの割賦分が一五・一%、残りが伯太藩領限りの費用であるが、そのうち四五・八%が領惣代の出勤にともなう費用である。やはり惣代の役割の比重は高いが、同時に同藩領の下部組織というべき郷(上神谷、下泉二郷)にも惣代がおり、その活動に要した経費(表中2・3)をはじめ、郷単位での経費も無視できない。いいかえれば泉州での訴願行動は四郡全体(A)、各領とその下にある村々(B・C)という二重ないし三重の構造を示し、伯太藩領を例にとるとその比率はA一五・一%、B四五・八%、C二八・二%となる。全体からの割賦分に比べ、自領での活動に要した経費が中心であることは摂河の場合と同様である。

(3) 文化九年四郡取締り一件

この年四月、四郡惣代が集まって大津綿市場開設、秤・枡改め、浪人廻村、番非人、門立ちの者などについて相談した一件を例にとれば、組織・運動構造の重層性は、つぎのように経費と対応していた(表14参照)。経費はわずか、三四七匁二分(A)である。訴願行動に及んでいないので、きわめて少ない。これを各領地ごとに高割し、伯太領を例にとると一四匁三三となる。この割

表14●文化九年における経費と組織構造の関係

区	分	経　費	割　賦　分	惣代費と比率
A	全　　　体	347.2	──	──
B	伯　太　藩	96.73	14.33(14.8%)	36.0(37.2%)
C	上　神　谷　郷	188.48	60.783(32.2%)	9.0(4.8%)

(注)　1．Aは文化9年4月「泉州四郡相談並諸浪人取締一件入用、渡辺領控」
Bは5月「浪人取締方四郡入用割方」
Cは5月「浪人並虚無僧一件四郡入用掛り当郷勘定帳」
(いずれも国立史料館所蔵豊田村小谷家文書)
2．Bのうち惣代費は造用を含めば77.4%にもなる。

表15●文政七年訴願の経費と負担(一橋領)

番号	項　　目	金額(匁)	比率(%)	
1	正月取締入用	676.74	22.75	
2	定式割	1858.11	62.25	
3	種物一件割賦分	294.86	15.00	65.45%100石に1.6匁
4	同経費	155.0		34.55%惣代出勤費
計		2984.71	100.0	

(注)　文政7年「種物一件入用」(『奥田家文書』10)

賦分に同領分の活動経費を加えた額が、九六匁四六七(B)である。これも高割すると、上神谷分は六〇匁七八三となる。最後に、これに同郷の経費を加えた分が一八八匁四八(C)となり、これが郷内村々に割り掛けられることとなる。ここでも経費の中心は割り掛けられてくる額(A)でなく、領分ないし郷中の諸経費である。その中心は、なによりも惣代の出勤にともなう費用であった。

(4) 文政七年種物・油訴願

これについては一橋領(一万八五五〇石余)で、同年七月郡中割されたときのデータが得られる。それによると訴願経費は全体経費のわずか一五%を占めるにすぎず、その内訳は惣代出勤費が三四・四五%、四郡からの割賦分が六五・五五%である(表15参照)。郡中の経費と割賦分の比率が一対二で、後者の大きいのがこれまでと異なる。このときの訴願が、頭でっかちの構造であったことを物語るのだろうが、その詳細は不明である。

以上、泉州の訴願行動のいくつかを取り上げてその経費をみてきたが、四郡全体、それぞれの所領ごとの行動、その下部組織としての組合村(郷中)、という組織・運動構造の重層性に対応した経費と負担関係がここでもみられた。そしておおむね経費は全体からの割賦分よりも各所領でのそれのほうが大きく、それが常態であったといえ、文政七年のみ例外的で全体からの割賦分が大きく、摂河における慶応元年国訴のような位置を占めている。またどのレベルをとってみても、経費の中心は惣代の出勤とそれにともなう諸経費(用達方での席料など)である点は、まったく摂河の場合と変らない。なお諸経費の使途や負担について、村々で取決めが行われているのかどうかは、残念ながらわからない。

(1)　羽曳野市森田家文書。
(2)『羽曳野市史』五、四九〇頁。

第三節　負担と村

最後に本節では一つの村のレベルにおける負担、いいかえれば、個々の村落が国訴に参加したときの負担はどのようなものであったかをみてみよう。その場合負担は、訴願全体の組織や郡中、組合村での割賦方法によって決まるのでまずそれをみる。

1　経費の割賦方法について

まず摂河についてみる。

(1) 安永八年

この訴願の経費は、参加した七組に割り掛けられたが、その場合、組の参加村数や石高にはいっさい関係していない。だが郡中の経費については古市郡の場合、別紙で二分村割、八分高割と決め、それにしたがって実際に割り掛けられている。経費は八八匁六分九厘だが、その八割にあたる七〇匁九分五厘を古市郡一五村の村高(合計七、四四八石五斗)で割ると、一〇〇石に九分五厘四毛となる。残る二割の一七匁七分四厘は一五村で村割され、一村あたり一匁一分八厘となる。この両方が各村に割り掛けられ、高一一二四石余の古市村は高割一〇匁七三、村割一匁一八、合せて一一匁九一を負担することとなる。村高が異なれば当然、その負担額も違う。

(2) 天明八年と寛政六・一〇年

これら場合は、全体組織からの割賦額・方法ともにわからない。郡中のそれはここでも高割八分、村割二分である。天明八年の「郡中村々割賦帳」では「当春肥シ一件郡中相談之上御訴訟、惣代出勤造用先格之通、高八分割・村割二分」と記しているので、古市郡での慣例であったと思われる。また寛政六年では、惣代の出勤費は八対二で割り掛けるが、参会費用は村割にすると述べている。(1) 費目の性格の違いとそれへの配慮が、この背景にあると思われる。それを具体的に示すのが同一〇年の場合で、惣代たちの参会時の膳料・酒肴料一〇〇匁五分は惣代のべ人数(三四人)の頭割、惣代出勤や人足賃などの合計一〇三匁三分は、高・村の割り掛けをしている。膳料などは個人消費的性格が強いことに加えて、参会した惣代数が村によって異なる事情への配慮とみることができるだろう。

(3) 文化二年

この場合も摂津島上郡→隣接四郡→摂河と組織は積み上げられていたが、残念ながら摂河二国の全体に要した経費とそこからの割賦額、方法ともにわからない。わずかに島上郡の惣代出勤をはじめとする経費しかわからないが、同郡ではその経費をすべて高割にしている。その点で河内古市郡と異なる。各郡の自主性の現れであろう。

(4) 文政六・七年

まず全体の経費は文政六年の場合、先にもふれたように二分割され、半額は惣代二九人割、残る半額は参加村数割されている。それに対し郡中での割賦方法は郡によって異なり、古市郡(安宿部郡も参加したので同様)では高割七分、村割三分、一方の錦部郡では五分五分に分割したうえで割り掛けている。

七年については全体のものが不明だが、郡中段階では古市郡の場合六分高割、四分村割となっている。つまり前年と異なっているのであり、この頃にはもはや慣例とされる比率はなく、年ごとに変動している。また文政八年一二月の「郡中割帳」によると、村と高の割賦比率は変らなくとも、七五匁六分は一二カ村、七四二九石七二四六割、九二匁一分は一五カ村半、八七六〇石八九九六割のように、費目で基礎数が異なるのが注目される。両年には綿、菜種のほかいくつもの訴願が連続して提起されたため、その都度、参加村数に違いが生じたことによるのだと思われるが、村高二〇〇石以下の村を半村(二分一)と数えるのと同様、細かな配慮である。

(5) 天保九年

この訴願の場合、錦部郡村々は郡中の参会を基礎に、近隣三郡での活動、河内全域での活動という三つの重層構造をもった。前の二つのレベルでの割賦方法は高割であるが、郡中では高七、村三の割合での割賦である。具体的にいえば河内一四郡の活動経費一貫三五六匁二七は参加村の石高二二万六一四五石に、近隣三郡の経費三七三匁八五は三郡の石高四万九七七九石でそれぞれ割ると、一〇〇石あたり六分と七分五里一毛となる。それらの割賦分を錦部郡の石高に割り掛け、さらに郡中の経費を加えた額が五六〇匁七九で、それを高七・村三で割るのである。一〇〇石あたり二匁二六六七、一村あたり三匁六五七三となる。ここでも一〇〇石以下の村は半村とされ、郡中の高から天野山・観心寺の寺領と山方の高は控除されている。

右に述べた国訴ではいずれも郡中と全体組織の間で、割賦方法がまったく違う。しかも全体は組割、人割、高割とそれぞれ異なるが、文化二年の島上郡を除けば河内の村々では、郡中は高割・村割の二本立てである点で一貫し、その比率が郡や年次によって異なっている。これは後に述べる安政・元治の国訴や、泉州の訴願と大きく異なる点で、国訴という民衆運動のひとつの重要点だといえよう。

(6) 嘉永七〜安政二年

しかし摂河でも嘉永七〜安政二年の訴願では、高割の比重が高い。この訴願では総額一七貫七六〇匁三七の経費を要したが、そのうち三貫三七九匁八五(一九・〇%)は参加した私領村々の高二〇万一七一二石三八に割り掛け、一貫八七〇匁(一〇・五%)は私領惣代二〇人割(一人あたり八五匁)、残りの七〇%が幕領の負担になる。そのため幕領の負担分が多いが、その金額一二貫五一三匁五二のうち八九六匁一五は七分組合村の夏・冬の経常費として処理し、残る一一貫六一四匁三七は幕領村高三二万四〇四四石に割り掛けられる(2)。高一〇〇石にして三匁五八五、私領のそれが一匁六七八であったのと比べると、その違いがわかるが、幕領の組合村体制がこの国訴の骨格を形成していた事情が反映しているのだろう。

この訴願では別に、諸経費の割賦方法について惣代の間で申し合せが行われている。それによると、費用は立会いのうえ高割、惣代集会や出願のために出勤したときの「賄方」は人別割とする、郷宿での経費は惣代の取決めにしたがい勝手な費用は認めない、と決めている(3)。先に述べた割賦が、この申し合せにもとづいて行われたのはいうまでもないが、幕領と私領に差を設けたのは幕領惣代の配慮であろう。また個人消費の性格が強い「賄い方」が人別割であるのは、古市郡でみたのと同様である。なお幕領組合村の惣代たちは終始、この訴願をリードし、私領村々の負担金徴収の任にあったのも彼らであったが、それでも組合村の経常費で処理される額は少額で、訴願費用は別途、徴収されていることも注意してよい。

(7) 元治二(慶応元)年

このときは総経費が河州の参加村高二八万七三七石一三四と、摂津の六一万八四七〇石の総計に高割され(一〇〇石に一一匁九三)、それを摂津・河内ごとに各所領単位に割り掛けると鈴木町御分六貫八五一匁九分、谷町御分五貫九六〇目五分九厘のようになる。摂津の一橋領では七月八日に、その負担分を幕領惣代に支払っている。同領ではこのほか、領内限りで要した経費も合せて、その年一二月の郡中割で決算し、組を通じて村にその支払いを求めている。村は所領ごとに集まり、さらに全体の組織をもったので組織構造は重層的でも、割賦方法についていえば高割で一貫している。ここにはもはや惣代の人割や、高・村二元的という郡中の伝統的な割賦方法は存在しない。その点で、つぎに述べる泉州と似ている。

(8) 泉州の場合

この場合、高割で一貫しているので、一例を挙げれば十分だろう。たとえば天明八年から翌寛政元年に至った訴願では、途中の一一月、四郡惣代は「国願ニ付入用積り」として一石に一厘を徴収し、決着をみた四月には二二日、二三日の両日参会し勘定している。総経費二貫七五七匁九四を参加村石高一六万三一〇〇石に割ると、一〇〇石に一匁六八となる。(4) これが各村の負担額となる。

2　割賦方法の意義

ところでこのような割賦方法には、どのような意味合いがこめられているのだろうか。国訴の経費が弁算式に扱われていなかったことは、惣代費用と参会費の基準を区別したり、人割と高割を組合せたりした例にもうかがわれるが、それは参加村や惣代の間での協議があったことを想定させる。事実、古市郡などの郡中についてはそうであって、高割で終始一貫していた泉州と対照的ですらある。古市郡や錦部郡などでは、国訴経費を郡中に割り掛けるにあたり、高割と村割という二本立てで行い、その比率をどうするかは、その都度、村が寄合って決めている。古市郡の安永七年の場合は、綿延売買会所差し止め訴願を起すに際し村々で決めた「郡中相談極書」に明記し、同じときの志紀郡では、惣代への「頼み証文」に書き入れている。また郡中の割賦帳にも記される。(5) 関連していえば文政六年の頼み証文(古市郡)には「諸入用倹約の上、高割・村割されれば、間違いなく支払うこと」が書かれ、錦部郡では「入用は立ち会いの上、割り付ける」と書かれている。このように訴願を起し、惣代を選ぶときに、負担基準についても同時に取決めるのが通常であったと思われる。いわば納得尽くで、村々は国訴に参加しているのである。したがってその負担基準も、村々の納得が得られるものでなければならない。

村々の納得は、つぎのようにして得られた。近世の村は高を基準にするとき、きわめて不均等であった。河内錦部郡四九カ村を例にとれば、一～一〇〇石未満が六村、一〇〇～三〇〇石が二四、三〇〇～五〇〇石が七、五〇〇～一〇〇〇石が九、一〇〇〇石以上が三といった分布を示す。この状況ですべて高割すれば石高の大きい村に負担を重くし、小さい村に少ない。それを是正するために村割が採用されるのだが、村割の比率が高まれば今度は、石高の小さい村に負担加重となるので、それが五割をこえることはない。その結果、村割一～五、高割九～五の間で、たとえば村二・高八、村五・高五といったようにバランスがとられることとなる。(6) 負担の公平化を図ろうとするこのような調整の背景には、村々において役や入用を割り掛けるときに、その基準(家や高)をめぐって近世前期から頻繁に繰り返された村方騒動の経験と蓄積があったことは疑いないだろう。

一方、このような調整がなされない場合には安政訴願のときのように、私領と幕領に差がでるように、頭から負担額を調整するほかないが、この場合、調整はもっぱら幕領惣代でなされ、所領関係をこえて郡中の村々が対等に行った場合と異なる。そして慶応元年の訴願では、もはやどのレベルでもこのような調整は行われず、泉州同様高割に一元化している。幕領はじめ組合村の割賦方式がおおむね高割であることからすれば、国訴の組織構造が郡中結合から幕領組合村制に転換したことが、その変化をもたらした最大の要因であろう。

このように考えると泉州の国訴のように、一律に高割であるのは負担の不均衡がなんら是正されず、石高の大きな領地、たとえば岸和田藩領などに負担が偏る傾向があったと思われる。この点でも摂河と泉州の国訴は、別個の道筋を歩んだといえよう。

しかし摂河の場合にみられるように、郡中で村々が寄合って負担の基準を協議するにしろ、指導部が総経費を割りあてるときにしろ、いずれにしても国訴には、このように負担面への配慮が内包されていた事実は重要である。

表16-1 ●国訴の負担（摂河）　　（単位は匁）

年次	高割	村割	その他	備考
安永7年	0.954	1.18		A　古市郡
天明8年	6.54	7.85		A　同
寛政6年	4.01	4.88	4.30	A　同　その他は参会費
寛政10年	1.15	1.4	2.96	A　同　同上
文化2年	5.1			A　島上郡
文政6年	4.68	10.54	0.81	A　同　その他は惣割
同	4.7	15.06	0.81	A　錦部郡　同上
文政7年	0.61	2.69		A　古市郡
天保9年	2.2667	3.6573		A　錦部郡
安政2年	1.676～3.6573			B
慶応元年	11.903			B

表16-2 ●国訴の負担（和泉）

年次	総経費	参加石高	高割	備考
天明7年	2757.94	163100.0	1.68	B
文化7年	11229.96	147198.98	7.63	B
8年			1.24	B
9年	347.2	161806.881	0.215	B
同			4.55	A　伯太藩上神谷郷
文政6年			1.6	B

（注）　和泉の総石高は172847石986（天保郷帳）である。

3　負担の検討

最後に、国訴の負担の量的な検討をしておこう。いま国訴の経費と負担のわかるものを掲出すれば、つぎの表が得られる（表16―1・2）。上段は摂河で、下段は泉州の場合である。どちらの場合も組織・運動構造の重層性を反映して、全体の経費からの割賦分に加え、郡中や所領限りの経費と割賦分を受けて村の負担額が決まっているのであるが、得られるデータは万全ではなく、摂河全体や四郡惣代段階での経費（B）のみのものと、郡中の諸活動まで含んだもの（A）の両方が示されている。したがって単純な比較はできないが、おおよその負担量と傾向がわかる。

まず負担は個々の訴願闘争によって、随分と開きがある。高割にして一〇〇石あたり一匁前後の年から、六～七匁を要する年まで、また村割も一匁から一五匁まで区々である。摂河で一番多くの負担を村々に求めたのは文政六年の綿をはじめとする訴願で、つぎが慶応元年で、両者が飛び抜けて多い。和泉では文化七年の木綿訴願がもっとも高い。しかしそれでも全体として、国訴の負担は少額であったといえる。

その様相を少し確かめてみよう。文政六年河内古市郡駒ヶ谷村の「村方入用帳」(7)には、九月の項に綿訴願の負担三〇匁七が記入されているが、それは同年の総経費七九九匁四二のわずかに三・八七%にすぎない。雨乞の費用が一一・五七%、座頭浪人など廻在者への支払い一・〇八%と比べても、その比重の低さがわかる。また文政七年の泉州一橋領の郡中割でも「定式」(経常費)が六二%を占めるのに対し、国訴の費用は一五%である。

このように負担額が少なくてすんだのは、国訴という民衆運動のもつ一つの特徴であって、その要因はそれが数の優位、つまり一〇〇〇カ村前後の参加を実現していたからである。嘉永七〜安政二年の国訴を例にとれば、この点がもっともよくわかる。総額一七貫余もの経費を要しながら、その割賦額が一〇〇石あたり約一・七〜三・六匁ですんでいるのは、この国訴が一〇八六カ村、村高総計にして五二万五〇〇〇石余りを結集して闘われた国訴であったからである。慶応元年に至っては国訴史上最大といっていい八三貫余りの経費を要しながら、摂河二国合せて一二六三カ村、石高にして六一万八四七〇石の村々を結集したため、負担は一〇〇石あたり一一匁九〇三にとどまっている。六一万八四七〇石は、摂河二国の総石高の実に八七%にあたるのである。多数の村々の参加は文政六年の国訴で、摂河の惣代が泉州によびかけたように「力を得る」、つまり何よりも要求を貫くための最大の条件であったが、それは同時に参加村の負担を少なくすることでもあった。しかし、その両方ともに実際に行動を起した後に判明することであって、国訴の初期にあっては、負担増を慮って国訴への参加を躊躇する村が出るのもまた当然である。だからここに、参加村の間で負担を決めるうえでの配慮がさまざま働くこととなる。河内古市郡の郡中寄合がその典型で、訴願の都度、村々で協議を繰り返し割賦方法を決めている。また安政二年の訴願では、幕領の組合惣代が参加をよびかけた私領村々に対し配慮している。

さらにこの点、すなわち運動の負担面への配慮――負担を押えるとともに経費の割り掛けに際しては村々の条件を考慮するというのは、国訴のもう一つの特徴に関連している。それは国訴が多数の村々が参加する運動でありながら、終始一貫して、惣代制という秩序ある組織性を保持した点である。国訴惣代制の精神は、郡中村役人から惣代に交付した「頼み証文」に示されている。そこでは、「多人数が罷り出ては出費も嵩み、第一　御上様へも恐れ多い」と公儀の権威的秩序の遵守を謳うが、重要なのは、並記されている経費の軽減である。他の証文には「困窮の百姓が大勢罷り出ては諸雑費などがかかり、なおのこと難渋するので郡中惣代を頼む」などと記される。費用負担節減のために農民は、惣代制をとるのである。「頼み証文」を介することによって、惣代を委任されたものは訴願に全力を傾け、委任したものは経費の負担に誠実に応じるという関係が成立する。したがってそこで経費の割賦方法が協議され、ときに惣代の経費の指定を行うことがみられるのもまた当然である。

（1）寛政一〇年の訴願は、古市郡村々が菜種の売り子の設置を求めたものである。
（2）藤井寺市林家文書。
（3）田中貞二文書（『河内長野市史』六）。
（4）このとき、堺の綿延売買会所の差し止めほか五カ条を取決め出願した。北村家文書（『堺市史続編』四）による。
（5）通常割賦帳は、支払い明細、割賦基準とそれにもとづく負担額、村ごとの負担額を書き、惣代が郡中の村役人に対して出銀を求める形式をとる。
（6）なお郡中で高割されるとき、郡中の石高、したがって村高の数値がその都度かなり違い、さらに幕府の徴収した郷帳類の高とも異なる。なぜその違いがでてくるかは不明であるが、村々のレベルで働く石高の意味を考えさせる問題である。

（7）　羽曳野市真銅家文書。

おわりに

以上、国訴における経費と負担関係をみてきたが、最後にこれまでの叙述をまとめておきたい。

(1) 国訴における経費は訴願の度合いによって異なったが、その内容は組織・運動構造に緊密に照応していた。

(2) 摂河にあっては、郡中結合のうえに連合組織を持つ足元のしっかりとした訴願(安永七年から天保九年まで)では、なによりも郡中での活動費、とりわけ郡中惣代の出勤費と郡中村々の参会費が経費の中心をなし、全体の組織からの負担分は従の位置を占めた。

(3) この訴願の段階ではさらに、郡中において経費の使途や金額を指定するほか、村割と高割の比率を按分するなど経費を抑制し、掛かる負担を調整するシステムが働いた。それはこのような構造が、領主関係をこえた地域性原理によって郡中結合が実現している事情によると思われる。

(4) ところが安政二年の訴願以降[1]、国訴はその構造を大きく変え、国訴の担い手と舞台は郡中と郡中惣代から、一〇〇〇カ村の連合組織とそこでの惣代たち——おむね、この転換を押し進めた幕領の惣代庄屋たち——に代わり、それに応じて全体の経費が増加した。その結果、当然のことながら全体からの割賦分も増えるが、そこではもはやかつてのように負担を調整するシステムはほとんど機能せず、費用の割賦は高割に一元化された。

(5) 一方、和泉では一貫して、所領ごとの連合という領主制原理による形で広域訴願が展開したため、そこでの経費は常に参加村の高割で決められ、摂河のような調整システムを欠いた。この点において両者は異なった道筋を歩み、けっして交わることがなかった。

(6) しかしいずれの場合も国訴の負担は少額であり、それは農民たちが国訴闘争において求めた基調でもある。一〇〇〇カ村前後の参加を得るという規模の点と、終始、直接行動を忌避し惣代制という運動様式をとったことに密接に関連している。

(7) このようにして掛かった負担を村では、村入用の一環として処理したが、従来の領主支配に関係する入用に付加する形で、村をめぐる廻在者たちへの支払いなどとともに村財政の規模をふくらませる一因ともなった。

(1) 実際には文政六年の綿訴願から、七年の菜種・油訴願に移る過程でその転換が行われていたことは文中にふれたとおりである。この点では天保九年の河内一国訴願が、この流れから外れていることになる。転換の理由は、幕領組合村制が摂河二国において機能していたからである。

［補注］

国訴の運動構造と負担の解明を通じてクローズアップされたものに郷宿がある。それについては岩城卓二「訴願と用達・郷宿」（『近世畿内・近国支配の構造』柏書房、二〇〇六年所収）が参照されるべきである。

第四章　国訴と郡中議定

はじめに

前章までの考察によって国訴という民衆運動は、郡中での参会・協議を基盤としていた事実が浮び上がってきたが、その点の検討は国訴の評価に関連する。

これまで国訴は小ブルジョア的闘争との評価をうけ、代表的には林基氏が「封建地代中心の領主収奪と闘う本来の農民闘争から小ブルジョア的闘争」が分離したものとして位置づけた(1)。さらに林氏は国訴のもつ小ブルジョア的性格を、その要求とともに担い手たる在郷商人に求めたが、その点は前章「国訴の構造」で解明したように誤りである。国訴のもつ小ブルジョア的性格を在郷商人に直結したところに、国訴＝在郷商人説の誤りはあるのだが、研究史上の出発点における国訴と在郷商人のかかわりには、もう少し慎重な判断が与えられていた。たとえば国訴＝在郷商人説の提唱者とされる古島敏雄・永原慶二『商品生産と寄生地主制』は国訴の図式を「大阪問屋資本と棉作農民＝在郷商人の対抗」とおき、一般的に「在郷商人の発展こそ封建社会の胎内における小商品生産の発展に呼応するものであり、事実、在郷商人と農工兼営の農民＝小商品生産者はいずこの地域のおいても封建権力に対抗していった」と説いた。

そのうえで大坂周辺に限っていえば「この地域では在方綿商人の分化、発展は比較的小規模のものにとどまり、棉作農民自体が諸国の綿買商人と直接接触し取引するという特殊な条件」をもち、それゆえに「この地域の農民は小商品生産者として他の地域にもまして自由な商業取引を要求し、大坂の特権的株仲間支配に対する矛盾をもっとも深刻に体験せねばならない」と述べていた。ここにみられる主張は国訴＝在郷商人説でなく、その主体を小生産者たる綿作農民に求めているのは明瞭である。

　ところがその後「孤立分散的な農民たちがかかる広汎な結集を実現するには農民の力では不可能」とする魔術にあって、実証ぬきに国訴＝在郷商人説が定立した。それだけに国訴の再評価において、国訴＝在郷商人説の批判的検討は避けて通れない課題だが、それに関連して、㈠在郷商人の存在形態と彼らを担い手とする自由な流通機構（局地的市場圏）の形成、㈡農民の孤立分散性、という二つの問題群が残されている。前者でいえば在郷商人の存在は綿と菜種で大きく異なり、菜種の場合「その商品化が村落共同体によって媒介され、村役人が菜種の流通過程に介入」しており、自由な流通機構の存在はまったく認められないとする見解もある(2)。

　後者についていえば封建的共同体論にとらわれて、当時の研究状況では「村としての相互依存性(3)」といった発想がほとんど育たず、国訴の組織過程に介在した郡中議定や組合村にも正当な評価が与えられなかった。総じてこれまでの国訴研究では、封建権力と共同体から自由な商品生産者＝在郷商人というイメージが大きく先行し、それを中軸に個々の論点が形成されていたといえよう。

　ここまで研究史をたどってくれば、国訴研究においても「ブルジョア民主主義運動を美化乃至自己目的化する傾向(4)」のあったことは否めない。一般に近代成立期の民衆運動研究において、その克服は大きな課題である。国訴に即していえば、その小ブルジョア的運動としての特質把握に、これまでの研究は肉迫していなかった。本章ではそのアプローチを、国訴の組織・運動構造の結節点をなした村落の地域的結合とそこで制定される議定（本書では代表して「郡中議定」とよぶ）を手掛かりにすることによって行う。視点を在郷商人でなく村に、そして村々の地域的結合におきかえることにより、その分析を通して小ブルジョア的闘争としての国訴の特質把握に努めたい。

（1）林「宝暦―天明期の社会情勢」（『岩波講座日本歴史』一二、岩波書店、一九六七年）。
（2）新保博『封建的小農民の分解過程』（新生社、一九六七年）二九二頁。八木哲浩『近世の商品流通』（塙書房、一九六二年）の見解と対置されている。
（3）安丸良夫『日本の近代化と民衆思想』（青木書店、一九七四年）二〇一頁。
（4）佐々木潤之介『幕末社会論』（塙書房、一九六九年）六六～七頁。

第一節　国訴の展開と郡中議定

国訴の小ブルジョア的闘争としての特徴は、在郷商人という担い手の存在にあるのでなく、小商品生産を展開させていた摂河泉の民衆が歴史的に形成、選択した国訴の組織・運動構造にある。そこでは村役人が担い手となり、地域的な村落結合を基盤に重層的な委任関係を形作っていた。村落の連合は利害関係の共通性をもとに村々が、錯綜した領主関係をこえて地縁的につながる形で推し進められ、摂河二国のいくつかの郡ではしばしば郡中寄合となって現れた。郡中寄合では訴願にあたって参会、議定が行われ、郡中惣代が選ばれた。その結果、文政六年（一八二三）の国訴では「余り大締ニ而行届兼、引取一郡限ニ御取締」ることが、組織上の基本原則とされた。

このような郡中寄合では、日常不断に働く領主制的関係をこえて村役人の間に委任関係が成立し、郡中惣代を選任

表1●古市郡の議定・寄合

	年　月	内　　　容	出　典
①	安永2.4	在郷綿屋株に反対	羽5—462
2	同4.11	土砂留め請書の提出	同—409
③	同7.8	綿延売買会所停止の出願	同—467
4	天明2.12	郡中申し合せ(倹約)	同—567
5	同6.6	奉公人・日雇賃銀協定	同—451
⑥	同8.2	肥類高値につき参会	同—469
⑦	寛政6.4	肥類値下げ訴願	森田家文書
⑧	同10.4	菜種販路の拡張と売り子許可願	同
9	文政2.11	物価引下げ取締書の作成	羽5—558〜60
⑩	同6.5	三所実綿問屋廃止の出願	同—480
⑪	同6.9	油値段高値につき訴願	同—483
12	同7.9	奉公人取締書の作成	同—451〜3
13	天保4.6	郡中議定書(出入・奉公人・盲人など)の作成	同—574
⑭	同6.	肥類値下げ訴願	同—487

(注)　○印は国訴に相当するもの。出典の「羽」は『羽曳野市史』第5巻の頁数をさす。

するが、それを可能にした鍵は、訴願時のみにとどまらない郡中の村落結合の展開にあると思われる。

いま河内古市郡を例に、国訴時を含めた郡中寄合と議定を拾ってみれば、上の表1を得ることができる。安永二年(一七七三)在郷綿屋株の結成に反対して、一五村惣代連署の口上書を提出したのを皮切りに、以後一四度に及ぶ郡中寄合がもたれ、それにもとづく申し合せや訴願行為が行われている。初回と二回目の会合には支障の有無を郡ごとに奉行所が糺す、山川土砂留の単位が郡域であった(1)、という国郡制的な枠組が作用して郡中寄合を行わせたとも考えられるが、その後はおおむね、地域的な村落結合の発展として郡中寄合が定着する。

郡中寄合はそれへの参会をよびかけることから始まり、当郡では古市村の扇屋が会場に指定された。そこに各村役人が出席し、案件が協議、決定された。それぞれの参会時における協議事項がなにであったかは表中に詳しいが、このうち八度が訴願(国訴)に及び、残る六度は奉公人・日雇の雇傭規制、諸物価引下げ、座頭・勧化など廻村者の取締りなどを決めている。

訴願に及ぶときは当然のことながら訴状・願書の類が作成、連署されたが、安永七年時のように訴状とともに訴願にかかわる「郡中相談極書」が付属文書として作成されることもあった。このなかに「諸入用郡中割賦」は二分村割、八分高割にすることが決められているが、この負担区分は天明八年（一七八八）、寛政六年（一七九四）の両年時には踏襲され、文政六年には三分七分、七年には四分六分に変更されている。[2] 変更の詳しい事情はわからないが、一七〇〇石余の村からその十分の一にも満たぬ一二〇石余の村まで、大小さまざまな石高の村が寄合って郡中を構成している以上、負担区分が村割、高割どちらか一方に偏ることは負担の均衡を大きく崩すので、その調整が負担区分の比率によって計られているのである。このようにして決定された以上、各村が負担に応ずべきは当然であって、郡中惣代への「頼み証文」に銘記された。証文にはこのほか、「各方を惣代ニ相頼候上者、縦令中途ニ而如何様ニ成行候とも、違背申間敷」旨が記され、それを媒介として惣代を頼まれた者と、出訴費用を負担する村役人との間に誓約条項をともなう委任関係が形成された。同様に誓約関係は他の議定においても「郡中相談之上相極、村々共向後急度相守可申」（天明二年）、「若相背候儀も有之者、如何様共御取斗可被成」（文政七年）のように記された。各村は郡中議定を順守するうえで、対等の共同責任を負うたのである。

　ところで国訴と郡中議定は、右のような関係をもって古市郡では展開したのであるが、地域的な村落結合とそこでの議定は、必ずしも郡という範囲に限定されない。河内北部の交野《かたの》郡の場合は、いくつかのレベルの村落結合の重なりのうえに、時折、最大規模としての郡中寄合が実現をみた。その過程を津田村に即して考察すれば、同村が延享四年（一七四七）から文化八年（一八一一）の間に協定もしくは出願に参加した事例は四種ある（表2参照）。同村は旗本の久貝・畠山両氏の相給村として、それぞれの支配下に組合村をもつ一方、三の宮神社の氏子として穂谷、尊延寺、杉、藤坂四村と宮座を形成していた（Ⅰ）。「於三之宮雨乞、五ケ村立会」と同村庄屋小崎家の「見聞録」にみえるのは、それをさす。つぎに同村はこの五カ村に、春日、倉治、長尾、野をくわえた九カ村の会合をしばしば催しており（Ⅱ）、

表2●交野郡の議定・寄合

	年　月	内　容	出　典
1	天明元．6	寺社勧化・売薬弘め規制	枚9—575
2	同2.9	倹約取締り	同—578
3	寛政元．閏6	倹約取締り	奥野家文書
④	同2．正	肥類高値につき訴願	枚9—600
5	同3.4	申合せ（未詳）	同—605
⑥	享和2.7	菜種販売拡張の訴願	枚3—656〜8
7	文化8．正	諸事申合せ（出荷物・座頭ほか）	枚9—188〜90
8	同9.8	虚無僧申合せ	枚8—708〜10
9	万延元．4	修験取締り	枚8—711〜17

（注）○印は国訴に相当するもの。出典「枚」は『枚方市史』の巻、頁数をさす。

明和七年（一七七〇）一〇月には奉公人給米取決めのため、参会がよびかけられている[3]。

（前略）然者先々月御会合之上、奉公人給米御極メ被成候所、其後又々拾三ケ村ニハ今渡シ壱石七斗五升相成候様ニ承申候、夫ニ付村々ニ而も奉公人共彼是申極リ不申趣、口入共申候（中略）今一応御相談被成候而も可宜哉と奉存候

このほか安永九年五月には諸勧化取扱い、翌天明元年九月には「不作ニ付（中略）万事勧略ニ而、神事軽勤」めることを申し合せ、文化二年頃には九カ村の会合は恒例のこととされている。宮座五カ村に対し、後発の九カ村連合は地域的な村落結合の一形態であるが、先の史料にみえる一三カ村も同様である。「見聞録」に「一之宮ニ而寄合、交野十三ケ村、是ハ油屋ゟ種他国へ売買止候故也」とみえている。一三カ村はこの年、菜種の他国販売自由化を求めて訴願し失敗するが、それは享和二年（一八〇二）七月、郡内三八カ村が行う訴願闘争の先駆である。

津田村にはさらに枚方宿助郷二八カ村としての組合があり、交野郡内では一八カ村を数えた。この村々が中心となって寛延四年（一七五一）郡内二三カ村が枚方宿との間で、浜揚げ荷物の取扱いをめぐって争い、宝暦五年（一七五五）には三〇カ村に拡大している。宮座五カ村（Ⅰ）と組合九カ村（Ⅱ）は当初からこの出願に参加しているので、（Ⅰ）→（Ⅱ）→（Ⅲ）と三種の村落結合を重ね、拡大させることで郡内三八カ村からなる参会と議定が展望できる。ところが実際には交野郡の郡中

寄合(Ⅳ)は、これまでの拡大過程とは別の契機を得て成立する。天明元年(一七八一)六月がその最初で、「交野三拾八村枚方ニ而寄合、近年諸国寺社勧化・売薬等来り候故、御公儀様江御願上候義也」と「見聞録」は記す。翌二年九月にも郡中参会は行われ、以後天明九年二月、寛政元年閏六月、寛政二年正月、同三年四月、享和二年七月、文化八年、九年と三〇年の間に八回もたれた。このうち二回は国訴に相当するものだが、交野郡の郡中寄合は国訴の組織過程でなく、それに先行するものとしてすでに実現していた。実現を促した契機は、寺社勧化や売薬弘メの廻村、飢饉などであった。

寺社勧化や虚無僧の廻村は「宿を乞、或ハ合力無心申掛、内ニハ種々難題を申掛け、甚迷惑」なため、津田村以下九カ村組合でも先に申し合せるところであったが、天明元年六月、一挙に三八カ村の会合をへてその統制を出願した。同二年九月には「大不作故諸法度申合」を行うが、そこでは㈠風俗・交際規定、㈡座頭祝儀規定、㈢奉公人の給銀・仕着せ、休日規制、㈣肝煎料、㈤神事、それぞれについて協定されている。ここにも座頭規制が受け継がれ、奉公人給銀はかつて組合九カ村で協議されていたものが、郡内全域を対象に定められている。しかし注意を要することに郡中議定では給分を「最寄ニ而相究候給分之内、男ハ壱分七厘、女ハ弐分宛引下」げることを定めるのみで、実額は郡内二一カ村として別に定められている。残る一七カ村にもこれに見合う別の協定が予想され、郡中議定の実効性を保障するものとして、郡内三八カ村の下に複数の組合村の存在が想定される。

寛政元年(一七八九)閏六月、あらためて郡中の倹約協定がなされたときには、申合書が一〇カ村、一〇カ村、一八カ村の三区に分けて交付されている。この郡内を三区に分けるやり方は天明九年正月と二月に、虚無僧印宿、屎高値問題の郡中参会をふれた廻状、寛政一二年三月の枚方浜・樋上浜揚荷物の申し合せ、文化九年八月の虚無僧取締書等にも認められる。最後の取締書では郡中三七カ村を三分割し、一組に惣代一人の計三人を決めて「虚無僧一儀之事ハ、惣代之者相談之上取計」うとする。津田村はこれを機に従来の三種の組合村(Ⅰ〜Ⅲ)とは別に、あらたな組合村を編成したと思われるが、詳細は不明である。

このようにして交野郡では、従来からある三種の村落結合の系譜とは別に、郡中寄合が成立、議定の制定を重ねた。この点で古市郡一五カ村との差違をみとめうるが、郡中村々の参会による議定が、綿や菜種、肥料をめぐる訴願闘争のときのみならず、飢饉・凶作や勧化・座頭の廻村といった外的契機に促されて成立している点はまったく共通している。くわえて議定の内容が、㈠綿・菜種・肥料の流通問題にとどまらず、㈡倹約取締り、㈢奉公人労賃の協定、座頭・勧化規制などである点においても二郡は相似している。換言すれば郡中寄合はこの時期、国訴の組織的基盤であると同時に、郡中村々による議定制定の場でもあった。文化九年(一八一二)泉州の四郡惣代が参会した場では、秤座、浪人、番非人、門立之者、枡改と並んで「大津表綿市場願」への対処が、ともに村落連合により「取締可然」(傍点引用者)ものとして協定されている(4)。これまで述べてきた国訴と郡中議定の関係が、この協定に集約的に示されている。

以上のように考察してくれば私たちは従来、国訴とよばれる訴願闘争を綿や菜種、肥料の流通問題に局限してみすぎていたのではないか(5)、との疑念がおこる。この点については、二つのことを考えなければならないと思う。一つは後述のように事実、これまでの研究は国訴状のなかから商品生産と流通にかかわる事項のみを取り上げ、他を無視してきた。もう一つはそれにもかかわらず国訴の通念が、農民的商品生産に深くかかわって確立したのもまた事実である。

天明八年(一七八八)の摂河八三六カ村からなる訴願は今日、肥料国訴とされているが、惣代の廻状には「当春御相談之上肥類高値、其外百姓難渋一件願出」とあり、河内九郡二四四カ村の訴状は干鰯・油粕の高値を訴えるとともに、菜種販売の自由、上荷茶船小廻し方の願、道具屋仲間の停止の五項目からなっている(6)。上荷茶船の件とは、河内の百姓が年貢米を大坂へ剣先船で積み出すとき、同船は京橋までしか入れず、そこで米を上荷茶船に積み替え、小廻し賃を渡さなければならない。それを止めて直接、剣先船が大坂の浜に着船できるようにしてほしいというものである。また道具屋仲間は在方株が公認されており、困窮した百姓が建家・土蔵・諸道具を売払うとき、彼ら道具屋が協定して低価でしか落札しないので、仲間を解散させてほしいと訴えている。このうち上荷茶船の件のみ審理の過程で除かれたが、菜種・道具屋株の問題は肥料と並び七月の請書にも記されている。国訴の通念からみれば、道具屋株一件は奇異に感じられるが、当事者たちは「肥類下直ニ罷成、尚又菜種先規之通売先キ手広ニ、麦米売払候同様、并在々道具屋中間御差止メ被為成下候ハヽ、御田地永久可仕」と理解している。干鰯にまぜ物をする干鰯屋や粕類を買占める問屋、申し合せて安値に菜種を買取る油屋を糾弾するのと同じ論理で、道具屋仲間の解散が要求されているのである。

また寛政六年の場合は肥類値下げ請願書が数多く残され、これまた肥料国訴とされたものだが、そのとき同時に作成された「御料私領摂河両国村々取締願」(7)では第一項に肥料問題を掲げながら、第二項では村々が倹約に努めるよう、奉行所の威光で五節句の飾りもの、諸祝儀、婚礼弘め時の理不尽な水浴びせ・石打ちなどを厳禁にしてほしい。第三項では勧化・座頭などの廻村者を農繁期の四〜七月の間に限り認めないことを告げる建札を村の入口に立てることの認可を願っている。河州古市郡内の村々には、この取締願と肥類値下げ願書が同封され、回されているが、後筆によると勧化取締りの件は「向々地頭へ申出、村限ニ取締」るよう指示があった。また倹約取締りも公儀の触流し要求だけに早々と訴答の過程で姿を消し、審議の継続した肥料問題のみが、このときの訴願闘争として関連史料を多く残した。その結果が今日、肥料国訴としての私たちの理解につながっている。

右のケースは史料の残存状況が、訴願の実態を肥料に偏らせて理解させたように思えるが、反面、国訴研究の過程で見落されたものもある。その典型は文政六年の綿国訴で、この周知の訴願については「摂河両国之内千七ケ村申合、大坂三所問屋株御取放奉願上候一件之始末控」(8)という詳細な記録があり、そのなかに秤座による秤改め延期を願い出た経緯を示す文書が綴られている。そこに名を連ねる河内一四郡の惣代はいずれも、綿国訴の惣代でもある。時期的には綿国訴が先行しているので、その組織がそのまま秤改めの延期訴願を担ったわけであるが、この点に言及した論者はいない。

眼を泉州に転ずれば天明八年、最後まで残った堺の繰綿延売買会所廃止を求めた訴願がくりひろげられるが、このとき和泉一国の村々が共同して願い出たのはこの他、「秤改御免願」「肥し干鰯漁場御取立願」「菜種綿実直売御免願」「虚無僧不行跡之義願」と「牛馬口銭はね銭」の六件である。(9) ここでは先述の秤改めは延期でなく、廃止を求め「秤之分ハ秤座へ其村勝手ニ持参仕、改ヲ請」けるよう制度の変更を求めている。四月に申し合せ、五月に出願に及んだこれらの六項目のうち、権限なしとして大坂への出願を指示された種物の件を除き、順々に奉行の判断が示され、翌寛政元年四月にすべて終結している。綿会所のみならず秤改、虚無僧などを含む六項目が、泉州の村々にとって「一国御願一件」であった。泉州ではこの他、質屋・古手・古道具株設立への反対訴願が、四郡惣代によって二度(文化八・一〇年)行われている。

ここまでみてくれば、私たちの国訴観は綿や菜種ないし肥料の流通問題、要するに農民的商品生産の問題に偏っており、個々の訴願闘争の実態を素直にみることを妨げているとすら思われる。座頭や勧化、秤座の規制が農民的商品生産・流通の問題と同時に主張されている点が大きく見落されている。これでは国訴理解は、十分なものとはいえない。国訴をかりに支配国を範囲に所領関係、群域をこえて展開した訴願闘争とおくならば、その範疇には、上述のすべてが含まれる。そしてこの一連の訴願闘争は、数百から千余の村々に共通して障害となっている、もしくはなると思われる事柄を、公儀権力(奉行所)へ訴願することによって排除、緩和させようとする。内容によってそれを分ければ、第一に繰綿延売買会所や在郷綿屋株・油屋株のように、農村の商品生産の成果を狙って出願される組織、株仲間の公認を阻止すること。この場合、株仲間を商品生産・流通に限定して理解すべきでなく、質屋・古手・古道具さらに髪結床仲間まで含め、市中資本(仲間)による在方業者の組織化への反発にその本質をみるべきであろう。したがってここでは、農村に商品生産と社会的分業が進展した状況での株仲間が問題とされていると解される。菜種の場合、明和仕法によって在方絞油株が設定され、大坂油市場への従属体制が確立されたので、この後の国訴は在方の絞り油屋と菜種生産農民の対立が基調となっている。(10)

安政四年(一八五七)一一月、摂河泉の幕領八支配所村々が、再興後あらたに株仲間化がすすむ状況の下、大工・左官・樋樽師・鍛冶屋・紺屋などをけっして株仲間化させないことを要求している。(11)「質屋古手屋古道具屋之外者、一切株式無之迚《とて》、更ニ差支無」いので「永久相続之基」だから、株式を結ばせないでほしい、というのがその趣旨である。またこれらの願株の許可が、支配国ごとの奉行所で行われるので、訴願の鉾先は奉行所に向く。

国訴を貫く第二の主題は、勧化・座頭・薬弘メ・秤座などの廻在者たちをめぐる問題である。これは郡中議定でもとりあげるところであったが、その強力な統制を奉行所に願い出ることもあった。後述の非人に対する統制もこの部門に含まれるが、この部門において村落は、近世身分支配における諸組織との矛盾に直面していたといえよう。これら廻在者については、自分たちの手できびしく取締ることを申し合せている(後述)のが一つの特徴で、そのうえで公儀の権威的秩序に期待をかけている。

自分たち、すなわち利害関係の共通性で結びついた村々がみずから取締ろうとしたものにもう一つ、倹約仕法があった。これには大きく風俗規制と奉公人・日雇規制があるが、これをめぐって国訴とよぶほどに拡大展開したのは管見の限り、寛政六年の場合のみである。節句の飾り、諸祝儀、石打ちなどを禁ずる触の公布を願ったもので、文面には「寂寄《もより》領半ニ而ハ難取締」いので御威光に頼ると表明されている。しかしこの場合、取締るべき相手は第一、第二の問題のように村落社会の外部に特別な組織をもって存在するのでなく、村落社会に共存しているため、村限りでは完璧な統制ができないと判断されている。それゆえこの種の問題は村々の制法や議定で記されることが多くとも、出願に及ぶことはきわめて少ない。また領主支配の一環として徹底されることもあったので、なおさら公儀の関与する余地は少ない。奉公人規制については、出願した例をまだ知らない。

株仲間―廻在者問題―倹約(奉公人)仕法と並べてみるとき、そこには村落の地域的連合によって困難を除去すべきテーマとして共通性をもちつつ、株仲間問題は訴願によって打開を図る傾向が強く、反対に倹約仕法には自己規制の度合が濃い。廻在者問題は、その中間に位置する。このような事情から国訴闘争は、やはり株仲間問題を最大のテーマとして闘われたといえよう。

それでは株仲間問題を中心におくなかで、国訴が綿や菜種といった農民的商品生産に限定された形で受け取られているのはなぜだろうか。

国訴概念の初見は管見によれば、天保九年(一八三八)の菜種・油訴願時のもので、頼み証文に「菜種作并油方之儀、御国訴奉申上度」と記されている。[12] またもっとも如実にそのニュアンスを語るものとして、慶応四年(一八六八)時の左の文言があげられる。

○河泉両国一致して国訴致し、終ニ者調株相成不申
○此辺百姓人気強、万一国訴等も出来有之歟
○此一件国訴ニても致し、急度破談之積

ここで使われている文脈は、いずれも在方での木綿(綿布)商株立てに関係するもので、それを強行すれば国訴が起る(または国訴を起す)と臨場感を含んで書かれている。[13] 中心は木綿という商品よりも、その株立てにあると思われるが、

これらの文脈には木綿に関して一貫して株立てを阻止し、自由販売を保持してきたという農民の歴史的蓄積が脈打っている。その経過＝伝統を抜きにして、国訴を株立て一般に、また支配国規模に及ぶ村々の訴願闘争と捉えることは正しくないだろう。このように考えてみたとき国訴の通念はやはり、なによりも訴願闘争の波を幾度となくくぐりぬけてきた綿や菜種、肥料問題に深くかかわって、当時の農民たちには理解されていたといえるだろう。(14)

（1）水本邦彦「土砂留役人と農民」（『史林』六四―五、一九八一年、のちに『近世の村社会と国家』東京大学出版会、一九八七年所収）。
（2）各年次の「古市郡村々割賦帳」ならびに「実綿油願ニ付諸雑用帳」（羽曳野市森田家文書）による。
（3）「御公儀御触状留帳」（枚方市小原家文書）。
（4）児山忠信文書（『堺市史続編』四、一一六七～七一頁）。
（5）この観点からの代表的な研究は津田秀夫『封建経済政策の展開と市場構造』（御茶の水書房、一九六一年、七七年新版）、八木哲浩『近世の商品流通』（塙書房、一九六二年）、小林茂『近世農村経済史の研究』（未來社、一九六三年）などで、その後は国訴について包括的な研究書は出されていない。
（6）「肥料高値一件書」（仮題）（大阪市立大学図書館所蔵）。
（7）森田家文書。この二文書が同封され、古市村を廻状元として回覧されたようである。
（8）朝尾直弘「文政六年千七カ村国訴に関する覚書」（『近世史研究』九号、一九五五年）で紹介されて以後、基本史料となっている。
（9）北村禎三文書（『堺市史続編』四、三一九～四二頁）。
（10）文政八年五月菟原郡二四カ村が連名で、大坂の髪結床仲間から在方の髪結を株仲間に加入させたいと願い出たことに反対している（『本山村誌』史料篇、一九五三年）。

（11）　富田林市石田家文書。
（12）　河内長野市福田家文書。
（13）　拙稿「国訴の再検討」第一章参照。
（14）　谷山正道氏が、この見解を表明している（「国訴研究の動向と問題点」『新しい歴史学のために』一九四、のち『近世民衆運動の展開』高科書店、一九九四年所収）が、この立場では逆に氏の発見した「国益」概念が評価できなくなると思われる。

第二節　郡中議定の性格

国訴の通念を右のように捉えるとしても、国訴は郡中寄合をはじめとする地域的な村落結合を結節点とおいていた以上、そこでの制定条項―郡中議定の検討なくして、国訴の全体的な位置づけもできない。

1　郡中議定の成立

近世の村落はその成立以降、水利や入会・祭祀・助郷関係などを通じて地域的な村落結合―組合村―を有していたが、前節の交野郡でみたとおり、国訴の組織的基盤をなす郡中寄合は、それらとは別の系譜をたどって成立したものである。

寛保三年（一七四三）大和川筋一六カ村は、隣国和泉での肥料訴願闘争の成果を聞きつけて「御互ニ百姓方専一」と参会をふれた。この場合、一六カ村は大和川筋両側に隣接するという地縁的関係だけで結びつき、支配領域はもちろん郡域も無視されている。このようにこれらの村落結合は原理的に隣接する二村以上の範囲において展開し、その結合を促す契機とそこでの議定内容はかなり多様であるが、「御互ニ百姓方専一」すなわち利害関係の地域的共通性に支えられている点に著しい特徴をもつ。

享保九年(一七二四)七月摂津住吉郡の中・西喜連《きれ》村の協定は年季奉公人に関するもので、「近年奉公人給銀高下有之村方納兼申ニ付、相定メ申事」と成立事情を記している。村域をこえて展開する奉公人市場への対処が両村の協定を促し、給銀協定を毎年行うことのほか、本来「家風之通」[1]り雇主が私的に与える仕着せをも、両村が規定している。この後、労働市場がさらに拡大し、労働力が年季奉公人から年雇・日雇へと変化するにつれて、この種の協定は広がり、内容を増すだろう。

古市郡や交野郡ではそれを郡中議定として、倹約条項の一環として定められたが、協定の時期が古市郡は天明二年(一七八二)一〇月、交野郡は天明二年九月と、ともに飢饉の最中であることに注目したい。「近年凶作打続候者、別而当寅年大凶作ニ付、百姓相続難相成、困窮弥増《いやまし》ニ相成」るので、三年間の申し合せを行うのである。当然このような自己防衛策は個々の村落や領主限りでも行われたと思われるが、郡中で議定する点には特別な意味があった。それを寛政元年(一七八九)閏六月の「交野郡三拾八ケ村申合書」[2]は、つぎのように述べている。

(一)倹約令はすでに銘々の地頭方より出されているが、「一郡村々、御地頭も相替り、不一同候儀故致齟齬意道理ニ而、諸事倹約取究りも村限りニ而ハ自然与不〆《締》り」なので、郡中制法を行う。個別領主単位や村限りの対処では行き届かない、というのが大きな要因である。

(二)これまで倹約申し合せがなかなか徹底しなかった理由には、この他、百姓に「身分之暮方夫々甲乙」があるため、これは身上よき者のこと、これは身薄者のことなどと各々の身分にとって「邪之勝手」をいって守らなかったからでもある。

(三)しかし百姓の身分は田地相続してこその百姓で、三八カ村二万五千石で約二万五千人とみれば、たとえ高持・無高、福者・貧者の盛衰があっても、これだけの人が露命をつなぐのは二万五千石の地面より出る作溢(徳)のほかにない。くわえて盛衰は計りがたいのだから依估贔屓の申し合せなどなく、「一郡御田地并一郡惣人数双方共相続之申合候得者、身分軽重之無差別事故」すこしも違背することなく、守らなければならないと強調する。

ここでは郡内三八カ村が、百姓相続するうえで地域的運命共同体を構成していると考えられている。協定されている内容は衣食、婚姻、祝儀、賦物《くばり》、葬送供養、見舞、神事祭礼と座頭、奉公人に関する規制で特別に注意すべきものはないが、それが先述のごとき解釈のうえで決められているのが特徴である。地域共同体の立場は奉公人規制にもっとも強烈に出、郡内では余った村から不足の村へ奉公人を回すことをきめながら、他国他郡に出すことは厳禁し、引戻すことすら指示している。「何れの村方たりとも無故障、共々ニ致世話、兎角一郡三十八ケ村相続行届」くことが肝要であった。ここまであけすけに郡中議定の制定主旨が語られた史料はあまりみかけないが、ここに語られている地域共同体――幻想を含みつつも展開する――の精神は、多かれ少なかれいずれの郡中議定や組合議定にも共通する。

地域共同体を志向させる大きな要因は、村々が一個の法団体として自主性をもつと同時に、領主的関係が錯綜していることである。文政一〇年(一八二七)四月播磨では各所領別の惣代が参会し、「播州郡中取締書」(3)を定めたが、その冒頭に「当国之儀は御料御領知御私領入組、御分領多ク御座候ニ付、郷村地境等入組毎度地論等有之、其外金銀出入取引方ニ付ても聊之義も諸出入、御公儀様御懸りニ罷成御苦労」なので、今後は惣代庄屋、大庄屋が扱い、それぞれ公訴以前に対談調停させることを決める。所領関係が入組んでいることから生じる民事紛争への自己管理を、国単位に行おうとするプランである。同じプランは天保四年、河内古市郡でも制定されている(4)。

これらの事例は所領関係の入組む状況下で隣合う村々が、商品経済や階層分化の展開にともなって村落社会から浮上してきた諸問題——奉公人賃銀の上昇、本公事・金公事の多発、倹約令の不履行など——に共同で対処すべく寄合、議定したものである。それは隣合う二カ村から始まり、結合関係を徐々に拡大し、郡や国規模に至った。

それに対し勧化や株仲間の問題は、外から一挙に郡中議定や国集会の成立を促した。それらは最初から広域性をもって提起されてくるのであるから、村々の対応もいきおい広域性を確保した郡・国の範囲で行われる。在郷綿屋株や繰綿延売買会所の設立に反対して、古市郡では郡中で訴願し、他郡への連携をひろげた。また和泉では、国集会を催して綿会所の廃止を求める一方、秤改、虚無僧等への対応を取決めている。和泉で天明八年と文化九年(一八一二)に開かれた国集会では肥料・菜種、綿会所問題と並んで秤改、門立ち、虚無僧、非人問題が協議された。これらが支配国単位で管轄、許可される事項である点が、農民に郡—国の範囲による対処を促した。

ここで国と郡・村の関係にふれれば、郡中寄合の単位はいずれも郡を構成する村—村役人であったのに対し、国集会では和泉・播磨の場合ともに所領別惣代であった。いいかえれば郡中議定は地域性の原理にもとづくのに対し、国集会は領主制原理による所領限りの連合であった。郡に比較した国の広域性が、この差を生んだのであろう。

しかし、国集会の場合にも郡が生きていたことを播磨を例に知ることができる。文政一〇年(一八二七)の取締書は姫路において四八人の惣代参会のうえ、出入問題の他、勧化、浪人、番非人の四項目を決めたが、末尾に播磨は大国なので実効性を高めるため東・中・西三区に分け「最寄限取締」ると記している。このうち西播六郡(揖東《いっとう》・揖西《いっさい》・飾《しき》西《さい》・宍粟《しそう》・佐用・赤穂)の惣代二四名は一二年八月、いっそう効果が現れ、また前述取締書以外の諸事項を定めるため龍野に集まっている。このうち揖東、揖西、飾西三郡ではさらに翌九月鵤《いかるが》駅に協議し、取締りの細目を定め、あわせて三郡二一一村の組分けを行っている。[5] 組分けは一三で、平均一組一六村である。組合単位で廻在者とのトラブルを処理し、組合でできないときは他組と共同することを決めている。このようにして勧化取締りは、播磨一国→西播六郡→揖東・揖西・飾西三郡→一三組→村の重層的構造によって行われることとなった。国訴の組織構造にみられた重層性を、ここにも確かめることができる。

近世の村が一個の自治団体であったことは近年、強く関心をよぶところだが、それが相寄って郡中議定や国議定を制定した以上、それはなによりも優先されるべき規範であった。寛政元年閏六月郡中倹約申し合せを行った交野郡の津田村では、翌七月四日村中の一五歳以上を集めて、それを申し渡している(6)。古市郡駒ヶ谷村では郡中申し合せに村人が連判して順守を誓っている(7)。

奉公人・日雇規制もまずは村法によって行われ、本来家風であった仕着せや給銀などの待遇はあらたに「村風(8)」を形づくったが、さらにそれは拡大して一八世紀後半には組合や郡中議定で取決めることとなった。この場合、年季奉公人や日雇に関する村風が協議され、共通性を得たものが協定となった。ここにも家→村→郡の重層性が示されている。議定の成立過程からみれば、勧化取締りは国→郡→組→村とより小さな、直接的な地域世界へと分割、縮小されていく方向性をもち、奉公人や倹約規制は村→組→郡→(国)と、一次的生活圏を起点に範囲を広げた。勧化規制が文政年間以降に頻出し、労賃規制が享保年間頃から出はじめることからすれば、歴史的に先行したのは後者であった。そののち前者が株仲間や廻在者問題を契機に展開し、両者の交差したところに郡中議定が成立した。一八世紀後半—明和～天明年間の頃と思われる。その結果、〈制度的地域としての郡〉にはさまざまな歴史的内実が吹きこまれ、〈歴史的領域としての郡〉が誕生したのである。国訴の組織・運動構造が、この過程と歩調を合せるものであったことはいうまでもない。

ところで摂河泉播で収集した郡中議定や組合議定を時間的に並べてみると、これらの議定がなにを契機に現れたかがよくわかる。第一には株仲間政策の展開と重なり合う形で、議定が結ばれている。綿や菜種といった代表的な商品生産に典型で、村々は議定をもとに国訴を闘った。田沼期〜文化・文政期に一つのピークがあり、嘉永四年(一八五一)の株仲間再興後にもう一つの山場がある。この間、国訴には摂河村々の場合、郡中寄合主導から幕領組合村体制に依拠する形に大きく組織構造の転換がみられた。それゆえ文政年間以降、摂河村々では郡中議定において、株仲間問題が協議されることは少なくなる。

郡中議定を促した第二の要因は飢饉であった。天明期と天保期に結ばれた議定はいずれも、飢饉を直接の契機として風俗規制を中心に、奉公人・日雇給銀、勧化・座頭等への規制が取決められた。奉公人や日雇の「不行跡」「不躾」、廻村者の「無心」「我儘」に対応すべく村々は議定を結んだが、彼らの不行跡や我儘はなにも飢饉時に限られたものでない。それゆえこれらの展開にも、それぞれ独自のものがある。労賃規制でいえば農産物の販売価格や米価、肥料価格の高低に関連して展開した。また廻在者でいえば彼らによる勧化料や宿料の負担、「ねだり」の増大が百姓の困窮度を強めるので、それを取締り「困窮之百姓、近年ニ立直リ無難ニ相続」できるようにというのが、議定と訴願の主旨であった。

このように百姓とその村の立場から取締るべき対象は、幕末期の議定では在方の小商人・小職人にまで広がった。嘉永三年(一八五〇)摂津菟原《うばら》郡の議定(9)は奉公人・日雇と並んで、大工・左官その他諸職人賃銀を公定以上に値上げることを禁じている。また安政五年(一八五八)河内錦部郡(10)では、大工ほか八種の職種について労賃が定められている。それでも職人側の対応によっては出入を生じることも考えられるので、そのときはどの村のかかわる紛争であっても「其始末ハ一統ニ相談仕、入用者一躰ニ相掛リ可申筈」と決めている。ここにも一つの地域共同体が構想されている。

これら議定が「百姓相続」を基本的立場として構想されるとすれば、そこに公儀権力の介入する余地はきわめて大きい。文政二年(一八一九)一一月、摂津・河内の諸郡でかなりひろく認められる郡ごとの「諸色値段引下ヶ帳(11)」は、公儀の触を直接に受けて郡ごとに決められたもので、この典型的な事例とすることができよう。しかしこの場合とてすべてにわたり画一的でなく、郡内の地域的経済事情によって郡ごとに差違があった。

2　郡中議定の性格

国訴と郡中議定の関係を探り、ついで郡中議定の成立と展開を跡づけてきたが、最後にその性格を論じる。

まず第一に郡中議定は、村共同体とは異なったレベルでの共同性の追求である。近世の村落は成立以来、水利や祭祀、支配関係を通じて相互依存性を保持していたが、中後期の社会経済状況はあらたな地域的結合を促した。奉公人や日雇をめぐる労働市場の展開はその一つで、村々は既存の組合村で対応する一方、別個に共同の場を求めた。河川にそった水利秩序や入組んだ支配関係とは異なった範囲で、労働市場が形成されていたからである。その意味で村々のあらたな共同性は、機能(目的)別に追求されはじめたといえよう。雇傭問題に対応しては「奉公人善悪相改」め、給銀・慣習を協定することがその場の課題となり、飢饉に直面しては倹約条項の制定とその遵守が共同で誓われた。また肥料価格の高騰や綿・菜種の販路制限に対しては、その打開が共通のテーマとなった。勧化や浪人の廻村については「取斗区々ニ相成」るので、村々が申し合せて取締ろうとした。農民はこのような共同性の追求を、「御互ニ百姓方専一」「差障りの有無は何れの村方も一同」と表現している。

その後いくつかの地域では、機能別の共同性は郡や国の範囲で統一され、そこに郡中寄合—郡中議定、国集会—国議定の成立、定着をみるに至る。河内古市郡や交野郡、和泉国、播磨国をその代表例にあげることができる。先述のように、そこでは地域共同体が志向されている。

つぎに郡中議定に集約される地域的な共同性は、以下の特徴をもつ。

㈠この共同性は村落の対等性を原則とする。協定した以上「何れの村方ニても万事取締方、不益之商《あきない》内筋等閑ニ見捨置」くことは許されず、村々は率先して郡中の規範を守る責務を負った。また地域共同体はその機能を果すため郡中にあらたな出費を課したが、村は地域事情に則して均等に負担すべきものとされた。

㈡この地域的共同体を構想させる論理はなにかと問えば、それは「一郡御田地幷一郡惣人数双方共相続之申合」という表現に集約されているが、ほかにもつぎのように表現されている。

a、奉公人男女とも無覚手業ヲ偽り高給貪り、高持百姓及難義ニ候ニ付、向寄村々参会

b、近年凶作打続候上、別而当寅年大凶作ニ付、百姓相続難相成、困窮弥増《いやまし》ニ相成

c、近年実綿直段下直打続、高下不仕、諸方百姓一同困窮ニ迫り、御年貢上納銀差支ニ相成難儀仕候故、此儘打捨置候者ハ段々困窮弥増、百姓方不相続之基ひ

d、御公儀様ゟ百姓相続取締向、御厳重被仰渡候ニ付、此度郡中村々申合取締

aは奉公人規制、bは倹約仕法、cは三所実綿問屋差し止め、dは廻村者取締り、のいずれも郡中議定から拾った文言だが、共通して百姓の困窮(難)と相続の重要性が語られている。かつて宮城公子氏は「国訴状にみられる批判の論理は、貢租納入のために等価交換を要求する」という「封建小農の農本主義」であるとして、小商品生産者の主体の問題性を指摘した[13]。農本主義は国訴状のみならず、その基盤であった摂河泉の郡中議定にも共通してあてはまるものである。しかしこの農本主義が民富を形成し、小ブルジョア的経済の展開する状況で主張されていることに注目しょう。小商品生産者の主体性に即していうならば、彼らは村共同体から自立しえていないともいえるが、むしろ村を起点にあらたな共同性を追求する形で、その主体性を鍛えようとしたとみる方が正確ではないだろうか。

小ブルジョア的闘争として「美化」された国訴観からすれば、この農本主義は意外だが、それが真相であった。さ

らに彼らの追求する共同性がどの程度、権力からの自立性を確保していたかを検討すれば、従来のイメージは修正を余儀なくされる。彼らの求めた共同性は自分たちの村落結合によって、商品生産の発展を妨げる障害を除去する、あるいは村と百姓の存続を危うくさせるものを取締るという自主性をもち、その点では出羽村山郡の議定にみとめられる幕府の主導性[14]はきわめて弱い。だが公儀の権威的秩序に依拠する姿勢の強いことも、また明らかである。公儀に対して三所実綿問屋の廃止を要求する一方、その権威的秩序に依拠して勧化や座頭、在方職人の統制を行おうとするのは、国訴と郡中議定の併せもった二面性である。

㈢また彼ら小生産者の志向した地域的共同性を、近世後期の農村事情にてらしてみれば、そこに幻想性をみとめうることは容易だ。階層分解の著しい状況で、百姓相続を基本に郡中共同体を志向してみても、その趨勢は押しとどめ難い。繰り返し制定される奉公人・日雇規制は、容易にその効果のあがらないことを示している。彼らの構想する地域共同体は都市の株仲間や秤座、座頭、勧化のみならず、村内から発生した奉公人や日雇、商人、職人とつねに対峙し、緊張関係をはらみながら形成されたものだけに、その幻想性は避けられない。

郡中議定について指摘すべき第二の点は、議定が右のような対立関係をはらみ、前提として成立し、展開する以上、そこには排他性と階層性が強烈だという点である。

排他性についていえば、近世の身分制社会の下でこの地域の村落は、①町人・商工業者の株仲間や座、②盲人（座頭）・非人、③勧化・薬弘メ、④大工などの職人という、四つの身分集団と対峙しながら、その日常性を支えていた。したがってそれぞれとの関係が村落をして、あらたに連合して対処を迫るようになるかには、それぞれの事情があった。

綿や菜種―油といった農業生産とその加工業に対し、在方株という形で市中資本への従属化が企てられたのは、周知のように田沼期であって、ここに一つの画期をみとめうるが、それ以前の肥料国訴にあっても高騰の原因は干鰯屋仲間の分裂や在郷町人の買占めに求められており、都市の特権的流通機構を担う仲間組織との対立はすでに始まっている。問屋・仲買の仲間組織にとって独占機能はなににもまして重要なものであったから、これとの対決は商品生産者にとって避けられぬテーマであった。繰綿延売買会所の停止を求める安永七年の古市郡訴状[15]は、会所が綿の投機的取引を助長し、商人を吸収したため、生産者のもとへ次第に商人が買付けになくなった点を弊害として指摘し、あわせて本来「市中之産業」である会所がつづいては「御年貢御収納ニ差障り幷百姓風儀弥《いよいよ》猥相成、農業相続難相成」いと主張する。市中資本との対立点が、農本主義にもとづく排他性として主張されている。具体的に都市資本との対立点は農産物や加工品を扱う小営業者をめぐって争われ、菜種の場合、在方絞油屋は明和の仕法によって大坂の従属下に入ったので、その後の国訴は大坂の油問屋・種物問屋のみならず、台頭い著しい在方絞り油屋との対立が基調となった。それに対し綿の場合、文政六年の国訴に勝利した一〇〇七ヵ村連合は、近在の綿商人から「千七ヶ村御一同取締之趣逸々承知」との一礼を取り、「実綿・繰わた買方之儀、郡々村々ニ不抱、何れ之村方へも相互ニ入会、手広ニ買請」けることを誓わせた。

秤座についてはかつて二〇年に一度だった秤改めが、神善四郎の申請によって三、四年に一度ずつ行われるようになったことにくわえて、廻村する秤改役人の非法が問題とされた[16]。

廻在(村)者の不法は座頭(盲人)、勧化《かんげ》、配札人、薬弘メ、浪人、虚無僧などにも共通して語られ、その無心、我儘、ねだりが非難されている。寺社の勧化には公儀の許可と勧化状を得た御免勧化と、それを得ない相対勧化があったが[17]、議定ではその双方に対処し、御免勧化には勧化料を協定し(文政一〇年播磨)、公儀(支配国における奉行所)の触流しのない勧化には五年間の立入りを拒否する(天保四年河内錦部郡)などが決められている。

これら廻在者の場合、勧化であれば寺社に、薬弘メであれば宮家へ、また座頭や非人にはそれぞれの頭組織に訴え出ることによって、その打開をはかる途も残されていたが、圧倒的に議定の規制は自主的で、彼ら廻在者との間に紛争の生じることも忌避しないほど積極的である。摂津八部《やたべ》郡では嘉永元年(一八四八)、播州美嚢《みの》郡から入る街道の入口に、廻在者取締りを記した制札が郡中の手で掲げられていたという(18)。村とその地域共同体に依拠することによって、近世後期、小生産者は座頭・非人・勧化といった身分集団に強い排他性を示した。村落連合によって排除、統制される側も別種の仲間・座・頭組織といった社会集団を形成していたので、郡中議定は村共同体とこれら身分集団が対峙、対立するところに成立したともいえよう。

幕末によくみられる職人賃銀規制のうち、大工についても同様なことがいえる。安政二年(一八五五)御所造営に動員された摂津十組大工(19)では、それを機に困窮の度を深めたとして同年一二月、中井役所に作料の増額を願い出たところ、同役所は「願之趣尤之儀ニ候得とも、其組々其地方へ相頼ミ対談之上、其処《ママ》地ニ応し、定作料ニ聊《いささか》直増」を申し請けるよう、施主方との対談を指示した。十組ではそれに従い連判帳を作成のうえ、翌三年八月、作料を大坂並の四分増し、三匁にすることを「郡々限り御得意中」へ願い出た。それに対し豊島郡では四年三月参会の折、従来どおり二匁六分のままで据えおくことに決めている。同じころ河内錦部郡でも二匁六分のままとし、文句をいって働かない者がいれば年来の雇い大工であっても遠慮なく断ると申し合わせている(20)。

頭組織によって横断的に組織されているとはいえ、十組大工は近郷に存在する者であるので、ここでの排他性は農村社会の内にむけて示されている。同様にして賃銀規制された職種は屋根葺、綿打、左官、籾摺、桶樽屋、農鍛冶、木挽など(安政五年錦部郡)であり、彼らのなかには大工同様諸物価高騰の折、賃上げを決めているものもあった。それに対し「増銀ニ相成候而者、百姓共之難渋之筋」になるというのが、議定の主旨である。ここにもあからさまな農本主義が語られている。

倹約や百姓困窮の名の下に、奉公人・日雇の労賃規制が行われるのも、まったく同じ論理からであって、ここには農村の階層分解を反映して「高給貪り、高持百姓及難義」とその階層性が示されている。郡中議定のもつ性格の第三点は、この階層性である。

農民層分解によって放出された奉公人・日雇との雇傭関係は、富農経営を支えるほどに展開し、その給銀の高低は肥料や農産物価格とともに農業経営の発展を左右した。しかし彼ら奉公人をめぐる市場関係は、都市の発展や農村加工業の展開によって近世終期、大きな変動を経験する。この渦中にあって自主的に合理的な労働者管理を模索する農家経営の生まれる(21)一方、雇傭労働規制をめぐって村々は地域的に結びついた。その結果、本来雇主と労働者との間の私的な関係であった仕着せや給銀が、村落共通の、さらには郡中の共通関心事となり、議定の決める労賃規制は詳細をきわめ、極奉公人(年雇)の場合はランク別に、日雇については各作業行程ごとに決められるものも作成された。しかし郡中での協定はガイドラインとしての意味をもち、現実には郡中で定めた草取賃九匁五分を、古市郡駒ヶ谷村では八匁五分としているなど、村の判断する余地は残った(22)。

しかしこの点を雇傭される労働者からみれば、その階層性は明らかで、個々の雇傭条件の変動は雇主のみならず、村と郡中の規制を破ることによってしか果しえないことになる。小作人規制がこのような郡中議定に顔をのぞかせるのも、そう遠いことではない。

いまかりに排他性と階層性に分けたが、実際多くの議定は、その区別をすることなく混在して規定している。それはともに村々の「取締」の対象としてあったからである。

（1）奉公人請状によく記入される文言。大竹秀男『近世雇傭関係史論』(有斐閣、一九八三年)一七〇～二頁参照。
（2）枚方市奥野家文書。この史料は同市史編纂室田宮久史氏に教示をえた。
（3）『西脇市史』史料篇(一九七六年)、二七七～八一頁、本篇(一九八三年)、四〇〇～一頁。なおこれについてはすでに谷山正道「幕末・維新期における村落『自治』と村落指導者層」(『史学研究』一七一、一九八六年)が考察を加えている。
（4）『羽曳野市史』五(一九八三年)、五七四頁。
（5）「播州郡中取締書」(『姫路市史』一〇、九一一～八頁、一九八六年)。谷山正道「近世後期東播五郡惣代集会の性格」(『近世瀬戸内農村の研究』渓水社、一九八八年)ならびに『相生市史』三(三浦俊明氏執筆)、三一～八頁参照。
（6）「見聞録」(『枚方市史』九、六〇〇頁、一九七四年)。
（7）『羽曳野市史』五、五六七～七二頁。
（8）大竹前掲書二〇一～二頁。
（9）『本山村誌』史料篇、一四三頁。
（10）『富田林市史』五(一九七三年)、六三～五頁。
（11）河内では石川、錦部、若江の諸郡で知られ、若江郡のものは古島・永原『商品生産と寄生地主制』一三七～八頁でふれられている。
（12）たとえば、同一支配下の組合村や井組で規制することがある。『西宮市史』五(一九六三年)など。
（13）宮城「変革期の思想」(『講座日本史』四、東京大学出版会、一九七〇年)二八四～五頁。
（14）梅津保一「幕末期の羽州村山郡『郡中議定』と郡中惣代名主」(『山形近代史研究』三、一九六九年)など。
（15）羽曳野市森田家文書。
（16）『堺市史続編』四、三二九～三〇頁。
（17）倉地克直「『勧化制』をめぐって」(『論集近世史研究』一九七六年)。
（18）『つくはら(衝原)千年家とその周辺』、木南弘氏の教示による。

（19）この経緯は『吹田市史』六（一九七四年）、四七四〜七頁、『箕面市史』史料編五（一九七二年）、一九二〜三頁による。
（20）『富田林市史』五、六三頁。なお文久二年一二月にも再度四分値上げを申請し、このときは「諸事下直ニ相成候迄、一日分銀三匁」と認める方向で会合がよびかけられた（「大工職作料直増御相談書」羽曳野市矢野家文書）。
（21）河内若江郡八尾木村の木下家「家業伝」（『日本農書全集』八、岡光夫氏解題）などが、それに相当する。
（22）『羽曳野市史』五、五六九頁。大竹前掲書でも同様な指摘がある。

おわりに

郡中議定にはしばしば、入用の負担についてふれた文言がみえる。訴願闘争や共同規制のために要した経費を、議定に参加した村々が地域事情にあわせて公平に負担することを取決めたものである。国訴などではその都度、郡内の「村々割賦帳」が作成され、それを通じて国訴の負担体系を知ることができる（第三章）。和泉のように伝統的に、四郡惣代による「国願」の形態をとる場合も同様である。このようにして国や郡で割り掛けられた経費を受け、村ではさらにそれぞれの構成員に高持、人別を基準に賦課、徴収される。その結果村人は、村内での社会的・経済的存在の多様さにもかかわらず、一律にこの負担関係を通じて、郡中議定に示された地域秩序に参加することとなる。

和泉国日根郡自然田《じねんだ》村の村入用分析[1]によれば、同村では文政六年を画期に郷・組合関係の費用が飛躍的に増大する。構成比でいえば五〜六％から四〇％前後に増えている。さらにこれほど急激でないが、すでに寛政年間に増加の傾向がみとめられるので、自然田村においても近世後期、郷や組合といった村落結合が大きな役割を果すようになったのだろう。同村が天明八年や文化九年の国議定や訴願にくわわったのは明らかだから、一つの村の入用帳を通して、本章で論じた国訴・郡中議定と村との関係をうかがうことができる。

もう一つ注目すべき点は、このような郡・組合関係費が近世後期〜幕末にかけてコンスタントに支払われていることである。本来、郡中議定や組合議定は年期を限ったものだが、それがこの時期、繰り返し制定され、機能していることが、村入用に占める郷・組合関係費の安定的比率に現れていると思われる。いいかえれば国訴闘争や議定に示された地域秩序の維持、展開なくして近世の村落とその成員の安定的再生産はありえなかったのである。地域秩序の日常化ともいいうるし、また「地域社会」の成立ということも許されるだろう。国訴はこのような意味で、地域社会の成立を前提としながらも、またみずから地域秩序を作りながら維新改革を迎える。だとすれば国訴は、慶応元年をもって任務を終えたのではない。(2)

国訴と郡中議定に示された地域秩序は、近代にむけてあらたに展開するいくつかの芽をもっていた。先述のとおり小生産者は、村を起点にその地域的結合関係によってあらたな共同性を追求した。彼らの小生産者として存続と発展を外から保障する役割が、そこにあったからであろう。ここでは小ブルジョアジーとして共同体を否定、自立する方向性はほとんどみえない。

他方、彼らから排他性と階層性の強い議定をつきつけられた座頭、非人、勧化、奉公人、職人たちにとっては、いま成立しつつある地域社会はまったく違う意味をもったのはいうまでもない。そこには厳しい矛盾と緊張関係が息づいており、維新変革を迎えて新しい展開が予想される。

また村役人はといえば、彼らこそ終始、国訴と郡中議定の担い手であった。そこにはあらたな質をもった委任関係が成立しており、このような「代議制の前期的形態」をもとに彼らは、富農・豪農としての経営的発展ばかりか、地域の名望家としてのあらたな進路を探っていくのではないだろうか。

近世の公儀権力にかわって登場する新たな「国家」も、近世後期に成立、展開する地域社会に手を染めずして、その確立はなしえないだろう。

（1）　菅原憲二「近世村落の構造変化と村方騒動」下（『ヒストリア』六二、一九七三年五月）。
（2）　佐々木潤之介『世直し』（岩波新書、一九七九年）七一頁。

後篇　百姓一揆の研究

第一章　得物・鳴物・打物

はじめに

文政八年(一八二五)一二月、信州松本藩で特権的麻問屋・酒屋・質屋・村役人などを打ちこわす大百姓一揆が起った。この一揆は、一揆参加者がいずれも科《しな》の木の皮で編んだ赤い蓑を身に着けていたため、「赤蓑騒動」とよばれ、「赤蓑談」なる一揆記録を今日に残している。そのなかで筆者は、すさまじいばかりの打ちこわし勢をさして「昨夜の躰たらく百姓騒動の作法に外れ」、「実に此騒動百姓一揆の類にあらす」と評している。

この評価が正確であるかどうかは一考の余地を残すが、同時代人が「百姓騒動の作法に外れ」ると観察していることは興味深く、「赤蓑談」の作者を通して近世後期、「百姓一揆の作法」ともいうべき社会通念がひろく存在していたのではないかと考えさせる。

近年、入間田宣夫氏が中世農民闘争に「逃散の作法」が存在していたことを解明して注目をあび、その後、作法というやや古風な表現が階級闘争史のなかに導入されつつある。勝俣鎮夫『一揆』(岩波新書、一九八二年)は右の立場を継承して、近世の百姓一揆にもふれた著作である。

もちろん百姓一揆に一定の作法ともよぶべきものが存在したことに、これまで誰も気づかなかったわけでない。戦前の黒正巌氏の研究ですら限定つきながら一揆に「統一と節制」をみとめ(『百姓一揆の研究』一九二八年、岩波書店)、戦後は林基氏や庄司吉之助氏などの研究によって、一揆や打ちこわしが無秩序な暴力行為でなく、組織性、秩序性を備えたものであることがほとんど全面的に解明され、今日に至っている。だがそれにもかかわらず、百姓一揆という前近代民衆の行動様式を、組織性・規律性という視点から摑まえるのと、作法の視角から捉えるのでは、そこに視点の転換があるように思える。

簡単にいえば組織性や規律性に着目することによって一揆・打ちこわしは、支配者的または被害者的な暴徒観から解放され、その実像に大きく迫りえた。そればかりか現在では、一揆の運動過程に即して「一揆民衆の組織の仕方」を究明する作業が行われている。(1)だがこの作業では一揆民衆の結集方式がどういう経路をへて成立するのか、またその結集方式――一般的に一揆という近世民衆の行動様式といいかえてもよい――が同時代ならびに後世の人々に、どう認識されたのかが解けないように思える。ところが百姓一揆記録・物語のいくつかに目を通すとき、一揆に対する社会通念の存在に気づかざるをえない。百姓一揆における蓑笠は、その代表的なものである。なるほど三千余件の百姓一揆のなかから理念型を求めることにはあまり意味がないが、頻発する百姓一揆を通じて江戸後期、百姓一揆の構造に対する通念がかなり広く存在したと考えることは可能であろう。しかもこの場合、われわれが自己の限られた体験や直接の見聞とともに、社会報道によって、議会政治やデモ、団体交渉等への通念を獲得するように、蜂起した民衆と一揆観察者とが一揆の通念を共有するケースもけっして少なくなかったと思われる。一揆の作法という視点を上述のように解し、小論では、いずれも一揆研究者によく知られた史料・記録によりながら、百姓一揆にかかわる用語の次元で問題を掘り下げてみたい。

(1) このオーソドックスな手法による成果として山田忠雄「近世における一揆の組織と要求」(講座『一揆』三、東京大学出版会、一九八一年五月)をあげうる。

第一節　得　物

短期間のうちに数百から数千人に及ぶ民衆のエネルギーが爆発する一揆において、そこに作法の存在を発見することは、一揆を徒党・兇徒と捉える立場からほとんど不可能に近い。一揆の全過程を貫いて作法の詳細をわれわれに伝えるのは、比較的、一揆に近い立場に身をおく中間層の知識人の手になる一揆記録である[1]。

天保七年(一八三六)八月に起った甲州郡内騒動を記した「甲斐国騒動実録」は、犬目村兵助らに率いられた一揆勢を、

民窮みの趣を大文字に書たる大幟を真先に立、村に思ひ〳〵の印を書たる旗を為持、得ものは斧・鉄、唱物は鉦・太鼓、螺貝・片貝等吹唱し、厳重に備へ、在々所々の困窮の族は不及申、博徒打のあふれもの、似せ浪人、其外乞食非人に至る迄、手足達者の者共相加り、凡人数五千人

と描く。

右に記された一揆勢の様相——村に思い思いの印を書いた幟(旗)や、斧・鉄の得物、鉦・太鼓・螺貝等の唱物《ならしもの》は、ひとり「甲斐国騒動実録」のみならず、数多くの一揆記録に見いだせるものである。いいかえるならば一揆記録に共通する表現法なのだが、このことは現実の一揆の構造や一揆民衆をとりまく世界とどのようなかかわりをもっているのだろうか。まず「得物」を例にとり検討しよう。

(1)日の出に応じて村々の百姓恰も水の湧が如く、九万蜂の起りし如く、各々得ものを携へて、寸時に其数何万人といふ限りしれず（「米倉騒動実記」）

(2)各天秤棒、或ハ鳶口、斧、大鋸等、得物〳〵携へ押居ル（「破地士等窠」）

(3)世のはれに思ひ〳〵に飽まて楽しむへしと、いか様可然《しかるべ》しと同し、夫より柄物〳〵を提け、身をかため（「飢歳凌鑑」）

(4)百姓は百姓だけの趣意にて、世の見せしめ不仁の者をこらすのみ、敢えて人命をそこなふ得物は持たず（「秩父領飢渇一揆」）

(5)又候上下弐万余人、例に太鼓を鳴し、鉄はふの兵を揃へ、いか捧・さすまた得ものをたつさへ、厳重に出立あり（「改政一乱記」）

寛延三年（一七五〇）の甲斐国米倉騒動、天明三年（一七八三）盛岡藩打ちこわし、弘化三年（一八四六）浜松藩一揆、慶応二年（一八六六）の武州一揆と津山藩一揆、それぞれの記録から引用したが、一揆勢の所持する道具類を「得物」と表現する手法の伝承がうかがえる。

性格の異なる一揆史料ではどうかといえば、一揆の模様を伝える情報にもみえ、大塩の乱を国許久留米に報じた書状は、大塩勢が「大底《ママ》一手弐百人余り、鉄砲并ぬき身・竹鎗銘々得物を持」つと書く（矢野信保氏文書『大塩研究』一五）。同様に慶応二年四月常州那河湊の打ちこわしを知らせる江戸書状には「惣人数四千人余、神使と称し銘々鳶口・六尺棒・鉄砲・鎗・得物〳〵を携へ、那河湊江押寄」せたと記し（「慶応漫録」）、同年六月武州一揆に関する高力直三郎届書にも「凡百人余斧鋸其外得物携、右長右衛門方江押参」ったとある（『武州世直し一揆史料』二）。

一揆記録者に加えて一部の都市住民や武士層に得物の表現が拡大されたことを推測させるが、明瞭に都市住民の一揆認識に得物が確かめられるケースとして、「浮世の有様」の著者がいる。彼は文政六年（一八二三）の紀州藩一揆と天保八年（一八三七）の大塩事件の二つの見聞記で得物と記している。もっと徹底した調査をすれば、事例は確実に増えるであろうが、一揆の観察者を介して、得物という表現方法が一揆に深いかかわりをもつものとして継承されていたといえよう。しかもこの継承は、現実に各地で生起する一揆と重なり合った形で展開するため、観察者をこえて蜂起した民衆自身に得物の表現例を発見することができる。

慶応二年武州一帯を巻き込んだ大一揆は各地に数多くの関連史料を残したが、そのなかに飯能《はんのう》寄場打ちこわしに立ち上がった一揆勢が「銘々得物を携へ、穀屋とも打毀し可申旨頻りに触廻」ったと記される。数日おくれて秩父大宮近在にも一揆勢が打ちこわしをかけたが、この地では、

十五歳より六十歳迄剣類は停止致し、得物ニ者野具を携へ早速駆加り申べし、若否味（ママ）候者有之候ハ、直様焼打に可致旨、得其意を早々順達可致もの也、大宮郷（中略）其外通路村々一同打ちこわし連中と印有之

との一揆廻状が触れられた[2]。「百姓は百姓だけの趣意にて、世の見せしめに不仁の者をこらすのみ、敢えて人命をそこなふ得物は持たず」とは、一揆勢みずからの声であった。

さらに下って明治六年、廃仏反対を叫んで闘われた越前の大一揆では蜂起にあたり、大野郡最勝寺の集会で「座中ヨリ其場合ニ至リ候ハヽ、早鐘ヲツキ、銘々竹鎗其他ノ得物ヲ携へ、敦賀県へ願出、御採用無之候ハヽ、東京迄モ押出」すと評議したと、当人（被告人）たちが陳述している（『日本庶民生活史料集成』十三）。得物は一揆に特有な表現形式として、一揆の作法とともに伝承されていると明言してよい。慶応四年春、戊辰戦争のさなか、山陰道鎮撫使西園寺公望が山陰道諸国を行軍し、各地で鎮撫使は年貢半減令を布告したが、その第二条で、

一、会津桑名等一味の賊徒御誅伐に付、勤王の志有之輩は、各武具得物相携へ、速に官軍に可馳加事

と宣言した(『日本庶民生活史料集成』十三)のは、右にみた一揆の伝統を踏まえたものであろう。

このように考えてくれば、『広辞苑』をはじめとする国語・古語辞典が、得物とは「得意とする武器」と説明しながら、その出典を説経節「伍太刀菩薩」(岩波)、「甲陽軍艦」(角川)、近松「職人鑑」(講談社)、浄瑠璃「用明天皇職人鑑」(小学館)などに求め、一揆記録への配慮を示していないのは、得物の語義に重大な欠落があると思われる。得物はなにも百姓一揆記録ではじめて使用されたものとはいえなくとも、近世を通じて頻発する百姓一揆の場において始めて生み出された含意がある。

得物とは既述の史料からわかるように、一揆勢が所持する道具類を指すが、一揆の歴史はその呼称をめぐる変遷の過程でもある。一揆記録のなかでもいくつかの用例がみられ、もっとも一般的なのは「或は鳶口、或は熊手、棒ちきり木や棹、鎌などを手々に提げ」(那谷寺通夜物語)といった記述である。事物が即物的に、それが本来の機能をもつ場から離れて使われても、そのことに関係なく表示されている。生産用具が、一揆の場においても生産用具として把握されているとも換言できる。ところが日常、山野・田畑など労働と生産の場にあるものを、一揆という場において捉えなおそうとするとき、そこに新しい表現方法が生まれるであろう。そのとき一揆の伝統が踏まえられる。

　　一揆ニ可罷立在々

一方上惣郷、一大覚寺、一八楠、一越後嶋、一ふち斗うち、一せき方うち、右之郷中有談合、大はた壱本、面々ニこしさし壱本つゝ、もんハ中くろ、もち道具者弓・てつはう・やり・其支度候て、十五をはじめ六十をかきり、壱人も不残、御一左右次第可罷立候(下略、天正一二年八月『徳川家康文書の研究』上)。

右は戦国期における代表的な一揆表現だが、ここにみえる「持道具」を、「数百人余、白布之後鉢巻いたし(中略)持出し候道具は鳶・竹鑓・鍬・鎌・鋸・斧・鐇、腰捺刀、山鉈、手木、棒木、大刀、大綱、小綱其外思ひ〳〵之手道具持出し」(『武州世直し一揆史料』二)と比べるとき、対象物の相違は明瞭である。そこに中世と近世を分つ嶺＝兵農分離が介在することは多言を要しない。武器からなる一揆勢の持道具は一揆の展開のなかで、百姓の生産用具からなる持(手)道具に転換する。その結果「依て明廿四日飯出野にて相談仕度義有之候由、加治川より村々迄、村々宿々壱軒に壱人つゝ百姓道具御持参被成、御出可被下候」(「越後蒲原・岩船両郡騒動実記」)という表現が現れる。ここを起点に百姓一揆における抵抗用具の呼称の変遷を考えるとき、持道具(百姓道具)→得道具→得物という展開の筋道が想定できる。

得道具は得物と同義だと古語辞典にあるが、一揆記録には得道具としてまずみえるようである。全面的な調査の完了しえていない現在ではとても断言はできないが、原本成立時期の判明する記録のうち、この種の表記が現れる最初のものは「因伯民乱太平記」(元文五〜寛保三年成立)で、「百姓共声々に、百姓の得道具は鎌鍬より外なし」とある。得道具は後年の「尚風録」、「赤蓑談」にもみえるが、その例はきわめて少なく、通常は得物として表記される。

得道具(得物)とは、得意、得手な道具という語義であり、一揆の場で理解すれば、一揆主体たる百姓の日頃習熟した用具と解される。しかしよく考えてみれば、いかに日頃使いなれているとはいえ、一揆という戦闘力の要請される場で鎌や斧、鳶口といった脆弱な用具しか使用できないのに、ことさらそれを「得手な道具」と強調することはいささか奇妙である。武士階級の独占する武具と比較するとき、このことは明瞭であり、そのために幾度百姓一揆は惨敗を経験したことか。それにもかかわらず一揆勢は、それを得物とよぶ[3]。なぜか。この点を理解するためには一揆勢は、鎌や斧、鳶口でしか闘えなかったとするのではなく、彼らの日頃習熟した生産用具で闘うところに一揆の価値が込められていたと考えるべきではないか。

「因伯民乱太平記」によると、鳥取城下に入りこもうとする一揆勢に対し藩の御徒目付は、「御願の筋ならば兵具の如き棒・鎌は叶ふまじ、預置て来るべし、左なきにおゐては打落せ」と恫喝するが、これに対し一揆勢は、

百姓の得道具は鎌・鍬より外になし、田畑に出よふが、御城下に出よふが片時もはなせじ

と答えたという。ここで百姓の得道具は、一揆という両者の対峙した局面において、武士の兵具に比べ遜色のない地位を与えられているといえよう。三河加茂一揆のなかで指導者辰蔵が言い放った台詞——「ナントマア、鎌・鋤より外に持事知らぬ百姓共、御上意とあらば鎮まりそふなもの。あまり厳重過ぎた御行列と乍憚《はばかりながら》存じます」(「鴨の騒立」)——にも、同様の意識構造がうかがわれる。数千人規模の一揆勢による圧倒的な高揚状況を得て、はじめて生み出される認識であろう。一揆の高揚力をさらに高く評価する筆者は、「各々棒、鎌、金熊手、鑓、斧、かけ矢恵物恵物」と書き留める(「米倉騒動実記」)。

民衆の蜂起した場においては武具と得物が互に拮抗するとする認識は、繰り返す一揆の波のなかで社会通念として定着するであろう。そして一揆が蜂起するたびに想起される。

たとえば大塩の乱を伝える初期の情報は、情報源の身分差をこえてそれを一揆と捉える点で共通している。そのために乱に馳せ付けた門弟百姓たちの出立ちを「蓑笠つけたもの」と認め、彼らの所持する諸々の用具を一括して得物と伝聞させた。だが子細にみればこの乱の場合、得物には鉄砲・刀・脇差等が含まれ、通常の得物とは趣きを異にしている。大塩一党の構成からして当然のことだが、乱の真相が判明しない蜂起直後の段階では、とても弁別の余裕はない。乱の沈静したときになってはじめて、「百姓の身分(でありながら——引用者)刀・脇差を帯び、同人(大塩平八郎——引用者)方へ馳付」けた(「浮世の有様」)ことが判明する。

幕末期に至れば、このような異常な蜂起——伝統的な作法からはずれた一揆がしばしば見いだされるが、それにもかかわらず、武具・兵具と対蹠的な得物の意義はけっして失われることはなかった。山陰道鎮撫使布告のいう「各武具・得物相携へ、速に官事に可馳加事」は、その総括的表現といえるだろう。なおこのように得物が武具(兵具)と峻

別される以上、一揆勢がそれ自体凶器にもなりうる得物を殺傷目的に使用することにつき、厳しく自己規制するのは当然の成り行きであろう。(4)

（1）一揆記録の歴史的性格については安丸良夫「一揆記録の世界」(『日本ナショナリズムの前夜』)に拠っている。

（2）『武州世直し一揆史料』のうち、「一揆騒動荒増見聞の写」(岡家文書)、「賊民略記」(中島家文書)、「中津川村寅蔵御用留」(幸嶋家文書)に、この廻状が確かめられる。

（3）黒正はその著『百姓一揆の研究』のなかで、百姓が「時と所との事情に応じて、如何にも百姓らしき獲物を以て抵抗」したことに注目しているが、この場合、彼が例としてあげる人糞や青ボエが「得物」とよばれた確証はない。だが一揆が拡大されていく過程で用具が調達されることも現実にあり、傾聴すべき所見である。

（4）明治初年になって一揆の抵抗用具に竹槍が登場するが、これは得物の歴史における画期である(後述)。対決すべき相手が、旧来の武具から巨大な西洋軍式に転換したためであろう。

第二節　打物・鳴物

一揆記録に現れた「得物」に着目して、一揆の観察者が捉えた一揆構造の一端を先にみたが、同様な観点に立つとき打物や鳴物(唱物)も問題の視野に入る。

> 打こわすべき家の前に行かば、かの赤旗をさつと翻がせば、組下の面々、銅盥・太鼓をならし、螺の貝を吹立〱、鯨波の声をあげて、ここかしこより寄り集り、てんでに打物を持ち、右往左往に駆け廻り、ゑひゑひ声にて打ちこわす

右は「奥州信夫郡伊達郡之御百姓衆一揆之次第」の一節であるが、本節の少し前に「打ちこわす道具には、なた・大斧・小斧・大鋸・小鋸、或は熊手、鉄でこ、つるはし、鳶口、半棒、天秤棒、又は手槍を持し者も有」とみえ、打物とは一揆勢の打ちこわす道具であることがわかる。ところが打ちこわし件数の多さにもかかわらず、「打物」と表現したのは管見の限り、この史料のみである。見落しがあるとしても、得物と比べれば表現例の少なさは否定しがたい。なぜかといえば、打ちこわす道具が得物のなかに包摂されていたからである。打ちこわしをともなう一揆が、一八世紀後半の全藩的蜂起以後に広汎化する事実とともに、参加強制や豪農商への社会的制裁としての打ちこわしが一揆と不可分の位置にあるという歴史的現実が、この背景にある。

「因伯民乱太平記」が「百姓の得道具は鎌、鍬より外になし」と記したのと打って変って、一八世紀後半以後の一揆は「各天秤棒、或は鳶口、斧、大鋸等得物」（「破地士等窠《はじしらず》」）、「各得物をふりたてて、打ちかかりしかば、いかんともしがたく、ほう〳〵の躰にて逃げかへりし」（「浮世の有様」）のごとく、打物を含みこんで展開し、定着していった。

だが同時に打ちこわす道具が加わることによって得物は、一挙に精彩を増した印象をうける。得物のそれぞれが打ちこわしの局面において、鎌は着物や書類を引裂き、斧・鋸は柱や壁を壊し、棒や鳶口は戸・障子・鴨居・家財を打ち砕き、綱で家屋を引きつぶすように存分に働くからであろう。この点に着目すれば一揆勢の得物は、日常の生産用具として彼ら百姓の得意な道具から出発しながらも、打ちこわしの波をへることによって、豪農商や名主層の家屋や家財を破壊することに習熟した用具に拡大されたといえないだろうか。

武具（兵具）との対比から生まれた得物の非殺傷性はこの過程で継承されながら、既成の富への徹底的な破壊行為との対比に重点を移しかえて、一揆勢や観察者に認識されることとなる。武州騒動の折、一揆勢は「敢えて人命をそこなふ得物は持たず」と叫び、観察者は、「兵器《ツハモノ》をもたるはなく、人を傷害《ソコナ》ふこともせず、物を掠《カスム》るぬす人にもあらで、いくらばかりのともからなりとしらず」(「青山防戦記」)と記す。

さてつぎに検討すべきは鳴物・唱物《ならし》であるが、これらの一揆における位置づけについては、先に引いた一節「得ものは斧・鉄、唱物は鉦・太鼓・螺貝、片貝等吹唱し」よりほぼ了解される。

数百から数千人の規模に及ぶ一揆も、他の集団的行為と同様に、その運動過程において音の媒介を必要不可欠なものとした。逐一例示することはしないが、「螺貝を吹立〱、鯨波の声をあげて」は一揆記録の常套句ともいえる。やや角度をかえてみても各地の一揆規則や廻状に「惣郡中の人数相集候節ハ、村町、寺々の鐘、太鼓打、是を合図に可仕事」(久留米藩一揆)、「八、九寸又は一尺廻り迄の竹の節を抜きて携ふべし。之は戦争の合図に用ふるほら貝の代用とす」(磐城平一揆)、「一、太鼓静に打ハ人数纒むべし、はやく打時ハ速にすゝむべし、一、鉦打ハ無言たるべし」(福井藩一揆)とみえるほど、鳴物は一揆の作法を構成する重要な要素である。

また一揆の組織にも廻状元や廻状配布人、帳元の存在ともに、鳴物を担当する人物が明確に存在する。万延元年四月の丹波篠山藩一揆では蜂起した曽地口村に佐助、清助ほか五人、東岡屋村で一人と村ごとにその存在を確かめることができる(「万延元惑乱一件」)。ほかに「村々百姓共不残、螺・鐘、太鼓、蓑・笠、杖に村印を入れ」(「名西郡高原村百姓騒動実録」)たとする史料もあり、鳴物の単位が村落であることを想定させるが、後述する幟、旗などと比べると一揆組織のなかでの位置は判然としないようである。

このように一揆、打ちこわしの諸局面において鳴物はふんだんに登場し、一揆における音の世界を形成する。ところがこの場合も、鳴物として表現されることはたいへん少なく、私の調査では以下の三例にすぎない。

(1)安永六年信州中野騒動(『編年百姓一揆史料集成』五)

さて上手の人とは同十二日朝六ツ時より上手は不残、越村の川原にくろ山の様に押寄せ、下手の人々今やをそ

しと待兼ね、上下一つになり、吹物・鳴物時の声高、やしろ山もくずるゝ様

（2）天保二年長州藩一揆（『日本庶民生活史料集成』六）奥阿武宰判の代官触書

一、此節の儀は祈念事相調候共、鳴物の儀は人気迷いにも相成候間、其心得を以取行可申候事

（3）天保一三年庄内藩転封騒動（黒正巌『百姓一揆史談』）建札

一、刃物鳴物可為無用候事

（1）は前述の「甲斐国騒動実録」と同様、一揆勢が吹物、鳴物の音もすさまじく決起した状況を伝え、（2）の史料からは鳴物が一揆を再び誘発することに対し、藩権力の側が神経をとがらせている様相が知れる。平常の状況であれば、藩庁が社寺の鳴物にこれほど注意を払うこともないが、一揆の興奮さめやらぬ状況下、鳴物を契機に民衆が祭礼の場から一揆の場へと移動することへの警戒といえよう。

また（3）は一揆勢の定めた法度七カ条として著名なもので、刃物（刀剣類か）と鳴物の使用を禁じている。この場合、一揆勢が領主の転封を阻止すべく「世間一般に所謂、百姓一揆とは異って」（黒正巌『百姓一揆史談』）秩序整然たる愁訴行動に徹したという、一揆の特質によるものである。この法度は逆に、通常の一揆には鳴物が不可欠だということを裏書きする。

鳴物という用語は本来、社寺の法会や祭礼に生誕の場をもつものであろう。一揆記録に鳴物の用例が少ないのも、このことと関係するかもしれない。だが一揆はその集団行動としての性質上、音の媒介を不断にもとめ、祭礼の場から一揆の場へと鳴物の転移は、思いのほか容易であったかもしれない。通常、一揆に使用される鳴物は鐘、半鐘、太鼓、螺貝が多く、ときに鉦、拍子木、鑼、銅盥がみえる。これらの用具は日常、村落が共有し、また寺院や神社の保管するところであるが、蜂起を機に一揆の場へと滑りこんでいった。その結果これらの鳴物が、どのような経路をへ

て一揆の作法に組みこまれていくのかはつぎの課題となろう。

むすびにかえて――指物――

個人ならびに小集団を基礎に、広範な集団行動が展開されるとき、音の媒介――鳴物――とともに視覚的な媒介、色と形の媒介が必要とされる。百姓一揆のなかで、それはどのように位置づけられるのだろうか。

一揆には蓑笠とともに竹槍、むしろ(蓆)旗がよく知られているが、得物の項でみたように竹槍はむしろ一揆の防衛軍によくみられる装具であり、一揆勢の得物に加わるのは明治初年になってからである。同様にむしろ旗も一揆の真実を正しく伝えたものとはいえず、現実に一揆集団を彩った標識としてはあまりにも貧相なものである。

(1)村々のめ印には、莚幡に村名を書付、或は緋ごろふくの幡、うこんの絹幡、茜ね木綿のはた、白木綿のはた、浅黄木綿のはた、又は菅笠、あみ笠いろ〱さま〲の村印を建て(「奥州信夫郡伊達郡之御百姓衆一揆之次第」)

(2)凡弐千人余当所押来り、白赤鬱金萌黄其外色々之小切ヲ竹之先江括り付、嵐に吹流候幡印躰のもの押立(『武州世直し一揆史料』一)

(3)一、もめんのほりヲ一ケ村限ニ一本つゝ何村と大文字ニ書、一村限ニ立居候事(『編年百姓一揆史料集成』六)

(4)其出立《いでたち》、皆一様の箕と笠、竹〔鑓〕をてんでに持ち、むら〱の印の纒を立、十丈が原に馳集る(「狐塚千本鎗」)

(5)各其町々一連に相成、多人数紙幟を押立て、是へ其町名を書、或は窮民などと相認、老若男女の無差別、居町は不及申、十町余の他町迄押歩行(「慶応漫録」)

（6）其時已ニ全郡ノモノ殆ンド来リ集リ、村名ヲ記セル旗、幟、長柄ノ提燈ナドニテ勢甚ダ猖獗ヲ極ム（明治四年芸備両国一揆）

旗、幡あり、幟あり、纒あり、吹流しのようにくくりつけた小裂あり、夜間には提燈も利用された。このような素材にくわえて色彩の豊富なこと。「白赤鬱金萌黄其外」「緋ごろふく、うこん、茜木綿、白木綿、浅黄木綿」など、一揆記録特有の誇張を割引くとしても、その色彩感覚には目をみはる。(4)の伝馬騒動の場合、纒の印は各村ごとに、梵天、ざる、柄杓、うちわ等を描いたといわれる（「天狗騒動実録」）が、豊富に色に形象の多様さをくわえれば、むしろ旗にイメージされる通俗的な一揆観は一変するであろう。

天保11年「おすわり請合」のぼり（291頁参照）

一揆のなかでこれら旗や幟は、既述の史料からもすぐ読みとれるように、一揆に加わった村落を飾っている。換言すれば蜂起した村落の標識として機能しているわけだが、このことは一揆集団が、村落組織を単位集団として構成されているという一揆の構造に対応している。いうなれば一揆構造の反映であり、おそらくほとんどすべての百姓一揆を貫いて、この対応関係がみられるであろう。

天保期以降になって一揆の旗（後述）ともいうべき「救民」の旗や「世直し大明神」の幟が登場し、記録する側がそれに目を奪われた場合でも、子細にみれば村々の標識は健在である。大塩平八郎の乱は救民の旗を高く掲げ、各地の伝聞にその記述のないものは無いと思われるほど大きな関心を集めたが、ここでも乱に村ぐるみ参加した河内交野郡尊延寺村は、大坂への往復に「尊延寺村」と記した旗幟を掲げた（「浮世の有様」ほか）。「世直し」の旗で著名な武州大一揆の記録にも「都合凡壱万余人之勢ニも相成候間、夫〻二タ手ニ相成合図之鐘ヲ打候へ者、双方より村印之幡を先立繰出し候取極メ」が確かめられる。そればかりか都市騒擾においても町ぐるみで闘われた場合には、先に引いた江戸のように町の紙幟が登場し、旗幟が一揆の伝統に根づく作法であったことを思わせる。

一揆のなかの旗幟が一揆の構造の反映であるとするならば、ときにより村落をこえたより上位の単位集団——組や郡の標識として旗幟が登場することが考えられる。一揆における組や郡については未検討な部分が多いが、宝暦四年（一七五四）の久留米藩一揆などは郡単位で一揆中が構成された顕著な例であろう。その結果この一揆では、参加各郡で生葉《いくは》郡赤旗、山本郡黒旗、竹野郡白旗、御井《みい》郡紫旗、御原《みはら》郡染分旗、それぞれ一万本が用意されたという（「筑後国乱実紀」）。

ところで一揆が一揆中として成り立つためには、村落組織を基盤としながらも、その日常的な地縁性をこえて共同の目標のためにあらたに統括されなければならない。したがってそこには指導部の存在は不可欠であり、指導部による統括が強ければ強いほど一揆の集団性は強固になる。一揆の旗印ともいうべき一揆集団をまるごと示す標識は、一揆指導部の介在をまってはじめて姿を現すのであろう。

大塩事件における救民の旗がその代表的なものであり、大塩のような強烈なイデオローグをもたない場合でも、「天下泰平我等之命者為万民」（天保四年播州一揆）、「民是国本本固国安」、「雖為百姓不事二君」、「庄一い御居成大みやう地」（天保一一年庄内一揆）、「小○」（嘉永六年南部一揆）、「天下泰平世直し」（慶応二年武州一揆）の旗・幟や、「南無阿弥陀仏」の白旗(明治六年越前一揆)が一揆勢の先頭をへんぽんと翻ったことがよく知られている。一揆の理念を表し、文字どおり一揆のシンボルといえる。

ところがこれらの旗幟はその知られる例も少なく、時期も幕末に下る。一揆の構成原理からいえば当然に、一揆の基盤である村落の標識だけでなく、一揆集団そのものの標識がもっと多く、しかも早期に生まれてもよさそうなのになぜだろうか。この問いは一揆の内的構造に即して一揆の発展を摑まえるという課題に連なり、なかなか大きな問題であるが、今のところ私には、回答の用意はない。幕末の一揆に至ってはじめて百姓一揆は、そのシンボルともいうべき一揆集団の標識においても、村落組織と指導部という一揆の二重構造に対応するようになった点を確かめるにとどめたい。

一揆集団を媒介する視覚的な標識に目をむけたことと関連して、そのことに対する社会通念の形成はどうであろうかをつぎに考えてみよう。得物・鳴物との対比で、なんとよばれるかが注目されるが、予想に反してこの場合、何物とする表現はほとんど見いだすことができない。先に引用した史料でもそうだが、「壱ケ村きりニ紙はたヲはり立、はたの紋ニ甲之字ヲかきしるしける」(「米倉騒動実記」)のように記されることが、一揆記録には多く目につく。

一揆記録には軍記物の影響をうけて形成されたものがあるということから、軍陣の標識である籏指物が使われているだろうという予想はまったくあたらず、その例は「東武百姓一揆集書」に「其村々の差物」「思いくの指物」とみえるぐらいである。旗や幟が大勢の人間を統率するうえで不可欠の媒介をなす点で軍隊と一揆は共通しつつも、一揆のそれは軍陣の指物とかけ離れたところに位置しているというべきであろうか。

同様に視覚的媒体を必要とするもう一つの場——祭礼との関連で考えたときにも、鳴物のような転移がこの場合にはみとめられない。祭礼の場でみる振物や採物が、一揆記録にはまったく姿をみせないのである。

一揆を祭礼とのかかわりで捉えようとする視角ははなはだ興味深く[3]、また一揆記録には、軍陣とオーバーラップされた記述が目につく。一揆に立ち上がる民衆自身や観察者が、祭礼とか軍陣とかの世界からまったく離れて存在するのではない以上、それぞれとの相互浸透のうえに一揆の世界は成り立っているといえるのだろうが、百姓一揆はやはりそれ自身の構造をもっているのである。

（1）　村の旗として明治元年高崎五万石騒動の際使われた下小鳥村の旗が現存している。「鎌をぶっちがえたデザインが、農民の強さ、したたかさをみごとに表現している」（ＮＨＫ『歴史への招待』一九）。

（2）　川鍋定男「百姓一揆の伝承とその世界像」（『歴史評論』三三八、一九七八年）、アン・ウォルソール「百姓一揆物語の歴史的性格」（『同上』三九四、一九八三年）参照。

（3）　Ｇ・ルフェーブル『革命的群衆』（二宮宏之訳、創文社、一九八二年）、Ｙ・Ｍ・ベルセ『祭りと叛乱』（井上幸治監訳、新評論、一九八〇年）など。

第二章　百姓一揆と得物

はじめに

ある時代に一つの民衆運動が繰り返されるとき、そこに一つの社会通念が運動に固有なものとして成立するだろう。そしてその通念は運動参加者と観察者に共有され、歴史記録として書き留められる。それを今日、私たちが読みほぐし、考察することによって、一つの民衆運動がもった歴史的特質に迫りうるだろう。ここに民衆運動史研究の一つの方法的立場があるはずだと考え、前章「得物・鳴物・打物」を綴った。それは一揆勢の所持する道具類（換言すれば一揆集団の「武器」）を「得物」「打物」として、また一揆集団を結ぶ音や視覚的な媒介を「鳴物」や「指物」として、一揆の特質を考察しようとするものであった。

ところがこのような方法的立場に気づいたのは私ひとりではなく、ほぼ同じ頃、斎藤洋一氏が「武州世直し一揆のいでたちと得物」（『学習院大学史料館紀要』創刊号、一九八三年）を発表していた。このことを私は森安彦氏より教えて頂いたが、まったく面識のない二人がそれぞれに東と西で、得物に着目、研究していたことは驚きであった。同時に力強い盟友を得た思いで、朧気ながら抱いた構想に自信をもつことができた。

しかし折角の私たちの着想も、非力に加え、私たちの論考がいずれも「紀要」という読者の限定された雑誌に載った事情も手伝ってか、一揆史の分野ではほとんど受け止められず、今日に至っているようだ。ところが近年、意外な分野から私たちの研究に発言が寄せられた。それは大作『豊臣平和令と戦国社会』(東京大学出版会、一九八五年)を公刊した、藤木久志氏からの言及である。

氏は論稿『豊臣の平和』によせて―民衆はいつも被害者か」(『歴史地理教育』四一三、一九八七年六月)の末尾で、「さいごに、刀狩り論の評価ともかかわる、最近の百姓一揆の『得物』研究の成果にも注目しておきたいと思います」と述べ、斉藤氏と私の論稿を引いている。氏の関心は、私たちの研究が明らかにした「それ自体凶器にもなりうる得物を殺傷目的に使用することにつき、きびしく自己規制する」という作法が、近世を通じ百姓一揆に存在した事実に寄せられ、そのうえでなぜ、そのような自己規制＝作法が百姓一揆に生まれたのか、その追究の重要性を指摘している。この点では私自身、氏から「民衆の自己規制を兵農分離の帰結とみたのでは、民衆の愚かしさと権力の専制性をクローズアップするばかりで、せっかく民衆の自律的な『作法』と位置づけた意味がなくなってしまう」と批判を受けているように、前稿は大きな問題を残していたことを認めねばなるまい。このような重大な批判を中世史研究者から受けることを予想しえなかった点に、すでに私自身の弱点が示されているが、本章であらためて考え直してみたい。その際、近世の百姓一揆には「敢えて人命をそこなう得物は持たず」とする原則＝作法が存在したことを前提に、

㈠ この原則＝作法はいつ、どのようにして成立してくるのか。
㈡ 一揆の展開過程―とくに打ちこわしの激化にともなって、どの程度作法に変容が生じるか。
㈢ このような得物原則＝作法を民衆自身が放擲するとすれば、いつ、どのような状況においてか。

の三点を追究する。

第一節　百姓一揆と得物

はじめに得物の語義にふれれば、『日本国語大辞典』(小学館)は以下のように説明する。得意とするものごと。㋑もっとも得意とするわざ。得手物。虎寛本狂言・腹不立「左様の稚い御方に御指南を申すは私の得物で御座る」㋺自分の得手とする武器、道具。また武器・道具を広くいうにも用いる。浄瑠璃・用明天皇職人鑑五「五人が五人に分け分かつて、ゑものゑものにわたりあひ、半時ばかりぞたたかひける」

他の辞書にあっても大同小異で、これらの解説には二つの問題点がある。その一は、百姓一揆(ないし一揆記録)における得物が、まったく考慮されていないこと、その二は得物＝武器と一概にいえず、兵農分離によって武力を兵が独占した状態において、百姓一揆のもつなけなしの「武力」は、鉄砲・刀・槍等で装備された支配階級のそれと対蹠的な位置にあった。それは下記の引用に明らかである。(1)

a百姓の得道具は鎌鍬より外なし、田畑に出よふが、御城下に出よふが片時もはなせじ

bナントマア、鎌・鋤より外に持事を知らぬ百姓共、御上意とあらは鎮まりそふなもの

c実や百姓業とて山を築たる如くの捨物、鎌やよりほうは有共、刃物迚は匕首《あいくち》様の物迚もなし

百姓一揆の得物が鍬、鎌といった生産用具(農具、野具)を中心とするものであったことは、近世の百姓一揆を通じる原則＝作法でもあった。したがってそこに鉄砲や刀剣といった武器が介在することは、本来ありえない。

寛延二年(一七四九)正月、姫路藩下で大一揆が起った(2)が、直後、大坂城代から姫路藩当局者への尋問事項の一つに、「百姓共飛道具を持候哉、但棒斗持候哉之事」があった。また別途大坂町奉行は現地に派遣した与力・同心に対し、

「及騒動候百姓共、武器用候義ハ無之哉」と調べさせている。もちろん双方ともに回答は否で、与力らの返答は「此義百姓共及騒動候節ハ、斧鎌棒抔持参仕候由、おとし鉄砲所持仕候百姓、又ハ猟師等ハ鉄砲を隠持罷越候旨沙汰仕候。右之外ニ武器用候様子ハ相聞江不申候」と記す。一揆における得物原則は貫かれている。

しかしながら、一揆がたとえこのような貧弱な道具類しか持ち合さなかったとしても、数百、数千人という一揆勢の集団的な力に圧倒され、とりわけ寛延二〜三年の冬から春にかけての一揆の高揚をうけて当の幕府自身が「全封建権力を代表する幕府の体系的な弾圧強化政策の第一歩」(林基氏)を記す。さらにその後、明和六年(一七六九)令では一揆鎮圧に際して鉄砲の使用が許可されるに至る。冷静にみれば一つ一つの鎌や鍬、棒、鳶口にすぎない得物が、一揆の抗しがたい闘争力に迫られるとき、鎮圧者側の眼にはそれ以上の厖大な武器にみえる。この間の幕府の一揆禁令の背景には、このような得物認識の変化、換言すれば誇大視があったのではないだろうか。

文化八年(一八一一)一一月から一二月にかけて大分県下の藩領、幕領を席巻した大一揆が起っているが、この一揆を記録したものとして著名なものに熊本藩儒者脇蘭室の「党民流説」がある。彼はその冒頭、岡藩一揆の起りをつぎのように書いた(3)。

初発

十一月十八日夜、四原の百姓起る(中略)。十五歳以上六拾歳以下男たらんもの悉く出べしと唱へて、貝、鏡《(カネカ)》、太鼓を鳴らして人数を催し、山刀を帯、竹鑓を携へ、あるひは大鎌に長き柄をつけ、あるひは鉄砲、鑓をとつて雲の起るか如く、潮のわくか如く、城の西壱里余〔り〕吉田峠、鍵畑と云ふ両所に集り、群るもの凡弐千人はかり(下略)

それに対し後年、この書に朱注を加えた櫓生なる人物——当時六歳で、臼杵領の一揆を直接見聞している——は、この部分に頭注を加えていう。

集中ニ火器之事トモ三四見エタリ、此事ニヲイテハサラニ無形ノ┐《（事）》也、見者必是トスル┐ナカレ、山刀・大鎌ニ長柄ヲツケタル槍ヲモツ抔ト言モ無┐ナリ、余リ文ニ過クル故后年ノタメ記ヲクモノ也、左ニ百姓ノ武具ヲ用ヒタルハ、ミナ々虚也、長岡、臼杵ハ亡祖父、亡父カ真ニ見聞シテ記セシモノアルヲ以弁之（傍点——引用者）

両者を対比して、脇蘭室の側に誇張があったことは明らかである。また「百姓ノ武具ヲ用ヒタルハミナ々虚也」とする櫓生氏の立場からみれば、近年の一揆は「竹鑓などをもち、飛道具などを持出て、惣体のふるまひ次第に増長する様子」と記した本居宣長（『秘本玉くしげ』）にも、同じ誤りが認められる。一揆の異常な闘争力が、このような誤謬、誇張を生み、激しい蜂起の状況下では未確認情報の氾濫するなかで、しばしば一揆勢が武器を携行しているとの虚言が流された。慶応二年（一八六六）の武州世直し一揆もその一例で、「一揆広大なる事中々難計、凡弐三万も有之可申哉、（中略）其上大筒七挺小筒弐百挺後陣ゟ引掛来り候」などは虚言の最たるものだ[4]。スワ一揆！打ちこわし！↓大変だ↓一揆勢が武装して襲って来る！という危機感の下で、このような誇張された虚偽認識が再生された。

しかし現実には一揆勢が、集団として鉄砲や刀・槍といった武具を帯することなく、わずかに「革火事羽織を着し、陣笠を冠、イガ棒を持」つ武者めいた跳ね上り者が、時折いたにすぎない。それゆえ彼らはのち、「党類の咎」よりも百姓の分際で陣笠を着用、イガ棒を持歩いた罪で処刑されている。もし真に、多くの一揆が武具を帯していたならば、それゆえの処刑者は一人にとどまらない。また鎌や棒、鳶口といった手道具の林立するなかに、鉄砲・刀剣を身に着けた者が多数いたとすれば、それは一揆の観察者に奇妙なコントラストを印象づけたことだろう。この近世を通じて唯一の例が、天保八年の大塩事件である。そこには百姓一揆の得物と武具・鉄砲類、一揆の出立ちと武士の陣立てとが並行していた。

「大塩の乱」と呼ばれるこの事件はよく知られているように、大坂町奉行所元与力大塩平八郎以下、洗心洞塾関係者が中心になって起したものである。(5) 彼らは大塩の認めた「天下万民を救候一計を企候ニ付、可尽忠勤」との盟文に自筆、血判して立ち上がっている(『大塩平八郎一件書留』、以下この史料による)。その構成は与力・同心といった下級武士と、近在の豪農から成るが、その出立ちは平八郎が「羽織袴之下、着込野袴を着威儀を繕」っているばかりか、河内守口宿の豪農白井孝右衛門らまでが「着込を着、白木錦ニ而鉢巻いたし(略)鑓長刀又は鉄砲を携」えていたという。さらにその先頭には五七の桐の紋に二ツ引きの籏、天照皇大神宮・湯武両聖王・東照神君の籏、「救民」の旗が立ち、車台つきの百目筒が三挺並んでいたというのだから、完全な陣立ての様相であった。大坂市中の観察者が一様に、「一同兵具を帯」した大塩勢の「異形之出立」ちに、目を奪われているのは当然であろう。

もう一つこの蜂起には、大塩の施行と檄文の配布を受けた近在の村々から、農民たちが駆けつけ、軍勢を構成した。その一人般若寺村の百姓富三郎は、大坂での出火をみてすぐさま、自宅にあった刀脇差をもって駆けつけている。「百姓の身分(でありながら)刀脇差を帯」したのである。これは個人の参加だが、河内交野郡尊延寺村では深尾次兵衛・才次郎兄弟の指揮のもとに村を挙げて参加している。その様子は、村で早鐘をつき村人を集めたところで、脇引き・半纏・野羽織を着け大小を帯びた次兵衛・才次郎が、「大塩の加勢をするので付いて来い、大塩の計画通りに行けば年貢・諸役とも免除し、借金も棄捐にする。もし不承知であればこの場で切り捨てる」と脅し、大坂へ一緒に出向くことを強制している。そうして次兵衛・才次郎ほか四四人の同村百姓が大坂へ向け出発、仲右衛門ほか五七人(隣村杉村の者を含む)は、村に残り出立の世話をし、また次兵衛留守宅の世話をしている。大坂に向かった連中は「鉄砲・竹鑓等携」えていたというが、鉄砲六挺、竹鎗一五本は才次郎がひそかに用意し、さらに彼は高張提灯二張、白木錦に「尊延寺村」と書いた幟一本、小提灯などを事前に用意し、村民に持たせた。大塩事件の見聞記の一つである

「出汐引汐奸賊聞集記」[6]には、蓑笠を着けた百姓がもつ村旗が描かれているが、それは早鐘をついての召集や「年貢・諸役を減免する」という次兵衛の主張と並んで、尊延寺村百姓の行動を百姓一揆としてみることを許すものである。ただ彼らが手にしたのが、鉄砲や竹鑓(同時に得物として農具も持っただろうが)であった点で、まさに百姓一揆としては「異形」であった。それゆえ彼らは途中の守口村で鉄砲・竹鑓を捨て(正確には白井孝右衛門家に残した)、百姓にふさわしく、幟・提灯だけで大坂に向かったのである。

大塩事件において、中心部隊のみならず近在の農村から駆けつけたものまでが、脇差・鉄砲・竹鑓を手にしていたことは、同事件を近世の百姓一揆から分かつ重要な指標であるが、それは次兵衛・才次郎の母のぶが語ったとされる言葉――「才次郎が大名になるか、御仕置きになるかは、今日の勝負次第」ともども、大塩の主宰する洗心洞に集まった豪農たちを彩る士分意識によるものであろう。しかし「素《もともと》武芸ハ不存」る者がにわかに刀剣・鉄砲を手にしても様になるわけはなく、途中で捨てるか、終始持っていても幕府の鎮圧軍と交戦して蜘蛛の子を散らすように逃げ去るほかなかったのである。その意味で大塩事件は、百姓一揆の得物原則を裏面から照射しているといえよう。

このようにして近世を通じ、百姓一揆は兵具・武器にイメージされる武力を持たなかった[7]。ここに日本の百姓一揆の特質がある。それゆえ一揆史からいえば、百姓一揆の「武力」に対する認識は、観察者が一揆に対する真のリアリストであるか否かを決める試金石であった。この点からすれば、脇蘭室や本居宣長は欠格者である。

（1）史料aは「因伯民乱太平記」、bは「鴨の騒立」、cは「尚風録」による。

（2）以下この一揆については『姫路市史』第十巻史料編近世1(一九八六年)による。また同史料については同市史編集者でもある今井修平氏のお世話になった。

（3）「党民流説」「頭注」ともに『編年百姓一揆史料集成』第九巻、四〇、五二頁など。

（4）斎藤洋一前掲論文二六〜八頁。
（5）宮城公子『大塩平八郎』（朝日新聞社、一九七七年）。
（6）大阪市立博物館蔵。本史料については、同館学芸員相蘇一弘氏のご教示を得た。
（7）この点は「刀狩令のすぐれて身分制的な性格」（藤木前掲書二一二頁）にかかわる。

第二節　得物の成立

翻ってではなぜ、百姓一揆は武器をもたず、農具を主とする手道具で闘ったか。つぎにこの点を、在地に残る武器やその前史をなす刀狩令との関連で考えてみよう。

塚本学氏が『生類をめぐる政治』（平凡社、一九八三年）のなかで「農具としての鉄砲」の広汎な存在を指摘して以来、刀狩令発布後も町や村に鉄砲、刀、脇差、弓、鑓といった武具が残存していたことに、あらためて注目が寄せられ、藤木氏も、「百姓・町人の所持する脇差は携帯禁止の対象外に置かれ、（中略）中世以来一貫して百姓は脇差をその身に帯び続けた」[1]と述べる。ところがこのように武器が一定、在地社会に保持されつつも、それはただちに一揆の武装につながらなかったところに、問題のポイントがある。その一つの理由として、多くの一揆勢にとって武具は不慣れなものであったことがあげられる。たとえば明治二年（一八六九）飛驒の山村を揺がした梅村騒動では、高山町の火消たちが大活躍したが、「これらの近代的武器（陣屋の鉄砲・大砲――引用者）は、いまでは火方らの使用にまかせられていたわけであるが、彼らの鳶口ほどにはこれらの使用法を知らなかった」（江馬修『山の民』下）。一揆における得物には、日頃習熟した用具という含意――「百姓の得道具は鎌鍬より外になし、田畑に出よふが、御城下に出よふが」に象徴的に語られている意味合い——があるとすれば、この点無視できない。

また村に残る武具の所持形態も考慮すべきだろう。鉄砲でいえば「庄屋が鉄砲所持者にふくまれる、あるいは唯一の鉄砲所持者である村」がかなり多い。(2) また刀についても山城では平均して一村一〇人前後が帯刀しているが、それらは百姓と区別して「郷侍」と呼ばれる層に限られている。(3) これらの層は一揆禁制を内面化し、村にあって一揆にもっとも遠い存在である。

しかしながら右の説明は、なぜ百姓一揆は武器を手にしなかったのかという問いに対して、やはり消極的な解答を与えるにすぎない。もっと別の大きな理由を考えるべきだろう。再び鉄砲に注目してみたい。

塚本氏は鳥獣害対策用として一七世紀後半、農具としての鉄砲が普及したと説くが、興味深いことに一揆における鉄砲は、野獣を撃つ鉄砲のイメージとはかけ離れ、たいがい鳴物として位置する。元禄三年(一六九〇)九月、日向延岡藩領山陰・坪谷の百姓一四〇〇人余が隣藩に逃散した一揆(一般に山陰《やまげ》一揆とよばれる)には鉄砲一七〇〜八〇挺が登場し、いっせいに世間の注目を惹いた。現地入りした隣接臼杵藩主はその報告書のなかで、「前廉ロ々鉄砲御改御座候ニ、御百姓ニ鉄砲をゆるかせニ被成置候義、御公儀躰如何可有之哉」と述べている。ところがその実、これらの鉄砲は「所ヲ立退申時分、相図之鉄砲」にすぎない。(4) 一揆の構図でいえば、鐘や太鼓にあたるものとして鉄砲は存在していたのである。「農具としての鉄砲」は、鎌や鋤のように得物として一揆にその位置を占めていない。

また山陰一揆の鉄砲は、双方から銃撃戦となった土佐本山(北山)一揆(慶長八年一一月)(5)とも、「ゆみ、やり、てっぽう、其外ぶくをたいし」て行われた中世後期の合戦相論とも大きく異なっている。ここでやはり、天正一六年(一五八八)七月付で出された刀狩令を想起せざるをえない。

藤木氏の著書に従って記すならば刀狩令は、在地社会から武器のいっせい没収までは実施しなかったが、基本的に百姓の武器保有を禁じ、とりわけ惣無事令と一体となって、武装した中世村落と農民の自検断の慣行（体系）に介入し、その転換をはかるものだった。そこには中世村落と百姓が、武力による課題解決の慣行にしたがう限り避けられない惨禍から、百姓たちを解放するという豊臣政権の論理が込められていた。この論理に支えられて豊臣―徳川政権は、中世村落の武装と自力の慣行に立ち向かい、近世前期にかけてその転換を促していった。

その現れは合戦相論の形をとった山論・水論に如実にうかがえ、豊臣政権下では山野の境界や水利慣行を争う訴訟の勝敗ともに、一揆的な実力行使に及んだのがどちらか、かという「村落と百姓の武力行使問題」が大きな焦点となっている。その結果、訴訟の帰趨に村落側の実力行使如何が大きく影を落し、原告・被告ともに相手方が多数を催し、武具を帯し、一揆同然の仕業に及んだことを――逆説すれば自分たちはいかに武力行使を自己規制したか――力説する。つぎの一史料も、この過程を物語る(6)。

（前略）例年之通、井頭までさらへに参候得ハ、播磨田村ゟ新法をくわたてたいこ《太鼓》・かね《鐘》を打、一揆のごとく大勢を催シ出合、さらへさせ申間敷とわる《悪》〱を被申掛候へ共、矢島村之者共ハ御公儀様をおそれ、又ハ御証文を相守手向不仕罷帰り申候（下略）

これは貞享二年（一六八五）、近江国野洲郡矢島村と隣村播磨田村との間に起きた水論の過程で、矢島村が提出した口上書の一節である(6)。同様の事情は明暦二年（一六五六）、土佐・伊予両藩を巻き込む争論となった篠山国堺争論でも認めることができる。ここでは地元で争っている当事者が「正木村之百性共申候ハ、如此大勢狼藉の仕形ハ一揆を御企と見へ申候間、此方ニハ上々を憚申候間、少も構不申候」（長月村から宿毛村宛て）、「重々法外成仕形、偏一揆の御心底と存候、（中略）此方ハ御公儀奉憚候ニ付、御領衆取合不申候」（宿毛村から正木村宛て）と書状で応酬し合っている。この表現はさらにエスカレートして「国中ニも無御座、上なしの働き、一揆盗賊かと奉存候」というものも見いだすことができる(『宿毛市史料』一二)が、その証拠に相手方の棒や鋤を押収しているというのも、この場合の常套句である。山論や水論であるから、従来からの領有関係や慣行を主張することをどの場合も忘れず、それによって理非の判断、つまり裁判の帰趨は決するのであったが、それと並んで多数を催しての実力行使の是非が争われているのである。

ａ上羽田村三ケ村并中羽田村之者共、御公儀をも聊不恐、先規先例之証拠をも不弁、理非をも不存、強儀成者共ニ御座候

ｂか様成新儀之我儘仕候間、此方ゟ罷出、追払可申と存奉候へ共、左様ニ力つく之義ハ、不憚　御公儀様義と奉存、度々断申候へ共、一円承引不仕

ａは慶安三年(一六五〇)近江国野洲郡中羽田村ほか五カ村の井水分石出入り(『八日市市史』六)、ｂは寛文九年(一六六九)の摂津国豊島郡垂水村ほか三カ村の漁場争論(『神戸市史文献史料』一)における訴状の一節であるが、「先規先例之証拠をも不弁」「新儀之我儘」という表現には、どちらが従来からの慣行や権利関係を保持しているかが争われているが、同時に「強き儀成る者」「力つく之義」という表現には実力行使の有無が争われている。したがってこれらの場合、争われている争論(民事事件)とは別に、暴行の有無が刑事事件として裁かれることも時としてあった(7)。しかしここでの問題は、当事者が双方ともに相手を「御公儀様をも聊不恐」といい、自分たちはそれに対し「御公儀様をおそれ」「上々を憚り」いっさい手向かわなかったと主張しているという点である。その背景に、惣無事令があったことはいうまでもない。

藤木氏の説くように、惣無事体制の下で「武装して実力行使―所当・報復行為に及ぶことを『ひかえ』『ひっそく』するということ、ないしそう主張することが百姓の公儀提訴が正当と認められる基礎要件となるという、百姓の公儀公訴権にかかわる一般原則」がひろく行きわたるのである。いいかえれば近世の百姓は、公儀への提訴権を確保する

ことと裏腹に、中世以来の実力行使を規制しつづけたといえよう。そこで村の実力は「一揆強盗の仕形」といった一言でかたづけられ、のちには「徒党」として退けられている。

c村中大勢参候上者徒党仕候故、其本人有御座候間、是非申出候様ニと手堅御詮議被成候得共、此儀ニ徒党と申事一切無御座候

d前書相手之者、徒党之様子ニ而大勢罷出、池浚埋樋伏替御普請相妨、人足共ヲ追散シ

cは宝永四年(一七〇七)、入会山に無断で押し入った備前国久佐村百姓四六人の謝り証文(『府中市史』史料編Ⅲ)、dは天明三年(一七八三)の池浚い普請にかかわる出入りでの近江国芝原村訴状(『八日市市史』六)の一節である。この頃には惣無事令ではなく徒党禁令が、山論・水論における百姓の意識を規定しているが、村を挙げての争論の一方で、実力行使は控えたとする通念がここでもみられる。前記の一般原則は堅持されていたとみていいだろう。

ところで近世の百姓が、中世以来の村の実力を自己規制するなかで、その実力を保障した「武器」はどのように変化したのであろうか。この点でも大きな転換がみられ、それには刀狩令が影響している。なんとなれば村を挙げての争論の過程をたどると、百姓の武器が弓鑓・刀・鉄砲といった明白な武具から、「鹿打鉄砲」や「鹿突鑓」などの獣害用の武具、さらに棒・鳶口、石、土くれなどにはっきり変化しているのが分かる。[8] 刀狩令にいう武具から遠ざかっているのである。いいかえれば、農具に接近しているのである。「一揆強盗の仕形」とされた先の篠山争論でも、農民の手にしたのは棒や柄鎌・熊手・まさかり・小刀・さしかさなどで、農具が主体である。このように山論や水論における武器の変化をたどっていくと、一揆における得物＝農具の成立を展望することができる。事実、百姓一揆に先駆けて、近世前期の山論や水論の過程に「得物」を見いだすことができる。

e七月一日羽田ゟ井セき仕参候処、中羽田井助勢三ケ村人数弐百斗ニ而得道具ふせ置、下羽田のものとも散々痛、

壱人ニ五人七人ツヽ取かけ、或水へふこミ、或打付け、其上鋤弐十三丁迄おさへ取、両度鬨の声を作り、理不尽成はたらき仕候

f貝・太鼓をならし立、凡《およそ》人数四、五百人程ニ而も可有御座哉、上下より二手ニ成、面々品々之得道具を持ち、異形之出立ニ而拙者共を取巻（中略）、散々打擲ニ逢、打ちらし申候故、可致様も無御座

eは慶安三年（一六五〇）近江における水論（『八日市市史』六）、fは享保一二年（一七二七）出羽庄内領の山論に関する史料（藤木前掲書、一四二～三頁）であるが、ともに実力行使に及んだ村人たちの手になる「得道具」がみえる。また享和二年（一八〇二）出雲藩内での山論では「札下之外村より入込候者ハ、木并手道具迄相取候事、前々より仕来ニ御座候」（『出雲藩山論史料集』第四集）との文言のなかに「手道具」を見いだすことができる。

一揆の得物がまず一揆記録に「得道具」として出、それが「因伯民乱太平記」（元文五～寛保三年成立）を初出とすること、また得物を「手道具」や「百姓道具」とも呼んだことはすでに書いたところであるが、それと瓜二つの状況を山論や水論のなかに見つけることができる。さらに注意すべきことは一揆のそれよりも、山論や水論における得物の方が早く史料に出ることである。つまり得物（得道具）はまず山論や水論の場において成立し、のち百姓一揆の世界に受け継がれていったと思われるのである。時代が下がる文政四年（一八二一）、武蔵国橘樹《たちばな》郡の水争いでは、一方の村々が他方の名主宅を打ちこわすという事件が発生しており、打ちこわされた側は相手が幟に村名をつけ、鉄砲・鑓・竹鑓・鉄砲・樫の木棒をもって襲ったという。ところが襲った側は、

勿論領中之義ハ用水路芥等取除候為、鳶口等ハ所持致罷有候者も有之趣に候得共、竹鑓・幟等所持致参候義一向不及承、殊ニ御拳場等之儀ニ付、惣而鉄砲と申ものハ無之

と反論して、真偽のほどを道中の村々に聞き糾してほしいと述べている（『神奈川県史』資料編七）。近世の百姓一揆で

は、農民たちはけっして竹鑓や鉄砲を手にせず、それが通例であり、同時に原則であったのだが、この水論の場合でも一揆同様、得物原則が問われている。

このようにみてくると得物を介して、百姓一揆と山論・水論といった行動との間に重要な重なりを発見することができる。従来、一揆史研究ではさまざまな訴願や打ちこわしといった直接行動などに考慮する反面、山論や水論などはそれらと別の範疇で括ることが多かった。青木虹二氏の手になる『百姓一揆総合年表』(三一書房、一九七一年)を繙けば、そこには山論・水論はいっさい収められていず、上に述べたことが容易に理解できる。たぶん前者を階級闘争としてみ、後者を民事訴訟としてまったく別個に扱ってきたことに起因しているのだろうが、そこには重大な陥穽があったとしてよいだろう。「村と百姓の実力」という点において、両者は共通の基盤をもっていたのが真実である。農具からなる「得物」は、そのことを私たちに教える。

得物にとどまらず、「鳴物」や「指物」についても同様であった。「貝・太鼓をならし立て」「たいこ・かねを打、一揆のことく」押し寄せたというのは、なにも相手の実力を誇張するための表現だけではない。実際、山論や水論では鳴物が使われた。寛永一〇年(一六三三)近江国蛇溝村の「地下掟」は、平子堤について今堀村との争論に及んだときの処置を決めたものだが、地下《じげ》年寄の下知に従う、下知を受けずに働いたものは曲事である、喧嘩で死んだ者は遺族の暮らしを地下中より保障する、といった条項と並んで、他所にいても太鼓を合図に帰り、その場に出ることを定めている(『八日市市史』六)[9]。村争いといった非常時を告げる鳴物は、惣村のなかに明確な位置を占めていたのだろう。

一方一揆においても鳴物は、「惣郡中の人数相集候節、村町、寺々の鐘、太鼓打ち、是を合図に可仕事」(宝暦四年久留米藩一揆)、「鐘太鼓、一箇村にて二組宛為持可申事」(天保四年郡内一揆)のように存在していた。加えてこれらの鳴物は、天保二年の長州藩一揆で現場に残されていた鳴物にそれぞれ、半鐘としめ太鼓は片又村霊光寺、そうはんは吉部村麻生堂の銘があるように(『庶民生活史料集成』六)、平常、寺などの管理下にあり、村の日常生活に組み入れられていた。それが一揆となって「地下人借用」し、その場に持ち出されたのである。

近世の村落にあって、太鼓や鐘・法螺貝は(1)平時には村の農休を知らせ、あるいは(2)雨乞い・虫送りの神事の鳴物として、また非常時には、(3)火付けや強盗などへの自衛行動をとる際の警報として位置づけられていた。

(1)　和泉国大鳥郡豊田村では昔から五月の田植え休みより七月八日まで、昼休み中の九ツ八ツ時の二度、「福徳寺押立ニテ貝」を吹いて知らせて来たが、一、二年以前から「方角ニ有合貝ニて勝手ニ吹」くようになったとして文化一二年、咎めを受けている(国立史料館豊田村文書)。

(2)　雨乞いでは太鼓などの鳴物がつきものだが、酒など一滴も飲まず「一心不乱ニ御願申こそ信心堅固」で祈願が叶うのだが、最近はただ「太鼓を夜通したたきてワヤワヤ申斗ハ、犬ねこのさわぎ申ニひとしい」。それでいて雨が降らぬからと、小宮を打ち破り、鰐口を打ち割るものがいるのは不埒な事だと、摂津国の一農民はその心得を記している(『高槻市史』四―二)。

また虫送りでは、大蔵永常が「一統虫送りとて、黄昏より一村集て松明を燈し、鐘太鼓をならし、或は藁にて人形をこしらへ、紙籏などをもち、螺を吹き鯨波をあげ、蝗遂《いなごおい》と号し田の畦を巡」ると「除蝗録」(『日本農書全集』十五)のなかで述べているが、豊前小倉藩では「御上には虫送り至つて御きらひ被遊、御聞届無御座」(九州表虫防方等聞合記」『日本農書全集』十一)という。その理由は農民が鉦・太鼓・槍・鉄砲の火薬などを使って七日七晩にわたり行うことに、藩は百姓一揆などの集団行動へ発展することを恐れてであろうと思われる。

(3)　河内志紀郡太田村では寺の太鼓番が置かれ、異常が発生したとき太鼓を打つと、村の一五〜六〇歳の男子が樫木棒をもって駆け付けることとなっている[10]。村の生活のなかで鳴物と得物は、一対の物であったといえるだろう。

鳴物や得物が私たちに教えることは、百姓一揆と山論・水論との連続性であり、村を基礎とする両者の重なりである。そのような視点はなにも新奇なものでなく、村上淳一氏によれば、ヨーロッパ中世とくにドイツにおいて「裁判も、もともと闘争であった」として、民事訴訟と実力闘争の連続性を指摘する。(11) 問題はそれが日本の場合、どのような連続関係にあったかということであり、その点を吟味することが私たちの課題であろう。

村と百姓がその実力を行使する限りにおいて、両者の連続性は明白である。しかし先に記したように惣無事—刀狩令を分岐点において、近世の百姓は中世の合戦相論の形のままでは、けっして山論・水論を闘ってはいない。農民の手にする「武器」でいうならば、近世前期の山論・水論を潜りぬけるなかで得物＝農具が成立し、それがのち百姓一揆の場に登場し、全面的に展開することとなる（鳴物については、刀狩令のような転換を迫る措置がなかったために、ほぼそのまま連続している）。このとき得物は当然、大衆的な直接行動のなかで存立しているのであるが、それが早くみても元禄・享保期、つまり一八世紀前半を待たなければならなかったということに注意しなければならない。この間に「村と百姓の実力」は、その舞台を山論・水論から百姓一揆の場に大きく移動させたのである。一方、村を挙げての山論・水論は、実力を控えることによって公儀への訴訟体系のなかに組み入れられ、さらに内済制度としてその位置を得ることとなる。その際それが、はたして実力行使権を失ったうえでの代償としての訴権の確立とみることができるかについて、法制史家の間で重大な議論がある。(13)

かわって一揆の場で、「村と百姓の実力」が新しく展開し、百姓一揆の通念としての得物とその原則が生まれる。それは一揆史のなかで、惣百姓一揆ないし惣百姓強訴と呼ばれる段階でのことである。この言葉に示されているように一揆という場で、「村と百姓の実力」を復活させたのは、村役人の支配秩序の下にある小百姓たちの結合、すなわち惣百姓結合である。彼らこそが一揆に、直接行動の世界を切り拓いたのである。その結果、同じように実力が展開しても、そこに大きな違いがあった。山論・水論は、仲間団体としての村を挙げての行動であったから、つねに村役人が村を代表して、「東五百住《よすみ》村肝煎清右衛門・吉左衛門と申者頭取仕、百姓三拾人召連」（『高槻市史』第四巻二）れるように陣頭指揮した。ところが一揆では村役人は、常に百姓の実力を押える側に回った。また一揆にも、一五歳から六〇歳の男は残らずとか、家一軒に一人ずつ出よとの動員がかけられ、仲間団体としての村あげての山論・水論行動と瓜二つの状況をみることができる。いいかえれば村の役人や人足制が共通の前提とされているのであるが[13]、それは村がつねに、百姓一揆の基盤となったということに深くかかわる。しかし他面一揆に際し、打ちこわしという強制手段が組織化のうえで不可欠であったように、一揆と山論・水論との間には決定的な分岐線があった。一揆結合と村・仲間団体結合の違いである。

さてこれまで、中世後期の村落と百姓の実力による紛争解決（合戦相論）の慣行が、惣無事体制の下で大きく公儀の訴の体系に取り込まれていく——農民の立場からいえば公儀への訴権を確立していく——過程のなかで、農具からなる得物が成立し、さらにそれが山論・水論といった争論の場から一揆へと継承されていったことをみてきた。この過程と並んで百姓一揆における得物の成立には、もう一つ、領主権力との関係において民衆の動きがどうであったかをみておく必要があろう。それでいえばよく知られているように、近世前半には土豪一揆や逃散、愁訴・越訴といった形での抵抗がみられた。このうち民衆の実力（ないし武器）という点で注目すべきは土豪一揆で、一例を引くと天正一八年（一五九〇）の仙北一揆は鉄砲、鑓、刀などによって武装されていた。ところがそれは鎮圧されることによって、彼ら土豪の武装解除は大きく進んだだろう。そればかりか百姓一揆全般の様相でいえば、寛文・延宝期を境に土豪一揆や逃散は減少し、諸種の訴願が中心になる（第三章参照）。

表1●仙北一揆と寛延姫路一揆の得物

武具	数量	村	持主	手道具
大刀	250腰	野谷新村	藤四郎	熊手
脇差	2730腰	岡村	又五郎	飛口
鑓	1336丁	同	吉兵ヱ	唐鍬
鉄砲	26丁	同	七助	斧
うつぼ	35	同	伝四郎	鎌
弓	78丁	同	平太夫	竹杖
古具足	12両	古知之庄	茂右ヱ門	棒
甲	5はね	同	弥兵ヱ	鳶口
馬鐙	1	南大貫村	勘三郎	棒
計	4473	同	勘右ヱ門	幟
		広瀬村	長左ヱ門	棒
		西飯坂村	九郎太夫	苧網
		神吉村	次兵ヱ	竹杖
		新庄村	長十郎	竹杖

（注）仙北一揆は藤木著書183頁、姫路一揆は『姫路市史』10による。

この転換の背景には近世村落の成立があり、近世の百姓はひとまずこの面において、実力よりも公儀への訴願関係のなかに自らの位置を確保する。公儀との恩頼・依存関係の成立であり、深谷克己氏のいう御百姓意識の成立である(14)。山論や水論において実際は実力を行使(したがって得物が登場)していながら、相手の実力に対し自分たちは、公儀の秩序を重んじて抑制したという主張と根は同じであろう。その結果、愁訴・越訴といった訴願運動が村を挙げて展開し、百姓一揆における主要場面を占める。

やがてそのなかから実力の世界が広がり、合法的な訴訟に代り「強訴」が前面に出る。それが惣百姓一揆で、このとき百姓は一人ひとり道具を携帯し、みずから訴願に出かけたのである。このような動きに対し公儀は「徒党」というレッテルをはり、厳しく禁止する。時期でいえば、おおむね元禄・享保期の頃である。このように強訴として実力の世界が広がったとき、一揆勢の集団的実力を保障するものとして登場したのが、農具を主とする得物であった。「百姓の得道具は鎌鋤より外になし、田畑に出よふが、御城下に出よふが片時もはなせじ」である。それは当然のことながら合戦相論とも、また土豪一揆とも異なるものであった。寛延二年の姫路藩一揆の「武器」を仙北一揆のそれと比較するとき、その転換は明瞭である(表1)。

表からも知れるように得物は、基本的に農具であり、また一揆に参加した農民一人ひとりが携行したもので、百姓としての身分的存在と深くかかわるものであった(15)。

（1）藤木前掲書二一五頁。
（2）塚本前掲書五八〜九頁。
（3）藤木前掲書二一三頁。
（4）村井早苗「『山陰一揆』をめぐる情報収集活動」（『歴史評論』四一二、一九八五年）。なお保坂智「百姓一揆─徒党の形成と一揆の有様」（『歴史と地理』三八八、一九八七年。のち『百姓一揆と義民の研究』吉川弘文館、二〇〇六年所収）参照。
（5）「土佐国滝山物語」（『大日本史料』十二─一）。
（6）滋賀県守山市矢島共有文書。京都橘女子大学日本史研究室の調査になるものである。なお同大学『研究紀要』一六号（一九八九年）参照。
（7）延宝六年八月、隣村高山村の百姓が摂津勝尾寺の山内に牛を連れて入り込み、柴草を刈り取るに及んで同寺との間で出入りが起った。このとき寺側は、下人二人が「二間余の竹のとかし」たもので襲われて傷を負ったうえ、相手の様子ではさらに弓鉄砲などを持ち出しそうだとして京都町奉行所に訴え出ている。それに対し奉行所は「山論はこちらで詮議するが、狼藉については大坂奉行所で詮議される」と答えている。符節を合わせるように「山論之様に申しなし」た高山村に対し大坂町奉行は、「山論はこちらで扱った例がない、京都へゆけ」と指示している。その結果、山論は一〇月、京都で裁決をみた（勝尾寺の勝訴）が、暴行問題については一一月、山論で勝訴したのに訴え出ては憚られると判断して寺が取り下げている（『箕面市史』史料編三）。このように畿内近国では、民事事件を京都、刑事事件を大坂と、両奉行所が分けて管轄するという体制があった（拙稿「『摂河支配国』論」『近世大坂地域の史的分析』御茶の水書房、一九八五年）。
（8）藤木前掲書第二章第四節。
（9）藤木『戦国の作法』（平凡社、一九八七年）二九〜三〇頁参照。
（10）「六拾石人足」と呼ばれる同村の村役労働の一つで、高持百姓が負担した。岩城卓二「近世村落と村役労働」（『日本史研究』三二四、一九八九年）。
（11）実力行使（自力救済）の制限と民事訴訟の関係についてドイツではつぎのように説かれている（村上『権利のための闘

争」を読む』岩波書店、一九八三年、四六〜七頁)。個人による実力行使、または実力行使に訴えるという脅迫は、つねに法的平和の攪乱を意味する。そこから生じる損害は、容易に実力行使を促した原因を上まわることであろう。(中略)こうして自力救助を禁じた結果として、権利保護の国家的独占を生じる。国家が国民に対して自力救助を禁ずるならば、国家は、国民が自己の権利を実現するための別の道を用意しなければならない。それが、民事法の分野では、民事訴訟である。(中略)個人は、国家に対して、裁判してくれと要求する権利をもつ」。

(12) 頻繁な実力行使を制限、禁止することによって近世権力が、持続的安定的な平和秩序を打ちたてようとしたのは日本もドイツも瓜二つで、村上氏も「ほぼ同じ時期の日本で、信長、秀吉、家康が天下を統一し、安定した平和秩序を作り出すために、どれだけ大きな努力をしたかを考えてみて下さい」と述べる(七八頁)。藤木氏の「豊臣平和令」と共通する発想である。ただこの平和秩序の代償として人民の訴権が確立したかどうかといえば、日・独の差は大きい。この差をどうみるかについて川島武宜氏以来の議論があり、近年では大木雅夫『日本の法観念　西洋的法観念との比較』(東京大学出版会、一九八三年)が、その差を法意識や国民性に求める伝統的な思考を退け、むしろ江戸時代における裁判組織の未成熟に求め、それに対し両国の社会構造の比較から解こうとする村上氏の見解などが出されている。

(13) 村の役については石高制とのかかわりで近年また議論が盛んであるが、家制度や年齢秩序とのかかわりで村役を論じている民俗学の業績、とくに瀬川清子『若者と娘をめぐる民俗』(未來社、一九七二年)なども考慮に入れるべきであろう。

(14) 深谷『百姓一揆の歴史的構造』第一部第二章「百姓一揆の意識構造」(校倉書房、一九七九年)。

(15) この点にかかわって一揆における百姓の出立ち、すなわち、蓑笠姿をどうみるかが問われる。それについては勝俣鎮夫氏が神への変身説を出しているが(『一揆』岩波新書、一九八二年)、得物と同様、徹底的に百姓であることを強調するものとする保坂智氏の見解に賛成である(保坂前掲論文三五頁)。

第三節　得物から竹槍へ

これまで「農具からなる得物」として述べてきたが、ここで農具について瞥見しておこう。周知のように小農民経営が成立・発展した近世においては、その基本的用具たる農具も、地域差をともないながら大きく発展したといってよい。その様子は『日本農書全集』に編まれた各地の農書を繙けば明らかであるが、その一つ「百姓伝記」も、その巻五に「農具・小荷駄具揃」を置いている。そのなかで著書は鎌と鍬が、四季いずれも使用する「土民のうわもり(最上)の道具」であるが、

作毛を仕付る宝地一様ならず色々あれば、鍬も鋤もからすき・唐ぐわも、其の所々またつかふ人々の得道具によるべし。みなその利をせめて、往古の農人つかひきたる物なり。土民は分限相応に、その品々こしらへ持つべきなり。

として、武士が武家に「備はりたる弓・鉄砲・鑓・長刀・太刀・刀・馬具」などの武道具にたしなみあることに対比している。農具を百姓道具として、武士の武道具と対比しているのが興味を引くが、鍬や鎌でも「人々の得道具をこのむ」ことによって十人十色であるとするのが、著者の主張であろう。また本書には田畑における(狭義の)農具のほかに、鶴はしのように農具として用いないが、井掘・堤普請に必要で「土民の家にもたずして不叶道具」や、しもく・横槌といった家内・庭場の道具なども(広義の)農具として取扱っている。その意味で広狭二通りに農具が使われているが、一般的にいって、農家にあってなくてはならないものという意味で扱うべきであろう。

そこで「百姓伝記」にのる農具を拾い出してみれば、表2の左欄が得られる。これらの農具が、そのまま一揆勢の

携帯用具であったが、同時にそれは、打ちこわし道具としても使われた。先に引いた寛延二年（一七四九）の姫路藩一揆では参加者がつぎのように、得物を打ちこわし道具として使っている。

熊手――牛部屋の壁を崩す　唐鍬――練塀を崩す　斧――打ち潰し　竹杖――台所入口を崩す　鳶口――宅外周りの塀を崩す　棒――宅塀を打ち崩す　苧綱――柱に掛けて家を引き倒す

その意味で得物はまた、「打物」（打ちこわし道具）でもあった。もちろん強訴としての一揆は、常に打ちこわしをともなったわけでなく、また打ちこわしにも、参加強制の場合と並んで、世直し一揆のように、打ちこわし自身に特定の意味合いが存在する場合もある。この点つまり一揆における打ちこわしを、とくに強調する論者が佐々木潤之介氏である。[1] 氏は「打ちこわし騒動」という概念で一揆とは異なった系列の運動を捉え、そこでは公的権威に寄りかかるのでなく参加者が、自立的に変革的正当性として独自の民衆的正当性を主張しているという。さらに氏は、そのような民衆的正当性の成立を一八世紀半ばとみ、宝暦一一年（一七六一）の信州上田藩一揆を例にとって説明している。同一揆では領内の割庄屋が打ちこわされているが、それは彼らが百姓でありながら、領主に百姓の事情を内通したからであった。いいかえれば農民には領主の関知しない世界があり、それを乱すものは民衆によって制裁を受けるべきだとするという考えが生まれているのである。それを佐々木氏は「百姓的世界の意識化」と呼ぶのだが、この考えに従って一揆の得物をみるとき、そこに一つの転換が予想される。つまり一揆に打ちこわしがくわわることによって、得物の世界にも変化が生まれているのではないかという問題である。

この点第一章では、打ちこわしをともなう一揆が広がるにつれ、「打ちこわす道具が加わることによって得物は、一挙に精彩を増した印象を受ける」と書いていたが、ここであらためて検討しておこう。

数多い一揆記録を調べても得物に比べると、打物の現れる頻度は至って少ない。それは得物が、同時に打物であったからであろうと思われるが、それでも子細にみると一揆勢の手にした得物と異なった存在として打物を見いだすことができる。たとえば明和元年(一七六四)の伝馬騒動では「手ニ手ニ農具ヲ提ゲ、鎌ヲコシニシ、或ハ杣大工ノ道具ナトモツ」ていた一揆勢が、打ちこわしの段では「其上サキ〳〵家ヲコボツノ道具ヲ得テ、大カケヤ、大鋸、大綱ノタクヒイクラトモナクモチハコビ」打ちこわしに及んでいる。得物と打物は、ここでは完全に分離しているのである。もう一つ安永八年(一七七九)の越前丸岡一揆では、銘々棒杖を持った百姓が、「斧、鋸、かけや等を隣家より出させ」打ちこわしに備えている。また慶応二年(一八六六)の秩父騒動では鉄物屋に押し入った一揆勢が鋸、よきなどの「打ちこわし道具」を調達している。よく考えてみればここに挙げられている大鋸・大かけや・よきなどは、一揆勢の携行用具としてはいささか大きく重い。そこでいざ、打ちこわしの段になって現地で調達されているのである。それだけこれらの一揆では、打ちこわしの比重が高いといえるだろう。もっといえば打ちこわしに、特別な意味合いがあるのである。この点について山田忠雄氏は、明和期の伝馬騒動を例につぎのような指摘をしている。(2)

明和元年(一七六四)閏一二月一六日に始まるこの騒動は前半、江戸への強訴として展開するが、同月晦日より翌二年一月五日にかけての後半では、中山道宿近在の増助郷願人に対する打ちこわしとして展開するように前後で際立った変化がみられる。前半にも打ちこわしがあったが、それは「強制的狩り立て手段」、「戦術としての打ちこわし」であったが、後半では打ちこわしそれ自体が目的となり、その様相もすさまじい。その場合、家屋を毀損させ、また家具・家財類を破壊、損傷させるというケースとともに、家屋その物の倒壊に至るケースがある。いうなれば破壊行為に段階があり、棒・鳶口・鎌・掛矢などでも戸障子や壁、さらに家財に傷つけることは十分できるが、大黒柱や床柱の損傷にはなた・斧・まさかり・鋸といった利器が必要となり、家の倒壊には大綱や車地・かぐらさんのような工具が使用されている。後者の打ちこわし道具になれば、もはや一揆勢が蜂起の段階で手にした得物といえるもの

表2 ● 一揆の得物と農具

「百姓伝記」の農具	武州世直し一揆の得物	その他の得物
	斧　大斧　広刃斧　樵斧	おふこ
鎌　まんぐわ　手鎌　唐鍬	鎌　熊手　唐鍬　かけや	金手子
熊手	鉋　山刀　かくらさん	
鋤	鋤類　車地	
鶴はし	鳶口　大槌　綱	杖(竹杖)
	鉈　大鉈　山鉈　鋸　大鋸　縄	
しない棒	棒　鉄棒　手木棒　六尺棒	天秤棒　つく棒
	鐇	
	真木割　万力	まさかり　万能
	四つ子　手鑓　竹鑓	猪鑓

(注)　1．武州世直しの得物については斎藤洋一「武州世直し一揆の考察」による。
　　　2．その他の得物は一揆記録から拾ったもので、網羅しているわけではない。

でも、また狭義に農具といえるものでもない。打ちこわし道具として独立したものというべきで、それらは主に現地で調達されている。その意味で、これらの一揆においては打物が成立しているというべきであろう。

幕末の世直し一揆は、このような打物の展開を受けている。したがってそこで一揆勢が所持した道具には、こういった打物の類が狭義の農具と並んで存在している。その一つ武州世直し一揆の得物については斎藤洋一氏の優れた研究があるが、その有様は表2に明らかであろう。表の左欄は先述した「百姓伝記」の記す農具で、右欄は武州世直し勢が所持した道具である。得物から打物への展開を、読み取ることができる。しかしその場合でも、あらたに加わった打物も含めて、一揆における得物原則が貫いていたことが重要である。それらは総称して「農具」「野具」とされ、いかに鋭い利器であっても「民のあるべき刃物」にすぎず、刀・槍といった武具とは厳しく峻別されていた。その意味でやはり得物は、打物を含みこんで展開したというべきであろう。

それでは一揆史における得物の転換を画期づけるものはなにかといえば、それはやはり竹槍であろう。すでに安丸良夫氏は近世の百姓一揆と対比して、竹槍の登場する明治初年の一揆をつぎのように位置づけている[3]。

明治初年の一揆は、竹槍を中心とした武器によって武装し、鎮圧隊とはげしくたたかい、残忍な殺人もおこなわれたのであるが、それは近世よりも闘争が激化したからというだけでなく、闘争の激化がじつは政治権力そのものとそれを構成する役人などのすべてを絶対的な敵対者として措定することをも意味したからである。

的を得た指摘で、明治初年の一揆になって突如として一揆の得物が、農具から竹槍へと転換した画期性が説かれている。同氏の主張をうけて、さらに以下の問題を考えてみたい。

(1) 一揆史における竹槍の登場は、得物上の変化にとどまらず、百姓一揆全体の本質規定にかかわる。それは一揆に対する「竹槍蓆旗」観に示され、明治一〇年代に成立したこの通念では、百姓一揆のもったさまざまな要素のなかから、人を殺傷する武器としての竹槍と蓆旗のみが抽出される。竹槍の前史として、主に農具をもち人を殺傷しないことを原則とした一揆が主流であったことも、また村名を旗や幟に掲げてその組織性を示し、「小○」や「救民」を大書することによって一揆の理念を示したことなどが、すべて曖昧に(ないし無視)されている。このような独得な一揆認識＝通念が、日本近代のどのような政治状況、思想構造の下に成立、定着したかは、明治初年一揆における竹槍の登場という問題から離れて、独自に解明すべき問題であろう(4)。

(2) 竹槍の突如の出現は、ひろく新政府反対一揆を待つとしても、より限定的にはいつのことだろうか。またその出現は、一揆の構造上のどのような変化をともなったのか。その点、農具が主だった得物と比較、検討すべきだろう。

(3) 一揆史における竹槍の出現はその後、実力をともなう民衆運動のなかに継承されていくのか、それとも明治初年に一過性のものとして、再び農具中心の得物に立ち戻るのか。

右記の三点のうち(1)に関しては「百姓一揆の構造」(第三章)でも、若干ふれたが、より本格的には後述の第四章に譲りたい。したがって本章では(2)、(3)に限って論及する。

表3 ◉明治初年一揆の竹槍

年次	一揆名	得物の記事
明治4	三河大浜一揆	手に手に竹槍を振りまわして
4	備後旧知事引留一揆	悪民共…竹槍をもって戸を敲き
4～5	土佐脂取一揆	手に手に鎗、竹槍、鉄砲、大小刀を手に持ち
5	越後分水騒動	県庁役人二名を竹槍にて突殺す
5	甲斐大切騒動	各自竹槍、蓆旗
5	日向佐士原一揆	銘々竹槍或は鎌等を携え
6	筑前竹槍騒動	当時の関係者にて…竹槍や簑などの実物を保有する
10	越中小作一揆	万一願意徹底せられざれば、竹槍を以て強迫すべし
11	相州地主焼打	(竹槍を手にする一揆勢の挿絵)
13	上野秣場騒動	竹槍以外に何の武器を有せざる農民

(注)『増訂維新農民蜂起譚』による。

ところですでに安丸良夫氏の指摘があるとしても、明治初年一揆における竹槍の出現は、やはり唐突との印象を拭えない。それだけに安丸氏以外の人が、どうしてこの画期的な変化に注意を払わなかったのか不思議な気がする[5]が、それはしばらく措き、小野武夫編『維新農民蜂起譚』に収める一一件の新政府反対一揆では、そのいずれもに竹槍を認めうる(表3)。このうち大浜一揆と真土村(相州地主焼打ち)事件には、竹槍を手にした一揆勢の絵が添えられ、得物としての竹槍の印象は鮮明である。一揆を竹槍に代表させた同時代人の感覚が理解できる。加えてあらたに登場した竹槍は、これまでの得物にかわり一揆のなかで武器としての作法を獲得するに至る。

「わいらァ竹槍なんてたわけにしとるが、これじゃって作るにはきまった作法があるのじゃ。ええか、長さは七尺五寸にきまっとる。そいつの節から先を、さっとこんな具合にそぎ落とす。このさきを何度か焚き火の中へとおすと、堅くしまってくる。それへビンツケ油を塗るんじゃ。それでもうできあがったよ。これなら人間の一人や二人、らくに田楽刺しにできるぞよ。なまなか鉄の槍なんかよりよう斬れると云うくらいでなァ」

江馬修《なかし》は梅村騒動に参加した老人たちに、こう語らせている(『山の民』下)[6]。

このようにして明治初年の一揆では、一揆軍の手に武器としての竹槍が握られた。その数がどの程度のものであったか。狭い管見のなかで竹槍一〇〇本余（明治三年松代藩一揆、『明治初年農民騒擾録』）、七〇〇本（明治六年北条県一揆、『備前・備中・美作百姓一揆史料』五）、五〇〇〇本（明治五年大分県四郡一揆、『大分県史』近代1）といった数値を確認できるが、それはまさに「竹槍林立、立錐ノ余地モ無シ(7)」と表現される光景を呈していた。

近世の百姓一揆にも「てん手に竹槍、鉞、斧、鳶口、鋸、鳶口、棒の類」「党民持シハ多竹鑓、鎌、斧、大槌也」のように得物の一つとして竹槍は登場していたが、それはマイナーな存在であった(8)。また竹が一五〇本ほど用意されてもそれは、「右の竹に付て、百六ケ村の在名アイ印を書付」けて指物や竹法螺として働いていた。それが今やメジャーな得物として、他の道具を圧倒するようになった。また幕末期の関東などでは、世直し勢に対決すべく組合村単位で竹槍などによる武装を図った(9)。それが攻守処をかえて、一揆勢の得物となった。ここには一揆の構造上の転換が想定される。

まず近世の百姓一揆に登場した得物は、それが農具である点において当然、一揆に参加した農民一人ひとりのものである。そのよい例として、天保二年（一八三一）の長州藩一揆では、途中の小川村三明社で押収された得物のリストを書き上げた記録があるが(10)、一七種一〇〇点余の手道具のうち持主の判明する一八点（太鼓・鉄挺・斧・鳶口・おふこ等）は一人一点が通常である。スワ！一揆となって農民が思い思いに、自分の家から持ち出したのである。ところが数百本の竹槍はそうはいかないだろう。この点、三河大浜一揆では一人が米津龍讃寺前の竹林に入り、竹槍を作ってしごいてみたのをうけ、「忽ち全体を切り尽くして、手に〳〵竹槍を握りまはして、暴民を形ち作つた(11)」。また梅村騒動では高山近在には手ごろな竹藪がなく、一揆勢は竹藪の豊富な南飛驒での調達に期待をかけている（『山の民』下）。日常的に各自がもつ農具のように竹槍が農民の一人ひとりの傍にあるのでないとすれば、竹槍一揆の形成は、一揆勢が山林や寺院境内に分け入って竹槍を伐り出すことを必要とするのだが、通常、そこには竹木禁制として近世権力の規制が存在していたと思われる。(12) だとすればここでも、竹槍一揆は一線をこえなければならない。日本の農民たちはいつ、その飛躍を果したのか？　新政反対一揆の構造に即して、考えなければならないだろう。

新政反対一揆は明治元年、直轄県政の施された地域からはじまり、廃藩置県を機に全国化する。本来、近世の百姓一揆には集団的な訴願（時に惣代を媒介とする）と訴願を妨げるものへの集団的な実力、という二系列の運動様式を兼ね備えていたが、新政反対一揆では前者の公権力への訴願に対し、後者の強力な実力行使が際立っていた。そのパワフルな実力を支えたのが、ほかならぬ竹槍であった。それゆえこの一揆は「願意なき闘い」(13) ともいいうるのだが、「度々願意を聞候得共一向不言、唯火を放ち家を毀ち、官員に狼藉致すのみ」（明治三年中野県一揆）と新政府側の役人が対応に苦慮しているのが真相であった。それは彼ら官員が、近世以来の百姓一揆への伝統的な対応に終始しているのに対し、一揆の側はすでに近世的な一揆の伝統から飛躍してしまっているからである。両者の間にはもはや、訴願の前提たるべき領主―領民の依存関係はなく、(14) あるのはただ「新政」すなわち得体の知れない者への全面的な敵対性だけである。

他方、再び新政府と民衆の間にあらたな依存関係が確保されると、そこに訴願の途は回復されるだろう。そうなれば早晩、竹槍一揆も再転換を余儀なくされるだろう。自由民権運動とよばれるものも、この再転換を大きく促し、その裏面で一揆＝竹槍蓆旗という、江戸時代とは異質な通念を生み出したのである。

（1）『世直し』（岩波新書、一九七九年）、『近世民衆史の再構成』（校倉書房、一九八四年）。
（2）山田忠雄『一揆打毀しの運動構造』（校倉書房、一九八四年）一七八～八二頁。

（3）安丸『日本の近代化と民衆思想』二八一頁。

（4）「此乞願の権利にして政府は特に吾人民より褫奪して敢て許さざるものとすれば、事情を具陳し惨苦を訴ふるの道なきを以て、直に竹槍を閃めかし、席旗を翻へすや、智者を待たずして明らかなり」。上文は長野県の民権家松沢求策の一文だが(遠山茂樹『自由民権と現代』筑摩書房、一九八五年)、「竹槍蓆旗」は民権家に共有の通念と思われ、ここにも百姓一揆と民権運動の関係がうかがえるが、民権研究の側からこの点へのアプローチはあるのだろうか。ご教示を得たい。

（5）黒正巌『百姓一揆の研究』(思文閣出版、一九二八年初版、一九七一年再版)は刀狩の結果、農民は武器をもたないだけでなく、使用する術も知らなかったので、一揆に際し「平常生業を行ふ上に使用せる斧、鉈、鳶口等を携へ、殊に青竹を尖らして槍の代りとして用ひた。竹槍は蓆旗と共に百姓一揆の表徴とせられた程である」と述べる(二四二頁)。

（6）江馬修が同書を自家版で出したのは昭和一三年のことである。修は梅村一揆の関係者(しかも梅村知事の側近の一人)江馬弥平の子供としてこの本を書き、そのために郷土飛騨の山村に入り、民衆のなかに溶けこんで調査を進めた。したがってここで語られている竹槍の作法は、その頃の伝承のなかにあり、もしかしたら一揆の起った明治二年にはまだ確立していなかったかも知れない。

（7）三上一夫『明治初年真宗門徒大決起の研究』(思文閣出版、一九八七年)三一頁。

（8）『編年百姓一揆史料』八―一五八頁。同九―五三頁。

（9）森安彦『幕藩制国家の基礎構造』四四七～五〇、五六五～七頁。文久三年関東取締出役の指示のもとに、寄場組合村ごとに小前銘々が竹槍、もじり等で武装することを決めている。

（10）「百姓一揆出入騒動一件諸控」(『日本庶民生活史料集成』六)四六七～八頁。

（11）『増訂維新農民蜂起譚』六六頁。『日本庶民生活史料集成』十三、六五五頁。

（12）戦国大名による竹木規制(藤木久志『戦国社会史論』東京大学出版会、一九七四年、三〇〇～一頁)は統一政権をへて徳川時代にも継承されている(中田薫「御朱印寺社領の性質」『法制史論集』二、岩波書店、一九三八年)。

（13）松田之利「維新変革における民衆」(『講座日本歴史』近代1、東京大学出版会、一九八五年)九二頁。

(14)　旧藩体制下における領主―領民の依存・恩頼関係の特質は、明治四年の藩主引留め騒動に鮮明に現れている。岡山県下一揆で農民は、藩主(知事)復職とともに知事の家禄が十分一になったので、自分たちの年貢を十分一に減らすことを求めている。両者の相互依存関係に比し、天朝政府はいたってよそよそしい(『備前・備中・美作百姓一揆史料』第五巻、国書刊行会、一九七八年)。

むすびにかえて――再び得物へ――

近代日本の下で一揆的世界は「解体」を余儀なくされたが、けっしてそれは終止符をポン！と打たれるような形での解体ではなかった。明治三六年二月二八日付『大阪朝日新聞』に載った「河内の棉花輸入税非免除騒ぎ」と題する記事は、つぎのように述べる(『八尾市史』近代史料編Ⅱ)。

河内の若江・丹北・大県・河内・高安・渋川六郡農民が、綿花輸入税免除案の衆議院を通過せしに因り騒ぎ居ることは、已に記せり、今又、後報を閲るに爾来追々喧ましくなり、一昨々日の如き所々に寄合ひ、愈外国棉花輸入の税なきに至らば我々立行かれずとか、此免除説の賛成者には当府下選出の代議士もあり、此際大いに運動する所あらんとか苦情紛々として起り、農家の常として中には鐘太鼓を鳴らす等の事さえありしと取沙汰せり。

河内のような地域にも、なお一揆の伝統は脈打っている。このときには警察の鎮撫にあい、「鋤鍬抔を担ぎ出す椿事」は起らなかったが、ひろく日本を見渡せばなお実力の世界は健在であった。したがって得物は生き続けている。

青木虹二氏の手になる『大正農民騒擾史料・年表』には労働争議を除く、小作争議・水論・山論・漁論・村政紛争・米騒動などのうち「騒擾という激化形態」をとったものに限定して収録されているが、そこには太鼓を鳴らして村民を招集し「蓑笠姿で郡衙へ押寄す」「手ン手に鍬、鋤其他の農具を持ちて」のごとく、伝統的(近世的)な一揆の作法を見いだすことができる。やや詳細に同書中より大正五〜六年に限り、得物関係記事を拾えば表4のようである。

ここでは得物は再び、農具・漁具といった生産用具に立ち戻り、竹槍の占める位置はきわめて小さい。しかしここでの農具はすでに「武器」「凶器」として働き、「追ひつ追はれつの戦ひ」「血の雨降らす大格闘」が演じられている。とりわけそれは水論に著しく、所当・報復行為に及んで、双方に半死半生の犠牲をもたらした中世後期の合戦相論を彷彿とさせるものがある。近世幕藩体制の下で、公儀への提訴、裁判ルートに乗ることによって水面下に沈んだ実力行使が、いま再び甦ったともみえる。

表4◉大正5年農民騒擾の得物

年　月	府県名	事件名	得　　物
大正5．3	埼　玉	置土問題	鋤、鍬、万能など
5	茨　城	漁　論	櫓、櫂
6	福　岡	新聞社襲撃	鉄棒、木弓
6	岐　阜	水　論	鋤、鍬
6	〃	〃	鋤、鍬
6	秋　田	税務署襲撃	草刈鎌、鉈
6	新　潟	排水問題	鍬、鎌
6	〃	水　論	鍬、鎌、棍棒
7	〃	〃	竹槍、鍬、鋤、棍棒
7	埼　玉	〃	万能、鋤、鍬
9	千　葉	コレラ問題	竹槍など
10	東　京	漁　論	竹槍数百本
10	神奈川	〃	船具その他得物
10	〃	コレラ問題	竹竿その他得物

（注）『大正農民騒擾史料・年表』第1巻による。

鉈、鎌、鍬、水引喧嘩の兇器／夜となく、昼となく／水引論が
方々に起る／闇の闇の闇夜に／素裸でひそかに／水を泥棒
に出かける／命懸けッ

これは松永伍一『一揆論』（大和書房、一九七一年）の冒頭に引かれた小笠原雄二郎「我田引水」（大正一三年）の一節だが、この光景は全国いたるところで起き、地域によっては水喧嘩は年中行事の一つとされた。それだけに農民の「武装」と自力慣行[1]が、あらためて問題になるのは避けられない。「水喧嘩の本場」滋賀県愛知《えち》川流域では、「喧嘩の種になる水さへあればこんな騒動もなくなる訳だから」と、県と愛知・神崎・蒲生の流域三郡長の協議の下に、水喧嘩予防の目的をもって水利組合が計画されている。それは三郡一〇〇〇町歩の水田耕作者一万余人を組合員とし、収穫に際し一反につき一升の米

を徴収、その販売により得た基金で愛知川の水源地数十町歩を借入れ、毎年二〇〜三〇町歩ずつ檜を植林し、水源を涵養するというものである。『大阪毎日新聞』はそれを、「兎に角日本では最初の試み」と記している。(2)

武力による自力慣行の惨禍から自らを解放する企てが、豊臣政権の下では喧嘩停止令と刀狩令が一体となった権力者の「政治の力わざ」(3)で成し遂げられたとおくならば、滋賀県でのこの試みは、民衆自身の手による解放と評価することができるだろう。

（1）大正期の水喧嘩における自力慣行の意義を、前出の小笠原雄二郎はつぎのように書く「信仰をしても／神は／私の田に水をかけてくれなかった／喧嘩は／よく／私の田に水を引いてくれた／喧嘩に勝つことだ／神よりも／仏よりも／唯一の大宗教だと思った」(松永『一揆論』一六頁)。

（2）『大正農民騒動史料・年表』第一巻(巌南堂書店、一九七七年)四九五〜六頁。

（3）藤木前掲書一七八頁。この統一権力による政治の力わざによって多数の犠牲が払われたこと、それゆえその専制的性格はやはり力説されてよいと思う。同書では「中世土着の過酷な自力の法の支配」からの解放、「自力の惨禍からの解放」が強調され、その結果、「豊臣の平和」が美化されているように思えてならない。それに対し水林彪『封建制の再編と日本的社会の確立』(山川出版社、一九八七年)は豊臣権力の「平和」化の道を上からの道とし、下からの道としての市場的平和の原理が全社会をおおうに至る道を提示している。

第三章　百姓一揆の構造——国訴とかかわって——

はじめに

これまで百姓一揆に対して与えられた社会通念を、その実力とのかかわりで考察してきたが、本章ではそれと表裏の関係をなす一揆の構造を探ってみたい。その際すでに国訴(1)については前篇第二章で検討したが、それと対比しながら一揆の構造、とくに多数派形成の道筋の解明に迫りたいと思う。

ところで近年の一揆史研究は、その視野を従来の近世の百姓一揆から、一揆結合が広範な諸階層にみられた中世後期にひろげることによって新しい成果を生み出している。勝俣鎮夫『一揆』(岩波新書、一九八二年)や講座『一揆』(東京大学出版会、一九八一年)はその代表的な業績として、歴史学界に新風を吹きこんだ。勝俣氏らの問題提起の新鮮さを、一九八五年度歴史学研究会大会近世史部会報告に立った澤登寛聰氏はつぎのように述べている。

従来、我々は近世の一揆を「起こすもの」と認識してきたが、ここでは、近世の一揆もまた「結ぶもの」であるとのパラダイムの転換がはかられており、この「結ぶもの」としての一揆の正当性観念を考察することが最大の問題関心とされているのである。

図1●形態別件数グラフ
（慶長・寛永期）

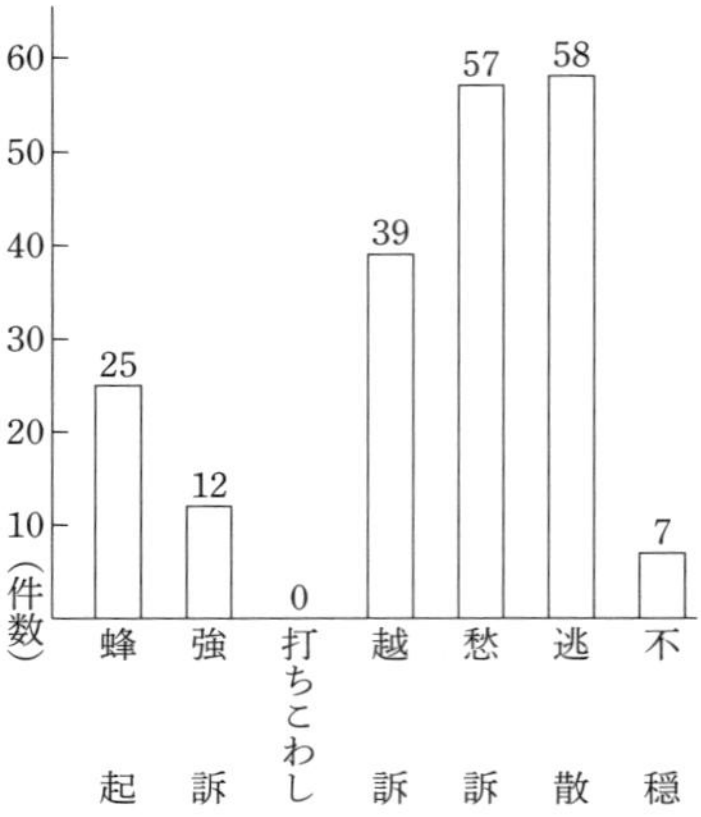

図2●形態別件数グラフ
（慶安・寛文・延宝年間）

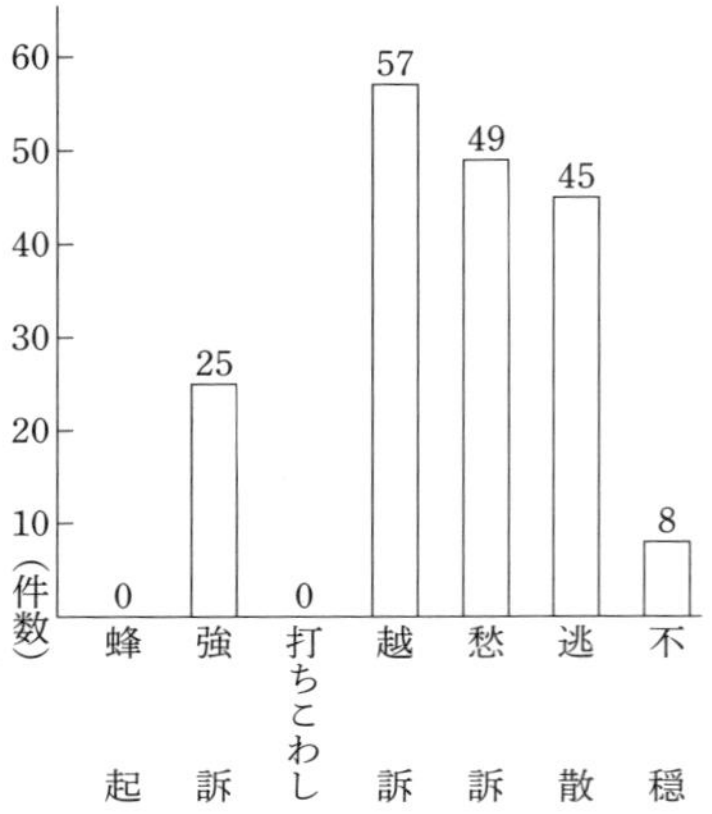

しかしながら翻って熟考すれば、「起こすもの」としての一揆から「結ぶもの」としての一揆への転換は、パラダイムの転換というよりは、現実の一揆の歴史過程における転換であった。結ぶ一揆と起す一揆は（傍点引用者）一揆というメダルの表裏の関係にあって、中世後期にその表面にあった結ぶ一揆は、近世に入れば裏面へと姿を隠し、起す一揆が表面に躍り出て、その後の一揆の歴史を彩ることとなった。

一揆は集団的自治としての社会的結合方式を継承しつつ、中近世を境に反権力闘争としてあらたな展開をみせたのである。この境界が豊臣期にあったことは多くの人が認めるところであり、天正一六年（一五八八）の刀狩令にいう「自然一揆を企て」云々には明らかに、当代の最高権力者により「起す」一揆が鋭く嗅ぎ取られている。

中・近世の一揆を分つ分水嶺を豊臣期におくとしても、そのような転換はけっして一律に、その時期限りで行われたものでない。一揆結合がひろい地域・階層に及んでいただけに、その転換は地域的・階層的な偏差を示しながら、相当の時間を要して行われた。いまその詳細に立入る余裕はないが、青木虹二著『百姓一揆総合年表』（三一書房、一九七一年）をもとに横山十四男氏が作成した形態別件数グラフ[2]によれば、この時期（慶長・寛永期）の一揆（図1）は形態が多様なのにくわえて、つぎの時期（図2）への移行をみるに、蜂起（一二五件→〇件）、逃散（五八件→四五件）、強訴（一二件→二五件）、越訴（三九件→五七件）と、それぞれの形態ごとに振幅が大きい。それゆえにこの時期では、起す一揆をどれか一つの闘争形態に代表させてイメージすることが困難である。初期一揆研究の難しさはまずこの点に由来し、複雑な様相を示す初期一揆の軌跡を全面的に解き明かす仕事は、なお多くの課題を抱えていると思う。

　このような初期一揆と比べるならば、その後の一揆には一つのイメージを抱くことができる。それは（代表）越訴から強訴への展開として通常、説かれてきており、数量的にもその動向を確認することができる（図3・4参照）。越訴から強訴への、メダルの表面となった起す一揆における展開は、公儀権力に対し一揆へのあらたな定義づけ、いわゆるレッテル貼りが求められ、その結果一揆＝強訴ともいうべき社会通念[3]が定着する。

図3◉形態別件数グラフ（元禄・正徳期）

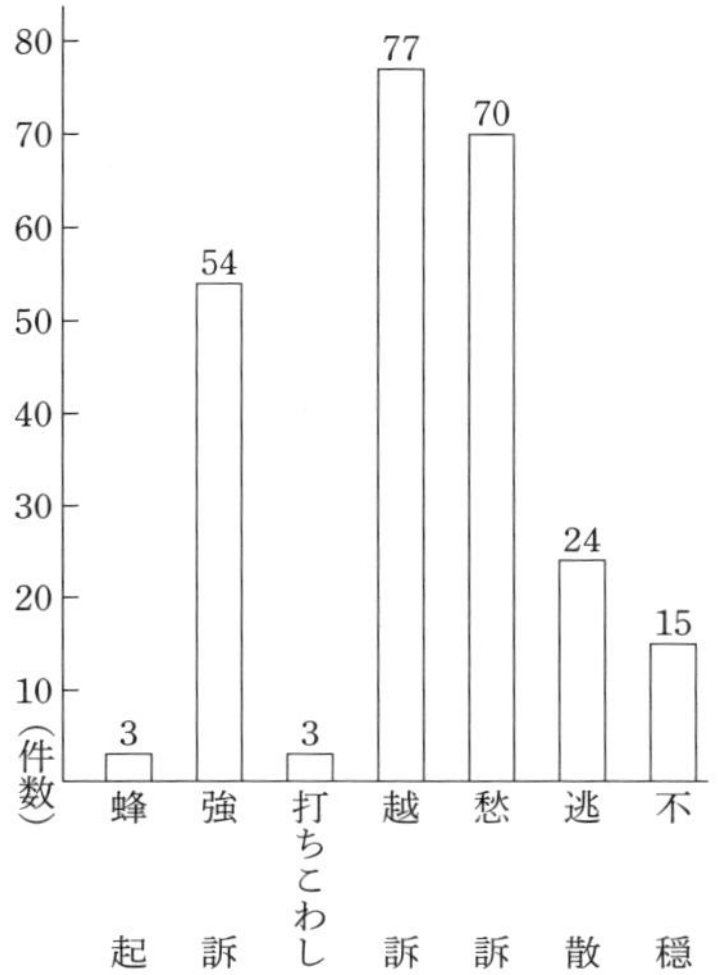

　百姓町人大勢徒党して、強訴濫放することは、昔は治平の世には、をさ〳〵うけ給はり及ばぬこと也、近世になりても、先年はいと稀なる事なりしに、近年は年々所々にこれ有て、めづらしからぬ事になれり

　本居宣長「秘本玉くしげ」の右の一節は、その著名な一例とすることが許されようが、彼はこのような強訴の基礎に結ぶ一揆があることに着目して、「かやうの事を一同にひそかに申合す事は、もれやすき物なれば、中々大抵の事にては、一

図4●形態別件数グラフ(享保・宝暦期)

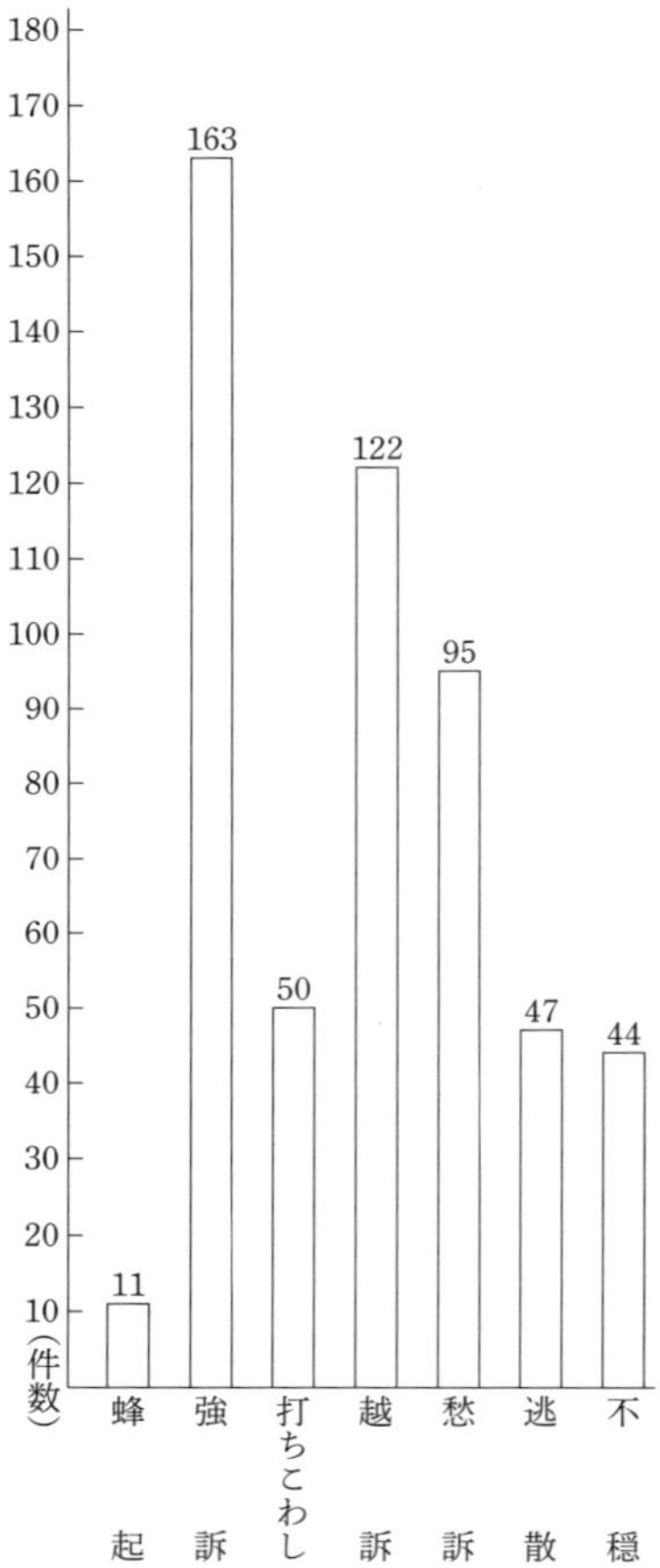

致しがたかるべし、然るに近年此事の所々に多きは(中略)いよ〳〵百姓の心も動き、又役人の取はからひもいよ〳〵非なることを、困窮も甚しきが故に、一致しやすきなるべし」と指摘する。これに加えて宣長は、近年の一揆は「竹鎗などをもち、飛道具などを持出て、惣体のふるまひ次第に増長する様子」と、近年の百姓一揆に対し、その結合様式のみならず運動様式にまで新しい展開がみられることに刮目している。

宣長の判断の正否はしばらく措き、起す一揆には強訴という定義にとどまらず、その波をくぐりぬけることによって一揆の運動様式に対応する社会通念が塗り重ねられ、またその通念にもとづく価値判断が個々の一揆に対し与えられた。第一章で扱った得物や鳴物[5]は、一揆の結合様式でなく運動様式について共有された社会通念である。また「実に此騒動百姓一揆の類にあらず、皆是盗賊の所為にして人を殺害せざるのみにして賊乱と云に当れり」(「赤蓑談」)や、「徒党の百姓共幾千人ありと雖、嗷訴の事なれバ手道具とひ《(ママ)》飛道具ハ持まじけれ」(「寛延伊信騒動記」)といった記述は、一揆に対して与えられた価値判断を示している。

（1）『歴史学研究』五四一（一九八五年五月）、四九頁。
（2）横山『百姓一揆と義民伝承』（教育社新書、一九七七年）所載。
（3）一揆＝徒党強訴という定義は、「公事方御定書」をはじめ公儀権力によって与えられたものであるが、それが強訴と規定された点は中世との連続性を教える。「於強訴者、以一味同心之儀、堅可被制止事」のように強訴なる概念は中世後期の土一揆とともに成立し、「嗷々群訴」「嗷訴」とも書かれた（中村吉治『土一揆研究』校倉書房、一九七四年、八五〜九頁）。

第一節　一揆における直接行動と惣代制

大衆的な強訴の展開は、百姓一揆に特有のイメージを形成・定着させるに十分なほど活動性に溢れたものであった。愁訴・越訴から強訴への転換は、この点で画期的なものである。

形態別件数からみればこのような転換は、一八世紀の享保・宝暦期にあった。通常この変化を捉えて「この時期に闘争形態の重心が愁訴や代表越訴から大衆的な強訴や蜂起へと転換[1]」する。あるいは「村役人越訴闘争から惣百姓が前面に登場してくる惣百姓強訴闘争への移行[2]」とされている。結集様式からみれば「代表つまり村役人層のみが村をこえて村々の連合を結成」する段階から、小百姓層の成長を基礎に惣百姓全体が村をこえて結合し、決起するに至る。徒党・強訴として公儀権力に把握される所以である。

この過程には、厳しい緊張関係がともなっていた。「御上江御願の筋あらは、村役人をもって願出」よと惣百姓の決起を抑制・説諭する代官や村役人に対し、百姓たちは「いや其元へハ願ふニ不及、其方ニ頼候而者何事も不埒明、各々若松へ参直に申達[3]」と押し切る。「御大法を相守り、名主共を召寄、以順を差上可申」きとの指図に従う限り民衆の訴願は届かず、その状況を集団的高揚をもって打破するのが強訴であった。

表1●形態別件数の比率

時期区分＼形態	強訴	越訴	打ちこわし
享保〜宝暦期	100	74.8	30.7
天明〜化政期	100	50.4	50.0
天保〜維新期	100	46.8	83.6

（注）　強訴件数＝100とした指数。横山前掲書による。

代表越訴にも「順法的な訴願をくりかえしたあげく、要求がかなえられないために順法的な訴願を断念し直訴[4]」するという飛躍があったが、強訴には「我々城下江相詰、大守公江直ニ申度[5]」のごとく惣百姓の直接行動が決定的な契機となっていた。いいかえるならば一揆の運動様式として両者の展開をみるとき、愁訴→越訴には公儀権力によって規定された訴の体系を飛びこえる点で飛躍があるが、その主たる担い手を村役人として、また惣代制―代議制的形態として連続する側面が強い。それに対し越訴→強訴には、大衆的な直接行動によって訴の体系を破るという二重の飛躍が必要であり、多くの場合、一揆のイニシアチブは村役人から一般百姓へと移行するのが常である。

　上記の通説は百姓一揆の全体的動向を示している。この事実からわれわれは、先に引いたように代表越訴から強訴への一揆の展開という認識をもっている。百姓一揆の運動様式からみれば惣代制―代議制的形態から直接行動への移行であって、両者の前後関係は明らかである。

　しかしながら視点を個々の一揆に移しかえたとき、はたして両者の関係は前後関係として固定的であろうか。安易にそのように判断しえないことは、公儀権力が徒党・強訴への禁制をほぼ整備した一八世紀後半以降にあっても、なお愁訴・越訴が相当な比重をもって起っていることからも推測される(表1)。一揆における代議制的形態と直接行動との関係は、惣百姓結合を前提としながらも、なお流動的と考えるべきではないだろうか。この点で示唆的なのは、安丸良夫氏の指摘である。同氏によれば公儀によって徒党・強訴への厳しい弾圧・規制は村々を貫徹し、その禁制はとりわけ村役人たちによって内面化されていた。そのため百姓は決起にあたり村々で、彼ら村役人との間に強い緊張関係を引き起す。それを突き抜けて一般民衆が、「合法的訴願に終始する村役人層の指導をふりきった[6]」とき、はじめて強訴は成立する。一般民衆によるこのような一揆結合と飛躍があってはじめて、合(遵)法性と代議制的形態という二重の枠が取りはずされるのである。そこに民衆のおびただしいばかりの活動性が凝集していることはいうまでもない。一点突破、溢れんばかりの行動力と精神的高揚が一揆勢を包むのである。

　他方、村役人とて押されっ放しではけっしてなく、彼らは民衆の蜂起にあたり未然阻止はもちろんのこと、民衆の活動性を合法的な訴願行為という水路に流しこむためにどれだけしぶとく行動したことか、その事例は、数多くあげることができる。

　安永二〜三年(一七七三〜四)の信州中野騒動では高井郡名主たちが「直ニ罷出」訴訟しようとする小百姓に対し、「大勢罷出御訴訟申上候得者、還而不届之至り候間、何れニ茂村役人罷出、御上様へ御訴訟可申上候与精々利害為申聞差押置」こうとする。[7]「還而不届」とは多分に公儀を意識した表現で、「私共も上(領主)下(百姓)の御為を考えてお止めした」とする口述の方に、真実味を感じる。[8]これは文政四年(一八二一)一一月、江戸藩邸へ門訴しようとする前橋領百姓を、その道中「鎮守の社」で引き留めた武州榛沢《はんざわ》郡成塚村名主の口述である。成塚村は前橋藩領でなく、たまたま大勢の出訴百姓たちが「鎮守の社」の端で休んでいるのを見かけ、ひとまず引きとどめたのである。他方渦中の前橋領村々でも名主、組頭たちが門訴百姓たちの後を追い、成塚村の社で二日にわたり説諭を行う。その結果「一同、願いの筋はいかようニもいたし、御百姓無事ニ相続相なり候よう致し申すべき」と説得する東善養寺村名主八右衛門らの前に、門訴百姓たちは根負けする。

　中野騒動では名主の制止を振り切って一般百姓は強訴に立ち上がり、前橋領村々では名主の説得に折れたように、その後の局面は正反対に動いたけれども、村役人と百姓たちは、大勢出訴しては「還而不届」とする公儀の権威的秩序と、「御百姓無事ニ相続相なり候よう致」そうとする仁政的理念の前に揺れ動いていたのであり、その波頭に村役人が立っていた。それだけに惣百姓の一揆結合を前にして、村役人の描く軌跡には、かなりの振幅がある。

上野国那波郡東善養寺村名主八右衛門は、「村長役」の責任感と仁政的理念から農民の出訴を必死に押しとどめたが、その彼がのちに小前百姓たちに頼まれ村々願書を作成し、それがために強訴の頭取として処分された。これに対し明治三年(一八七〇)の伊那県騒動の折、惣代五人の一人として伊那県足助《あすけ》支庁に用捨米、拝借米を願い出た設楽《したら》郡庭野村名主松井源次が、惣代たちの出願却下に失望し、車廻状をかわして決起した農民たちを説諭すべく持ち出した理由は、強訴がたいへんな物質的損失となるということであった(9)。源次の計算によれば強訴の仲間入りすれば寄合いに出なければならず、となると百姓一日の稼ぎ昼夜あわせて金一朱と銭一貫四八文がとぶ。一〇〇人だと一六両二分三朱と四二五文、一〇〇〇人で一六七両一分と五〇〇文、六〇〇〇人で一〇〇三両と五〇〇文、三〇日間騒動が続いたとすれば三万一一四両になる。八右衛門の「村長役」としての責任感と仁政的理念にもとづく説諭に比べれば、源次のそれはあけすけな「物資的損得の観念」に支えられたものといえよう。源次の持ち出した理屈は、先年の加茂一揆では二、三村がつぶれ、多くの百姓が困窮したことを理由に民衆の蜂起を押しとどめようとする足助支庁の論理と紙一重であった。それに加え源次は鎮圧に協力して鉄砲方を派遣したため、彼は蜂起した民衆に殴り殺され、その家も民衆の群参をうけた。

強訴の展開を前にして村役人と一般農民たちがもった厳しい緊張関係は、ほぼこのように理解される。村役人を中心とした一揆禁制の内面化を基軸としながらも、この関係は村落社会のなかで不断に再生産されていた。一つひとつの一揆の結末は実際には一つしかなく、その結果「合法的訴願をのりこえた大衆の非合法の暴力闘争が展開することによってはじめて、農民の要求のいくつかは実現される(10)」という経験則が個々の村々で確認された。また村役人の仁政理念にもとづく活動が、「地方支配の現場では、露骨な権力主義的支配に直面して挫折せざるをえないこと」を身をもって体験し、後に挫折と屈辱と諦念のいりまじった処世訓を残す人もいる。その反対に民衆蜂起の結果払った犠牲の大きさや、物質的利害の多少に注意を払う庭野村名主源次のような人物も、一揆は生み出したのである。

　これらの経験は通常、一揆にかかわった村々や個人の範囲において共有されたものであって、ひろくこの時代の百姓一揆のもった客観的法則として、日本の民衆に獲得されたわけではなかった。むしろ日本の民衆は一揆のたびに、村役人を主たる担い手とする合法的訴願か、大衆的な蜂起に至るのか、の分岐点をこえなければならなかった。これらがいくつかの選択肢として民衆の前に存在していたことをもっともよく示すのは、安政六年（一八五九）の南山一揆であろう。この一揆では江戸内願という「一揆の範疇からはずれたもの[11]」、三六カ村村役人惣代による市田役所への出願、そして米川村伴助らに率いられた南山郷村々の強訴が相継いで起り、一つの一揆を構成している。これらが今田村猪兵衛を中心に用意周到、企画・組織されたものであることは、平沢清人[12]・深谷克己両氏によって明らかにされている。天保一四年（一八四三）の老中駕籠訴や安政二年の村役人惣代の出願という二度の手痛い経験を踏まえ、また各地の一揆調べをへて構想されたものであった。このような多角的な運動は猪兵衛や今田村の重立ち層によってはじめて実現されたのだが、最終段階での強訴が米川村伴助のごとき「強情者」の登場をまって切り拓かれたことは意味深い。

　一揆における合法性の確保は、強訴・徒党禁制を内面化としていた村役人それ自身の存在を賭けたものだけに根強い力をもった。その反対に広汎な民衆蜂起が実現するためには、惣百姓結合を基礎にしながらも、「無双の強情者」という人格的存在を必要とし、また打ちこわしという媒介[13]が必要であった。両者の間の緊張関係は強く、それを突き抜けたとき、愁訴（合法訴願）から強訴への展開がみられた。近世後期における五〇〇件余の強訴は、これら一つひとつの総和である。

　愁訴から強訴への展開を右のように捉えるならば、この時期の越訴についても新しい解釈が必要であろう。一七世紀の代表越訴がそのまま残っているという理解でないことはいうまでもなく、越訴は強訴とともに百姓一揆の選択肢を構成していたのである。そしてその分岐点は、百姓一揆にあって民衆が、多数派形成の道筋を代議制的形態にとるか、直接行動に求めるかにあった。前者を選んだとき、一揆の運動構造には新しい委任関係が存在していた。

一揆が惣代の出訴という形式をとったとき、惣代と惣百姓との間には、一揆をめぐる委任関係が必ず成立するが、享保六年(一七二一)の南山御蔵入騒動(14)では、庭床村安正寺での郡中大会合において、

所ニ喜四郎進出、各方ハ如何ニおぼしめされ候哉、それがし愚案を廻すに、此以後最早江戸表へ出るより外有まし、然ル時ハ此大勢ニ而評義とり〲ニてハ返て願ひの障成べし、只諸用馴たる者其組々より選出し、其者共ニ江戸表を相頼ミ、国元ニ残りし者共方よりハ随分遣銭続候様ニ致候てハ如何に候わん

との提案をうけて、惣代出訴が決定した。その後、郡中の組々より三五人が選ばれ、彼らは江戸出訴を引き受け、残る者は遣金を引き受けることを約した。惣代三五人は会合のうえ「互に記請《マヽ》誓紙を取替し堅めの盃を致」し、江戸に赴く。このようにして南山御蔵入の村々惣百姓と、小栗山村喜四郎ら惣代三五人の間に委任関係が成立する。この関係は惣代たちの行動を規制し、出願困難な局面に際し、「我等大勢之者ニ被頼、是迄はる〲罷出、無甲斐も万一御沙汰まがり候ハヽ、三十五人之者共ふしようたりといへども名ハ末代ニ残り、数万人之会合ニも此事のみ申出され候ハヽ、たとひ武蔵野の露と飛からすのゑじきと成たるより尚口措しき大恥なるべし」との痛切な言葉を惣代たちに吐かせている。

頼み、頼まれる関係は、厳禁であった一揆の場において、つねに厳しい緊張感をともない、南山御蔵入騒動ではくじけかかる惣代たちに「最早此上一大事と又思い直」させ、「只死を一図ニ極め、命を御殿中の御下知ニ任」せんと老中直訴を企てさせる。その結果のちに、彼らは生命を落すこととなるが、飛驒の大原騒動では、駕籠訴によって牢

死した惣代久左衛門の妻が、一揆に加わらなかった村々に対し、「郡中の人々から頼まれて出府したのに、郡中から裏切られ、『余りの事ニて』と涙ながらに訴えた」という。[15]強訴においても越訴と同様、義民伝承の生まれる基礎は、[16]このような委任関係の存在にある。

惣代と惣百姓の間に成立した委任関係は当然、それを表現する文書様式をもったことと思われるが、これまであまり注目されてこなかった。おそらく一揆＝直接行動とのみみる見方が、一揆記録のなかからそれらを拾いだすことを妨げてきたのであろう。したがってここで少しばかり例示して、一揆の運動構造に内在した委任関係を探ってみたい。

(1)　文化九年(一八一二)摂津旗本領越訴事件[17]

この事件は旗本長谷川氏領八カ村が陣屋役人と大庄屋を忌避して行ったもので、前年一一月末の天神森の騒動をへて、惣代六人の江戸出訴へと発展した。このとき作成された連判状は三種残り、㈠は下郷四カ村庄屋・年寄・百姓代より惣代三名に対し出された頼み証文、㈡は下郷四村の一つ金楽寺村年寄・百姓二五人より惣代でもある庄屋治郎兵衛にあて出された頼み証文で、この二点は一一月の日付をもつ。文面はほぼ共通しており、㈠には「四カ村役人幷百姓より貴殿相頼、惣代ニて江戸表ヘ罷下し候処無相違(中略)、以後　御役所様よりいケ様之御咎メは不及申、何様之義被　仰付候共、村々一統同心之義ニ御座候えは(中略)貴殿方え少も御難相掛ケ申間敷」と書かれ、差出人と宛名人の間にあった誓約関係が記されている。

㈢の文書は一二月の日付をもち、惣代は村方百姓同意のうえ頼んだことを記したのち、「然ル上ハ、右願之義は貴公様思召次第いか様ニも御取斗可被下候、且又一件中貴殿方諸入用之儀ハ何程相懸り候共、被御中越候時々相差下し可申候間、村方之無御心置御取斗可被下」と申し合せ、交渉の全権委任と諸費用の村方負担を誓っている。江戸出訴は惣代が引き受け、残る者は遺金を引き受けるとした先の「南山御蔵入物語」の一節は、右のような文書表現を想定して読むことができる。

⑵　宝暦一二年（一七六二）の飯田藩千人講騒動では、つぎの一札が残されている。

一札之事

今度、我等義千人講之御訴訟仕度候ニ付段々貴殿江御すすめ申故ハ、此訴訟ニ付、万一御しかり等御座候ハヽ、私罷出難義ニも申分可仕候、縦《たとい》如何様之御咎被仰付候共、私引請、貴殿江少も御難義掛申間敷候、為後日一札如件

右は飯田藩千人講騒動において主謀者の一人とされた上川路村八郎兵衛に宛て、同村庄屋惣右衛門が願主として差し出したもので、日付は蜂起直前の二月一〇日である。文面は先に引いた旗本領の役人忌避騒動における頼み証文と軌を一にしており、両者の間に結ばれた誓約関係から平沢清人氏は、「上川路の庄屋はその後にいて、ほんとうの発起人でもあった」(18)と判断している。

⑶　宝暦四年から八年にかけ、四年半の長期にわたって闘われた美濃郡上藩一揆では、上之保筋前谷村定次郎ら五名の者が「当五年秋仲ゟ何茂御頼ニ付、捨一命ヲ　大御公儀様江奉御願上」げるべく江戸に出向く。このとき定次郎らに宛てられた証文が残っている。駕籠訴の一カ月のち一二月二二日の日付をもち、「駕籠訴人等に対して出された契状の唯一残存するもの」(19)であるが、その文面は、笠松代官青木によって見立免中止の約束が反古にされ、惣百姓難儀なので「依之各々様方を相頼み、御籠訴訟被成被下、惣百姓遂存念難有奉存候、尤郡中ゟも御頼之判形等も取置申候、

猶此上者、命を限りニ御願被成可存候、為証拠之一札依而如件」というものである。連判の形式をとるが、明らかに「頼み証文」である。この一揆ではもう一つ帳本(元)への頼み証文がみられる。その証文は「村方出(カ)掛り出銭支配之義、御世話被成被下」るように「百姓仲こぞって御頼申」す上は、どんなことがあろうとも貴方に少しも難をかけない旨を帳元役の百姓に誓っている。[20] 帳元は百姓一揆の組織―財政を握る存在であったため、通例、一揆処分にあっても刑の重い役である。

(4) さらにもう一つ例をあげよう。

安政六年(一八五九)の南山一揆[21]では強訴必至という状況の下で、米川村伴助ら四人の貧農が「歎願之頭取惣代」として頼まれ活躍しているが、彼らの背景にはこの一揆の全体を企画、指導している「陰の頭取仲間」があり、その一人今田村の猪兵衛が「先立ニと見込」んだのが伴助である。千人講騒動における八郎兵衛と惣右衛門の関係を、南山一揆の伴助―猪兵衛に想定することができるのではないか。

伴助らが一度、強訴惣代として頼まれた以上、彼らは行動のなかで南山郷の小前百姓との間に頼み―頼まれる者としての委任関係を形づくる。それゆえ一揆勢が飯田藩重役の頑強な拒否にあって八幡原へ退きかけると、百姓たちは怒り、「御願も叶はぬにおめ〳〵と帰るいはれなし。惣代伴助・順左衛門案内が出来申さずば、惣代之名目をひけ」と激しく責め立てる。お互いに結んだ誓約関係である以上、その一方的な不履行は許されるはずなく、「惣代の名目をひけ」と要求されるわけである。

その反面、惣代を引き受けた伴助の身になってみれば、彼は体よく利用されて揚句に獄に繋がれるのであるが、その折の心境を述べた一節――「我ら義ヲハけつりくず之ほどにをほしめし候へ共、我とていのちすてたる此上ハ、申上たき儀も御座候」――には、委任関係を一方的に踏みじにられた者の悔しさが滲み出ている。このような場合、文書を作成し連判する暇をもたず、今日、文書として残されることはないが、南山一揆にも委任関係は明白に存在した。委任関係をとり結ぶ両者が、村役人と村役人に限定されない点はすでに明瞭であり、すでにみた国訴と比べて、一揆のもつ運動構造の底の深さがわかる。

このように越訴惣代のみならず、強訴頭取や帳元役への委任関係を拾い出すことによって、近世後期の百姓一揆は、その組織・運動構造のなかに委任関係を内包させていたことを知りえた。ここにみられる委任関係は多く、不特定多数の民衆と特定の人物の間に交され、惣百姓レベルにおける一揆結合のうえに、委任関係が存立していたことを示す。その関係は相互に対等、かつ誓約的であり、「其者共ニ江戸表を相頼み」「相残る者共ハ遣金をぞ引請たる」は、そのもっとも集約された表現である。この委任関係にもとづく行動を、民衆運動における代議制的形態とおくならば、近世後期の一揆は、強訴によって直接行動への途を大きく切り拓きながら、その運動構造のなかに、代議制的形態をもっていたといえよう。代議制的形態と直接行動という、民衆運動における多数派形成の道筋は、百姓一揆においてこのように互換性、流動性をもっていたことをあらためて確認したいと思う。

（1）　林基『続百姓一揆の伝統』（新評論、一九七一年）一一七頁。
（2）　深谷克己『百姓一揆の歴史的構造』（校倉書房、一九七九年）七九、一二〇頁。
（3）　庄司吉之助『史料東北諸藩百姓一揆の研究』（御茶の水書房、一九六九年）四六頁。
（4）　深谷前掲書一二〇頁。
（5）　庄司前掲書五〇〇頁。
（6）　安丸『日本の近代化と民衆思想』（青木書店、一九七四年）一五九頁。以下の記述は同著のすぐれた分析によるところの多いことを告白しておかなければならない。

(7)『新編信濃史料叢書』十九(信濃史料刊行会、一九七七年)七七頁。

(8)深谷『八右衛門・兵助・伴助』(朝日新聞社、一九七八年)六七頁。以下この項は、同書に負うている。

(9)布川清司『近世民衆の倫理的エネルギー』(風媒社、一九七六年)二六三～八二頁。

(10)安丸前掲書一五五頁。

(11)深谷注(8)前掲書二七六頁。

(12)平沢『百姓一揆の展開』(校倉書房、一九七二年)。

(13)安丸氏はこの点を「『強制』とは、人々の蜂起への願望や意欲にはずみをつけてくれる媒介性のこと」と述べる(前掲書二二二頁)。

(14)奥州南山御蔵入物語(庄司前掲書一九六～七、二〇三頁)。

(15)布川前掲書二五〇頁。

(16)この点は横山十四男『義民伝承の研究』(三一書房、一九八五年)第三章「全藩惣百姓一揆の義民伝承」を参照のこと。

(17)この項は中村光夫「旗本長谷川氏領の大庄屋・陣屋役人忌避騒動」(尼崎市立地域研究史料館紀要『地域史研究』第七巻三号、一九七八年)による。

(18)平沢前掲書三七頁。

(19)小椋喜一郎「百姓一揆における分裂への契機——宝暦郡上を素材とした一試論」(『民衆史研究』三七、一九八九年)。

(20)『大和村史』(岐阜県郡上郡大和村、一九七八年)九〇五～六頁。

(21)この項の事実関係は、深谷注(8)前掲書による(二七〇～九一頁)。

第二節　惣代制と委任関係

先に私は国訴における代議制的形態について論じたが、このように一揆にも、国訴とならんで代議制的形態(惣代制)が存在したこと、またそれが民衆運動として多数派を形成するうえで生み出された形態であったため、そこには運動を通じて委任関係が形成されたことが確認された。それならばこのような委任関係が、民衆運動を通じて成立する基礎はどこにあるのであろうか。また国訴と一揆の間では、委任関係にどのような違いがあるのだろうか。あらためて運動の起点となった村に眼を移して、検討してみよう。

長い近世村落史研究のなかで、村の役人と村人の間に委任関係があることを明らかにしたのは水本邦彦氏である(1)。氏は畿内村落の成立過程に展開する村方騒動(「初期村方騒動」)を検討するなかで、公儀が「古い年寄」のなかから「新しい庄屋」を設定・把握することによって、庄屋は執行官として従来の年寄集団を離れて村政を行うが、それはけっしてフリーハンドではなく、庄屋と年寄を含む百姓の間には、つぎのように委任関係が存在したことを示した。

(a)　在所中万御究之処なからも、貴殿へまかセ申候間、此上者相互ニ一しん《(心)》ふしんすこしも無御座候、万一御そセうなと申上度儀共御座候者、庄屋年寄衆へ申談、其上にて可申上候事

(b)　態《(わざと)》申上候、仍当所中免合其外万算用ニ付て、貴殿へまかセ申候間、いかやうニも在所之始末頼申候、自然在所之内ニていかやうの人成共、何かとあしさまニ申しなし候共、此上にてハ余人ニ何様之儀も同心仕間敷候、能々我も人も在所ニかんにん罷成候様ニ御才覚頼申候

慶長一四年(一六〇九)と一五年のもので、いずれも村人が申し合せ(起請して)庄屋に差し出す形をとっているが、

「貴殿へまかせ申」「御才覚頼」との委任文言が明瞭に読み取れる。「相互ニ一しん」「互ニ万談合」「互ニ入魂」などの文言に示されるように、庄屋は年寄を初めとする村人の一員として、そのメンバーシップに規制されたうえで、「在所之始末」を委任されている。したがって庄屋の差配が「在所之かんにん成間敷」き事態になれば、この委任の論理にもとづいて庄屋は村惣中によって捉え返されるのである。それが村方騒動を通じてであることは、いうまでもない。

水本氏の分析した畿内の村落では、おおむねそこに惣村の伝統があり、宮座と結びついた年齢階梯秩序にもとづく年寄集団が、自主的に村落を運営していた。それに対し庄屋という公儀の執行官を頂点とするヒエラルヒッシュ(階層的)な序列があらたに持ち込まれることによって、惣村以来の年寄衆の集団運営は大きく変形を余儀なくされたが、村人はその理念を庄屋に対する不信任を留保した「委任」の論理の形で継承し、村方騒動を通じて再生をはかったのである。その後この委任の論理は、庄屋に対してだけでなく年寄も含む村役人全員に対して働くものとして定着するが、その過程で再度、村方騒動が展開し、その担い手はこれまでの年寄に代って「小百姓」となる。それが「前期村方騒動」と呼ばれるもので、一七世紀後半のことである。注意深くも水本氏は、その分析を通じて「小百姓」が実態として初期本百姓から小高持、無高へと推移していく様相を明らかにしている。それを『小百姓』の深化と『小百姓』枠の拡大」といい、また村政における「相談」方式の確立ともいう。つぎの史料は武蔵国都筑《つづき》郡川井村での名主交替に際し、五五人の百姓が新名主に宛てたもの(延享元年〈一七四四〉)であるが、[2]相談方式の下での村人と村役人の委任関係がよく示されている。

(c)　此之度長左衛門殿名主役御召被上ケ候ニ付、跡役之儀年寄・組頭・惣百姓立合相談之上、貴殿名主役相願申候、依之村中惣連判指出シ候間、乍御苦労名主役御勤可被下候

あわせて水本氏は、このような村構成員の村政への関与拡大の動向は、「後に展開する百姓一揆や国訴闘争とも密接に関係する」と述べる。

ではそれは、どのように関係するのであろうか。

村民と村役人との委任関係を前提にしたとき、村役人は村を代表して外部との交渉を受け持つ。山論や水論といった村落間の争い、近接する村々に共通する問題に対処するための連合、協定や共同行動には必ず、村を代表する村役人の姿がある。そしてその村役人を起点にして、新しい関係が形成される。

近年、白川部達夫氏は、元禄期筑波山麓の入会争論でも「頼み証文」が作成された事実を明らかにしている。(3) その一つはつぎのようなもので、太田村の百姓五六名が、名主以下三名に対して手交している。

(d)

相定申連判手形之事

一　今度小田村と山出入御座候に付て、先年より有来儀を、只今山へ入せ申間敷と申、迷惑至極ニ奉存候間、如何様ニ六敷《むつかしく》罷成候共何も頼入申候、小田村使を以段々御尋被成可被下候、自然江戸御訴訟も罷成候ハヽ、金子之儀相談ニて如何程成共使可申候、誰ニ不限使ニ可然と思召者ハ不限昼夜可被仰付候、少も異義不申相勤可申候、江戸へ参候義も不依何時被遣候て可然者、被仰付候て御つれ可被成候、為後に村中加判仕申候、仍て如件

元禄弐年己巳七月三日

太田村
伊　兵　衛㊞

忠　兵　衛㊞

（五二名略）

同村ではこの争論の過程で、以後四度も証文が作成されており、「頼み証文を取りつつ、結束が計られたこと」がうかがわれる。もちろん惣代は名主が勤めるのだが、山論における惣代としての名主の地位は、けっして自動的に保証されたものではないことを、この頼み証文は示している。

このように本来村役人は、各村の村人から委任を受けていることが大前提であった。その意味で文書としての「頼み証文」は、まず村落社会に生まれている。しかもそこに示される委任関係は、太田村の四度の証文に連判する百姓にその都度かなりの異動があったように、個人的なものであって、けっして団体的なものではない。ところが村役人の吏僚化、世襲化が進むとき、村役人は村人全体の団体委任を受けたものとして存立し、あらためて村内の委任関係が問われることは少なくなる。その結果、村人からの団体委任（α）を前提に、村役人間の村をこえた委任関係（β）が展開する。国訴の組織・運動構造にみられた惣代制は、このような委任関係の系譜を引くものであるが、これとてもやはり民衆の多数派形成の運動過程のなかで成立したものである。その点で注目されるのが、幕領の組合村＝惣代庄屋制と国訴との関係である。

全国の幕領では各村落を起点にそのいくつかを束ねて「組」、さらに組の連合として「郡中」が組織され、村と幕府代官所との間の中間機構として働いた。そしてその中間機構を担ったのは、各組合村から選ばれてくる庄屋であったが、彼らは幕府代官所との関係では支配機構を担う「吏員」であったが、村との関係では村々を代表する惣代として、各種の訴願運動を組織、指導した。それゆえ、彼らは「惣代庄屋」と呼ぶのがふさわしい。その様相については久留島浩氏らの研究に明らかであるが、(4)惣代庄屋が「御用」のための職務と「郡中用」のための職務とを同じ人格・

機構のなかで果すという重層性のなかで、前者の用向きを勤める際は役所から任命されるのに対し、後者では「郡中評議之上」「人柄見立」てることが重視される。ここに惣代庄屋と組合を構成する村々との間の委任関係がうかがわれ、加えてその委任関係が村のレベルでは、百姓代を含む村役人に限られていた。いいかえるならこれも、村役人を起点とする委任関係であった。その意味で、中間機構としての組合村＝惣代庄屋制は、このような村役人を起点とする委任関係を前提として近世後期に、かなり広範囲に成立していたことがわかる。しかしそこでは、日常的な公儀の支配機構として組織されていることに由来する上位下達的構造と惣代的秩序(委任関係)は、必ずしも調和していたわけではない。その結果、国訴における広域的な訴願組織を成立させる第一歩を記したのは、幕領の惣代庄屋制ではない。その栄誉を担ったのは、前篇第二章で詳しく論じたように支配関係をこえて地域的に、利害関係の同一性で結ばれた村落結合であった。それゆえそこに委任関係が文言として明記され、村々の間で取り交される必要があった。それが国訴における「頼み証文」である。

「頼み証文」をともなって成立する国訴惣代制と惣代庄屋制とは、村役人を起点とする委任関係である点で共通する。しかし惣代庄屋制の場合、このように証文を交して相互に委任関係を確認する手続きをとらない。この点でまさしく、国訴という運動のなかで成立した関係といえよう。この点でいえば国訴惣代制は、むしろ惣代庄屋制よりも、一揆のなかで成立する委任関係に近い。惣代制と直接行動という二つの経路を示しながら、ともに民衆の多数派形成を求める運動のなかで成立したという事情が、両者に近似性を与えるのだろう。

また惣代庄屋制がもった上位下達的構造と惣代的秩序という重層的な関係は、つぎのような形をもって、その矛盾を現すことがあった。それは、郡中入用や組合村入用をめぐる騒動の展開である。たとえば備中倉敷・笠岡代官所管下では天明六年(一七八六)、郡中騒動によって従来、倉敷村の掛屋兼庄屋が独断で会計を行ってきたのを改め、惣代庄屋らが立ち会って支出を吟味する体制に変っているが、さらに天保一一年（一八四〇）に騒動が再燃している。このとき惣百姓たちは、大割銀の負担が重いけれども、庄屋衆が立ち会って吟味するので減るだろうと期待していたが、結局減らないので、この際「五七年此方より之大割帳受取、村々百姓一両人ツヽ立会帳面見合」せて、削除できる項目は差し引き、年貢の足しにもしたいと申し合せている。天明から天保にかけて「庄屋主導から小前百姓主導へと主体の下降現象」が明らかである。当初、村役人―惣代庄屋という委任関係が働くことによって郡中割の「民主化」が進められ、それに各村の村人は期待をかけたが、期待に応えるだけの負担減が実現せず、惣百姓は自らの直接行動によってその打開を図ろうとしたのである。各村の小前百姓が、自村の庄屋をその本格的な委任関係にもとづいて捉え返すことは村方出入を通じて頻繁に行われていたが、郡中の惣代庄屋制の下では自村の庄屋を介することによってしか、いいかえれば間接的にしか、その惣代機能を規制することができない。ここに各村の村人（小前百姓）が決起し、直接的に惣代庄屋を捉え返そうとする根拠がある。ここでの彼らの動きはもはや一揆同然で、直接行動として多数派形成の途を切り拓いている。そしてこの直接行動のなかから、もう一つの委任関係（ア）が成立してくる。(5)

この直接行動のなかで形成される委任関係は、村の内外にあって、日常的な支配秩序に包摂されている村人一人ひとりが、直接行動に立ち上がることによって切り拓かれる。それは村方騒動にあっても、一揆にあっても同様である。そこでは村人は、まず一味連判する。「惣百姓中寄合をつけ、れんぱんを仕、神水をため、我等所へ出入仕候もの曲事と申、火のとりかわしをもさせず」とか、「百姓之内ニ八人連判仕」「私ニ惣百姓寄り合いを付ケととうを組、壱身《(味)》連判百姓をすすめ拾三人迄連判為致」す行為が、村内で必ず行われた。享保六年（一七二一）、摂津島上郡東大寺村では、正月から一二月にかけて二人の庄屋が相次いで交代を求められる村方出入が起っているが、いずれの場合も、村人が「段々我まゝ成仕方ゆへ、小百姓共迷惑相重り候ニ付、此之度村中相談之上、庄屋役替被成仰付被下候御訴訟申上度旨、得心之上、同心連判致シ」、庄屋との交際をいっさい断つと誓い合った(村八分)うえで、庄屋改易の訴訟を起している。(6) また同二年武州野津田村で起きた組頭の役引き反対出入では、百姓が「抜々」に寄り合って相談ののち名主に申し出、さらに仏前にて「神水同前之起請文言一列之判形堅メ」、組頭と掛合う際には「惣代」を出している。(7)「小百姓惣代」、「百姓惣代」の登場である。(8)

　そしてこれら惣代と村人の間に、委任関係が存在したであろうことは、今日残されている「頼み証文」を通じて確かめることができる。一例として文化二年(一八〇五)の河内国古市郡西浦村のものを挙げよう。

(e)

差入申一札之事

一当村庄屋大三郎殿御年貢米銀其之外執行計方不明之儀、多有之哉ニ存罷在候ニ付、百姓相続も難仕、依之高持百姓相談之上、各々方惣代ニ相頼候而、役義勤方不分明之義御願申上候へ共、各々方了簡を以、村方相治り可申候様御執計之段頼入候間、思召之通いケ様共御執計可被下候、(中略)為後日頼一札連印仕、差入申所依而如件

村政の相談方式を受け継いでここでは、年寄二名を含む高持百姓八一名と三名の惣代との間で委任関係が成立している。また末尾には但書として「弥《いよいよ》出入ニ相成、入用銀相掛り候へ者、何時成共各々方御差図次第ニ急度出銀可仕候」と、負担に応ずることを明記している。また文政七年(一八二四)の同国古市郡伊賀村の場合は、頭百姓に惣代を頼んでいるが、ここでも入用は「百姓一統得心ノ上、高割ニ致し相懸」けると誓っている。(9) 頼む村人と、頼まれる惣代の関係が明らかである。

　村人の一味連判から、委任関係の成立に至るプロセスは、直接行動として村外に展開した一揆にも認められる。たとえば正徳三年(一七一三)の下野国芳賀《はが》郡初田村の訴訟では、起請文言を末尾に記した連判状をもって市郎左衛門ら

二九名の百姓が二名の惣代に手交している。文面は手鎖・籠舎・追放等の処分にあったときは残った者が諸事勤め、江戸・古河へ惣代として出る者の役は残った者が勤めることを記したのち、訴訟の費用は高割で負担し、どれだけかかっても出す、惣代は「惣百姓之吟味」のうえで定めるのでいっさい違反しないことを誓う。[10] 起請文でありながら、そのなかに委任関係を内包している。その意味で「一味起請文」と「頼み証文」の位置は意外と近い。宝永二年（一七〇五）越後蒲原郡下和田村ほか三カ村が行った訴願では、惣代への頼み証文が傘連判として残されている。[11]

（f）

指上申一札之事

当酉年之田方植付申候へ共、四月より六月迄日照ニて惣て悪作ニ罷成、迷惑ニ存候、就夫当毛苅取申候へても御返納物可致上納様も無御座候故、何とも難儀ニ存候間、依之三ケ村之惣百姓立合相談を以、当毛分不残御公儀様へ指上被下候様頼入候、乍御苦労御公儀様へ御申上ケ可被下候様ニと頼入申候、為後日之連判一札、依如件

残念ながら宛名を欠くが、委任文言の入ったれっきとした頼み証文である。

一揆といえば、この種の連判状がこれまでも注目されてきたが、ひょっとしたらその形式に目を奪われ、そこに内在した委任関係を見失っていたのではないだろうか。

百姓一揆史のなかでもとくに著名な飛驒大原騒動でも、委任文言を見いだすことができる。まず明和八年（一七七一）一二月に作成された車連判状は、一二カ条の要求を書いたのち、つぎの一文を記す。[12]

（g）

（前略）右両様之義、以書付御断可申上候、併《しかしながら》右御断願之節ハ、一組ニて名主・百姓代壱両人、惣代ニて罷

出可申候、百姓大勢堅ク罷出申間敷候、然上ハ右定之通惣代ニ而御願罷出、万一願之通御聞済無御座候とも、
惣代ニ罷出候者ヲ恨ミ申間敷候、尤右願ニ付入用御座候共、村高ニ割合無故障差出し可申候、

末尾に飛騨三郡村々の名主・百姓代が丸く連判している。直接行動でありながら百姓が大勢出ることをしないで、惣代を頼むこと、訴願が成就しなくても惣代を恨まないこと、訴訟費用は村々で負担することなどを記している。この連判状にしたがって惣代が選ばれたことはいうまでもないが、百姓一揆において「頼むもの」と「頼まれるもの」の関係が、よく示されている。

さらに安永二年五月、大沼村久左衛門らが代官大原の検地中止を求めて江戸に出訴するが、そのときの惣代の一人、吉城郡山本村彦兵衛に宛てた頼み証文が残されている。[13]

(h)

一札之事

一当春、江戸表ゟ地改被仰付御座候、依之御難ヲ御願(カ)六ケ村惣代ニ山本村之内彦兵衛様相頼申候、相違無御座
候、為後日依如件

半田村ほか六カ村の百姓代・組頭が署名している。この委任を受けて彦兵衛らは七月、老中駕籠訴に成功するが、代官大原はそれを切り崩すべく三郡の名主たちを集めて、彼らは村々の惣代でないとの口書を取る。裏切りを迫ったのである。牢死した久左衛門の妻が、「余りの事ニ而」と涙ながらに訴えたのは、このときである。

(i)

頼一札

今般御伝馬所一条ニ付、大庄屋様より熟談書御認メニ被成下、小毎(前)江も御諭も無御座村役人調印被致、右ニ付

小毎一同承服不仕、熟談書願下ヶ仕度、依之貴殿ヲ惣代ニ相頼候間、何様之儀ニ相成候共、貴殿より少も御苦労かけ申し間敷候、依而頼一札如件

これは、明治二年（一八六九）の岡崎伝馬所騒動時に出されたもので、騒動に参加した矢作川西側村々の小前惣代三四名と大惣代七名の間で交され、小前惣代の後には、村ごとの小前がいた。(14) ここでの委任関係が村や支配関係をこえていることはいうまでもなく、その関係は個人的であるが、さらに小前→小前惣代→大惣代と、村内の小前百姓を起点に委任関係が積み上げられているのが注目される。

このようにみてくれば同じく村内の個人を起点とする運動である点において、村方出入と一揆は連続性をもつ。その連続性を雄弁に物語る事例として井ヶ田良治氏が見いだした丹波国保津村百姓清蔵がいる。(15) 彼は天明元年（一七八一）に女奉公人を自分の家に集めて奉公の拒否を煽動したとして追及され、翌二年小百姓が五苗集団と争った村方出入では小百姓惣代として名を訴状に載せ、また保津川の筏差子たちが差賃の増額を求めて行動したときにも顔を出し、最後に天明七年、口丹波一帯を襲った一揆に参加した疑いで京都に入牢させられている。この清蔵のように「一連の長く激しく多面的な闘争の中を赤い一筋の糸のように」貫く例は稀有かもしれないが、村方出入から一揆に共通する運動様式の存在を一般に認めることができるだろう。それは運動集団として一味連判を交し、さらに選任される惣代との間で委任関係を作り上げるというものである。

少しまとめれば、近世の村社会には村役人と村人の間に存在した委任関係（α）があり、村役人に不正などがあったとき、捉え返しの根拠として近世を通じて働いた。またこの関係が存在したため、村役人は村を代表することができたが、そのような村役人を起点に村外に新しい委任関係（β）が展開した。それは組合村—惣代庄屋制の下、また国訴惣代制においても存在したが、国訴のように訴願運動と交差することによって委任関係は、より純然たるものとして

「頼み証文」を生みだした。さらに村方騒動において、村人が村役人を捉え返そうとするとき、彼ら村役人が国家の執行官としての側面をもち、また身分階層制と上位下達的構造が村を貫いていた以上、本来的な委任関係によるだけでは、それは果せなかった。ここに小百姓や小前百姓による運動、多数派形成が必然化され、そのことが村内にもう一つの委任関係を育てた。すなわち村役人と村人でなく、村の成員同志の間から発生する関係（γ）で、村方出入においても、また百姓一揆においても広くみられた。βが村人の団体委任（α）を前提にしたのに対し、γは村内の集団や個人を起点にあらたに展開した点で、両者の位置関係は明らかである。

（1）水本『近世の村社会と国家』（東京大学出版会、一九八七年）。
（2）『編年百姓一揆史料集成』三、四三〇頁。
（3）白川部「元禄期の山野争論と村」（徳川林政史研究所『研究紀要』二四、一九九〇年三月、のち『日本近世の村と百姓的世界』校倉書房、一九九四年所収）。
（4）久留島「直轄県における組合村――惣代庄屋制について」（『歴史学研究』一九八二年度大会特集号）。
（5）久留島「幕領における郡中入用と組合村入用について」（『日本近世史論叢』下、吉川弘文館、一九八四年、（4）とともにのち『近世幕領の行政と組合村』東京大学出版会、二〇〇二年所収）。
（6）『（大阪府）島本町史史料編』一五九頁。
（7）『編年百姓一揆史料集成』二、三七八頁。
（8）この系譜のうえに村方三役の一つとして百姓代が姿を現す。庄屋や名主は公儀が村の年寄衆や同族団の長を上から捉えたのに対し、百姓代は下から作り上げられた。百姓代が村政において目付役とされる（「地方凡例録」）のは、このような成立事情にかかっている。
（9）『羽曳野市史』五、五九二～三、六一三頁。

(10)『編年百姓一揆史料集成』二、三二九頁。保坂智氏はこのような宛先のある車連判にふれて、これまで車連判を頭取隠しとしてきたことへの反省を促している(「百姓一揆―徒党の形成と一揆の有様」『歴史と地理』三八八、一九八七年七月、のち『百姓一揆と義民の研究』吉川弘文館、二〇〇六年所収)。
(11) 同二、一九四頁。
(12)『岐阜県史史料編』近世八、五八六～七頁。
(13) 岐阜県国府町郷土館所蔵。一九八八年八月二三～二四日、萱田一護氏の案内で調査した折に、同館で見いだした。なお彦兵衛が惣代の一人として江戸で会合をもつシーンが、少年少女まんがの人物日本の歴史『農民一揆』(小学館)六六頁に描かれている。
(14) 藤井寿一「明治二年岡崎伝馬所騒動に関する一考察」(岡崎地方史研究会『研究紀要』一六、一九八八年三月)。
(15) 井ケ田『近世村落の身分構造』(国書刊行会、一九八四年)。

第三節　代議制的形態と直接行動の分岐

近世後期の一揆の潮流のなかに、多数派形成の一方途として代議制的形態を拾い出し、あらたな意味づけを与えようとする本論は、「運動としての代議制」から「制度としての代議制」への推移を見極める目標をもっている。このような観点に立つとき国訴と一揆、それぞれに展開する代議制的形態は、どのような特質をもつものであろうか。

まず国訴であるが、国訴を百姓一揆の形態で分ければ、それは百姓がみずから語るように愁訴[1]であった。しかしこの訴願闘争にあっては、愁訴から越訴、強訴へと展開することなく、愁訴のまま継続され、独自の通念を新しく生み出すものがあった。それが「国訴」である。第一節の図1～4に示されるように、近世後期の一揆は多く訴の順序をこえ、また集団的な訴願闘争に展開していくなかで、ひとり国訴のみ、そのような方向性をもたず、それがために独自の位置を占めるようになったのである。

国訴は支配国限りの訴願闘争として、所轄の奉行所に対し行われるが、この過程でより上級の幕府機関への出訴がまったく考慮されなかったのかといえば、そうではない。

右之通御書付御番所(大坂町奉行)様へ御願申上候ニ付、乍恐以書付、御願奉申上候、右御聞届被為成下、当御役所ゟも御江戸表へ被為仰上被下候ハヽ難有可奉存候

右は安永六年(一七七七)一一月、繰綿延売買会所の設立反対に訴願したことを知行役所に届けた書面の一節だが、(2)自己の領主を介して公儀への直訴的効果をもたそうとしている。誠に虫のいい話で、個々の領主権力が国訴闘争との間でもった位置関係が窺い知れる。また集団的な訴願に出なかったことも、この運動を特徴づけ、終始、村役人惣代制が堅持された。

むしろ国訴は、直訴や大衆行動に訴えることなく、その秩序だった組織性と主張の練り上げによって願意の貫徹をはかった。その組織の巨大さは、「川(大和川――引用者)南惣一体ニ致」そうとする意気込みの大きさに示され、訴願が壁にぶつかるごとに、その組織は拡大された。その結果として、一〇〇〇カ村をこえる村落連合が短期間に実現し、かつ相当長期に維持された。その理由は、千余の村落連合が村々を基礎にしながら、庄、郷、組、郡、国を単位に運動体としての節目をもつ、重層的な地域構造を有していたからである。

組織の大きさは、同時に組織の秩序性をも兼ね備えていた。「余り大締ニ而行届兼候ゆへ、一郡限ニ取締可致」とその組織を地域単位に分け、惣代を選出するという方式は、国訴の組織構造がもった基本的特徴である。大衆的行動によって切り拓かれた強訴にあっても、時と処に応じて「此大勢ニ而評義とりぐニてハ返て願ひの障成べし」と、

代議制的秩序が選ばれることもあったが、国訴はそれのみによって運動体が支えられていた。強訴にあっては、時と処を考慮して瞬時に選択された代議制的形態が、国訴の場合には歴史的に選択されたものとしてすべての訴願闘争に継承された。

代議制的形態をとる運動として国訴には、一揆のそれとはまた違った委任関係が成立していた。国訴では、その都度の委任関係を示す文書(頼み証文)がかなり多く残されているが、そこに示された委任関係はつぎのようなものであった。

(1)　惣代である村役人と、選出母胎である村々の村役人との間に結ばれた。
(2)　領主制的諸関係の枠をこえ、庄、郷、郡という地域的単位においてあらたに形成された。
(3)　惣代と村々双方の関係は相互に対等である。
(4)　惣代は出願を担当し、母胎である村々はその出訴費用を地域事情にあわせて負担する。
(5)　惣代の出訴費用が指定され、全体として経費の無限定な膨脹を抑制しようとする。

(3)・(4)は一揆のなかにもみられるものだが、(1)・(2)・(5)は国訴に独自なものである。加えて一揆や村方騒動と異なり、この委任関係には「もし惣代に処分が及んだ時は」との仮定文言がいっさいともなわない。代議制組織の秩序性が、この合法性を支えているのであり、その強固な秩序性は委任関係が村役人(とりわけ庄屋)にとどまり、一人ひとりの村落構成員に及んでいないことによる。このように既存の村落秩序を前提とし、村役人と村役人の間に結ばれた委任関係の貫く国訴惣代制を、前稿(前篇第二章)では「代議制の前期的形態」とよんだ。

α型の委任関係を前提に、βとして展開する惣代制を代議制の「前期的形態」と置くならば、それとはまったく別個の経路をたどって成立するγ型の委任関係の貫く惣代制は「本来的形態」とするべきだろう。なぜならそれは、前者が村という団体委任を前提とするのに対し、後者は村人個人を起点とするからで、本質的に近代の(理念的)代議制に近い。この代議制の「本来的形態」は、先に述べたように強訴のような民衆の直接行動の場において育まれ、成立したものであるが、それがこの委任関係を色濃く規定している。それを国訴がもった委任関係と比べるとき、いくつかの注目すべき差異がある。

(1)一揆参加者の間で結ばれた関係としてきわめて変化に富んでおり、国訴のように村役人間というような固定性はない。

たとえば明和八年(一七七一)飛騨大原騒動では、各組の名主・百姓代が連判したうえで惣代を頼み、それが楕円形の連判状として残されている。その意味で村役人間の委任関係といえるが、明治二年(一八六九)高崎藩五万石騒動では一転、名主・組頭を排除したうえで、惣代が頼まれている[3]。

(j)　右願之通り小前一同村役人ヲ以、数度御地頭様江願上候得共、未タ思召無之故ハ、御上様御検見御見分無(被)遊候共、小前一同苅方之義一節(切)不仕候、此義村惣代ヲ相頼ミ何方迄罷出、願済之義請たまい候迄ハ、何カ年何カ用相掛り候共、諸入用ハ勿論外何ニ而モ少茂違背無御座候

村の惣代はさらに、小前一同の連印をもって三人の惣代を頼んだが、その一人小塙村小島文次郎の家には、いまなお二二カ村の百姓連判状が残されている[4]。大原騒動では名主・百姓代—一揆惣代であったが、五万石騒動では小前—一村(小)惣代—大惣代というように委任関係が積み上げられているのである。同様のことは残された頼み証文によって、文化一〇年(一八一三)の旧小田原藩領一七カ村訴願にも、また明治二年の岡崎伝馬所騒動にも認められる。

(2)もう一つ、この委任関係で注目したいことは、それが一味連判とほとんど重なっていることである。それは頼み証文が、さまざまな連判の形をとっていることからもわかる。先の五万石騒動で、大惣代文次郎に手交された二二

カ村の連判状は、村ごとに円形・楕円形・傘状と思い思いに百姓が連印したものである。その意味において一揆における委任関係は、なによりも村々における一揆結合を大前提とし、その結果すぐれて個人的性格をもった。

(3) 頼む者と頼まれる者の関係は、対等・双務的である。

惣代を頼んだうえは、どのような結果になってもいっさい惣代を恨まない(大原騒動)が、惣代の方も頼まれた以上、「御上より厳重之御沙汰御座候ハヽ、私等引請申開仕、各方へは小《(少)》も御苦難相掛申間敷候」(五万石騒動)と誓う。そうして生命の果てた場合、惣代は義民となることがある。「命を限りに」出願するからであるが、文次郎もその一人である。国訴の惣代が義民になることがなかったのに比べて大きな違いであるが、ここに一揆のもった非合法性が示されている。もちろん国訴惣代にも人柄を見立てる、すなわち惣代にふさわしい人格的資質が求められていたのであるが、一揆においては「無双の強情者」、あるいは「農民的強か者」といわれる人格的範疇[5]が、その伝統のなかから形成されていたことも重要な違いである。

(4) 惣代は訴願に全力を傾け、頼んだ村々の百姓は、その費用を負担する。

この関係は国訴においても同様だが、国訴の場合、全体として経費の抑制志向が強いのに比べると、願意貫徹のためには費用も惜しまないというのが一揆の基調である。このことは、一揆の展開を複雑なものにする。一例を挙げれば嘉永元(一八四八)〜二年、新宮湊の口税撤廃を求める十津川郷村々の訴願運動では、その過程で惣代派遣にともなう経費捻出をめぐって惣代と郷中村々との間で「事済不致内ニ頼の頼まぬの」といったトラブルが発生、結局費用の不足分は惣代自身が自弁している[6]。このような経費負担に対する鷹揚とも、あるいは放任ともいうべき一揆勢の対応は、負担をなべて高割で一元化し、あるいは経費負担を地域事情に合せて行う国訴(前篇第三章)と対照的ですらある。

このようにみてくると、民衆が多数派を形成するうえで同じように代議制的形態(惣代制)をとったとしても、一揆と国訴には大きな違いがあることが分かる。その理由として考えられることは、一揆には委任関係以外の属性があり、それが委任関係をも規定するからだろう。

直接行動としての一揆のもつ属性の一つは、「一揆結合」にある。それは一揆や村方騒動を問わず、近世を通じて、民衆の多数派形成における基本的契機といってよいものであろう。その場において、村内や地域社会内部の日常的な格差・秩序といったものがどの程度無視され、また参加者の間で平等なメンバーシップがどの程度形成されているかは慎重に吟味すべきであろうが、近世村落の身分階層的秩序と上位下達的構造を考えるとき、基本的にそれらと相容れない、いいかえれば個人的性格の強い連帯意識が一揆において存立しているとみることは許されるだろう。それをここでは、「党派的契機」と呼ぼう。代官田中丘隅は身近にいる農民の性癖を見透かして、つぎのようにいう。

それ百姓と云うもの、元来性癖にして、すさまじきものなり。集まる時はよく城を守り、散ずる時は廓を破る。党を結ぶに及んでは金銀珠玉を顧りみずして、身命をかえりみることなし（「民間省要」）

近世の農民は、その体内に党派的契機を持ちつづけたのである。そして「ややもすれば一枚の皿を荷いて公事を起こし、雲の集まるごとく雨の催に似て強訴を出し、大に渉ては一国一郡の煩となる」（「国家要伝」）のである。(7)

このような一揆における「党派」の形成を、「寛延伊信騒動記」はつぎのように描いている。(8)寛延二年（一七四九）一二月三日夜、伊達・信夫《しのぶ》両郡村々の百姓代は廻状のよびかけに応じて宮代村山王社地に集まるが、

(k)　于時《ときに》長倉村彦内拝殿の正面に着座し居たりしか、衆に向かつて云ひけるは、吾過る朔日九夜奇体の夢を見たり、位官正しき老翁吾が枕に立たせ給い、神山三郎左衛門大悪道土屋が諌言をいれて伊達・信夫両郡の氏子を取潰す事奇怪也、これを其儘差置けは、非道日に〳〵増長し、村々の退転遠きにあらず、両郡繁栄の地も神山が為に荒地となり、永く野狐の住みかとなるべし、汝精神をはけまし徒党の頭取となり、両郡の百姓を社地

に集め、誓をなし、速かに二人を成敗せよ、吾擁護の鏡を照らして可助之と曰《いわく》つる御声の耳底に響く覚へて
夢さめぬ

彦内のこの瑞夢に符合するように鎌田村源七、伊達崎村半左衛門も夢のなかで「雌雄の柱となって彦内を助けるべし」との示現を得ていた。そこで彦内は牛王の起請文を出して血判、源七・半左衛門以下同席の者も順々につづいた。一味惣連判の成立である。さらに彦内はそれを灰にして一同神水ののち、半左衛門に願書を読ませるが、それを聞いた一同は「天晴れよき願書にて候、此上は彦内殿をはしめ半左衛門殿、源七殿との御差図に任せ、惣百姓進退可仕にて候」と申し合せる。こうして信達両郡一揆は始まるのであるが、このとき一揆勢と彦内・半左衛門・源七との間には、「御差図に任せ、惣百姓進退可仕」の文言に示されるように委任関係が成立しているのである。ただそれを文書にして残すことはなかったが、もし残されていればつぎのような一札になっていたであろう。

(1)
証文之事

(前文略)惣百姓難相立、依之各々様方を相頼、御籠訴訟被成被下、惣百姓遂存念難有奉存候、尤郡中ゟも御頼之判形等も取置申候、猶此上者命を限りニ御願被成可存候、為証拠之一札、依而如件

これは宝暦郡上《ぐじょう》一揆のもので、同五年一二月二二日の日付をもち、惣代となって江戸に出向く前谷村定次郎・切立村喜四郎ら六名に対し、万場村善次郎ほか八名が連判して差し出している。一揆惣代への頼み証文として、代表的なものである。そして彼らに対してはさらに、万場村善次郎らを介して郡中村々から「御頼之判形」、つまり頼み証文が取られている。「郡中之義ニもれ不申候、仍連判如件」(同年八月二二日付大間見村)のように簡単な連判状で、委任文言はみえないが、これが(ほかに二四日越佐村、二六日橋爪村のものが残る)それに該当するのだろう。(9)いうなれば村々の

小前百姓は、自分たちの連判状をもって、一揆惣代を間接的に委任しているのである。先にみた五万石騒動でも、二二カ村思い思いの連判状が、大惣代文次郎の下に差し出されている。

これを一揆の構造で考えれば、「寛延伊信騒動記」の描くように神前で一味神水するメンバーの間での直接的な委任関係――彦内らとその場に居合せた百姓代との間――と並んで、その場に居合わせていない村々の小前たちが、百姓代を介して惣代たちに委任する間接的なそれとが併存していたことがわかる。その結果、小前―村惣代―大惣代という重層的委任関係が形作られる。形だけみれば小前―村役人―国訴惣代という、国訴のそれと相似ているが、一揆の場合は時と場合によって小前百姓が直接、大惣代を規制することがしばしばあったように、原理的には蜂起した小前百姓と一揆惣代との関係があくまで基本であった。

かつて安丸良夫氏は一揆の蜂起過程を分析して「特定の村で蜂起が決定され、ある人物がその頭取に選ばれたとき、その発頭村と頭取は、関係地域の全民衆の共同体的依存関係のなかで、もっとも困難な役割をすすんでひきうけたことを意味した」と述べているが、(10)ここでいう重層的な委任関係を「共同体的依存関係」の内実と見なすことができるのではないか。もちろん一揆は運動体として絶えず伸縮するものであり、また実力をともなってつねに流動的である。また共同幻想として形成される部分は、常に文字表現をとるとは限らない。これらのことからいえば、文書表現をもった委任関係は「共同体的依存関係」の一部であるとすべきであろう。国訴にあっては惣代制が、国訴の構造そのものであったのと比較できるであろう。

ところでこのような一揆の頭取・惣代になる人物の多くは、村役人ではない。一揆において党派が形成され、村役人でないような人物がその指導者に選びだされるということは、村役人を頂点とする日常的な村落秩序を前提とする限りありえない。その意味で一揆にはもう一つ、日常的な秩序の転倒を促す力が必要であった。それを「暴力的契機」と呼ぼう。打ちこわしによる参加強制も、そして打ちこわしそのものも、そのなかに含まれるのはいうまでもない。慶応二年(一八六六)河内富田林で起きた村方出入は、夫食米の備蓄を怠った庄屋の改易と米の安売りを求めて小前百姓が立ち上がったものだが、「退役シテモラヘ〱ト、サア退役と堂中嶋《ママ》る如ク申立」、米屋・酒屋に迫る様子を眼のあたりにして、同村の百姓代は「当村開闢以来不聞事、百姓惑乱如此事歟」「鐘太鼓・鯨波・篝火焚立、酒飯焚煙などと誠恐ロし、百姓一揆と申者歟」と嘆いてみせる。[10]「平和」な村社会に生きる者にとって、降って沸いたような小前百姓の集団的実力こそが、百姓一揆を決定づけるものであった。

このような暴力的契機を得てひとたび蜂起した民衆の活動性、威力はいかばかりなものであったか。これについては安丸良夫氏が、『日本の近代化と民衆思想』のなかでほとんど余すことなく説いている。いまなお感銘を受ける著書で、蜂起した集団の活動性、威力、ラディカリズム、毒気こそが一揆の本質であることを教える。そのとおりであるが、その一揆が他面で代議制的形態を手続きのうえでも、また文書表現のうえでももっていたことをどう考えればいいのであろうか。

この点で参考になるのは、松永伍一氏のつぎのような見解である。氏は一揆のような異常行為は、つぎの図式で示される関係をもっているという。[12]

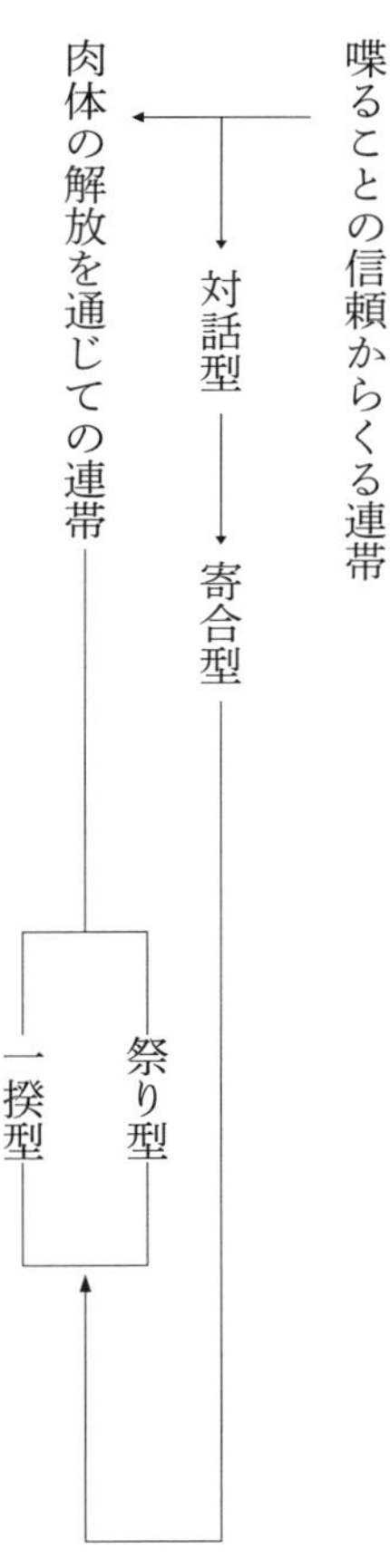

この図式によって考えてみると一揆には、暴力(実力)に代表的に示される「肉体の解放」という系列と並んで、「喋ることからくる連帯」という系列があり、それが先行し、対話から寄合へと発展するなかから一揆の世界が形作られてくる。代議制的形態(惣代制)はこの初発の段階で登場し、終始、寄合―訴願を貫いた越訴などでは最後まで維持されるので、私たちの目にも止まりやすい。近世を通じてそのもっとも典型的な形態が、国訴であることはいうまでもない。ところが通常、一揆には実力がまとわりつく。そして一度、実力の世界が切り拓かれると、一揆集団の溢れんばかりの活動性の前に、代議制的形態はしばしばその姿を隠してしまう。このように考えることができないだろうか。

さて国訴も一揆、なかんずく強訴も、近世の民衆が国家に対して自己の要求、ひいては自己の解放を求めて作り上げてきた運動である。そしてともに村を起点に多数派を形成することが、なによりも重要であった。そこに一揆や国訴の組織過程があるのだが、そのようにして形成された多数派は、訴願として展開するなかで必然的といっていいほど惣代を選んだ。いいかえれば代議制的形態を示した。ところが両者のもった代議制的秩序は、大きな違いをもった。まず頼まれた惣代と彼を惣代に頼んだ人間との間の、委任関係に根本的な違いがあった。つぎに国訴が惣代制を選択した根拠の一つは、大勢の出訴では行き届きかねるという判断であったが、併せてもう一つ―大勢出訴しては多大の経費がかかるとする判断が働いていた。「困窮之百姓大勢罷出候而者、諸雑費等相掛、猶々難渋ニ付」との判断は、国訴のみならず村方騒動にもみられ、惣代制をとる一つの根拠とされている。

経費の多寡を理由に民衆運動の方向性を決めるとするこの判断は、明治二年の伊那県騒動の際に庭野村の庄屋源次が持ち出した理屈に近接している。源次は強訴による損得勘定を示し、自村民の決起を抑えようとしたのだが、それは百姓の受け容れるところとならず、反対に決起した百姓たちにより殴り殺されてしまった。ところが国訴にあっては、「頼み証文」のなかに堂々と、負担抑制が認められている。まことに鮮やかな対照である。

国訴も一揆も大衆運動である以上、必ずそこに日常的な村々の負担をこえた、非常時の負担がかかる。特定の人物の死罪をともなうか否かを除けば、経費の負担では共通するものがある。ところが国訴は、その経費の全体的な削減を志向し、惣代自身の費用を指定する精密さを示すのに対し、他方一揆にはそのような打算の働く余地が少なく、願意貫徹のためには「御申越候時々相差下し」、遣金の心配を惣代にさせないほどの寛大さがある。それがために後者では、経費の打算を行う者は一揆集団から排除され、ときに膺懲をくわえられる。しかしこの場合、のちに村々が非常な負担に喘がなければならなかったのもまた現実であった(13)。

このように同じく自分たちの窮状を打開すべく、大衆的な訴願闘争に立ち上がりながら、国訴と一揆(強訴)には大きな分岐点があった。訴願形態と負担からする分岐点のほかに、国訴と一揆にはもう一つ重大な運動様式上の分岐があった。それは一揆には、惣百姓の決起にとって一揆勢による打ちこわし等の参加強制という媒介的契機が不可欠であったが、国訴にあっては、村役人の地域的な村落連合に乗りおくれまいとする論理が、組織を広げた。一揆がその実現過程に内包した村役人と小百姓たちとの厳しい緊張・対抗関係に想いを至すならば、日常的な村落秩序を現状維持して展開する国訴との間には、相当な距離がある。強訴・越訴も国訴も、同じ「一揆系列の運動」とする立場(14)は、やはり一面的である。

それならばこのような分岐点は、どのようにして生じたのであろうか。これがつぎの問題である。通例、一揆史研究では越訴→強訴のように段階論をとるが、これでは一八世紀後半以降の国訴はいうまでもなく、一揆の全体像も捉えられない。一八世紀後半以降の民衆運動を全体として捉えるときには、多数派形成の道筋として代議制的形態と直接行動の二つを用意しておくべきだろう。一揆には両者に一定の互換性があったのだが、国訴にあっては代議制的形態のみが存在していたのである。

百姓一揆からの国訴の距離を測るうえで、「封建地代中心の領主的収奪と闘う本来の農民闘争（すなわち百姓一揆の発展――引用者）のなかから小ブルジョア闘争が分離してくる第一段階」として、国訴を位置づけた林基氏の指摘(15)はきわめて示唆に富む。ただ林氏の場合、その小ブルジョア的性格を実証ぬきに、国訴の指導者たるべき在郷商人に求めたが、これは明らかに誤認である。小ブルジョア的闘争としての側面はすでに指摘したとおり、在郷商人という存在にあるのでなく、小ブルジョア的経済制度を実現させていた摂河泉の民衆が歴史的に形成、選択した国訴の運動様式そのものにある。それゆえ個々の国訴を指導した村役人のなかに、一人や二人すでに地主化してしまった者がいたとしても、それはなんら国訴の小ブルジョア的性質を変えるものでない。農村における小ブルジョア経済の下では、「萌芽的利潤の一般的形成が実現して、中位以上の農民層が全般的に小商品生産者に転化」し、農村の全般的繁栄のなかで、富農―賃労働というブルジョア的関係が発生・展開する。(16)国訴はそのような農村経済の上に成立し、郡中議定を基盤に訴願対象をひろげ、訴願闘争を繰り返すことによって国訴の組織・運動構造と社会通念は定立した。

国訴は金肥購入や綿・木綿・菜種の販売をめぐって、特権的な流通機構の統制を排除することを基本的な要求におき、領主的収奪の問題とは分離している。畿内農村にあっては関東や諸藩と異なり「商品生産をめぐる収奪や圧迫が領主権力の封建的収奪ときんみつに結びついていなかった」という、支配面の地域的特質(17)も、先述のブルジョア的農村経済と相まって国訴を成立させる要因であった。したがって国訴は、そっくりそのまま他の地域に転移しえない、地域的限定をもったものなのである。

しかし、国訴が典型的に示した代議制的秩序は、その限りではない。国訴にあっては代議制的秩序に高い評価を与え、また参加にあたり惣代を委任する人物の可否と並んで出訴経費の高低をバランスシートにとったのは、この地域の村役人―多くは小ブルジョア経済の波頭にたつ地主富農たちであった。彼らは村役人として徒党強訴の禁制を強く内面化していたためというだけでは、国訴に示された合法性と代議制的秩序を説明することはできないだろう。底辺民衆に受容されるかどうかを別とすれば、近世後期ブルジョア的発展のみられた農村地域において、村役人を中心に合法性と代議制的秩序への志向性は大きく育まれていた。伊那県騒動の庭野村庄屋源次を、その一人に数えることも可能だ。半プロ（プロレタリアート）層を中心とする底辺民衆だけが、直接行動による民衆蜂起の世界を押しひろげるのでなく、富農や豪農にもその階級的存在よりする民衆運動の選択がありえた。国訴にあっては彼らの選択が運動の全体を覆ったため、そこに合法性と代議制的秩序が鮮明である。ところが一揆にあっては両者がきびしく緊張関係を示し、一揆ごとの分岐点を形作った。その結果、一揆の様相は多彩で、南山一揆のように江戸内願・代表訴願・強訴が相寄って一つの一揆を構成するものや、一揆の進行途中で「願ひ」（交渉）から「崩す」（打ちこわし）へと大きく性格の転換した天保七年（一八三六）の甲州騒動[18]などが生まれた。

しかし個々の訴願運動がどのような形態を示そうとも、全体として訴願運動における合法性と代議制的秩序は、富農・豪農でもある村役人にこそ似つかわしいものであった。その意味で村役人・豪農は、近世の民衆運動における分岐点でもあった。

（1）　安政二年の国訴において惣代は、わざわざ「強而可願上筋ニ者無御座」いと断っている。
（2）　太田村文書覚帳（大阪府立中之島図書館所蔵）。
（3）・（4）　高崎市小島好二家文書。同家調査に際しては、落合延孝氏のご協力を得た。なお『群馬評論』一九八九年秋季号参照のこと。
（5）　深谷克己『八右衛門・兵助・伴助』（朝日新聞社、一九七八年）。
（6）　藤田恒春「『新宮湊新法一件』について」（『和歌山地方史研究』一二、一九八七年）。

（7）　難波信雄「百姓一揆の法意識」（『一揆』四、東京大学出版会、一九八一年）。なおこの論文にふれながら法学者の大木雅夫氏は、江戸時代の民衆がかなり強烈な権利意識に支えられ、膨大な訴訟が提起されていたことを力説する（『日本人の法観念　西洋的法観念との比較』東京大学出版会、一九八三年）。

（8）　『編年百姓一揆史料集成』四、一六頁。

（9）　『郡上八幡町史料編』一、六八二頁。『大和村史史料編』八九〇頁。

（10）　安丸前掲書二〇二頁。

（11）　「慶応二年五月富田林村村方惑乱一件記録」（『富田林市史研究紀要』二）。

（12）　松永『一揆論』（大和書房、一九七一年）七三頁。

（13）　百姓一揆においてその経費負担を考慮することは稀であるが、伊那谷の南山一揆では安政六～七年の闘争に要した経費は二九三両一分二朱と二七二四文。このほかに、江戸内願の費用が二五〇両余あり、これだけで講にして返済に一七年を要している（平沢前掲書一六七～九頁）。両者の経費を南山三六カ村で高割するとして、一〇〇石に約八両余となる。これに対し国訴では河内錦部郡四九カ村を例にとると文政六年一二月で一〇〇石に銀二匁三四、天保九年六月で六分である。人的被害も含めれば、両者間に分岐点を置かない方がどうかしている。しかしだからといって「人知が開けて暴挙の愚なる所以を悟るに至っては、この方法（少数の義民的代表者による越訴――引用者）をとらんとするの傾向を生じる」（黒正巌『百姓一揆の研究』岩波書店、一九二八年、一八四頁）のように「人知」を基準に強訴と国訴、さらに直接行動と代議制的形態を測るのも正確でない。

（14）　佐々木潤之介『近世民衆史の再構成』（校倉書房、一九八四年）一一三頁。同書のなかで氏は、民衆的正当性の論理を体制的正当性と変革的正当性に分け、そのかかわりで運動を一揆系列、騒動系列とに分け、それぞれの主題が領主の階級的搾取とそのための支配に対するものと、農民層分解の所産としての中間層の収奪強化に対するものとで異なると説く。

（15）　林前掲書一九四頁。

（16）　山崎隆三「江戸後期における農村経済の発展と農民層分解」（『岩波講座日本歴史』近世4、一九七六年）三六二頁。

（17）　林前掲書一八〇頁および拙稿「国訴の再検討」（本書前篇第一章）参照。

（18）　深谷注（5）前掲書一九七頁。

おわりに――近代への展開――

しばしば述べてきたように、直接行動と代議制的形態は、近世後期の民衆運動が本来的にもった多数派形成の二筋の方途であった。そして百姓一揆にあっては両者が互換性をもって存在し、そのなかから分離してきた国訴にあっては代議制的形態のみが存立した。「強訴」という用語には、「強」という部分に直接行動の意味合いが、「訴」願という部分には代表越訴や国訴と相通じる代議制的形態が表現されているものと解したい。それゆえそこには共通して委任関係が形作られながら、それぞれの委任関係に大きな違いがあった。村役人への団体委任（α）を前提とする村役人間のそれ（β）と、村中の小前百姓（個人）を起点とするそれ（γ）の違いである。

それではこのようにして近世後期の民衆運動が育んできた委任関係は、近代に入ってどのように継承されていくのだろうか。いいかえれば「運動としての代議制」は、どのような契機を得て「制度としての代議制」に接続するのであろうか。あるいは切断されるのだろうか。戦前の講座派以来いい古されてきた「百姓一揆と自由民権運動」がはらむ問題群の一つは、この点にあろう。しかしこのような視点は民衆運動史研究者の間で、ほとんど問題とされてこなかったように思う。両者の関係を論議する場合にも、運動自身のブルジョア的性格を媒介にする以外の視点はなかったといってよいだろう。ところがそのうえに、両者をわずかに繋いでいた〈ブルジョア的性格〉媒介論に手厳しい批判が浴びせられたのである。いうまでもなく『幕末社会論』『世直し』とつづく佐々木潤之介氏の画期的研究である。その結果、わずかにあった継受関係も断たれた、と多くの民権研究者が感じた。

その一人中村政則氏は、佐々木氏の世直し状況論を「無産大衆＝原動力論的階級闘争史」と名づけているが[1]、佐々木氏は幕末民衆運動を「世直し騒動」として提示することによって、ブルジョア民主主義美化論に冷水を浴びせたのである。「ブルジョア民主主義を美化する傾向」に、豪農民権論や民衆運動の代議制的形態への関心が含まれることはいうまでもない[2]。この立場から佐々木氏は独自の世直し騒動論を唱えたが、その特徴的な所論は一揆と騒動を峻別することにある。その根拠の第一は、一揆の主題が領主の階級的搾取のための支配に対するものであるのに対し、騒動では農民層分解の所産としての中間層の収奪強化が主題となる。第二には前者は訴の系列として展開される——換言すれば公義の権威に寄りかかりそれによる解決を期待する——のに対し、後者は打ちこわしによって「自立的に変革的正当性として独自の民衆的正当性を主張している」。このように運動形態としては打ちこわしが着目され、打ちこわし騒動から世直し騒動への発展が強調され、一揆から騒動へ、騒動から一揆へと幕末—明治期の民衆運動が大きな軌跡を描くことを重視する。

一揆史に親しむものならば誰もが感じるように、騒動と一揆は緊密に絡み合っているのが現実であるのに対し、一歩進んで同氏は世直し騒動にあっては、年貢諸役の重課が発端になるとしても「領主の階級的搾取の一般的強烈さについての意識が弱いことに注意してよい」と主張する[3]。この指摘は国訴にもそのままあてはまり、宮城公子氏は「国訴状にみられる批判の論理は、貢租納入のために等価交換を要求する」ものだと述べている[4]。それゆえこの指標によるならば、「封建地代中心の領主的収奪と闘う本来の農民闘争」すなわち百姓一揆のなかから国訴が、小ブルジョア的闘争として分離・独立したように、半プロ的闘争として打ちこわし騒動が発展、分離し、世直し神の登場を待って世直し騒動へと展開したことになろう。氏は騒動と一揆を峻別するに急なあまり、一揆系列上の諸運動にみられる運動様式上の変化を無視してしまっている。国訴がこの点で、百姓一揆と同列に括りえないことは明瞭である。

さらにいえば、半プロ（プロレタリアート）的闘争としての打ちこわし騒動が、百姓一揆のそれと比べて組織・運動上でどれほど独自なものをもったかは、もっと問うてみてよい。(5) 国訴の小ブルジョア的性格がけっして在郷商人の指導に求められなかったことからすれば、世直し騒動もその階級的基礎が半プロ層である点を指摘しただけでは、組織・運動構造上の問題が残る。騒動が百姓一揆の発展として生まれながら、一揆とどれほど違った組織・運動構造をもったか—その解明が依然として残されていると思われる。

佐々木氏の所論をこのように受け止める私は、あらためて百姓一揆と民権運動の継受関係を問うべきだと考えるが、その際、国訴を視野に入れることを主張する。前にも書いたように近年の一揆研究は強訴＝直接行動論に傾斜するあまり、代議制的形態への関心はその前段階である代表越訴の時点で停止してしまっており、それでは一揆の全容を見失うことはもちろん、近代の民衆運動（民権も含む）につなぐ架橋も失われると思われるからである。国訴までも視野に入れ、徹頭徹尾惣代制を堅持することで独自の組織・運動構造を示した国訴を媒介することで、あらためて一揆のなかに存在した代議制的形態を抉り出し、そのことによって近世後期の民衆運動から近代の民権運動への展望が再び得られるのではないかと判断するのが私の立場である。本論で代議制の前期的・本来的といった形態と委任関係を論じているのも、このような判断からである。

このように「運動としての代議制」から「制度としての代議制」に到る関係を問おうとするとき、村役人（戸長）・豪農の位置は決定的である。彼らは民衆の多数派形成における分岐点であったと同時に、民権思想の伝来とともにいち早く、運動としての代議制から制度としてのそれに乗り換える立場にいた。事実彼らの多くは、明治維新を境に乗り換えた。南越地方の地租改正反対一揆の指導者として活躍し、その途中より自ら組織した政社自郷社を中心に国会開設請願運動を展開した坂井郡波寄村豪農杉田定一は、その好例である。彼は「夫《そ》レ人ノ権利ハ結合ニ因テ保全シ

（中略）若《も》シ人民ニシテ不羈独立ノ精神旺盛ナラシメハ、仮令《たとい》県官専ナリト雖トモ豈《あ》ニ之ヲ施スヲ得ンヤ」と明快な民権論を述べる一方、「暴挙ハ宜シカラズ」と直接行動を忌避する姿勢が強い。[6] 同様な考えを静岡県の豪農民権家岡田良一郎は、明治九年（一八七六）の地租改正反対一揆の激烈さを思い、つぎのように述べる。[7]

> 嗚呼、本州ヲシテ蚤ク既ニ民会アラシメバ、去年三月地租改正ノ困難ニ際シ、何ゾ些ノ騒然ヲ須ヒン。（中略）抑モ茨城・三重ノ百姓一揆ハ地租困窮ニ由ルト雖ドモ、県会ナキガ故タルハ吾輩之ヲ推知スルヲ得タリ。

民会という代議制度が成立していれば、地租改定にかかわる民衆のエネルギーと要求も、そのパイプを通って政府に届いたであろうに、それがないため各地に騒然たる一揆を引き起したのだと岡田は断定している。

運動としての代議制から制度としての代議制に乗り換えようとする人たちがこの時期、すさまじいばかりの民衆蜂起を眼のあたりにして洩らした感慨はこのようなものであった。

かつて後藤靖氏は「地方民会闘争は、一揆という形態での経済闘争の政治闘争への転化形態である」とし、「被収奪者として措定された豪農層が、矛盾の解決＝自己解放の方向を自由民権理論に求め、思想主体として成長した」と述べたが、[8] 百姓一揆史研究からみればまったく別の意味をもった。それは百姓一揆の歴史と伝統への重大な変形である。その一つは地租改正反対一揆から地方民会闘争、国会開設運動へと移行したとき、百姓一揆が近世以来もった底の深い運動構造はどこかに置き去られ、運動の中心は豪農・戸長クラスの「幾分資産アル者」に握られていった。その結果、民衆運動は合法主義と代議制的形態に大きく傾斜し、本来近世の民衆運動に許された方途として、互換性と対抗性をもった直接行動と代議制的形態は、価値判断の優劣の前に立たされる。「嗚呼《ああ》夫《そ》の竹槍を揮い、蓆旗を樹て、却て其身に禍し、其家に害するものは果して何人ぞや。和歌山の如く、茨城の如く、三重の如く、之を暴と謂んか、之を愚と謂んか」――『近事評論』三二一号の一節である。[9] 代議制的形態と直接行動――この両者への判定は、さらに時期を下れば、つぎのように露骨なものとなる。

身に席衣を纏い頭に蒻笠を戴き、手に尚ほ竹槍を提げ、其請願の意を遂げんとする如きは、此十九世紀の今日に在て尚ほ、我が古代野蛮の風習を倣はざるを得ざる歟(中略)権利を伸張せんとせば、之を伸張すべき方途あり(明治二一年『和歌山日日新聞』[10])

一揆・直接行動を時代遅れとする発想への「離陸」は、すでに民権運動初期に始まっていたとすべきだろう。かくて「百姓一揆の伝統から毒気とラディカリズムとが抜きとられ」百姓一揆の全体性のなかから「殺身成仁」式の義民譚のみが継承されていく[11]。

このような潮流のなかにあって小室信介らは一揆の全体像を別の方向に掬い取ろうとして、『東洋民権百家伝』(明治一六～七年)を著わした。それは「史上はじめて日本の百姓一揆指導者の総合的な伝記をあんだ」ものとして、代表越訴型の義民譚にとどまらず「大衆的行動を承認し、天賦人権論から一歩ぬけ出そうとする方向」をもつと評価されている。だが、彼の功績を多として認めるにしても、その著書には近世の百姓一揆の実像から離れた偏見がみられる[12]。同書には「竹槍蓆旗の力に依りて、一揆に事を為さん」という類の表現が散見できるが[13]、江戸期の百姓一揆はほとんどといってよいほど、竹槍蓆旗をもたなかった。つとに安丸氏はその点を指摘しているが、斎藤洋一氏[14]や私の一揆集団の得物に関する研究によればいっそう明瞭だ。竹槍蓆旗をもった一揆は明治初年にはじめて登場するのであり、小室はごく短期間の一揆から抽出して、百姓一揆を「竹槍蓆旗」に象徴させた。それを「古代野蛮の風習」とみるか、抵抗権の現れとみるか、方向性は正反対としても、その実像認識は共有されている。私たちが今日、ひろく共有しているー揆のイメージがそれと変らないのだから、彼ら民権家によって付着された百姓一揆の通俗的イメージは強力であったとしなければならない。百姓一揆のもった近代主義的偏見[15]からの解放は、今日なお重要な課題である。

（1）中村政則「現代民主主義と歴史学」（『日本近代と民衆』校倉書房、一九八四年）一五八～六九頁。

（2）佐々木氏の所論に批判的な久留島浩氏（『世直し』への書評、『歴史学研究』四九二）が、組合村―惣代庄屋制に着目して、豪農層をはじめとする政治的中間層の再評価を試みようとする（「直轄県における組合村―惣代庄屋制について」『歴史学研究別冊』一九八二年度。のち『近世幕領の行政と組合村』東京大学出版会、二〇〇二年所収）のは、研究史上の両者の対応関係の反映と思われる。だが問題はブルジョア民主主義の評価をめぐって左右に揺れ動くことでなく、その先にある。この点で中村政則氏が「それぞれの歴史的段階における民主主義（運動――引用者）の構造とその担い手の問題を、歴史的・発展的に位置づける試みは、われわれの人民闘争史の方法的前進のために、いまや不可避の作業」（前著一八三頁）とするのは説得的である。私のささやかな研究も、この提言に負うている。

（3）佐々木『世直し』（岩波新書、一九七九年）、『近世民衆史の再構成』（校倉書房、一九八四年）。

（4）宮城「変革期の思想」（『講座日本史』四、東京大学出版会、一九七〇年）二八四頁。

（5）都市打ちこわし騒動が百姓一揆や国訴に示される結集様式とは異なる、第三の結集様式をとることが岩田浩太郎氏によって明らかにされている（「都市打ちこわしの論理構造」（『歴史学研究』五四七、一九八五年一〇月、のち『近世都市騒擾の研究』吉川弘文館、二〇〇四年所収）。佐々木氏の世直し騒動は、このいずれかか、または第四のものか、それによって運動構造からみた「騒動」の位置づけが判明するだろう。

（6）大槻弘『越前自由民権運動の研究』（法律文化社、一九八〇年）一四～二八頁。同氏はそれを、当時なお杉田の体内にあった「志士的気概＝愚民観」の端的な表現という。

（7）原口清『明治前期地方政治史研究』上（塙書房、一九七二年）四四二頁。

（8）後藤『自由民権運動の展開』（有斐閣、一九六六年）二四頁。

（9）後藤前掲書六六頁より再引。

（10）「和歌山日日新聞」「伊都郡民の暴動」（『和歌山県史』近現代4、六七八頁）。

（11）安丸前掲書二一二頁。同氏はこの立場から「百姓一揆と自由民権運動とのあいだには大きな懸隔があって、かんたんに歴史的継承を云々できない」と述べる（一五〇頁）。

(12)『東洋民権百家伝』(岩波書店、一九五七年)における林基氏の解説。それに対し深谷氏は、やはり代表越訴にとどまっていたと批判する(『百姓一揆の歴史的構造』二九〇頁)。
(13)同右一六四、二八九、三〇〇、三四〇頁など。『自由党史』にも人民が「嘯集して怨を訴へ、苦を訟ふ。蓆旗竹鎗紛々として起る」とみえ(岩波文庫上、二〇六頁)、民権家にひろく共有されていたことが推測される。
(14)斎藤「武州世直し一揆のいでたちと得物」(『学習院大学史料館紀要』創刊号、一九八三年)。
(15)「日本近代がつくり出した独特の歴史像のゆがみを克服する課題」を現在の歴史科学の担う一つの課題と主張しているのは黒田俊雄『歴史学の再生』(校倉書房、一九八三年)である。本稿の作業も右の課題に通じるように思われ、「竹槍蓆旗」という歴史的用語も「ものの考え方に枠をはめ、方向を与え、知らず知らずに特定の価値基準を植えつける効力をもつ」(同書四一頁)たことを自覚すべきであろう。

第四章　「竹槍蓆旗」論——自由民権期の百姓一揆観——

はじめに

百姓一揆の歴史をたどっていくと必ずといっていいほど、その前方の視野に入ってくるものがある。自由民権運動である。百姓一揆の研究者は必ず自由民権運動に筆をのばし、自由民権運動を論じる人は慣わしのように、その前提として百姓一揆を扱う。両者の関係に研究者がそれぞれ、ただならぬ関心を寄せていることの現れであり、その結果、一つの研究史が山脈のようにできるのも道理である。また近年には民権百年といった記念行事ともかかわって、新しい評価や議論も生まれている(1)。

しかし翻って考えてみたときいったい、このような百姓一揆と自由民権運動の関係は、いつ誰によって論じ始められるようになったのであろうか。ここで思いあたるのは、小室信介「東洋民権百家伝」(明治一六～七年)である。

戦後の百姓一揆研究をリードした林基氏は、『百姓一揆の伝統』(新評論、一九五五年)に収めた「百姓一揆研究史おぼえがき」という印象深い作品のなかで、「こうして自由民権運動が成長し、激化するにつれて、それは日本民族の革命的伝統をかえりみ、それを積極的に評価し顕彰する方向にすすまざるをえなかった」と述べ、その最大の成果が小室信介「東洋民権百家伝」であると記す。百姓一揆研究とのかかわりで「東洋民権百家伝」にふれた最初のものであろう。その二年後(一九五七年)に氏の校訂・解説で、岩波文庫として出ているが、氏は「明らかにブルジョア自由主義陣営の立場に立ちつつも、このような運動(明治一三年からの国会開設運動の全国的展開——引用者)をふまえ、当時の国民の要求にこたえて、史上初めて日本の百姓一揆指導者の綜合的な伝記をあんだ」と評価している。とくに注意すべきは当初、一揆における大衆の役割を十分に評価しえないでいた彼が、民権運動の深まりとともに「大衆的行動を承認し」「貧農や下層市民の闘争への関心が強められてくる」とする点である。(2)

それに対し深谷克己氏も著書『百姓一揆の歴史的構造』(校倉書房、一九七九年)のなかに付論として収めた「百姓一揆と自由民権運動」のなかで小室の「東洋民権百家伝」を取り上げるが、そこでの見解は林基氏に批判的で、小室が本書で描きだした民権家とは「人民のために一命を犠牲に供する代表越訴者であり、信介は、そのような卓越した人物——『卑屈人民』と対比される——による代表訴願闘争を連結環にして百姓一揆から自由民権運動への『歴史的継承』関係をみいだそうとしていた」とするものである。両者の歴史的継承関係についての深谷氏の検討は、「百姓一揆の闘争形態やそこでの民衆の活動性や意識形態についてはいわずもがな、運動の担い手についても、闘争目標や対決の相手についても、百姓一揆と自由民権運動のあいだには大きな懸隔があって、かんたんに歴史的継承を云々できないと思う」との安丸良夫氏の指摘(『日本の近代化と民衆思想』青木書店、一九七四年)を受けたものだが、当の安丸氏はその見解を堅持しつつ、『民衆運動』(岩波書店、一九八九年)の解説のなかでは民権家の百姓一揆観を問題にし、「小室信介『東洋民権百家伝』に集約されているように、百姓一揆の指導者を一身を犠牲にして地域社会のために闘った義民として顕彰し、それを民権壮士たちの自己イメージにひきつけてとらえるのが」彼らの特徴だと説いている。(3)

もうひとり鹿野政直氏も、『日本近代化の思想』(研究社叢書、一九七二年)のなかで「東洋民権百家伝」を取り上げている。氏は林氏の評価をうけ、小室の認識は「かなりジグザグの歴史経過ののちに出現し、(中略)その結果一揆は復活して民権運動の源流と位置づけられることになった」と記すとともに、「民衆の伝統にたちつつ、幕吏─文明開化─明治政府─資本家の総体に対決するという歴史性において」本書は位置づけられるとする。(4)

このように百姓一揆と自由民権運動のかかわりを問題とするときかならず取り上げられる小室であるが、民権家小室についても、また彼のこの著書についてもすでに柳田泉氏、林基氏などの研究があり、いまあらためて論じることはほとんどないように思われるのだが、ただ一つ、ほとんどの論者がまったくふれないでいる問題がある。それは、小室の著書のなかに多出する「竹槍蓆旗」という表現である。この表現には百姓一揆と自由民権運動を結ぶ、もう一つの重大な環があると思う。以下本章では、それを論じてみよう。

(1)『自由民権百年の記録』(三省堂、一九八二年)、『自由民権運動と現代』(同、一九八五年)など。
(2)『東洋民権百家伝』(岩波書店、一九五七年)三九三、三九七〜八頁。
(3) その結果彼らの一揆観は、実際の百姓一揆、とりわけ幕末維新期から明治一〇年までの間に展開した一揆・打ちこわし型の運動の実態と異なっていた(「民衆運動における『近代』」四九八〜九頁)。
(4) 鹿野「近代化と伝統　4義民の復権─一揆と民権運動」。

第一節　「竹槍蓆旗」論の展開

まずはじめに「東洋民権百家伝」にどのように「竹槍蓆旗」という表現が現れるか、それを検討してみよう(なお引用に際して旧漢字は常用漢字に直してある）。

ａ　百姓共も為方なくて、一時は黙して耐忍びしが、困苦は益々重りて忍びがたくなりしかば、此上は平和に嘆願なすとても、迚も聞届けらるべく思はれねば、竹槍蓆旗の力に依りて、一揆に事を為さんに如かずと、言合はさねど一致の色有り（一六四頁）

ｂ　又高川原村の山伏大善院は此の騒動の節同村の百姓原に頼まれて祈禱する由にて、同村の神社へ多数の人数を呼集め、護摩の烟に国家調伏の念を籠め、法螺の響きに、竹槍莚旗の兆を示して、物騒がしくなせし罪にて、これも追込みを命ぜられ（一六八頁）

ｃ　伊左衛門等の回文を伝へし時は応ずるもの次第に減じ、最初は領内の人民残らず一致して、竹槍蓆旗にも訴たへんとするの勢なりしものが、今は其の平穏なる嘆願書にすら連判する者少なく、上下稲葉村壬生新町外八ケ町村のみ之に応じて、其余は躊躇して一人も応ずるものゝあらずなりけり（三〇〇頁）

ａ・ｂは宝暦六年（一七五六）阿波の藍玉一揆（五社騒動）、ｃは元禄八年（一六九五）下野壬生藩一揆に関する叙述からの引用であるが、ここでの使用の特徴は「竹槍蓆旗」が百姓一揆、なかんずく強訴のように民衆の集団的実力をともなった百姓一揆と同義語であるという点である。要するに民衆が強訴、あるいは実力に訴えるということをいいかえて、「竹槍蓆旗」といっているのである。

このように「竹槍蓆旗」が、百姓一揆のいいかえであるとするならば、なぜ百姓一揆は「竹槍蓆旗」と置き換えられるのだろうか。「竹槍蓆旗」とは、なにを指しているのだろうか。

「竹槍蓆旗」とはいうまでもなく、蜂起した一揆勢の持ち物を指している。いいかえれば一揆勢が手にする竹槍と、その前方に翻る蓆（莚・むしろ）旗がイメージされているのであって、それこそが小室信介の描く百姓一揆のイメージであったのである。つぎのような記述に出会うとき、「竹槍蓆旗」のイメージもなるほどと思わせる。

d　真先きへは紙旗蓆旗を筑波颪にへんぽんと吹きなびかせ、携ふる得物は山刀竹槍の類にして、時々は威鉄砲を打鳴らし、竹法螺頻りに吹き立て進発す(三四〇頁、天明七年土平治騒動)

だがしかし本書を仔細に読むと、「竹槍蓆旗」というイメージと彼の記述する一揆の実体との間に大きな食い違いのあることがわかる。

e　頃は元文の三年、午の一二月一六日の夜半、山霧の絶間より、かねて用意の大纒大幟に、何組誰組と大書したるを、夜嵐に翩翻と吹きなびかし、同じく町名組名の書したる高張提灯を、五十張前後に押立て、大将分は竹杖を取り、付従ふ面々は、各々竹槍斧鉞天秤棒に至る迄、得物〳〵を提げて、代官役所の門前を稲麻竹葦の如く取囲み、鯨波を咄とあげたりし(二一八頁)

f　さてもこの三千余人の農民は、各々蓑笠を以て身を固め、竹槍鍬鋤荷棒鎌竿なんどの農具の類、得物〳〵を携へつ、真先に蓆旗幾流れとなく押立て、竹螺高く吹き鳴し、竹田町に乱入し、庄屋幷に頭百姓の内にて代官に媚び、威をふるひたる者共の家に押しよせ、無二無三に打ち毀し、手始めよしと喜び勇み、鯨波を作りて進み行くにぞ(二二二頁)

e・fはともに元文三年(一七三八)の生野銀山一揆の様相を記したものである。一揆勢の手にするものにたしかに竹槍は存在するが、それは一部にすぎず、正確にいうならば「得物」であって、本書にも各所に「各々獲物を打ちふり〳〵」(四〇頁、天明二年新潟湊騒動)、「竹槍其他得物をば手に〳〵携へ」(二八八頁、同年淡路縄騒動)などとみえる。そしてここでの得物も、竹槍を除けば、一揆の得物は農具からなるという百姓一揆原則にのっとっていることが、「竹槍鋤鍬荷棒竿なんどの農具」(f)という表現に明確に示されている。その意味で小室は、同書のなかで百姓一揆像を構成するとき、農具からなる得物を竹槍に置き換えたのである。得物の一部にすぎなかった竹槍からいえばまったくの肥大化、針小棒大にすぎ、その主力を占めた農具でいえば、まったく無視されているのである。その結果、「得物」という百姓一揆を語るうえでのキイ概念ともいうべき表現が、完全に落されていく。

同じような百姓一揆像の大変形は、蓆旗についてもみられる。一揆集団が保持した旗でいえば、同書には蓆旗もたしかにある(d)が、幟や提灯、纏などもみられ、旗も紙旗・木綿の旗のようにかなり多様である。したがって一揆の実体からいえば蓆旗も、竹槍同様その一部にすぎない。それにもかかわらず小室は蓆旗でもって、一揆勢の所持した旗・幟などを代表させたのである。くわえてこのとき、彼らが所持した旗がなにを示すのかが、見落されている。正確に「何組誰組と大書したる」(e)と旗が一揆の結合様式を示していると書きながら、「蓆旗」という表現のなかには、その意味合いはまったく掬い取られていない。近世の百姓一揆の正確な実体という点では、竹槍を本当に一揆勢がもったのか、たとえ一部としても農具と並んで得物を構成していたのか、が問われるべきだと私は考える。同じく蓆旗も、どれほど近世の一揆例のなかにそれが登場するのか、検討すべきだと思う。しかし今はそれを措き、小室の労作に依拠してみるとしても、百姓一揆の実体と「竹槍蓆旗」との間には大きな乖離が存在するといわざるをえない。(1)

それほどに近世の百姓一揆からいえば、「竹槍蓆旗」には問題が多いのであるが、それはなにも小室ひとりのことではない。小室の「百家伝」は明治一六年(一八八三)八月に初帙三冊が出されているが、それより早く明治一四年四月の序をもつ「蓆旗群馬嘶」の一節に、(2)「己も同じく竹槍蓆旗の中に群して強願の後楯となり、政府の意に背かんとする御所業」との文言がみえることから明らかであろう。このほかにも「竹槍蓆旗」という表現は、民権家をはじめとして広くこの時期の報道・言論等に認めることができるのである。いくつか例示してみよう。

g 茨城県下ノ農民一揆ノ如キハ然ラズ(中略)其ノ村民ガ謹慎恭敬、手ニ願書ヲ捧ゲテ県庁ニ哀訴セズシテ、却テ蓆旗ヲ翻ヘシ、竹槍ヲ閃カシテ以テ官吏ニ抵抗セシハ、其ノ罪固《もと》ヨリ軽カラズト雖トモ、特《ひと》リ其ノ情実ノ存スル所ロニ至ツテハ亦タ、以テ愍察セズンバ有ルベカラザル者アル也。

民権期の代表的な新聞『朝野新聞』九九〇号（明治九年一二月一六日）が、茨城県下真壁・那珂郡で起きた地租改正反対一揆を報じるなかでの一節である。同県農民一揆が先に起きた神風連や前原党などの不平士族の暴動と異なって、その情実については同情すべき点のあることを述べた部分であるが、蓆旗と竹槍が並記され、同時に官への哀訴と対比されている。

同紙の九九七〜八号（九年一二月二四日〜二六日）の論説で、茨城ほかの一揆にふれて書いているなかにもみえる。

h　然レドモ方今ノ世態ニ就キ深ク杞憂ノ念ヲ抱カザルヲ得ザルモノアリ、何ントナレバ和歌山県下ノ紛擾僅《わず》カニ戡定シテ未ダ数月ナラザルニ、茨城県下ノ農民ハ竹槍蓆旗ヲ以テ県庁ニ抵抗之兇焔僅カニ消滅スレバ、亦タ愛知三重ノ地方ニ於テ兇徒嘯集ノ警報アルヲ聞ケリ、天下何ゾ悖乱ノ民多クシテ一揆徒党ノ踵起スル此クノ如キニ至ルヤ。

同じく地租改正反対を報じた『近事評論』三二号にはつぎのように、朝野新聞（g）とそっくりの口調でみえている。(3)

i　嗚呼夫の竹槍を揮ひ、蓆旗を樹て、却つて其の身に禍し其の家に害するものは果して何人ぞや。和歌山の如く、茨城の如く、三重の如く、之を暴と謂んか之を愚と謂んか。

j　竹槍を押し立て、蓆旗を飜翻し、以て政府に抵抗するハ、法螺貝陣太鼓にて之を迎ふる時節の事にして、警察行届き軍兵熟練したる今日に行なふべからず、否行ふとも決してその目的を達し得べからざるなり。

（j）は明治一七年一一月一六日の読売新聞「暴徒鎮定」と題する論説の一節である。(4)「今回埼玉県の暴動の如ハ」とあり、同県で「学校を廃し徴兵を免れ借金を打ち消」す目的で起った一揆を指している。

以上は新聞報道であったが、特定の個人が使用している例としてつぎのようなものがある。

k　第二社会ノ順序整列ヲ得ズ、政治ハ殊ニ専制ヲ行ヒ、法律ハ唯残忍ヲ極メ、人民ハ即チ塗炭ニ苦シミ、或ハ之ヲ言論ニ発シテ為メニ辛苦ヲ獄窓ニ嘗メ、或ハ竹槍席旗《ママ》ヲ挙ゲテ税斂ノ厚重ヲ訴ヘ、若《も》シクハ志士ノ結合シテ権理ヲ旗鼓ノ間ニ争フカ否《シカ》ラザレバ則チ、外国ノ侵掠ニ際シ国民挙ゲテ之レニ抗スル等、都《すべ》テ人生固有ノ権利ノ為メニ兵馬ニ訴ヘ、干戈ヲ動カス者ハ即チ、之ヲ文明ノ騒乱ト云フ。

坂本南海男が『土陽新聞』一二号（明治一〇年一二月）の紙上に、「海南究措大」の署名で論じた「治安論」の一節であるが[5]、人民が国家の専制に対して実力をもって行う抵抗運動を「文明の騒乱」として認め、その一つに「竹槍蓆旗」を挙げている。それを「百姓一揆」といいかえても、意味が通じることはいうまでもない。

同じ文脈での使用例としてもう一人、信州の民権家松沢求策のものがある。[6]

l　然ニ此乞願ノ権利ニシテ政府ハ特ニ吾人人民ヨリ褫奪シテ敢テ許サヽル者トスレハ、事情ヲ具陳シ惨苦ヲ訴フルノ道ナキヲ以テ、直ニ竹鎗ヲ閃カシ蓆旗ヲ翻カヘサスヤ、智者ヲ待タズシテ明ナリ、若シ其レ之ニ反シ乞願ノ道・歎訴ノ門アツテ、其実状ヲ具陳スルヲ得ルアレハ、何時ノ人民カ直チニ竹鎗蓆旗ノ激発ヲ為サンヤ。

明治一三年の『松本新聞』論説の一部であるが、人民に請願の道が認められていないから、百姓一揆が起るのである。だから政府は人民に請願の権利を認めれば、人民も幸福に、また国家も安定すると松沢は主張するのである。民権家の間に、共通した理解があったことが知れる。またつぎの河内富田林の戸長の日誌[7]などをみるとき、「竹槍蓆旗」はかなり底辺にまで浸透していたことがわかる。

m　一八日、朝曇、計今朝八拾度、○本日当村御坊ニ而自由懇親会催ス、坂府（大阪府）ヨリ吉住順造・城山誠一郎、其他篠原〔藤三郎〕外八名斗来会、（中略）財政困難と開拓使公共物、関西貿易会社へ払下事件ヲ穴ニシテ皆囂々トシヤヘル、能ひ加減ナリ、正午開場午後五時ニ終ル、只政府ヲ誹謗スルノミ、聞悪《にく》シ、此結果如何ナル歟、実ニ愚民ヲ煽動ス、竹槍蓆旗サスノ工夫歟、可忌《いむべき》〱、真ノ政コトハ何処ニ有歟。

さらに「竹槍蓆旗」は、視覚的に表現されることもあった。先にも引いた「蓆旗群馬嘶」はその代表例(8)で、明治一三年から四年にかけて起きた榛名山中の秣場入会慣行をめぐる農民騒擾を題材にとったこの書物は、タイトルに「蓆旗」をとり、表紙や中表紙に竹竿に挿した蓆旗、蓑笠、鋤、法螺貝、竹槍を手にした農民たちを描き、「竹槍蓆旗」のイメージを見事に映像化して表現している。

このようにみてくると「竹槍蓆旗」という表現は、明治一〇年前後に百姓一揆に対する一つの通念として成立、普及したことが考えられ(9)、小室の「百家伝」はその文脈のなかの一つの作品にすぎない。ただそれが百姓一揆の包括的な書物であったために、そこに目立って認めることができるのである。

明治一〇年前後といえば、折しも地租改正反対を中心とする農民の新政反対一揆が高揚し、また自由民権運動が各地の豪農の参加を得て展開しはじめる時期にあたるが、このような時代背景のなかで百姓一揆は、江戸時代とはまったく違った通念——俗にいえばレッテル貼り——を与えられたことになる。江戸時代の一揆が竹槍をもたなかったことはすでに明らかであるから、この通念が成立するためには近世の得物にかわり、竹槍を手にした百姓一揆の起ることが前提となる。後に述べるように新政反対一揆で民衆は、これまでとガラッと変って竹槍を前面に立てるが、このような新政反対一揆の波をくぐり抜けるなかで、この通念は成立する。

もう一つ、目の前で生起する一揆があっても、それを通念として捉えようとする意欲が誰かの間で起ってこなければ、このような通念は成立しない。その証拠に明治初年に全国を席巻した新政反対一揆については「府県史」「太政類典」といった公文書をもとに記録を収めた『明治初年農民騒擾録』が編まれているが、それには「竹槍蓆旗」という類の表現がみられない。むしろ一揆の表現は「掛斧竹槍其外得物」「竹槍紙旗道に相望む」「弥陀名号の旗」のように具体的で、その点で「東洋民権百家伝」『朝野新聞』などと好対照をなしている。通念化の意欲がないからであろう。この事実は、「竹槍蓆旗」なる通念化が誰の手で行われたのかを示唆しているように思う。百姓一揆に対して徹底的に高圧的であった明治初年の国家や、一揆を無知の所為として全面的に否定する福沢諭吉らの開化論者、士族民権家にその役割を求めるのはやはり正しくないだろう。自己の運動過程のなかで百姓一揆の歴史と伝統を発見し、発掘しようとした小室たち民権家にこそ、その功績は帰されるべきであろう。[10]

彼ら民権家はもちろん肯定的な意味合いで(kやlのように)、その通念を定立しようとしたのであろうが、一度定立した通念は民権運動の担い手たちを離れて一人歩きする。その結果この通念には(i)や(j)のように逆の価値観がつきまとい、むしろそれが強力なイメージとして受け継がれていく。

(1)　土平治騒動について本書では竹槍・山刀が書かれているが、「渡辺土平治騒動記」(文政九年)によると、威勢盛んな人はよき・まさかり・かけやなどを持ち、弱き者は竹鑓・十手・鎌・大刀などを持つべしとある(『編年百姓一揆史料集成』三二二頁)。竹槍はほんの一部にすぎないのであるから、本書はそれを明らかに誇張しているといえよう。なお高橋正一郎「出立から見た土平治騒動」(神奈川県立相模原工業技術高校『研究紀要』創刊号、一九八九年三月)参照。

(2)　『明治文化全集』二一(時事小説編)所収。

(3)　後藤靖『自由民権運動の展開』(有斐閣、一九六六年)六五頁より引用。

(4)　京都大学人文科学研究所平田由美氏の教示による。

(5)　『土陽新聞・海南雑誌』所収。なお家永三郎氏が、『革命思想の先駆者』(岩波新書、一九五五年)のなかで植木枝盛の「抵抗権と革命権」に関する思想の項で引用している。

(6)　明治一三年五月一八〜二一日、「国会期成同盟会提出国会開設願望書内閣元老院却下につき論説」より(『長野県史』近代史料篇三、三〇～六頁)。なお松沢は、百姓一揆に対し「蓑笠ノ楯、鋤鍬ノ兵、蓆旗ノ隊」という表現を与え(『松本新聞』明治一三年三月一二日付)、「竹槍蓆旗」と一部異なる通念化がみられる。上条宏之「信州の民権鏡」(『明治の群像』五、三一書房、一九六八年)。

(7) 杉本藤平『日新誌』明治一四年九月(『富田林市史』五、四六五頁)。

(8) 国立国会図書館所蔵。明治一九年一〇月の出版で、『明治文化全集』二一に収めるものと、表紙が異なる。

(9) 明治一〇年二月の届け日付をもつ「茨城莚旗」(国立国会図書館所蔵)はわずか六丁のものだが、九年の一揆を記して、一揆勢力が刀・小銃・鳶口・竹槍を持ち、鉦を叩き、貝を吹き、太鼓を鳴らし、莚席をもって旗として集合したと書いている。

(10) 『東洋民権百家伝』が「全国における自由動権家たちの努力を総合して編まれたもの」(林基「百姓一揆研究史おぼえがき」『百姓一揆の伝統』三〇九頁)とするならば、民権家の間に広くみられるとしても不思議ではない。また松沢は一一年、郷土安曇《あずみ》郡の百姓一揆の指導者嘉助をモデルに「民権鑑嘉助の面影」と題した劇を創作している(『長野県史』通史編七、三八〇頁)。このような気運は自由民権運動を通じて全国的にあっただろう。

第二節　新政反対一揆の構造

近世には三千件余といわれる百姓一揆を経験しているが、その結果、当然のことながらそれにふさわしい通念が成立していた。出立ちとしての蓑笠がそうであり、「武器」としての得物、さらに一揆集団をつなぐ視覚的媒介としての旗や幟といった指物、法螺貝・太鼓・鐘などの鳴物がそうである。いずれもが農民社会を基盤として成立したもので、百姓身分と深くかかわっているが、とくに農具から成る得物は、そのもっとも端的な表現であろう。ところでその得物のなかに、竹槍は含まれていたのであろうか。含まれていたとしたら、どの程度の比重をもっていたのであろうか。

第二章で近世の得物のなかに竹槍は基本的に含まれないと書いたが、保坂智氏は「竹槍だけは多くの一揆で、しかも全藩的強訴形態の初期から所持された」として私の見解を批判している(1)。この点は大きな問題で、もし氏のいうようであれば、近世の一揆に対する通念と「竹槍蓆旗」論との間には大した開きがないことになる。しかし私は、今でも自分の見解を堅持したいと考えるので少し補っておきたい。

たしかに近世の記録のなかにもつぎのように、竹槍の大きく目立つものがある(2)。

(1)　神前の脇ひ(へ)竹槍数百本竹山の如く建並べ、勝手次第の紋を書きたる白旗数百本建ならべ(牛久騒動女化日記)

(2)　夫までニ比曽村百姓斬捨候故、詰寄者之内長キ竹木ヲ以たゝき、屋根棟よりすべり落候処、竹木ヲ以種々ニ突殺シ狼藉ニ及(文政元年大和竜門騒動)

(3)　スハ逃さしと、役人共鎚鳶口太刀抜かさし戦ひける。百姓共は竹鎚也。捕手の方は鎚太刀なれは、竹鎚をは切落され(中略)非人四百人斗、押入竹藪に立入竹鎗を拵、津山へ一同凱歌上げ押寄ける所(慶応二年津山藩改政一揆)

(4)　党民持シハ多竹鎚、鎌、斧、大鎚也(文化八年豊後・豊前一揆)

しかしこれらをみると竹槍には、①まず農具としての得物をいっさい排除していないという点が指摘できるが、さらに②一揆勢が竹藪に押し入り、竹を切って竹槍を作る、竹槍には殺傷行為がともなう、もしくは前提となっている、という特徴がある。この点で得物としての竹槍は、農具から成るそれと大きく性格を異にするといえるだろう。竹槍はいくら竹でも、槍としての武器であり、農具というには馴染まない。それに農具はふだん農民が各自、保持しているもの、いいかえれば個人所有に属するものであり、イザというときに竹藪を切り払って供給される竹槍と存在形態が違う。そのことは得物における竹槍の位置を規制したであろう。

また斎藤洋一氏の詳細な研究によって武州世直し一揆における一揆勢と鎮圧側、それぞれの「武器」を比較してみると、(3)竹槍・手鎚・刀剣・長脇差・鳶口・棒・六尺棒・刀剣(鉄剣)は双方にみられるが、鍬・鎌・斧・なたなどの農具は一揆側だけにみられ、大砲・鉄砲など各種の火器と長刀は鎮圧側にしかみられない。この事実をどう考えるかだが、もし竹槍が他の農具と同様、近世を通じて得物の地位を得ているのであればこのような出方をするだろうか。竹槍が手鎚・刀剣といった明確な殺傷道具とともに出ていることは、竹槍の位置と性格を示していよう。本来農具から成る得物にこの頃、すなわち幕末期には、殺傷性のある竹槍・刀剣類が少数ながら登場し、百姓は武具をもたないという原則は火器については依然として存立しつつも、その周辺部分では崩れているのである。

もし近世の百姓一揆における竹の位置でいうならば、竹槍が中心ではない。竹は竹杖であったり、また諸種の旗・幟を掲げる竹竿であったり、(4)鳴物としての竹法螺として百姓一揆には登場するのである。たとえば

竹角一声響　指揮非有人　弱氓皆猛虎　潤屋乍微塵

酷吏空懐手　姦商僅挺身　撫御誰違道　乱党本良民

儒者山田方谷が慶応四年(一八六八)、備中松山藩一揆を目のあたりにして詠んだ漢詩であるが、(5)「竹角一声」、つまり竹法螺の合図とともに百姓一揆が起きた様子がうたわれている。

さらに農民社会における竹槍そのものの位置を問題にするならばそれは、一揆勢の得物としてよりも、防衛側の武器として出る。とくにそれは、幕末期に顕著である。天保七年(一八三六)三河加茂郡一揆で、領主を後楯にして挙母《ころも》町民が一揆勢に対峙したのに対し、「こざかしい、其竹鎗は何にするのジャ。世直しの神に向つては、ヨモ働く事はなるまい」(「鴨の騒立」『民衆運動の思想』二五四頁)と放言していることからも明らかであろう。もう一例として、武州

世直し一揆における「根岸党」を挙げることができるであろう。慶応二年(一八六六)六月一七日に大里郡甲山村周辺に現れた世直し勢に対し、同村の根岸友山をはじめとする根岸党に率いられた人々は、地蔵堂の鐘を合図に銃で威嚇、ついで竹槍をもった一五〇人ほどが鬨の声を上げ、抜刀した地域の有力者たちが斬りかかった。その結果世直し勢は追い散らされたのであるが、同家に滞在していた安藤野雁の「青山防戦記」に、当時の様子をこう記している。(6)

一八日夜の明る頃より、遠近の村長百千の人を引率、竹槍を持せ物具したる、太刀佩たる、砲もたるなと、日一日屯ひ満ぬ

ここでも太刀・鉄砲と並んで、竹槍がみえる。それこそが、この地域の村役人豪農たちによる防衛軍の出立ちであったが、同じ姿を、元治元年(一八六四)七月に天狗党と対峙した常陸国茨城郡鯉淵村をはじめとする村々にみることができる。(7)

このように防衛する村々の「武器」として、竹槍が位置づけられるようになったのはどうしてだろうか。関東地方でいえばその切っ掛けになったのは、文政改革を画期とする組合村制度であったろう。そこでは無宿・悪党の取締りが一つの任務であったが、そのために村の自衛が図られ、やがて竹槍は、そのような自衛策の一環としての位置を得ていくのである。慶応四年閏四月の組合村議定に、変事が起きれば早々に村役人に連絡し、合図次第に村内はいうまでもなく、隣村までも面々得物をもって駆けつけるとしているが、そのため「竹槍得物等家毎ニ拵置」くよう定めている。(8)

ところがそれが、攻守ところを換えて一揆軍の得物の先頭を飾ることになれば、それは一揆史における大きな転換であろう。たしかに幕末期、身分的な流動状況や戦争体験、世情不安への防御として竹槍が地域社会に広範に入りこんでいたとしても、一揆勢がそれを手にするには、意識における転換がなければならない。(9)その意味で新政反対一揆

において姿をみせる竹槍は、近世百姓一揆における得物原則の崩れでなく、その転換として登場することとなる。はたして新政反対一揆において竹槍は、得物の前面に出ることとなった。その意味で「竹槍蓆旗」という通念は、新政反対一揆の波をくぐり抜けるなかで成立するのだが、竹槍の登場は新政反対一揆の構造と深くかかわっていたのである。そこでつぎに、この点を検討してみよう。

明治初年の新政反対一揆では得物としてたしかに竹槍が登場し、同時に殺傷行為がともなった。明治三年松代藩一揆では暴民が「斧なた脇指竹槍鍬鎌鳶口手棒等」の種々の得物を携え、松明二〇〇本、竹槍一〇〇本、斧一挺、鳶口二本、鎌二本が中野県下で押収されている。その影響を受けた中野県一揆でも「暴動人共諸方へ手分け口々より押入、早市中を焼立、竹槍棒鳶口斧等にて官員を捕囲み四方より打て掛かり石を投げ」、ついに官員一人を死に至らしめている(『明治初年農民騒擾録』、以下『録』と略称)。

翌四年、旧藩主の引留め嘆願から一転して管下一六郡を巻き込む騒動に発展した広島県一揆では、「鎌竹槍ヲ携、多人数広島へ乱入」する一方、説諭に派遣された官員や士族を竹槍で傷つけ、割庄屋宅を竹槍で打ち荒らし、また尾道町では藩の諸隊と交戦、鉄砲による死傷者とともに、一揆勢力の「竹槍ニテ手疵手追ヒ半死半生ノモノ何百共不知数」という凄惨なありさまである(10)。

このような竹槍の登場による一揆の凄惨なありさまを、私たちに強烈に伝えるのは、同六年の北条県血税一揆であろう。この一揆では解放令を受けたばかりの被差別部落を襲撃して放火、さらに部落民を竹槍で殺傷、一五人がその罪を問われて斬罪の刑を受けている。そのうちの一人は「自分モ人威シノ為竹槍ヲ提ゲ徘徊」していたが、他の者が婦人を竹槍で突き倒しているのをみて「風ト害心差発」り一突きしたという(「北条県史」)(11)。

このような状況を目にするとき、竹槍が得物として登場することによって一揆は、その様相を一変しているといっていいだろう。ここに百姓一揆は、「竹槍一揆」と呼ばれることになる。もともとこの呼称は、小野武夫氏が『維新農民蜂起譚』(以下『譚』)において、同六年の福岡県下で起きた一揆を、史料となった「竹槍日記」からとって竹槍騒動と名づけたものであるが、竹槍が一揆勢の得物の先頭を飾る限りにおいて、ほとんどすべての新政反対一揆に該当するものである。鍬や鎌、斧・鳶口・棒等の得物を見慣れたものにとって、「大野市中又騒然竹槍林立錐ノ地モ無シ」(六年越前一揆)とか、「竹槍が栗の毬《イガ》の如くに並び立ち誠にすごい有様」(慶応四年隠岐騒動)を目にしたとき[12]、竹槍は一揆のイメージを転換させるほど迫力のあるものであったろう。

もはや竹槍は、新政反対一揆をその実力において特徴づけるものであり、したがって一揆のなかでの定位置を得ていた。いいかえれば一揆の作法ともなっていた。明治六年の越前一揆において、護法のために謀議をこらした首謀者の農民、僧侶たちは「仏号ノ籏ヲ立、銘々竹鎗等ヲ携罷出」るとの約束を交している(三上一夫『明治初年真宗門徒大決起の研究』)。もうここでは、農具から成る得物ではない。そして竹槍は、一揆勢が寺院や山林の竹藪を侵して調達され、長さも六尺ないし六尺五寸、七尺五寸に整えられ、さらに火入れもされた[13]。こうして竹槍は「竹槍以外に何の武器を有せざる農民」(群馬県秣場騒動、『維新農民蜂起譚』四二五頁)のように、あらたに百姓の得物としての地位を得る傾向を示した。

ところで新政反対一揆において、これほど沢山に使用された竹槍でありながら、その実際の寸法を書き記した文献がいたって少ない。管見の範囲でも(イ)隠岐騒動で六尺(約一メートル八二センチ)、(ロ)明治二年の梅村騒動では七尺五寸(約二メートル二七センチ)、(ハ)同九年の茨城県地租改正反対一揆では六尺五、六寸(約一メートル九七センチ〜二メートル)[14]とある程度である。しかしこれらから、ほぼ二メートル前後のものが各地で使われたのであろうと推測される。

一方、実際に使用された竹槍で現存するものを私は探しているが、今日まで実見し得たものはつぎのとおりである。

①　福岡県嘉穂郡嘉穂町大字千手　大屋季《（すえ）》氏所蔵　一九八九年七月三〇日調査

下部が一部損じているが、竹槍は七節からなり、節周りは上部で一一センチ、先端は鋭く削ぎ落してある。現存部分だけで二メートル五センチになる。焼きは入っていない。明治六年一揆の折、同家を襲った農民たちが打ち捨てていったものとされている。蝋絞め業を営んでいた同家の門扉、家屋内各所に鳶口・ナタ・竹槍で受けた傷跡が生々しく残っている。

②　福岡市立歴史資料館所蔵

全長二メートル二センチ（径三センチ）で、やはり七節からなる。「明治六酉年」の刻字がある。収拾過程は不明だが、六年一揆時のものと想われる。松崎武俊『警察史・竹槍一揆史料』（葦書房、一九八八年）は「西郡勢が使用した竹槍」として巻頭グラビアに収める。

③　大分県竹田市立図書館所蔵　一九八七年六月一二日調査

陳列説明に「百姓一揆の竹ヤリ、百姓戦争記念品、明治二年七月九日・十日・十一日の百姓一揆に山手河原で竹田市岩本の農民渡部某の用ひた竹ヤリ」とある。しかし全長三メートル二センチ（一一節、節周り一五センチ）の長さといい、また槍先の穴に願文が入れられていたことより、正しくは竹竿とすべきだろう。「明治二己巳年、惣百姓惣どう、七月九日十日十一日迄」「始西組くたみ　木原筋《（カ）》残出、東ハ井田筋《（カ）》残出」「玉来組小岩本　太兵衛・千代太郎・牧太郎三人行」との刻印が下部にある。

④　岐阜県恵那郡福岡町田瀬　田口修弘氏所蔵　一九九一年四月二二日調査

長さ二メートル五二センチ。七つの節を持ち、先端は鋭く削がれ火入れもされている。「明治二年三月十日来」との銘が彫り込まれている。同年の梅村騒動の際、梅村知事を追って苗木藩田瀬村まで来た一揆勢が当地に遺棄していったものである。菱村正文「梅村騒動研究覚書」二八（『飛驒春秋』一七の一、昭和四七年一月）による。

さらに竹槍の登場は、これまでの得物の世界に刀剣・鉄砲を呼び込むこととなった。土佐の脂取り一揆では、「ヲゴ縄、竹鎗、鉄砲等を用意」することを、一揆廻状がよびかけている（『譚』一六八頁）。また明治二年の上田藩一揆における一揆勢の「風俗は竹鎗持出し、農民共には用ゐざる鉄砲手鎚袖搦、武芸の道を学ばざる鎗釼などを持ち出」す有様である（「上田騒動右物語」、『集成』五〇七頁）。茨城県の一揆では「刀小道具」の持参を本橋次郎左衛門たち指導者はよびかけているが、その結果一揆勢の手には刀・鉄砲・竹槍が握られている。そのうち刀剣類は、戸長宅などを捜索し仏壇の下などから押収されたものである（「那珂郡暴動録」『茨城県史料』）。刀狩り後も在地社会に刀剣類が残存していたことは、藤木久志氏が『豊臣平和令と戦国社会』で明らかにしたことだが、いまそ

高山一揆の竹槍

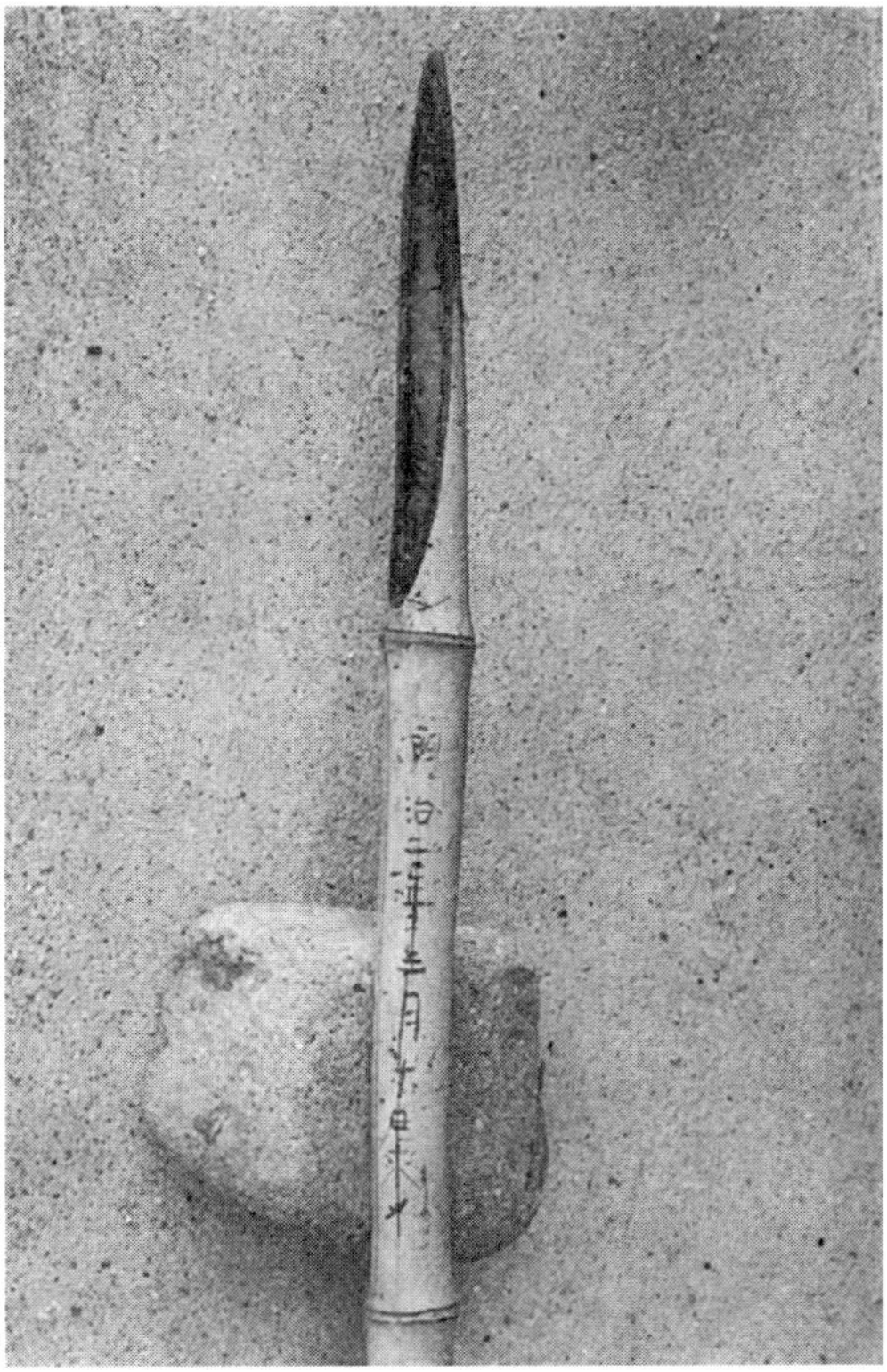

（注）　高山一揆の竹槍といわれ、梅村知事を追って苗木城下近くまでやって来た農民軍が、田口家の当主良太郎と山田伝右衛門に救助された際に残していったもの（田口美喜雄氏談）。実測では9節で全長2m72cm。節周り9cm。藪田撮影

の刀剣が、初めて一揆勢の手に握られたのである。その結果士族の「兵器」と一揆軍の「兇器」が拮抗するところとなった。

このようにして百姓一揆は、初めて殺傷性をもつこととなった。「敢えて人命をそこなふ得物はもたず」という一揆の原則が、一挙に崩れたのである。またそれに呼応するように打ちこわしにかかり、焼打ちが各地で行われた。なぜか。

新政反対一揆には、これまでの公儀との恩頼・依存関係の喪失[15]したことによる新政府への警戒心、敵愾心に加え、その背後にいる〈異人〉への恐怖観・防衛観が、共通してみられる[16]。その結果「官員ナルゾ夫レ打殺セト罵喚ヒ、竹槍ヲ持テ追迫ル」(「福岡県党民秘録」『集成』一三、七七六頁)、「度々願意を聞き候得共一向不言、唯火を放ち家を毀ち官員に狼藉致すのみ」(同三年中野県一揆、『録』一六二頁)、「忽然殺念相発シ、携居ル竹鎗ヲ以テ一突キ」(「北条県史」)のように、一揆は激しい攻撃性を帯びる。このような新政反対一揆、つまり竹槍一揆の波をくぐり抜けて「竹槍蓆旗」観が成立したのである。

しかしそれでもなお、近世以来の得物の伝統が強いことに注意すべきである。得物の前面に竹槍が立ち、刀剣類が呼び込まれたとしても、「竹鎗其外得物」として農具はけっして捨て去られていない。(イ)「竹鎗を小脇にかい込み、或いは鳶口・長柄の鎌・かけやの大槌をふりかたげ」(「改政一乱記」)、(ロ)「手には鎌斧の類」(「上田騒動右物語」)、(ハ)「鎌竹鎗を携え」(「芸藩志」)、(ニ)「銘々斧鉞脇差竹槍鍬鎌鳶口手棒等を持ち鯨波を挙」(明治三年松代藩一揆)げるように、竹槍の後景に農具から成る得物が厳然として存在している[17]。いわば刀剣、竹槍、農具の重層構造を示しているとみた方が、正確なのである。そのような新政反対一揆の得物の重層構造のうち、その頂点部分を掬ってできあがったのが「竹槍蓆旗」観であり、その結果、底部に部厚く存在した近世以来の得物の伝統が見失われることとなった。農民社会の伝統でいうならば、近世以来の得物の伝統は脈打っており、横行する「竹槍蓆旗」論に対し、つぎのような批判がなされるのも了解されるだろう。

> 只茲《ここ》に一言せんとするは現時の新紙或ハ人口に膾炙するも、小瀬暴動は竹槍蓆旗を翻し時に県庁に進撃せんとするや、県当局は石塚村ニ邀撃して之を退けたり云々は、実に現状に望まぬ針小棒大も太《はなはだ》しき言なり、吾現場に居り親しく之を視《み》又請願の協議にも与《あずか》りし者なり（中略）幕府以来の遺物として多少殺伐の気性は免れぬ事実なり、又夜行の護身として竹枝或ハ棍棒に等しき者も持ちたるものも見受たり、如何に幼稚とは申しなから政府に抵抗せんとするに一本の腰刀竹きれ棍棒にて其目的を達する事を得べきや、県当局は却て暴状を包まんとしての竹槍蓆旗なとの言を布説したる者にて、旗なとは更に用し事無きなり、吾殊実見を記し後の参考に供せんとす

明治九年の茨城県地租改正反対一揆の参加者であった栗田伴七が、後年の大正年間に「上小瀬村難実記」として書いたものの一節である[18]。江戸時代からも百姓一揆に対し、権力やそれに近い側からはしばしば武器携行説が流されたが、それと同様のフレームアップを栗田は新聞報道や世論の動向から敏感に感じ取っているのである。

さてこのように近世以来の得物の伝統を底部にもち、そのうえに竹槍とごく少数の刀剣（ときに鉄砲）が重層的に存在するという新政反対一揆の得物の構造を起点に置くとき、民権期の激化事件の位置を計ることができる。とくに近世の百姓一揆との継承関係が強調される秩父事件を取り上げてみると[19]、困民党の得物は、鉄砲・刀剣・竹槍の三者から成っていた。同事件における困民軍の差押え物件を表にまとめてみると、その様子が一目瞭然である。また下吉田村椋神社への遺留品（一一月一日）では竹槍が二七本と多く、外はトイシ四、木太刀、小刀、ノミ、きり出し、駕籠、鏡各一といった程度である（『秩父事件史料集成』一、五二三頁）。農具が、ほとんどみえないのである[20]。

このような構成は、党民の供述からも裏付けることができる。総理田代栄助は一一月三日の軍機を尋ねられて、兵

困民党の得物

物件名	点　数
刀　類	75
槍	3
弓	1
箭	1
鉄　砲	15
弾　丸	93
弾　薬	3
弾薬入	6
火　縄	5
花火筒	1
竹　槍	1000
鉢　巻	43
襷	26
袴	12
陣　笠	2
衣　類	45

（注）『秩父事件史料集成』1，331頁。ほかに金銭があるが省略。

を甲・乙・丙の三隊に分け、甲隊は加藤織平を隊長、新井周三郎を副長に竹ノ鼻渡をこえて進軍すると答えているが、その組織は鉄砲隊五〇人、抜刀一〇〇人、このほか竹槍総勢五〇〇人程というものである。落合虎市の率いる丙隊も竹槍一〇〇人と少ないだけで、他は同じである。各地で刀剣、鉄砲類が金銭とともに盗まれているが、それによって武器は困民党に供給されたのであろう。それに対し井出為吉や斉藤義十郎、強矢徳次郎らはかねて用意の、あるいは戸長役場にあった竹槍を持って加わっている。「竹槍を携えた者がたくさんいても恃むべき鉄砲方は七、八人」と田代みずからいうように(21)、困民軍にあってはあくまで鉄砲が基幹であって、竹槍は副次的なものであったが、その竹槍のみが、わずかに農民的伝統を保持しているというべきであろうか。そしてその竹槍をなにに使うのかと問われて、「敵ヲ突ク積」りだと党民の一人松田清平は答えている。近世の百姓一揆を経験した人間では、考えられない言葉である。

「近代成立期の民衆運動」としての位置をもつ秩父事件は、その農民的観念や参加強制、行動様式において百姓一揆との連続面をもちつつも(22)、得物の世界においてはすでにそれから切断され、わずかに竹槍において百姓一揆との命脈を保っていたというべきであろう。

「竹槍蓆旗」論にかかわって新政反対一揆の構造について検討してきたが、もう一つ「蓆旗」が残されている。蓆旗は、どのように新政反対一揆とかかわっていたのだろうか。

百姓一揆という集団的な運動において旗もまた、得物・鳴物などと並んで重要な役割をもつものであったので、一揆の風景のなかに必ず入っているものであった。かりにそれを「指(差)物」と呼んでみたとき(23)、一揆における指物の世界は、どのように構成されていたのであろう。前章「得物・鳴物・打物」（後篇第一章）を補いながら、考察してみたい。

「民窮みの趣を大文字に書たる大幟を真先に立、村に思ひ〳〵の印を書たる旗を為持」（「甲斐国騒動実録」）と記されるように、指物には（A）「村に思ひ〳〵の印を書いた旗」と、（B）「民窮みの趣」を大書した幟のように二種類があった。Aは蜂起に参加した百姓の単位である村や、その上位の連合である組、郷を指し示している。それに対しBは、一揆における民衆の理念、要求などを記している。いいかえると旗は、蜂起にくわわった百姓の組織的なあり方を示しているのである。今日風にいうとスローガンにあたるだろうか。それらが並び立って、一揆における指物の世界を構成しているのである。近世の一揆のなかで、そのような姿をもっともよく示すのは、黒正巌氏の指摘(24)以来注目されている天保一一年（一八四〇）の庄内藩一揆であろう。それは藩主の転封に反対して大訴願闘争を繰り広げた一揆であるが、いくつか残る記録のなかに指物が豊富な挿絵として残され、指物（だけでなく一揆）の世界がきわめてヴィヴィッドに描かれている。いまそのうちの一つを深谷克己氏の紹介によって記すと(25)、酒田大浜における大護摩執行の図では、護摩の焚かれた結果の周囲に川北三郷の百姓が五万人、「組々村々旗いか」を千本余も掲げて蝟集している。旗あり、幟あり、吹き流しのようなものあり、又ぼん天や扇の形をしたものなど形態はさまざまである。書かれている文字は荒瀬郷、遊佐郷、平田郷などの地名のほかに、「乍恐御永城奉願」「民の志、赤子の親を慕ふかことし」「万代の四季に替らぬ松の色」「二郡そん不動明王」「何卒居成大明神」「仁」などと思い思いに書かれたものがある。前者の地名は先のAに、藩主がとどまるようにとの願望をそれぞれに書いている後者の指物は、Bにあたる。

同じ光景は「合浦珠」にも少し大雑把ながら収められているが、同史料には、大浜に打ち寄せる百姓たちの図もあり、蓑笠姿の百姓が旗や幟を先頭に、一固まりごとに移動していく様が描かれている。またもう一つの関連史料「夢の浮橋」には、新領主に予定されている川越藩に内通したとして城下の白崎五右衛門宅に百姓たちが押し寄せ、城方が制止に入っている図がある。(26) そこでも平田郷、遊佐郷などと並んで「乍恐御永久城」「何でも御居り」「不動大名王」などの旗を持つ蓑笠姿の百姓がみえる。ここまで視覚的に描かれることは稀であっても、百姓一揆の観察者が一揆勢と並んで立つこれら指物に目を奪われ、それを記録に書き留めるのもけだし当然であろう。

いまこれら指物の世界を少し分析的に記せば、近世の百姓一揆が村を起点にしてなされたことについては、一揆史研究の多くが語るところであるが、(27) その意味でまず村が、旗・幟などとして視覚的に表現される。

(1) 村々のめ印には、筵旗に村名を書付、或は緋ごろふくの幡、うこんの絹幡、茜ね木綿のはた、白木綿のはた、浅黄木綿のはた、又は菅笠、あみ笠いろ〱さま〱の村印を建て(「奥州信夫郡伊達郡之御百姓衆一揆之次第」『民衆運動の思想』)

(2) 一、惣郡ニ相集後、場所見立、一村切ニ仮屋を修飾し、旗に村名を書付置、村々之人数他村ニ入交ヘ不申、猥敷事堅ク可相守事(「筑後国乱実紀」『編年史料』四)

(3) 其時已ニ全郡のモノ殆ド来り集り、村名ヲ記セル旗、幟、長柄ノ提灯ナドニテ勢甚ダ猖獗ヲ極(明治四年岡山県一揆、『集成』一三)

(2)は一揆の組織原則における村旗が示され、(1)、(3)からはその運動過程における現れが見える。また村々が集まって組、筋、通などに組織されて行動した場合には、それぞれの単位で指物が現れる。嘉永六年南部藩下のいわゆる三閉伊一揆では、有名な「小○」の旗を先頭に、以下参加村ごとに番号をつけ、一～一三番までは野田通、一四～七二番までは宮古通といったように組織し、法螺貝で指揮統制して仙台藩への越訴を行ったが、その折、村と通の旗が掲げられた。(28)

村や組の名を入れた旗(A)といっても、上述からうかがわれるようにけっして貧相なものではない。むしろ多彩といっていいだろう。今に現存する明治二年(一八六九)の高崎五万石騒動に際して使われた下小鳥村の旗をみるとき、(29)村旗にこめた農民の愛着とセンスを感じ取ることができる。

それがもっともよく発揮されているのが、Bの部類の旗であろう。先の庄内藩一揆では、「合浦珠」によると実に三〇余の旗が掲げられている。(30)先に記したもののほかに「中川祈願」「鳥《(烏カ)》組祈願」「大願成就」と書くもの。「自天裕吉無　不利」「雖為百姓不仕二君」「民是国本本固国安」「民惟邦本本固邦安」のように書いたもの、「庄一意いなり大明神」「不動如泰山」「鶴亀御居城万々歳」などがある。これらは文字で書いたものだが、なかには西瓜を一〇個並べた模様、西瓜を一つ先頭に掲げ、その下に大縄で切り下げを吹き流しのように付けたもの、白幣をたくさん吊したもの、鍬に鎌・鋤などの農具を四種描いたもの、さらに南天、西瓜、鯛を吊した幟に「御上　大内野目村」とあるものなど、その意匠にどのような意味が含まれているのか、一見しただけではわからないものまで、多彩でさながらデコレーションをみるようである。このうち西瓜を一〇個二列に並べたものは「御すわり請合」幟とされ遊佐《ゆさ》郷が掲げ、今も同町の玉竜寺に大切に保存されている。(31)色彩が施され、みれば右端の一つは半分に割られ、中の赤く熟している様が知れる。西瓜は当地方の特産物で、真っ赤に熟れることを「すわる」ということから、藩主が長く当地に居座ることを望む彼らの願いが含意されているのである。また南天、西瓜、鯛の並んだものは「なんでも御居《すわ》り目出度」という心意だとの注記がされている。

このような一揆・訴願に参加した人々、村々が掲げた旗は、Aのように一揆の組織を示すものでなく、一揆に加わった彼らの願い、理念、心情がそれぞれに表現されているものである。その点で含意されていることに共通性があり、それらを掲げた村とはいちおう切り離して考えることもでき、「一揆集団の旗」とすることができよう。慶応二年の武州世直し一揆では、「南無阿弥陀仏」「平均世界将軍」「天下泰平世直シ」「日本窮民為救」といった文言の旗と並んで、椀と箸、杓子三本に椀一つなどの図柄が描かれた旗が記録されている。(32)

このような「村の旗」(A)、「一揆の旗」(B)からなる指物の重層構造は、新政反対一揆でも変らない。明治三年の松代一揆では大組、辰組の紅白の旗ほか数流が掲げられ、五年の越後分水騒動では「天照皇、徳川恢復、朝敵奸賊征伐」の旗、六年の越前では「南無阿弥陀仏」の名号、九年の茨城一揆では「白布ニ万民救ノ三文字」を書いた旗があがり、翌一〇年の阿蘇谷一揆では「十小区人民中」の布旗と並んで「役人退治万民の為」という紙旗を農民が押し立てている。(33)

このように一揆のなかの指物をみてくると、いったいこれがなぜ「蓆旗」として通念化されるのか理解に苦しむ。そもそも蓆の旗は、これまでの記述からもわかるように、近世から明治初年の百姓一揆を通じてもいたって少ないのである。管見の範囲でも、庄内藩一揆の数十の指物のうち筵とされるのはわずか二つにすぎず(「合浦珠」)、現に残されいる「請合幟」も、生地は木綿である。他に求めれば弘化四年(一八四七)の南部藩一揆で「野山と鎌と山刀」を描いた筵旗(茶谷十六『安家村俊作』一九八〇年、民衆社)、武州一揆で蓆旗数十本が、紅白吹流し数十本とともにみえ(『武州世直し』二一―八八)、明治五年の越後分水騒動では各村から一流ずつの蓆旗をかかげた(『譚』二二九頁)ぐらいである。(34)いいかえれば実態としては、竹槍と比べてほとんど基盤を持たないものである。先にもふれた南部一揆では「小〇」の旗が立ち、一揆勢力が赤白の襷を掛けていたことから、後年「白赤襷小丸之旗風」と呼ばれたというが、(35)このリアルな認識と比べてみたとき、「蓆旗」論には実例の欠如とともに、なんともいえぬ想像力の欠如と感性の貧困を感じる。

（1）保坂「百姓一揆─徒党の形成と一揆の有様」（『歴史と地理』三八八、一九八七年のち『百姓一揆と義民の研究』吉川弘文館、二〇〇六年所収）。

（2）⑴は『編年百姓一揆史料集成』八（以下『編年』と略称）、一六六頁。⑵は吉野町林家文書、谷山正道氏の御教示による。⑶は「作州非人騒動」（『日本庶民生活史料集成』一三、三二〇頁、以下『集成』）。⑷は「党民流説」（『編年』九、五三頁）、保坂氏の論拠の一つである。なお細かいことをいえば竜門騒動では竹木であって竹槍ではない。また「荒蒔村年代記」では、竹槍と「色々之道具ヲ持テ」としている。ところが昭和初年に唄われた数え歌では明確に竹槍となっている。これはむしろ「竹槍蓆旗」論の影響だと考える。

（3）斎藤「武州世直し一揆のいでたちと得物」（『学習院大学史料館紀要』創刊号、一九八三年）。

（4）竹杖は祭事に使用されている（摂津長田神社の雨乞い神事では、年寄衆が裃を付け、竹杖をもつことになっている）から、伝統的なものだろう。また文化元年の牛久騒動では竹一五〇本用意させ、また半紙を整えて旗とし、その竹に付けて「在名アイ徴」を書き付けている（『編年史料』八、一六二頁）。

（5）宮原信『山田方谷の詩』（明徳出版、一九八二年）八七六〜七頁。太田健一「戊辰戦争期の農民闘争」（『史学研究』一二五、一九七四年）。

（6）『武州世直し一揆史料』二、一六二〜三頁。『大里村史通史遍』六〇四〜五頁も参照。「桐窓夜話」に交戦中に絵がみえる。また多摩郡一七カ村も打ちこわし勢力の来襲に備え「組合村々申合せ竹槍鉄砲持参」して防ぐことを取り決めている（『武州世直し一揆史料』一、二二五頁）。内田満氏の御教示による。

（7）斎藤善之『茨城県百姓一揆総合年表』（一九八九年）、同「天狗党乱下の民衆闘争と世直し」（『史観』一二一、一九八九年）、高橋裕文「幕末水戸内乱と農民闘争」（『茨城県史研究』五二、一九八四年）。また幕末、蛤御門の変に際し京都の町人たちが、銘々金盥・太鼓などを鳴らし、竹槍を手にして変事に備えたというような例もみられる（布川清司『近世町人思想研究』吉川弘文館、一九八三年、二三七頁）。

（8）『坂戸市史』近世史料編一、二四四〜五頁。もう一つ在地社会に竹槍が持ち込まれる契機として、民衆の武芸習得による武装化が考えられる。関東では文化二年(一八〇五)、村々で浪人などについて武芸を学ぶものがいるが、それを禁止するとの幕府令が出ている(『神奈川県史』史料編七)が、民衆の武芸習得熱は各地で剣術、槍術、棒術、柔術などの各流派を生み出し(倉地克直「幕末の民衆と武芸」『岡山地方史研究』五六、一九八八年)、隠岐島では「一辺流とか竹具足等を着し、たたき合う」者もいる(『集成』一三、三八四頁)。これらを土壌に農兵化が進むであろうから、ここでみられる武芸は、国家の側に取り込まれるのが基本的動向であったといっていいだろう。なおマダケやモウソウチクなどの幹の太い竹は、北海道を除く本州全域にひろく生育する。

(9) 民衆運動における「集合心性」という考え方(G・ルフェーブル『革命的群衆』)は、このような問題を解くときに大切なものだろう。深谷克己氏は新政反対一揆における竹槍について、その携行自体にそれほど大きな意味があったわけでなく、「むしろ意識のシンボルとしての意味の方が大きい」と指摘している(日本近代思想大系『民衆運動』解説、四三八頁、岩波書店、一九八九年)。

(10) 『集成』五九九、六一八～九、六二二～四頁。『録』三八一、四〇三頁。

(11) 『備前・備中・美作百姓一揆史料』五(以下『史料』)一九八九～二〇一一頁。

(12) 『集成』四五三頁。三上一夫『明治初年真宗門徒大決起の研究』(思文閣出版、一九八七年)三二一頁。

(13) 明治四年岡山県一揆(『史料』五、一九五頁)。同伊予大洲一揆(『譚』五四五頁)。同三河大浜騒動(『譚』六五～六頁)。火入れについては江馬修『山の民』に詳しい。なお四年の福山藩一揆では狩出しにあった農民が、蓑笠の支度とあわせて物干し竿を切り竹槍を作ろうとして女房の小言にあい、どうにか竹槍を拵えている(「国家控はしら」『府中市史史料編』Ⅲ二〇八頁)。竹藪に入って切り出すほかに、このような竹槍の調達もあったのである。

(14) (イ)は『集成』四五三頁、(ロ)は江馬修『山の民』、(ハ)は『茨城県史料』近代政治社会編Ⅰ、四二八頁。

(15) 公儀との恩頼・依存の関係の下では鎮圧側に「大公儀の御法も有之故、二三十人はさて置き、一人も打捨にいたす事決て不相成」(「西備遠藤実記」『府中市史史料編』Ⅲ一〇六頁)、「御上様には、大切なる百姓の事なれ故、御打払になさる思召は少しも是なく」(「作州非人騒動記」『集成』三二一頁)との自己規制が働き、それに対応するように一揆の側にも武器としての得物原則があったが、新政反対一揆では、双方ともにこの歯止めがはずれている。

(16) ひろたまさき「文明開化と啓蒙思想」(『岩波講座日本歴史』近代一、一九七五年)、川村邦光『幻視する近代空間』(青弓社、一九九〇年)、上杉聰『明治維新と賤民廃止令』(解放出版社、一九九〇年)。

(17) (イ)『集成』三四一頁、(ロ)『同』四九九頁、(ハ)『同』五九九頁、(ニ)『録』一五〇頁。なお明治一〇年の阿蘇一揆でみられた得物を参加者の供述から拾ってみると、三、四尺~五、六尺くらいの竹槍、猟銃、割り木、棍棒、木刀などである。また上益城《ましき》郡では戸長を威すため鉄砲を持つものは鉄砲を、無いものは棒でも待ってくるようによびかけている(水野公寿編著『西南戦争期における農民一揆―史料と研究―』葦書房、一九七八年、一〇九頁ほか)。一揆の観察記録では竹槍が目立っても、個々の参加者のレベルでみるとこのように竹槍以外の得物が存在したのが普通だろう。

(18) 『茨城県史料』近代政治社会編Ⅰ、五〇一~二頁。

(19) この点についてはすでに稲田雅洋氏の指摘があり、「彼ら(困民軍――引用者)が敵とみなすものが単に高利貸のみではなく国家権力を自らの相手とせねばならなかったがゆえに、彼らが手にするものは鉄砲・刀・槍等の武器とならざるをえなかった」と述べ、世直し一揆と区別している(「秩父事件の歴史的位置」『一橋論叢』七〇―三、一九七三年、二二四頁)。

(20) 同一七年の群馬事件にもこのことはいえるようで、一六年の負債農民騒擾では竹法螺は吹いても得物をもたずという非武装状態であったのが、一七年事件では猟銃、刀、脇差をもって参加する者がおり、回章にも「刀剣ヲ用意」すべしとある(岩根承成「負債農民騒擾から群馬・秩父事件へ」『自由民権運動と現代』二五八頁)。激化事件たるゆえんであろう。

(21) 『秩父事件史料集成』一、一一二~三、一二一、一三〇、一五六頁。

(22) 鶴巻孝雄「近代成立期の民衆運動・試論」(『歴史学研究』五三五、一九八四年一一月、のち『近代化と伝統的民衆世界』東京大学出版会、一九九二年)、安丸良夫「困民党の意識過程」(『思想』七二六、一九八四年)など。

(23) このような旗や幟を指(差)物と呼んだ例として、「我も〳〵と支度いたし、其村々の差物を指て出る」「其村々にて思ひ〳〵の指物を拵持出候」(「東武百姓一揆集書」『集成』六、一〇七~八頁)などがある。

(24) 黒正『百姓一揆史談』(日本評論社、一九二九年)。このなかで黒正氏は、二三種の旗印が書かれた写本をみたと書いている(一九六～七頁)。

(25) 深谷「絵図に現れた一揆衆」(『編年史料』一三、「編集のしおり」)。週刊朝日百科『日本の歴史』八一「一揆」にも、小さく収められている。原本は山形県鶴岡市致道博物館所蔵である。

(26) 週刊朝日百科『日本の歴史』「一揆」。原本は致道博物館蔵。

(27) 安丸『日本の近代化と民衆思想』二二六～二五頁など。

(28) 森嘉兵衛『南部藩百姓一揆の研究』(著作集七、法政大学出版局、一九七四年)四四一～三頁。また深谷氏によると一揆勢は山田町で木綿布を提供させ、出立のときの組印の旗を改め、長さ一尺ほどの旗に整えたという(『南部百姓命助の生涯』朝日新聞社、一九八三年)。なお一九八七年一一月二〇日に観劇したわらび座の歌舞劇「東北の鬼」では、舞台にこれらの旗が立てられていた。

(29) 木綿地に交差させた鎌と、その下に村名が染め出してある。酒井一氏の写真提供による。なお週刊朝日百科『日本の歴史』八一『一揆』にも収む。

(30) この史料については、浅見隆氏のお世話になった。なお同氏『三方領地替反対闘争』(『天保期の人民闘争と社会変革』下、校倉書房、一九八二年)。

(31) 一九八八年八月一日、同寺にて見ることができた。

(32) 斎藤前掲注(3)論文一〇～一一頁。椀などの図柄の意味は不明ということである。なおこのとき農兵は、丸に二の字旗を掲げたという(『武州世直し』二―八八頁)が、両者を比較してみたとき、同じ集団的媒介でありながら、そこに込められた精神には格段の違いがみてとれる。

(33) 『録』一四二頁、『譚』一九六頁、『明治初年真宗門徒大決起の研究』、『茨城県史料』近代政治社会編Ⅰ、四二六頁、水野公寿「阿蘇一揆と新史料について」(『集成』一三、「編集のしおり」)。

(34) 明治期に書かれた「阿部野童子問」は、古老の言い伝えとして天明七年の一揆で狂歌を大書した筵旗を立てたとする(『府中市史』史料編Ⅲ、一七二頁)が、「西備遠藤実記」にはみえず、むしろ後年の「竹槍蓆旗」論に影響された記述ではないかと思われる。

（35）　森前掲書四四三頁。「小〇」の旗も、生地は木綿の絞りである（深谷注（28）文献九四〜五頁）。

むすびにかえて——「竹槍蓆旗」論の歴史的意味——

これまで「竹槍蓆旗」論の展開と、その形成に深いかかわりをもった新政反対一揆について考察してきたが、最後にそのことのもつ意味についてふれておきたい。

第一にそれは、百姓一揆に対して与えられた近代主義的通念であり、現代を生きる私たちにいまなお影響を与え続けている。

中世史家の黒田俊雄氏は『歴史学の再生』という書物（校倉書房、一九八三年）のなかで、社寺や皇室といった言葉を例にとり、近代以前の歴史事象について近代は、ひとつの通念・用語を形成せずには措かなかったが、その結果生まれた通念・用語は「ものの考え方に枠をはめ、方向を与え、しらずしらずに特定の価値基準を植えつける効力をもつ」こととなったと述べ、このような「日本近代がつくり出した独特の歴史像のゆがみを克服する課題」を今日の歴史科学の課題としているが[1]、「竹槍蓆旗」という用語にも事情はまったく共通する。この言葉によって「百姓一揆」といえば、竹槍と蓆旗を想い起す人は、今日でも少なくないが[2]、それは近世人がもった一揆観と同一ではない。

第二にこの通念は、明治初年の新政反対一揆の波をくぐり抜けて成立し、それに形を与えたのは、自由民権運動の過程で百姓一揆の伝統を掬い取ろうとした民権家たちであった。そして実像との距離でいえば「竹槍」は、この時期一揆の得物としての地位を得ていた点で実像の反映がみられるが、その前身としての、また分厚い底部として脈打っている近世的伝統を見失っている。(3) また「蓆旗」については、ほとんど虚像といっていいもので、一揆勢が旗や幟を掲げていたということ以外、なんら積極的な含意がない。

第三にこの用語を、小室たち民権家は人民の国家への抵抗権として把握したが、同時に時代遅れの民衆運動として理解する人々もいた。つぎの新聞論説はその典型であろう。(4)

世人よ、世人は如何なる感覚を惹起し来る歟、豈に痛歎慨息に堪へざるを得んや、身に席衣を纏ひ頭に翁笠を戴き、手に尚ほ竹槍を提げ、其請願の意を遂げんとする如きは、此十九世紀の今日に在て尚ほ我が古代野蛮の風習を倣はざるを得ざる歟、実に思はざるの甚だしきものといふべし。

その意味で「竹槍蓆旗」には実像認識で共通しながら、価値観で分裂するものがあったといえよう。しかし歴史的な動向としては民権運動の後退とともに、後者こそが主流的一揆観となっていったのであろう。

しかし第四に「竹槍蓆旗」論が、民権家たちの足元を掬われる形で時代遅れの産物とされた要因は、その政治動向と並んで、彼らの民権家の体内にもあったとしなければならないだろう。それは彼らのもとで生まれた一揆認識が性急で底の浅い(一部にしか真理を含まない)ものであったからであるが、なぜそうであったかといえば、やはり民権家たちのもった特性が指摘されなければならない。豪農まで含む民権家たちの士族的な義人観とその裏返しの愚民観。「制度信仰」ともいえる政治制度、とくに代議制への強い信頼観と、大衆運動とくに直接行動への根強い忌避がそうである。そして国訴に代表的に示される近世後期の民衆運動を通じての委任関係の展開が、彼らの代議制への転身を容易にしたのである。

第五に明治初年に成立したこの通念が、(5) 後に始まる百姓一揆研究を規制したのである。

一揆史研究といえばなによりも昭和初年の黒正巌、羽仁五郎といった人々を挙げなければならないが、黒正氏の

「総括的な『百姓一揆の研究』」（林基）に、「竹槍蓆旗」論の影響を確かめることは容易である。黒正氏はいう——

かくの如く農民は何等武器を有せざるのみならず、武器を使用するの術を知らざるが故に、一揆を起こすに方っては、平素生業を行ふ上に使用せる斧、鉈、鳶口等を携へ、殊に青竹を尖らして槍の代りに用ひた。竹槍は蓆旗と共に百姓一揆の表徴とせられた程である。(6)

当時膨大な一揆史料を集め、年表まで作成した黒正氏らしく、「平素生業を行ふ上に使用せる」道具、つまり農具を持っていたことを正しく指摘している。ところがどうしたことかその後に、竹槍が「殊に」として強調され、蓆旗と並んで百姓一揆の「表徴」とされる。「竹槍蓆旗」という言葉の呪縛に陥っているのである。

この黒正氏の史料によりながら羽仁氏は、その観点を批判し階級闘争としての百姓一揆の展開を論じたが、羽仁氏にあっても「竹槍蓆旗」観は生きている。

農民の合法的訴願に対して支配者はつねに抑圧をもって答えたので、そこで農民大衆はついに「暴力」によって支配者を威嚇し、あるいは村役人富豪等に「暴力」を加え、かくて強訴暴動をもってその要求を闘い取らんとせねばならなかったのである。（中略）すでに早くかの秀吉の刀狩等をへて、いまや徳川時代の農民はまったく武器を没収せられ、武器の携行を禁止され、佩刀の権利が武士にのみかぎられていたので、暴力的闘争の場合に当時の農民は戦国時代農民戦争期の農民のごとく武器を所有せず、したがって独特の戦闘準備を必要とした。彼らは主としてその生産手段をただちに武器に代えた。すなわち竹槍、鉞、鎌、鍬、等に法螺貝、蓆旗の旗印等が用いられた。

右の文は羽仁氏の著名な論文「幕末における社会経済状態・階級関係および階級闘争」（昭和七年）の一節(7)で、羽仁氏の百姓一揆観がよく現れている。農民が「生産手段」をもって闘ったとするのは、先の黒正氏の「平素生業を行ふ上に使用せる」道具をいいかえたものといっていいだろう。その生産手段に竹槍を加えて不思議に思わず、また蓆旗と並記しているのもまったく黒正氏と同一である。

いいかえれば階級闘争的視点の導入だけでは、「竹槍蓆旗」に示された歴史像の歪みが克服されなかったのである。その結果、小室の『東洋民権百家伝』が世に出て百余年目のいま、私たちが百姓一揆における得物や竹槍を取り上げ、光を当てているのである。[補注]

（1）　黒田同書四一、一五六頁。

（2）　一九八九年六月の出版物である、まんが日本史キーワード『一揆いろいろ』(さえら書房)をみると、得物には鍬、鎌をつけた棒と並んで必ず竹槍がみえ、旗はいずれも蓆旗で、「小〇」の旗までそうである。また白土三平氏の大作『カムイ伝』の描く百姓一揆像をこの点から点検してみると、得物では百姓は手に鋤、鍬、鎌、鳶口、竹槍などをもち(「百姓魂」『ガロ』一九六六年二月号、「蜂起」、同七〇年一二月号)、また鳴物も登場するなどかなり正確であるが、旗はムシロである。またむやみに一揆側も領主側も殺し合うことが多く、近世の一揆の実態としてはかなり問題が多い。このように「竹槍蓆旗」観は依然、強力に私たちを捉えているといっていいだろう。

（3）　その伝統の強かったことは、大正期の農民運動では再び、竹槍に代り農具としての得物が出ることによっても了解される(後篇第二章参照)。ところが太平洋戦争期になるとそのような伝統はもはや忘れられたようである。小山仁示『大阪大空襲』(東方出版、一九八五年、二六一頁)によると、戦争末期の一九四四年六月、大本営陸軍部は「国民抗戦必携」を出すが、それには銃剣はもちろん、刀、槍、竹槍から鋤、ナタ、玄能、出刃包丁、鳶口にいたるまでを含み、これを白兵戦兵器として用いるように指示している。

（4）　「伊都郡民騒動」と題する『和歌山日日新聞』明治二一年九月七日の記事である。続けて権利伸張にはその方法があり、理非弾劾にも規則がある。それをしないのはなんと政治の思想に乏しいことかと非難している(『和歌山県史』近現代史料編四、六八六〜七頁)。

（5）　林基氏は、近代日本で最初に百姓一揆を広範に調査・研究したのは明治政府であっただろう、しかしその成果は国民に示されることなく、それを最初に示したのは小室の「東洋民権百家伝」だとしている（『続百姓一揆の伝統』三三六頁）。

（6）『百姓一揆の研究』（思文閣出版、一九二八年初版、八一年再版、第四章第三節第一「百姓一揆の抵抗用具」二四二頁）。

（7）『羽仁五郎歴史論著作集』第三巻（青木書店、一九六七年）、三五八頁。刀狩りによる農民の武装解除をその要因とする点においても、羽仁氏は黒正氏とまったく軌を一にしている。

［補注］

得物から竹槍への移行については、内田満氏の連作があることを付記しておく。「得物から竹槍へ」（保坂智編民衆運動史1『一揆と周縁』青木書店、二〇〇〇年）、「秩父困民党と武器（得物）」（『森田武教授退官記念論文集　近世・近代日本社会の展開と社会諸科学の現在』新泉社、二〇〇七年）、「明治二五年『埼玉新報』四号・『埼玉民報』一号の「竹槍蓆旗」図像について」（『埼玉地方史』六九、二〇一四年）

終　章　近代化と国訴・百姓一揆——近代成立期の民衆運動と地域社会・国家——

はじめに

これまで国訴と百姓一揆について前後八章にわたって考察してきたが、最後に若干の補説もくわえながら総括しておこう。

その際、第一に、前述の論稿が「民衆運動それ自体の分析」に徹しているため、どちらかといえば国家とのかかわりが十分でない点に考慮を払いたいと思う。また第二に、これまでの国訴研究が、国訴は畿内先進地域に固有であるという、「畿内第一主義的傾向」を強くもっていたため、全国的な位置づけのなかに置くことがどうしても必要である。その一つの方法として私は、国訴の基盤であった郡中議定を媒介にすることによって可能となると考える。そして第三に近世後期の民衆運動が、日本の近代化過程にどう関連しているのかについて、展望的にふれてみたい。「世直し状況」論の立場からはすでにその見通しが与えられているが、ここでは国訴に重心を置き換えることによって、もう一つの見通しが与えられるのではないかと判断する。

第一節　国訴と郡中議定(補論)

国訴を商品生産と流通に限定せず、その基盤をなし国訴もその一環であった郡中議定のレベルで考えるべきだ――これは本書の主張点の一つで、同時に通説的な国訴理解ともっとも違う点なので、ここで若干の補説を行う。すでに「国訴と郡中議定」(前篇第四章)で明らかにしたように、国訴は地域的利害関係の共通性にもとづく村落結合をもつ以上、そこでは商品流通に限定しない多様な課題が追求された。

河内古市郡廻状(文政六年一一月)

(前略)　先達而之木綿一件幷菜種其外、髪結・奉公人・杣株等之義、及御相談申度候間、来ル廿四日当村東口小倉屋ニテ参会いたし候間、従《より》早朝御入来可被下候(傍点引用者)

右史料[1]は文政六年(一八二三)、三所実綿問屋の流通統制に反対した訴願に勝利し、菜種訴願を来春に控えた時点で古市郡一五カ村に回された廻状である。ここには一〇〇七カ村の大国訴として知られた実綿・菜種のほかに、髪結・奉公人・杣株が問題とされている。また摂津八部《やたべ》郡では嘉永七年(一八五四)閏七月、のちに実綿・菜種・肥料の三種歎願を一〇八六カ村を結集して行う国訴のスタート直前に、つぎの廻文が花熊村から組合村々に出された[2]。

(前略)　此度郡中一同相談之上、御免勧化之義御六分一手ニ引合取斗《計》可致積ニ御座候間、此段御承知可被下候、若《もし》又廻村致候ハバ右之趣ヲ以、御断申立可被成候、心得方違失無之様頼一札相廻し候間、御調印可被下候

寺社の御免勧化について八部郡中相談のうえ、幕領六分―摂河泉の六代官所ごとの惣代庄屋が一手に取計うことを決め、彼ら惣代に対し「頼一札」を村々から提出するように求めている。幕領六分ではこれ以前、京都の桂姫守弘役

人の廻村や三河宝蔵寺、紀州日前宮の御免勧化について個別に対策をとっており、その経緯を踏まえての措置が、今回のものである。

このように国訴と郡中議定は、村社会が株仲間・座・杣・大工・座頭・非人・勧化・奉公人といった村内外の身分(社会)集団と対峙、対決するところに成立した。それこそが、国訴と郡中議定の成立契機であった。そしてこれらの諸課題に対し村々は、幕府＝奉行所への訴願によって打開をはかるほか、自己規制・自己管理による解決をも試みたのである。

つぎに諸身分(社会)集団との対立関係の実際を、個々にみる。

1　勧化・廻在者と村

村々を廻る者のうち、座頭(盲人)については、加藤康昭氏によってその組織が明らかにされている[3]。彼らは官金配当制の下で当道座とよばれる重層的な仲間組織をもち、各地の盲人はその仲間組織によって、生活の保護と規制をうけていた。このような盲人に対し村人は、彼らの廻在・勧進によって接した。彼らには座頭組織ごとに勧進場があり、たとえば、摂州菟原郡住吉川より西、八部《やたべ》郡西須磨村までは、兵庫座元鷲の市・桝の市のそれにあたっていた。その下で村との配当慣行が維持されていたが、近世後期には他国から流れこむ盲人も多く、その結果、窮迫した盲人の配当強要が横行するようになっていた。兵庫の勧進場にあたる谷町代官所の村々では天保九年(一八三八)、「近年座頭共不作法ニ相成、村内小前末々迄座頭共多人数罷越、祝儀布施物等押乞仕、剰《あまつさへ》食事又ハ湯茶をねたり、其上悪口雑言申掛」るので、農業に差支えるとして押乞の禁止を願い出ている[4]。一方、和泉四郡の村々は天保七年、惣代たちが集まり、「近来盲人儀、多人数巡村いたし、村々難渋弥増《いやまし》、且其村々ニ寄取斗《計》等区々ニ相成、混雑ニおよ」ぶとして、その対応を申し合せているが、その際、安永三年（一七七四）の幕府令（浪人・旅僧・座頭など廻在者の合力・止宿のねだりを禁じ、違反者の逮捕を命じた）を念頭においている。[5]

前記幕令にあるように旅僧（虚無僧）・修験（山伏）といった遍歴の宗教者たちも、各地で村々との間に対立を惹き起していた。江戸時代虚無僧は普化禅宗、修験は本山派・当山派としてそれぞれの本寺・本山に属し各地を募縁して歩いていたので、ここにも社会（身分）集団と村の関係が読み取れる。嘉永四年（一八五一）河内南部の藤井寺村他二一カ村組合は、以後一〇年間、京明暗寺虚無僧の留場となることを申し合せているが、そこでの判断を「右之通り入用向も相減し、留場ニ相成候上者、自今虚無僧共村内へ立入不申ニおゐてハ誠ニ安堵之儀」と記している。深編笠を被った虚無僧が村内を勝手に勧化して歩くことを嫌い、あわせて負担を軽減させようとする意図がそこにみえ、試算では今後一〇年間、高一石につき五分六厘、一村につき三匁一分程度減少するという。[6]

それより早く文化六年（一八〇九）より留場となった河内交野《かたの》郡村々では、同九年八月、留場としての寺納物について各組合村で甲乙が生じ、村によっては難渋の向きも多くある。また留場にもかかわらず、不法の宗門の廻在があったとして郡中の申し合せを行っている。そこではとくに留場の寺納物はじめ虚無僧の件は郡中の惣代三人に任せるとして、郡内三七カ村を三組に分け、組に一人ずつ惣代を立てるとしている。郡中での共同管理を志向したものといえよう。

同郡ではさらに万延元年（一八六〇）、近隣二二カ村が本山・当山両派の修験取締りを行っているが、ここでもその動機は「修験体ニ而修行ニ罷越候而、兎角不如法之修行人不少、在中ニも御迷惑」な事情にあった。そしてこの協定でも村中安全・五穀成就の護摩修行のために、一カ年両派へ初穂銀三八〇匁を納めると記す。[7]

廻在者にはこれら座頭・虚無僧・修験のほかに、浪人・寺社勧化や安産・疱瘡のお守を売り歩く京都桂姫の役人たちがいた。摂津八部郡花熊村では寛政年間、これらの廻在者に対し組合一〇カ村で対処しているが、彼らは一年を通じて廻村し、一年にのべ二三二件、人数にして三二三人を数える。それに施した金額は二〇六匁余である。[8]

2　頭組織と村——非人と職人——

摂河の非人とその組織については、内田九州男氏の詳細な仕事がある。[9] 彼らは非人番として村に抱えられ、吉凶の祝儀、給付をうける一方、四ケ所の長吏にその「十分一」や役持家数に応じた役銭を上納した。内田論文によれば、宝暦年間一役(一年)一貫文〜一貫二〇〇文であった役銭が、ほぼ五〇年後の文化初年には六貫四〇〇文〜九貫六〇〇文に増加している。また文政九年(一八二六)摂河幕領村々惣代の出願書[10]によれば、明和年中一役(半季分)五〇〇文、七〇〇文、あるいは一貫文くらいであったのが、その後数年ごとに増え、近年は一三〜四貫文から一五貫文もかかるようになった。そのため小村では役銭の「余内」ができず、非人番に暇を出した村もあると記す。「右入用年々村方ゟ余内致候儀、困窮之百姓御年貢幷小入用ニ相響難儀至極」なので、村番人への役銭を減じてほしいとするのが、その主張である。

前述文政九年の出願書には非人番と並んで、髪結床に関する条項がある。そこでは大坂三郷の床仲間が、牢屋敷人足—市中警察機能の一端を担う—と仲間入用の増加にともない、あらたに在方髪結を傘下に組み入れ、負担させようとしていると述べている。それに対し村々は、髪結といっても専業でなく、村方用向を勤める間に村人の髪(月代)剃りなどをして、村から相応の給米を貰うにすぎないとして反対する。[11] 一方、河内古市郡でもこの頃(文政一〇年三月)、訴願にあたり左の「頼書覚」を取交している。[12]

一、此度大坂三郷床仲間ゟ牢御屋鋪詰人足、諸造用幷仲間諸入用多分相懸り難渋ニ付、在々髪結とも床仲間へ致加入、人足差出候様、無左候ハヽ一ケ月ニ銀三匁ツヽ賃銀可差出段、新規之義、廻り村々へ懸合ニ参候ニ付、甚々難渋ニ付、御愁訴奉申上度（中略）時節柄之百姓故、諸雑費も相懸り難義ニ付、此度願之義、其許惣代ニ御頼申候

村方の番非人や髪結が、市中仲間の役組織に包摂されている（もしくはされる）ことによって生じる村方との対立は、大工との間でもみられた。それは摂河の大工が安政年間の御所造営に動員され、疲弊したことに端を発し、彼らは安政二年（一八五五）三月、中井役所へ工賃の値上げを申請した。[13] その申請は認められ、摂津十組仲間では一日三匁とすることを決め、それぞれの得意場である村々へ掛け合うこととなったが、各郡では寄合のうえ、それを拒否する。

3　株仲間・座と村

株仲間については木綿と綿製品、種物と油、肥料をめぐる訴願闘争として、これまで国訴研究の主流をなしてきた。そのなかで株仲間の解散要求が一時、村々から提出されたことも知られている。ただ従来等閑に付されてきたものとして、質屋・古手・古道具屋株に反対する闘争が天明八年（一七八八）摂河八三六カ村、文化八年（一八一一）泉州四郡村村で行われた事実がある。[14] そこで農民は、三営業の株立てによって小口金融の道が塞がることに危惧を表明している。また秤座・桝座についてふれれば、農民は秤・枡の改印によって生じる負担と役人の非法に反対し、その延期（文政六年八月河内）、改編（五〇年に一度とする、文化九年泉州）、または改印制の廃止を要求する。[15]

4　奉公人・日雇と村

これについてもすでにふれた（前篇第四章）が、農村の労働市場の拡大につれて、本来「家風」に応じた雇傭条件が村

図1◉近世後期の地域社会

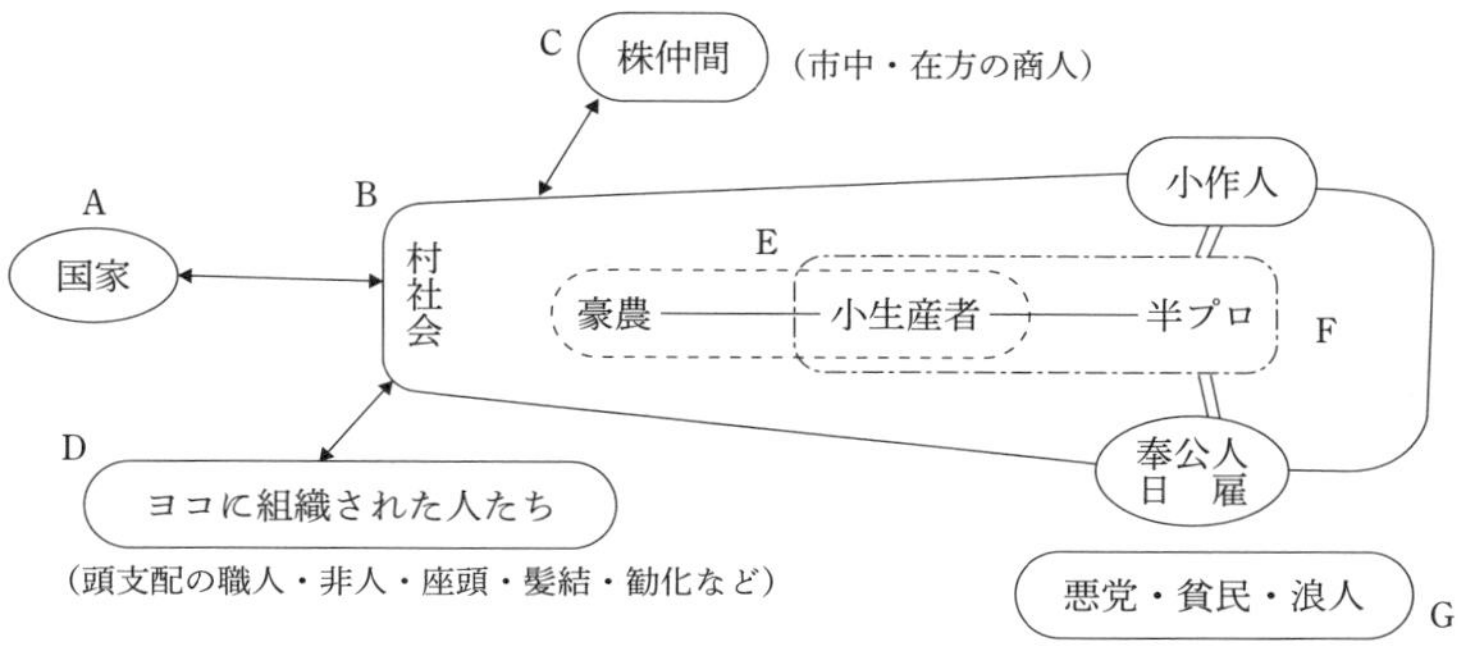

の風儀をへて、村々に共通する関心事として対応を広げた。くわえて農村加工業や商業の展開による農業労働力の減少は、労賃の上昇、待遇改善をひきおこし、それに対応して村々は抑商的、農本主義的姿勢で賃銀と雇傭をめぐる地域協定を結んだ。

古市郡廻状[16]（文政七年一二月）

（前略）此度奉公人取究之義、錦部郡・石川郡別紙帳面之通取究ニ付、当郡茂同様取究呉候様毛人谷村茂八殿、喜志村八郎兵衛殿ゟ頼参候ニ付、御村々参会之上取究申度候得共、御互ニ事多之時節ニ付、以書面得御意候間、御一覧之上、否御村下へ御書下ケ被下度候

錦部・石川郡から古市郡へ、さらに隣接する郡が集まって国へという国訴の組織構造が、そのまま奉公人をめぐる地域協定に転化している様子が知れる。このような協定は奉公人のみならず、日雇・綿打・左官・大工・黒鍬・屋根葺といった諸営業に及び[17]、また幕府の出す物価引下げ令に便乗して、価格協定を結ぶこともある。

以上述べた村と各集団の関係を図示すれば、ここに一つの地域社会が描ける（図1参照）。この地域社会において、村とその連合が直面する問題と要求はなんであったか。

第一に諸種の高負担とその軽減である。勧化・座頭などの廻村による負担、

非人や髪結の組織化による負担増、さらに秤や枡改めによる負担増は、村の年貢と入用を通じて個々の農業経営に大きな影響を与えた。

第二に各種消費価格の高騰とその抑制である。大きく分けて消費価格は、肥料や奉公人・日雇のように上層を中心とする農業経営者に偏るものから、油や大工・左官・屋根葺のようにひろく需要者が想定できるものまで、二種に分けて問題とされている。しかし、いずれにしても価格規制される対象は在村して生業を営むものだけに、この側面はいたって階層性を強く示す。[補注]

第三に農産物・加工品流通への規制、価格低落に対して、その打解と高価格実現を追求したことである。文政六年の大国訴は、「然者摂州河刕実綿近年直(値)段下直ニ付、右売捌方義、此段摂河両国村々申合、御相談申度」と会合をよびかけた四月一四日廻状(18)によって始まるが、その後実綿下落の根元として、三所実綿問屋の存在そのものが問題になる。株仲間はこの点で、最大の敵であった。くわえてそれが都市に存立基盤をもつだけに、ここでの主張は反都市的(19)である。

国訴と郡中議定は、村々が結び合うことによって組織と運動を積み上げながら、これら三つの課題を同時に打開しようとしたものである。

(1) 羽曳野市森田家文書。
(2) 嘉永七年「村方組合諸事用向留日記」(神戸大学附属図書館蔵花熊村文書)。
(3) 加藤『日本盲人社会史研究』(未來社、一九七四年)。
(4) 「座頭一件菟原・八部村々願立控」(前掲花熊村文書)。加藤前掲書四二〇〜一頁にも引用があるが、数カ所読み誤りがある。
(5) 『高石市史』三、二〇二〜四頁。

(6) 前掲注(1)森田家文書。

(7) 『枚方市史』八、七〇八〜七一五頁。

(8) 寛政一二年「諸勧化組合取斗方日記帳」(花熊村文書)。八年以降連年二〇〇匁をこえ、月別でみれば四、六、八、一〇月に勧化件数が多い。農繁期だけに、その応接のために農業に差支えるとの主張はあながち誇張でない。また、後年(文政八年)の記録によれば村は廻在者に対し、浪人一〇文前後、座頭一〇〜二〇文、出家一五文、山伏三〇文、御師二〇〇文、勧化一匁三分〜五分とほぼ合力金の水準を決めて支払っている。

(9) 内田「大坂四ケ所の組織と収入」(『ヒストリア』一一五、一九八七年)。

(10) 「村々髪結之事、番非人之事、博奕人之事」の三カ条からなる願書で、辻六郎左ヱ門ほか五代官所に出願された(『本山村誌』史料編、一九五三年)。なお、花熊村文書では同一書面に「摂河国御料私領惣代共」と注記するが、私領にまでこの訴願が広がったのかどうかは今のところ不明である。

(11) 前掲『本山村誌』には、八年八月から、一〇年六月に至る期間の髪結床加入反対訴願の記録を載せる。それによると幕領八分惣代がこの件につき町奉行に掛け合っているが奏功せず、一〇年には谷町代官所下の菟原郡組合二一村でも一二村は加入を表明している。また、摂津富田村の髪結たちも一二年床仲間に加入するが、御用人足賃は村方が引受けている(高槻市富田支所所蔵文書)。

(12) 羽曳野市森田家文書。

(13) 以下この経緯は『吹田市史』六、『箕面市史』史料編五による。なお、関連して京都中井役所配下の杣・木挽職以下の無役の杣木挽を村々にて雇傭してはならない、杣木挽以外の素人の者が台伐・がんどう鋸を使用することを禁止する、との触書に対し、文政七年七月摂河六五五村が共同してその撤回を訴願している(河内長野市福田茂氏文書)。

(14) 天明八年の摂河村々は在方道具仲間の停止と質株の不満を訴え(大阪市立大学図書館蔵文書)、文化年間和泉の村々は、質屋・古手・古道具株の新設に反対している(『堺市史続編』四)。なお、摂河在方の質屋株立てと三郷質屋仲間編入については鈴木重二ほか『日本の質屋』(早稲田大学出版部、一九八二年)に詳しい。

(15) 林英夫『秤座』(吉川弘文館、一九七三年)によると、承応二〜三年(一六五三〜四)の項から、東は守随、西は神家の下で秤改めが行われ、その際、村の庄屋・名主は秤改御用場に村内の秤を残らず集めて検査、さらに修理を受け、改賃・修理費をともに支払わなければならなかった。

(16) 羽曳野市森田家文書。

(17) 安政五年錦部郡の「郡中取締書」(『富田林市史』五)。これによると同郡では安政三年大工賃銀は三匁に上げたが、この年再び二匁六分に切下げている。同じような値下げは藁屋根葺・綿打・左官・桶樽屋・農鍛冶・木挽に及んでいる。

(18) 羽曳野市森田家文書。

(19) 反都市的主張は「市中と在方とハ格別振合ちがい、聊ニ而過役出銀等相勤候而者、第一御大切之御田地之作業相続難仕」(『本山村誌』史料編)とするように農本主義と結びついていた。

[補注]

大工の得意場をめぐる施主・村方との関係については、その後、妻木宣嗣氏による専論が発表されている(『近世の建築・法令・社会』清文堂、二〇一三年)。また都市の下肥については荒武賢一朗『屎尿をめぐる近世社会』(清文堂、二〇一五年)がある。それぞれに本書の論点と深くかかわる分析が示されている。

第二節　近世後期の郡中議定——在地法秩序の形成とその比較——

畿内に特有な小ブルジョア的闘争としての国訴を、一度、郡中議定のレベルで捉え直すことによって、あらためて他地域との比較が可能になると考える。ここでは国訴類似の闘争や郡中議定をみたいくつかの地域をとりあげ、それとの共通項と差違を探ることにする。

表1◉東播五郡惣代庄屋集会(活動)の動向

年　月	活動内容	議定内容			
天保9	高砂「大蔵元仲間」との交渉	問屋より蔵敷賃・運賃・口銭の増額反対			
13. 6	高砂塩座との交渉	塩座運上による塩価格の高騰抑制			
13. 6	天王寺牛問屋との交渉	新規の掛り物・口銭賦課による牛値段上昇反対			
13. 6		長機木綿織稼の差留等	奉公人規制	勧化等取締り	集会時の規律
(嘉永7以降)			職人・日雇労賃の引下げ	勧化宿等取締り	
安政4. 5		長機木綿織稼等の規制			

1　大　和

大和の国訴については近年、谷山正道氏が一連の労作を発表している。(1)そのなかで氏は文化三年(一八〇六)の幕領四分惣代の訴願闘争を紹介し、農民が諸株・組合の廃止、職人労賃の抑制、名目銀貸付の規制、花美風俗取締りなど実に多様な要求を出し、商品流通に限定しないことを強調している。本論と共有する問題関心だといってよい。またこれらの訴願をうけて大和では文政一〇年、牛博労組合ほか二〇の株・組合が廃止され、この点で摂河泉と比べての先進性が指摘されている。

2　播　州

これについても谷山氏の報告がある。(2)氏は文政一〇年(一八二七)播州一国の惣代庄屋集会と国議定の作成をうけて、以降東播五郡で惣代庄屋集会と議定作成が行われたことを明らかにした(表1参照)。東播五郡とは加東・加西ほか五郡をさし、地域内を流れる加古川によって一つの地域経済圏が成立していた。天保九年(一八三八)以降六回の活動が知れるが、いまそれを内容にしたがって分ければ、

①高砂の大蔵元、塩座、天王寺の牛問屋といった特権的流通機構と

の対立。ここでは蔵敷賃、座運上銀や新規掛り物による塩・肥料・牛の価格の高騰に対し、その引下げが問題となっている。

②職人・奉公人・日雇の賃銀を中心とする規制。

③特産品でもある長機木綿織稼の制限。

④勧化・廻在者の取締り。

となる。

ここでも村を中心に、高砂の蔵元・塩座、天王寺牛問屋、長機木綿仲間、日雇・奉公人・職人、そして勧化という社会集団からなる地域社会を描くことができる。[補注1]

3　出羽村山郡

郡中議定といえば当地を思い起すほど、安孫子麟・青木美智男氏などの研究で有名なのが出羽国村山郡で、ここでは安永七年(一七七八)以降、幕末まで三〇回をこえる議定が結ばれている。[3] いまそれを、議定項目にしたがって分けたのが表2である。梅津保一氏はそれを三期に分けて考察しているが、[4] 全期を貫いているのは夫食米確保に関する項目(1～3)である。半プロ(プロレタリアート)＝買喰い層の滞留とともに、当地の幕領で強烈な廻米政策がとられたことの反映がここにみられる。[補注2]

ついで紅花・青苧・たばこ等を中心とする特産物生産と流通を背景とする項目(9～10項)がみられ、第二期に集中する。なお、第二期には酒田登荷物の荷揚げ河岸制限、口銭増額に反対した議定がみられ、そこでは「増口銭丈《だ》ケ、夫喰塩始諸品江直段相嵩、下シ荷物ハ米穀、大小豆、多葉こ其外諸品村々百姓ゟ商人共買入価、右増口銭丈ケ直安ニ買入候様相成、一郡衰微之基」と口銭増額が移出価格の低落、移入価格の高騰にはねかえるとして反対している。当地に出入りする荷物が酒田湊—大石田河岸を経由する最上川水運によっていたからで、播州五郡と加古川との同様な事情を想定できる。また休日・職人・日雇規制・倹約(4・5・7・8)については、あらためて説明を要さない。最後に盗賊・悪党・勧化取締りに関する項目(6)がみられ、とくに第三期は治安強化が村々の課題であったことがうかが

表2 ●出羽村山郡の郡中議定

	年　月	1	2	3	4	5	6	7	8	9	10	11
(第一期)	安永年7．2			○								○
	天明元．9	○										
	2．9	○										
	3．9	○	○									
	3．11	○		○								
	4．6		○									
	4．8	○										○
	5．4						●					
	5．8	○	○									
	5．9	○	○	○								
	6．10	○		○	○							
	7．8		○									
(第二期)	寛政2．12				○	○						
	5．4		○									
	7．9	○	○									
	10．10		○									
	(文化10)		○	○			●					
	文政3．(12)									△		
	8．12	○	○	○								
	11．10	○	○	○								
	13．10	○	○					○		△		
	天保2．10	○					●			△		
	4．8									△		
	4．11								○			
	7．10	○	○	○			●			△		
	12．2										◎	
	13．10					○					◎	○
(第三期)	安政4．4						●					
	万延元．10		○	○			●	○	○	△		
	文久2．4		○									
	慶応2．10	○	○				●	○				
	2．11										◎	

(注)　項目は以下のとおり。1．酒造制限　2．穀留　3．口留番所設置　4．休日規制　5．職人・日雇賃銀　6．盗賊・悪党・勧化取締り　7．倹約　8．物価定め・引下げ　9．紅花・油絞種他出差留　10．酒田登荷物独占・口銭増反対　11．銀銭流通

表3 ● 関係国郡の規模

国(郡)	郡数	村数	石高
摂津	12	955	417,399石　1270
河内	16	545	293,786石　6345
古市郡	1	16	7,290石　7644
錦部郡	1	48	18,350石　9939
和泉	4	320	172,847石　9860
摂河泉	32	1820	884,035石　3915
播州	16	1796	651,964石　8135
東播5郡	5	671	218,842石　3516
出羽村山郡	1	430	366,147石　13597

（注）石高、村数は「天保郷帳」による。

図2 ● 文政改革の重層的支配

勘定奉行 ↓ 関東取締代官 ↓ 関東取締出役	幕府機構
↓	
寄場役人 大惣代＜大組合＞ 小惣代＜小組合＞	組合村
↓	
名主 組頭 ↓ 小前百姓	村落

える。この点についていえば弘化二年(一八四五)、「封土転換建議」を行った山形藩主秋元氏はそのなかで、関東筋と村山郡を「天下第一之人気悪敷場所」と並べたうえで、関東は「御府内ニ近く、殊ニ御取締も格段被為行渡」ると述べているのが興味を引く。

4　関東

つぎに関東についてみよう。関東については伊藤好一氏らの仕事により、肥料をめぐる広域訴願が国訴類似のものとしてよく知られてきたが、最近、熊沢徹氏が立ち入った分析を行っている[5]。それによれば寛政初年に展開した江戸市中の下肥価格引下げを求める闘争は、個別領主をこえた村→「領」(組合村)→領々惣代の組織によって担われた。また訴願の過程で各領の惣代による議定(領々議定)が繰り返し締結され、国訴と郡中議定の関係を彷彿させるものがある。この闘争は最終的に三七領の一〇一六カ村に及び、町方の下掃除渡世人の差し止め、すなわち在方百姓の下屎管理を実現させている。ほぼ同じ頃(寛政二年)、大坂周辺でも農民の下屎管理権が確立し、淀川筋を中心に三一四カ村(のち三二八カ村)が下屎仲間を組織した[6]。

ところが一方では文政改革の下、関東取締出役の指揮下に改革組合村が設けられ、上掲(図2)に示した機構が重層的に成立し、組合村ごとに議定が作成された。その内容は無宿・悪党・徒党の取締り、すなわち治安警察機能が第一に掲げられ、ついで農間商人の抑制、若者組を含む風俗取締りが強調された。[7]

以上通観することによって近世後期(一八世紀後半以降)、日本の各地に規模を異にしながらも(表3参照)、在地法秩序が組合議定・郡中議定として形成されていることを確認できる。それらは共通して、

①村をこえた地域的共同性を志向した。その共同性は「とかく一郡三八カ村相続行届」(河内交野郡)く、「一郡衰微之基」(出羽村山郡)、「三十万石余を一人にて相手」(関東)とそれぞれに表現されている。

②農本主義的、すなわち抑商的、反都市的主張が基調である。

③高負担、高価格への対応、規制が企てられている。

そのうえで唯一、

④農産物・加工品の高価格販売をめざす点で、[8] 摂河泉と他地域の間に分岐線を引きたい。

もちろん、出羽村山郡にも商品生産地帯にふさわしく、特産品紅花の高価格実現を追求する傾向は、とりわけ第二期に顕著である。およそ近世後期の商品生産地帯にこの傾向は看取でき、流通過程において都市問屋の寡占体制をへない「直売・直買」体制を形成し、井上氏のいう「国訴段階」を形作ったと思われる。しかし摂河泉ではそれが、在方仲買や問屋制的経営主の手によってでなく、村の連合という形をとって、しかも一貫して追求されていた点で大きな特徴を地域社会に刻みこんだ。

同じことは関東の肥料訴願にもいえる。肥料の低価格実現をめざす点で、摂河泉と関東は同じ目標と組織・運動構造をもったが、ここでも高価格実現をめざす村連合の一貫した闘いが関東では欠如している。そのことによって私は、

関東社会に「国訴」概念を適用することに反対する。なぜなら国訴は、高価格実現を頂点に議定と闘争を繰り返すことによって、この地域に社会通念(歴史的概念)として成立したことを重視するからである。

また関東と出羽では、貧民対策と治安警察機能が突出していた。この点は当地域における農業生産力と農民層分解(9)に規定されながら、深く国家の地域支配にかかわる。次節でさらに検討する。

(1) 谷山「文化三年の大和の『国訴』について」(『ビブリア』八八、一九八七年、のち『近世民衆運動の展開』高科書店、一九九四年所収)ほか。

(2) 谷山「近世後期東播五郡惣代庄屋集会の性格」(『近世瀬戸内農村の研究』渓水社、一九八八年、のち『近世民衆運動の展開』所収)。なお播州でなぜ、文政一〇年になって国議定が結ばれたのかが不明で、その前史の解明が求められる。

(3) 『山形市史編集資料』四による。なお、以下の分析は畑中佳子「個別領主の支配と郡中惣代制――出羽国村山郡郡中議定をめぐって」(日本史研究会近世支部会報告、一九八七年二月二三日)に大きく負っている。

(4) 梅津「羽州村山郡における『郡中議定』について」(『山形近代史研究』一、一九六七年)。

(5) 熊沢「江戸の下肥値下げ運動と領々惣代」(『史学雑誌』九四―四、一九八五年)。

(6) 小林茂『近世農村経済史の研究』(未來社、一九六七年)。

(7) 森安彦『幕藩制国家の基礎構造』(吉川弘文館、一九八一年)。

(8) 従来の国訴研究史のなかで、この点をもっとも強調したのは津田秀夫氏で、生産物の商品化にあたって「高」価格実現のために闘われた綿や菜種と、使用価値として「低」価格で購入されることを求めた肥料とは、まったく逆の方向に打ちたてられていると論じた。国訴評価にとって高価格実現の側面を強調する点で私も津田氏に賛成するが、そのあまり国訴概念を前者、つまり高価格実現を求めた側面にのみ求めるべきだとの見解には反対する。なお、このような農産物・加工品の価格形成力は、当該権力に二重価格制を求めることとなるだろう。

（9）農民層分解について私は、山崎隆三氏のいう二つの分解論（「江戸後期における農村経済の発展と農民層分解」『岩波講座日本歴史』近世四、一九六七年）をとる。

［補注1］

播磨の国訴についてはその後、山﨑善弘「国訴と大坂町奉行所・支配国―播磨国の国訴をめぐって―」（『日本史研究』五六四、二〇〇九年）が発表されている。

［補注2］

出羽村山郡について、青木美智男による『近世非領国地域の民衆運動と郡中議定』（ゆまに書房、二〇〇四年）という成果がある。

第三節　国訴・郡中議定と国家

各地の郡中議定に記された諸項目はけっして幕藩制本来のものでなく、近世中・後期に特有な状況を前提としている。寺社の御免勧化は宝暦・天明期を境に、五八件から一一八件に倍増し、同時にこの期が近世を通じてピークをなす。(1) 畿内ではそれより早く、元禄・享保期にすでに現れるが、その一つ摂津難波村にはじめて寺社勧化が現れたのは享保七年（一七二二）の熊野三山修覆勧化で、以降頻出する。(2) その結果、同一二年には勧化金を近郷で申し合せ、延享三年には寺社側の「直請」――家ごとに回り、喜捨をうけることを拒否する――と組合村での応対へとすすんでいく。そして天明八年（一七八八）には、諸勧化ほか廻在者の取締りを代官所に出願する。

なぜこの時期に寺社勧化が増加するか。それは元禄期以降に顕在化した幕府の財政難を背景に、幕府が寺社への修覆費助成をやめ、かわってその財源を自力、つまり寺社自身の募金活動によって賄う方策へと転じたためである。難波村に熊野勧化が初めて姿をみせた享保七年は、勧化制が開始された年でもある。

つぎに座頭(盲人)についていえば、彼らは本来、当道座組織、幕府や藩権力の保護、さらに村や町による共同体的ホスピタリティーによって、その生活を支えていた。ところが中後期における都市と農村双方の階層分解によって析出される盲人、とりわけ下層の盲人に対し、当道座の仲間組織は十分に応え切れるものではなかった。そこで彼らは、音曲・鍼治・按摩などによって自立の途を歩む一方、各地を回り民衆からの施物・祝儀を求めた。その結果、盲人は縄ばりをこえて勧進し、民衆との間に維持されてきた配当慣行は大きく崩れていく。(3) 村と公儀(幕府と藩)は、あらたな対応を迫られることとなる。

いうならば勧化や座頭の例は、近世前期において公儀と村が果していたものの放棄ないし転換と捉えることができる。それに対し株仲間や奉公人、日雇・職人問題は商品経済の展開とともに、近世後期の地域社会にあらたに浮上してきた問題である。この点については戦後の近世経済史研究が大きく力を注いできた問題であり、あらためて言及する必要はないだろう。

しかしただひとつ、今日の時点で注意を要してよいのは、これら二つの問題群は近世中・後期の村落社会に現れながら、いずれも村落の共同体成員の自立化=個別化を促す契機をもっていた点である。すなわち寺社勧化では寺社側が「家別巡行」を原則とし、盲人の勧進も「遠近諸家の御助情を乞」うのが通例である。いうなれば村内個人の信仰、喜捨の志に応じて展開されるものであった。また商品生産と流通の成果如何も、個々の農民経営の発展と没落を分つものであった。総じてこれらは、かつていわれた共同体解体論に相当する問題——それゆえにブルジョア的性格が強調された——のであるが、当時の農民はこれら個別化の契機を、村と組合村という形であらためて共同組織を構築する方向に働かせたのである。その担い手は村役人であった。

以上を村の対応とおくならば、幕府と藩にも対応があった。いずれもが、前述した地域社会の成立を前提とする対応である。いまこれを大きく二つの類型（第一・第二）[4]に分けて、郡中議定に示された在地法秩序と国家の問題にアプローチしてみよう。

1　第二類型について

勧化や廻在者との間に生じた紛争を抑え、村社会を維持すべく幕府は「浪人体之もの村々を徘徊せしめ、合力・止宿を乞、或ハ悪口・難題等申懸、又は旅僧・修験・瞽女・座頭・物貰之内ニも、押て宿をとり、ねたり事いたし候部類」の逮捕を繰り返し命じる[5]。また藩は、増加する座頭・盲人の廻在取締令を繰り返す[6]。しかしこのように法令を触流すだけで事態は解決しない。そこで公儀の権威に依存しながらもそれを、村とその連合によって対処しようとするのが摂河泉の場合で、それを第二類型とおく。地域管理制の追求といいかえることもできるが、その特徴は、①組合村から支配国の範囲における自主管理が標榜されている。たとえば、天保一〇年（一八三九）四月に摂津八部郡山田庄一三村では兵庫座元鷲の市との間で、「此度双方供以《ママ》相対、当山田庄内諸祝義家別為取集、壱ケ年之分銀百目ニ相定」との祝義規定を取交している[7]。年期は数カ年が予想される。さらに同郡中では同一三年八月、左のような「郡中申合取締書」を取決めている。

在々御取締向質素倹約、諸色直下之儀追々被仰出候ニ付而者、村小入用等村役人共心ヲ掛相減候様厳重被仰渡候処、近年来諸国廻在候相対諸勧化・配札人幷御制薬与唱薬弘役人相廻り、於村々ニ是迄取扱方且食事又ハ止宿等相頼候節、右相対ニ手間取候儀、毎々追々農業且役用等ニ差支出来、迷惑筋相重り、自然ニ村入用多分相掛り候様成行、郡中不取締之基ニ付、今般格別之御趣意相守、当郡村々一同申合取締方左之通

表4 ● 八部郡の諸勧化取締費(嘉永3年)

費用	銀高	
諸勧化・配札・薬弘めほかに渡す	408.2	〈34.5〉
勧化人泊り宿料	1.65	
郡中取締書	36.0	〈48.6〉
勧化取締り出願	254.57	
三郡参会入用(菟原・武庫・八部)	117.0	
郡中参会入用	153.9	
世話料	200.0	〈16.9〉
計	1186匁93〈100%〉	

表5 ● 取締費の負担区分

区分	1562.7匁
高	520.9 (匁) 15,180.216 (村) 3.412(100石あたり)
家	520.9 (匁) 4,060 (軒) 1.588(1軒あたり)
村	520.9 (匁) 42 (村) 12.4(1村あたり)

(注) 追加経費を含むため、表4と銀額が異なる。

横行する諸廻在者への応対が村々の農業や役用に支障をきたし、負担増をもたらしているとしてこの取締書は、御免勧化を除き、その他の廻在者を御料私領の別なく郡中あげて神戸村にて取扱うと決めている(8)。御免勧化だけが従来どおり村での対応として残されているが、これは前述のように嘉永七年、幕領六分惣代のもとで取扱われる。

奉公人・日雇・職人については先にみたとおり、それぞれ地域的な協定として取り上げられている。また大坂市中の下屎については寛政二年、農民の管理権が公認されるが、それは摂河三二八カ村による株仲間として、明治二年(一八六九)には解散を命じられている(9)。これなどは地域管理制の典型といえよう。商品流通についてもこの志向性は確かめられ、文政六年国訴の勝利後、村ごとに村内の綿商人から取られた一札では「村々綿商人共ハ勿論、近村綿商人たりとも、戎講・伊勢講抔と唱候而打寄、綿直段申合買下ケ等決而不仕、随分相互ニ励合、手広ニ買請」けると「摂河村々御取締之趣」に従うことを誓っている(10)。彼ら村内の商工業者が結集して講や仲間を結ぶことは、村々の志向する地域管理制と大きく対立することとなるのは必至で、そこに国訴が繰り返された秘密がある。

②地域的な管理制はついで、そのための経費とそれをめぐる負担方式の成立をともなった。表4は神戸村で一手に取扱うことになった後の八部郡の勧化取締費の明細(11)で、半分以上が廻在者への施しではなく管理経費に充てられてい

図3◉村割・高割の比較

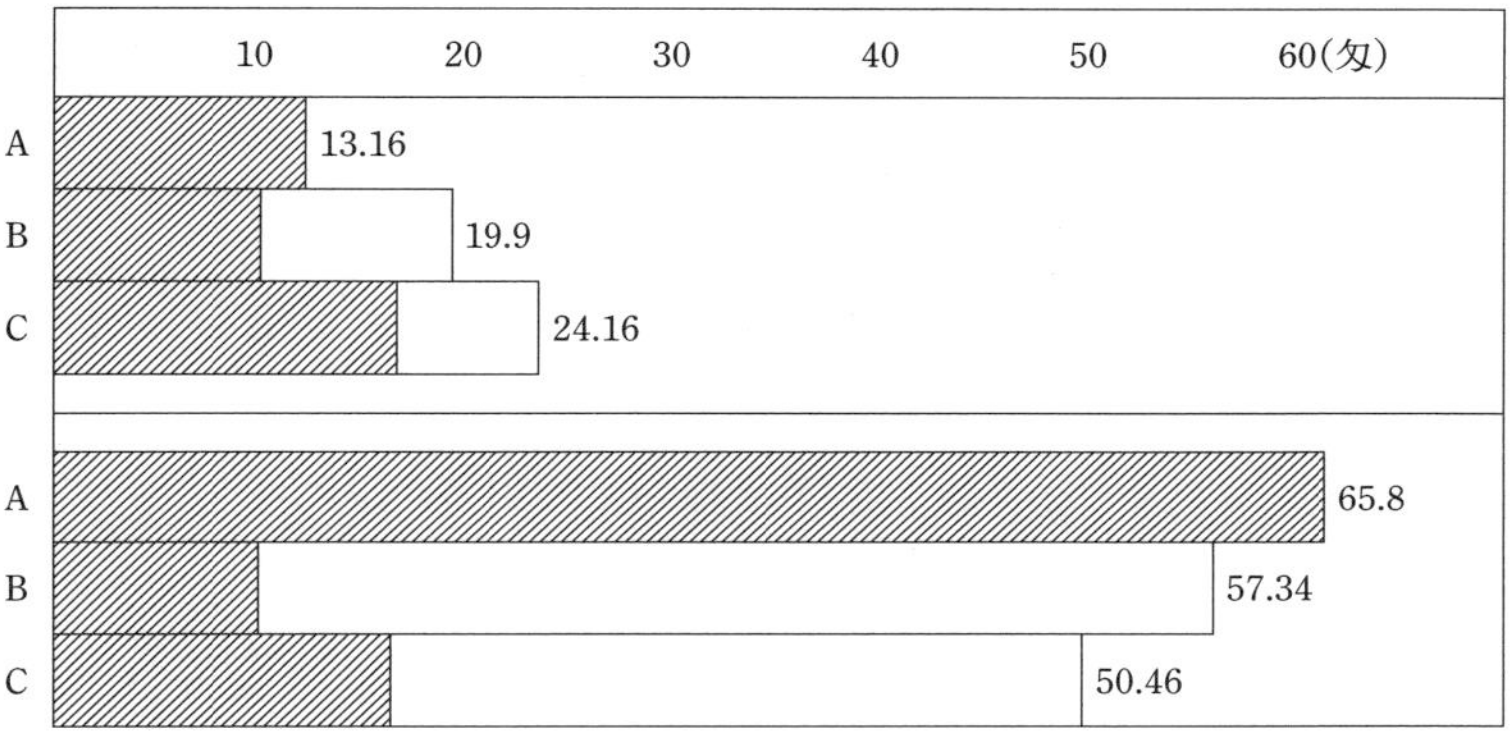

（注）　1．上段は200石の村、下段は1000石の村。
2．Aは総高割、Bは村割3：高割7、Cは村割5：高割5。
3．斜線は高割、白地は村割の負担。
4．数値は天保6年9月の実綿油方出願費用649匁99と古市郡・安宿部郡の村数18.5と石高9867石4568にもとづく。

図4◉泉州自然田村入用

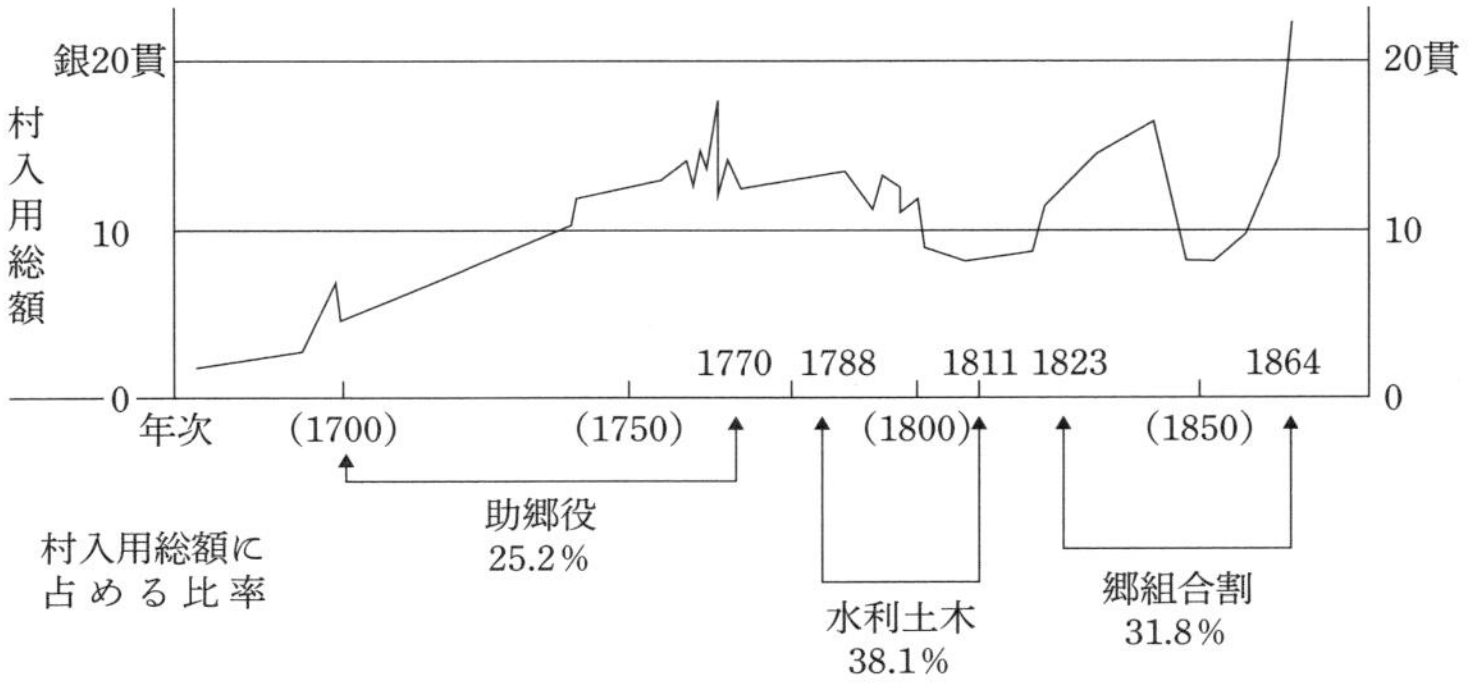

るのが注目される。また表5はその負担方式で、同郡では高・家・村に三区分し、それぞれの金額を石高・軒数・村数に応じて割り掛けている。(12)

通例、このような村をこえた入用は高割が普通なのだが、なぜここで三つの負担区分がとられているか、その意味を少し考えてみたい。すでにみたように（前篇第三章）国訴の負担区分の場合、河内の古市・錦部両郡などでは村割と高割に分け、しかもその比率を年により三対七、四対六と変動させている。その意味は何か――それは上の比較(図3)に明らかである。

図は二〇〇石と一〇〇〇石をモデルにA総高割、B村三対高七、C村五対高五の三区分に応じて、掛かる経費を試算したものである。明らかなことは総高割は石高の大きい村に負担を重くし、村割の比率が高まれば、石高の小さい村に負担がかかる。その結果Aを排除し、BとCの間で負担区分が調整されるのである。近世の村は一〇〇石前後の村から一〇〇〇石をこえる村までその不均等を特質としたが[13]、そこから生じる不均衡を是正する措置がここではとられている。このような負担方式とそれをめぐる協議制は、頼み証文とともに国訴の生み出したもっとも良質な成果と考える。

③このような地域的入用制の下で、地域管理制は村入用の増加という形で、村と農民にあらたな負担を強いたことはいうまでもない。図4は泉州自然田村を例に、村入用の推移とその主な経費をみたものだが[14]、年貢米に比べて村入用の増加、また文政六年(一八二三)頃以降、郷・組合割の増加が確かめられる。国訴や郡中議定に要した経費はここに入りこんでいる。

ところで前記のように本来、勧化金や非人役銭といった高負担に直面する形で郡中議定を結んだ村々が、結果的にみずから高負担―村入用の増加という現実にぶつかったのは皮肉であるが、ここにはみずからの共通する利害関係の一致という合意があった。この点で中間支配機構として支配部分の経費が村入用を圧迫する第一類型(後述)の場合や、国政委任事務に耐えうる財政力をもたせるために町村合併をすすめた明治国家のやり方とも対照的である。その意味でこれを民費協議制と名づけ、近代化過程の特徴を占う一概念としたい。

④最後に第二類型のもつ自主性を手放しで評価しないために、近代国家とのかかわりを考えてみたい。注目される

のはこのタイプが、天保改革と著しい親近性をもつ点である。それは農本主義が基調であったという点で、すでに可能性を示唆していたのであるが、摂河泉の郡中議定と国訴を追う限り、株仲間解散令と物価引下げ令の出た天保一二〜三年（一八四一〜二）を境に、株仲間の再興される嘉永四年（一八五一）三月までの間には、それが存在しないという事実がある。いいかえればこの時期、彼らの追求した諸課題は、幕政改革という形をとって一旦、解消したのである。ここに公儀との依存関係が示されるとともに、株仲間再興後に国訴が再燃する根拠がある。

またこのような依存性を示しながらも、なぜ自主的な地域管理制を志向したかといえば、この地域では所領が散在し、個別領主限りや村限りでの対応は、有効性を欠いたからである。その一つ大和国では文化三年（一八〇六）幕領四分物代の訴状に「当国之儀ハ寺社領・御大名様・御旗本様其外数百入組候国柄」のため諸事取締りが行き届かず、一村が守っても隣村より崩れる始末である。そこで「一国御支配之御番所様より被為仰出被下候ハヽ、一同之取締り出来」るのだという。(15)したがって、所領が一円的であった藩領国や、たとえ散在していても幕府が広域支配者として地域社会を上から摑み切ろうとしたときには、そこに別の対応類型が生まれる。それが第一類型である。

2　第一類型について

幕府からいえば関東八カ国における改革がそれにあたり、文化二年（一八〇五）の関東取締出役（八州廻り）の設置にはじまり、文政一〇年（一八二七）の改革—組合村の結成に至るものである。

このような改革の前提として森安彦氏(16)は、各所領の複雑に入り組んだ非領国的性格は、農民取締りとしてまったく不都合と述べる。したがってこの改革は、個別領主権をこえて広域的に展開し、取締出役は御三家・御三卿の所領であっても自由に立ち入ることができた。江戸近辺に一万一〇〇〇石余をもっていた芝増上寺領では、文政改革に先行し、文化一二年より①八組(二五村)の組合村の結成、②取締役名主の新設を行うなど独自の改革を断行した。方向性は幕府のそれとまったく共通するものであったが、このときの組合村は後日、幕府の組合村設置によって改編を余儀なくされている。

ここでの組合村は、改革の契機が無宿・悪党・盗賊の横行による治安強化であったため、警察的支配が第一義とされた。(17) ついで村内紛争の処理、質屋・髪結・湯屋といった風俗営業の取締り、若者組対策があった。もちろん、このような経費は組合村負担として村入用にかぶさり、その負担方式は「組合村之高割」であった。これでは当然のことながら高の大小によって負担能力が決まるので、組合村は地理的関係よりも高の大小による組み合せが優先することとなる。またこのような上からの改革組合村の設置は、これまでの惣代庄屋制―組合村(領)に大きな性格転換を迫るものであった。(18) さらに改革組合村における入用と負担の関係は、自主的な組合村の上に、改革組合村という行政機構を上からかぶせたことからくる不均質な構造を内包するものであった。(19)

一方出羽村山郡では、関東で勘定奉行―代官―寄場役人のラインで行われた取締改革が、郡中惣代と幕府代官の主導性の下で行われた。村山郡三〇万石余に占める幕領の大きさが、それを促した。表2に記した郡中議定は、彼らによる地域支配の跡とみてとることができる。しかし山形藩秋元氏のような大藩にあっては、これとは別の、後述する藩国家型の地域支配がありえたが、その実現のためには①分散した所領の集中化と②郡中惣代の廃止が不可欠であった。弘化二年(一八四五)の「封土転換建議」(20) は、それを主張している。しかしそれは退けられ、同郡では慶応二年(一八六六)、出羽国取締役が設置され、関東と同じコースを歩む。

他方、藩領国においてはどうか。これについてはほとんど展開する能力と準備を欠いている。わずかに後期藩政改革において、軍事・財政改革と並んで民政改革が一つの基調であったことを確認するにとどめる。この点にかかわって加藤氏は、生産力の高く他国盲人の流入が著しかった瀬戸内諸藩において、扶持米制度が成立した事実をあげている[21]。それは伊予宇和島・徳山・萩・広島といった諸藩にみられたが、徳山藩では他国盲人の廻在はもちろん、領内の盲人も他国に出ることを差し止め、その代償として領内の座頭に、その階級に応じて扶持米を支給することとした。それは享保九年(一七二四)のことである。扶持米の財源は当初、小貫米と郡村費のなかから充当していたが、藩の財政難と盲人の増加にともない農民に賦課されることとなった。この扶持米制は盲人の配当制を継承する側面をもっていたとはいえ、扶持米は郡村費として徴収・配分される過程でその施与的性格は失われ、貢租からの公的救済として変質していったのが注目に値する。

摂河泉などの地域管理制の下でも、座頭らへの配当、寺社への勧化、山伏・浪人への施金は一まとめにされ、ここでも個人による施与的性格は失われていたが、それは村が共同で管理したケースであって、徳山藩などの場合はそれを藩権力が行ったのである。

このように近世後期の地域社会に成立した在地法秩序は、第一類型のように藩や幕府が、その改革路線のなかに取り込もうと、また第二類型のように村々の自主的な地域管理制に向かおうと、いずれにしてもどちらかの方向性をとらざるをえなかった。その結果実現する地域秩序は、前者では国家支配の側面が、後者では村の仲間団体的性格が色濃い。私はそれを、近世の村がもった二つの側面―上意下達的な構造[22]と仲間団体的性格[23]―の発展形態と考える。

それらに対し近世後期にはもう一つ、構想された地域秩序があった。それは底辺民衆の反乱、すなわち世直し一揆であった。この点で私は世直し一揆を、小生産者・半プロを中核に、在々所々の貧民、博奕打のあぶれもの、偽浪人、そのほか乞食・非人までもが加わったものとみる安丸良夫氏の見解[24]に賛同する。この渦中で彼らは、「安穏で穀物ゆたかな共同性の(地域)世界」をイメージしたのである。

（1）三浦俊明『近世寺社名目金の史的研究』（吉川弘文館、一九八三年）に収められた「御免勧化」件数表による。
（2）難波村「惣寺社一件留」（大阪城天守閣架蔵成舞家文書）。
（3）以上、加藤康昭前掲書による。
（4）幕府と藩の側が在地法秩序に取り込み、幕府・藩の地域国家化が展開されるのを第一類型、公儀の権威に依存しながらも村々の自主的な地域管理制が追求されるのを第二類型とおくが、叙述は便宜上、後者から始める。
（5）文化九年の触書（『御触書天保集成』六二九四号）は、安永三年に触れられたものの再令で、幕領・私領ともに最寄りの陣屋・役所へ報告し、逮捕することを命じている。
（6）加藤前掲書。仙台・加賀・岡山・阿波・熊本諸藩の廻在取締令が記されている。
（7）「取替一札」（神戸市山田家文書）。
（8）同右山田家文書。なお、河内では嘉永三年（推定）藤井寺村ほか二三カ村組合が、廻在者に対し一カ村鳥目四銅ずつ、藤井寺村にて一手に取扱うと申し合せている（森田家文書）。
（9）明治二年一一月大阪府達（『大阪府布令集』一）。「右体惣代相定一手ニ括リ候ヨリハ、解放市在ノモノ下相対ヲ以、取遣為致候方、肥シモ行渡」ると解散理由を述べる。
（10）文政六年国訴史料のなかに必ずといってよいほど各地に散見する文書で、『松原市史』五には、河内丹北郡別所村の綿商人三名から村方にあてたものを収める。
（11）・（12）神戸市花熊村文書。
（13）河内錦部郡を例にとると、一～一〇〇石が六村、一〇〇～三〇〇石が二四村、三〇〇～五〇〇が七村、五〇〇～一〇〇〇石が九村、一〇〇〇石以上が三村といったように分布している。
（14）菅原憲二「近世村落の構造変化と村方騒動」下（『ヒストリア』六二、一九七三年）。
（15）前掲谷山論文。なお、私はこの点を「支配国」とよんでいる。
（16）森前掲書。

（17）　この点を捉えて水林彪氏は「治安という国家活動の最重要分野において、領主制の上に立つ国家の論理が自立化し、その意味で国家が強化されたことを意味する」として国家史上の画期とおく（『封建制の再編と日本的社会の確立』山川出版社、一九八七年）。

（18）　久留島浩「直轄県における組合村─惣代庄屋制について」（『歴史学研究』一九八二年度大会報告別冊、のち『近世幕領の行政と組合村』東京大学出版会、二〇〇二年所収）。

（19）　米崎清美「改革組合村の構造」（村上直編『幕藩制社会の展開と関東』吉川弘文館、一九八六年）。

（20）　梅津保一「幕末期の羽州村山郡『郡中議定』と郡中惣代名主」（『山形近代史研究』三、一九六九年）。なお宮崎勝美「天明期羽州村山郡幕領の石代納闘争と惣代名主制」（『日本近世史論叢』下）参照。

（21）　加藤前掲書による。

（22）　木村礎『近世の村』（教育社新書、一九八〇年）。

（23）　「徳川時代の村は、村役人惣百姓より成る複多的総体たるに止まらず、之に内在する単一性が、或程度に於て抽象されて居る所の組織的全体」「一個独立の法人（総合人）である」との中田薫氏の指摘を念頭においている（「明治初年における村の人格」『法制史論集』二、岩波書店、一九三八年）。

（24）　安丸『日本の近代化と民衆思想』（青木書店、一九七四年）。

第四節　民衆運動と国家

さて本書のなかで私は、民衆運動が多数派形成のうえで必然的にもった委任関係に着目し、国訴と百姓一揆をその角度から論じた。これは多分、これまでの民衆運動史研究に無かった視点と思う。

まず私は近世後期、日本の民衆はおよそ三つの委任関係をもつに至ったと考える。その一は図3に示したαで、村

図3◉近世後期における民衆運動と委任関係

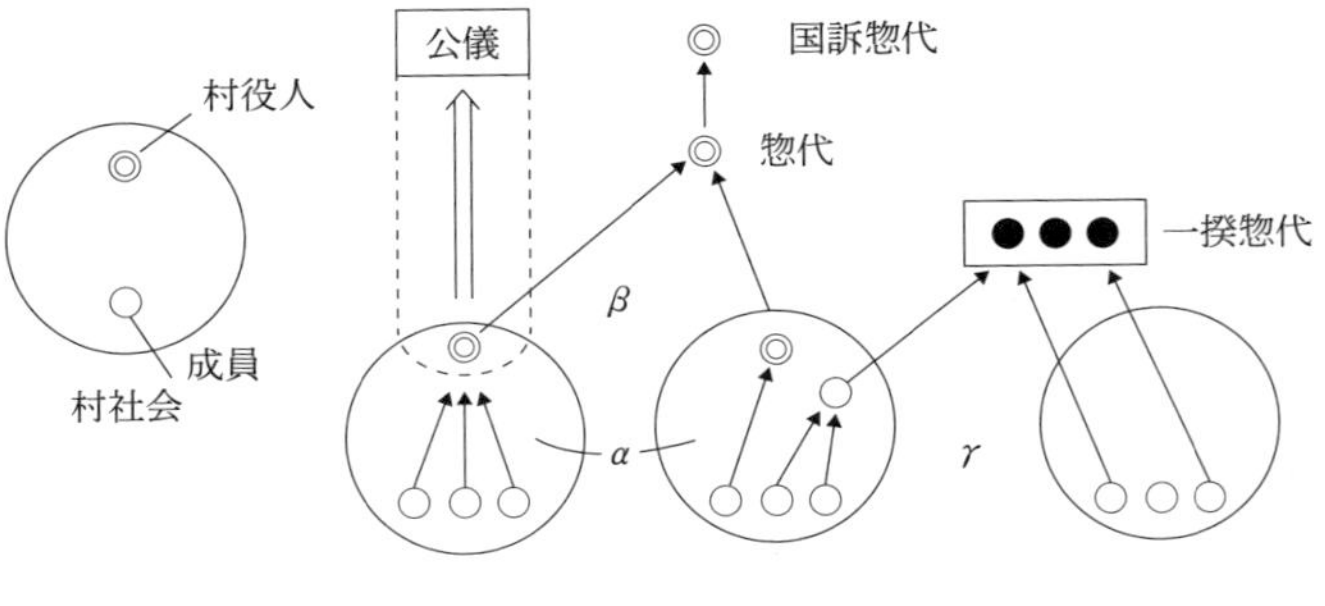

社会において村役人(とくに庄屋・名主)と村成員の間に存在したものである。これが一つの委任関係であることは、村役人が惣代としてもった側面の証しなのだが、この点を説得的に論証したのが水本邦彦氏の仕事である(1)。この委任関係は、村の成員が彼ら村役人に不正があったときの「捉え返し」の論拠となり、近世を通じて各地の村々が持ったものである。それに対しβとγの二種の委任関係は、後期の民衆運動のなかから形成されてきたもので、お互いに特徴をもつ。βは村役人間の委任関係で、組合村における庄屋と惣代庄屋の間や国訴惣代制において存立していた。とくに国訴惣代制においては「頼み証文」という独自な文書様式を定着させており、それは国訴の組織・運動構造と切り離しがたい位置にある。

「頼み証文」ではまず委任するにあたり、訴願項目が確認される。文政六年九月の油訴願を例にとれば、「近年油直《(値)》段高直ニ相成(中略)幷糟肥之類高直ニ相成、菜種近年下直ニ而、凶作ノ時節ニ而も下直打続、在方百性不相続之基、御年貢上納差支ニ相成、年々困窮仕候、依之此度摂河泉州申合、一郡限ニ取究、惣代を以 御公儀様江歎御願愁訴一決仕候」(2)がそれにあたる。したがって、訴願内容が変れば、また別の証文が必要になる。ついで「当郡之分ハ各方を惣代ニ相頼候上者、縦令如何様ニ相成候共、違背申間敷候」との誓約文言が入り、受任者(頼まれる者)は訴願に全力を傾け、委任者(頼む者)は経費の負担に応じることが明記される。なお同証文には村入用増加の昨今、いたずらに負担や犠牲を強いられないために、郡中惣代を委任するとの文言もみられ、その秩序だった組織性は、経費の節減と同じ基調で理解されていたことがわかる。またこの委任関係は、証文を交す村役人相互の個人的なそれであることは明瞭だが、ここには村役人への団体委任（α）が前提となっている。

それに対しγは村のなかの成員同志の間から発生する委任関係で、村方騒動や一揆運動を通じて展開した。村役人を頂点とする日常的な村落秩序に甘んじている限り、このような委任関係は成長の余地をもたない。それゆえここには暴力的または党派的契機が必要である。それによってγ型の委任関係は村のなか、または村をこえて展開した。すでに検討したが、もう一例として文化一〇年（一八一三）、大坂谷町代官の支配に移された旧小田原藩大久保氏領五二カ村のうち一七カ村が、西川枝陣屋の支配を拒否して闘った一件(3)をとりあげよう。

この闘争では宮部下村良助（多三郎とも）、桑下村理助（貞助とも）の両名が終始、訴願の惣代として活躍するが、下打穴中村百姓惣代らは彼らにあて、左記の頼書を提出して一揆に加わる。

差出申頼書之事

一、今般、御領地替之儀ニ付、於二西川一枝陣屋被二御建置一候儀は、村中百姓一同不承知に御座候、右之段、其御村々御同様之儀に付、先達て御登坂被成候由承之、村内熟談仕候間、此上は其御村々御同意仕候間、宜敷御願取可被成下候（下略）

それを受けて彼ら二人は「国許も百姓共弥《いよいよ》強く御座候由にて、又候壱ケ村、私共え之頼書差越候」と記す。頼書がいかに強く、一揆の組織・運動構造を支えたかは、彼らが出訴先の江戸から国許一七カ村百姓に送った書状にもうかがえ、「何分頼書無之候ては、願口に甚迷惑」と書き、銀子とともに送ることを督励している。またその銀子についても両名は、逐一その使途報告を怠らず、一揆惣代と村々のメンバーの間の委任関係の誓約ぶりがよく示されている。

惣代として委任された者はその成就に全力を注ぎ、委任した者たちはその経費とともに、彼らに処分が及んだときに出精することを誓う。それがγ型の委任関係の特質である。安丸良夫氏や深谷克己氏の研究で著名な伊那谷の一揆頭取米川伴助の獄中書簡の一節[4]――「我等義ヲバけづりくず《削り屑》之ほどにおぼしめし候へ共、我とてもいのちすてたる此上ハ、中上たき義も御座候」には、このような委任関係を一方的に踏みにじられた者のくやしさが滲み出ている。「無双の強情者」であった伴助が委任をうけるほどに、この型の委任関係は、地域の底辺の人々をも巻き込み、そのうえでもっとも個人的性格を備えるものであった。また近代にむけてもっとも良質な前提を用意するものであったが、この種の委任関係は、αやβと比べて運動の真只中でしか成立しないという特性があった。それゆえに制度的契機を得るのが困難であった。

このような民衆運動を通じて形成される委任関係を、国家との関係でみるとき、近世社会においてはβにもγにもともに、公儀との恩頼・依存関係が前提としてあった。いいかえればそれを大前提として、民衆の間の委任関係が成り立っていたのである。「公的権威に依りかかりその解決機能に期待している」限りにおいて、国訴と一揆は同じ土俵の上にあったとする佐々木潤之介氏[5]の指摘は正しい。

最近の平川新氏の論稿「地域主義と国家」は、国訴に示される畿内民衆の地域主義的要求に幕府がどう対応したかをみることを通じて、民衆運動と国家の関係について新しい光を当てている。それによれば、幕府は弱体化しながらも最後まで、地域間調整機能を失わなかったということであり、そうである限り畿内を初めとする民衆は、公儀への期待を捨て去らなかった。しかもその際、国家の側に示される「地域の意志」は、具体的には惣代制（β型の委任関係）という形をとっているのである。したがって日本の「近代代議制はその初発から、地域利害の代表者を議会に抱え込む」ようになったということができる。[6]

それに比べれば一揆に示される惣代制は、国訴ほどには安定的な「地域の意志」を形成しなかったといえよう。それを一言でいえば、一揆のもつ運動構造の底の深さのためである。一揆が底辺民衆をも直接、多数派のなかに内包し、それゆえそこに示される利害、関心、要求が実に多様であったため、国訴のような形での地域意志形成の道はとられなかったのである。同じ系列の運動と置くだけで、その差を見失ってはいけない。しかし他方で、一揆においてはいっさい、このような地域の意志が形成されず、剝き出しの実力がぶつかり合う世界であったとすることができないのはいうまでもない。一揆の場においても、国訴と型の異なる委任関係が形成、模索されたのである。その意味で一揆の評価は、国訴と異なった形での地域意志の形成(委任関係の形成)という問題と並んで、実力の展開という面からも行われるべきであろう。

その点でもこれまで一揆を「非合法」と置くだけで、その実力自体の考察を怠ってきたのは、看過できない。一揆の得物の示す事実からいえば、それは農具から成り、殺傷性を拒否した得物は、公儀との間に存在した民衆の恩頼・依存関係とまさに照応していた。一揆の非合法性は、なにも無秩序の世界を意味するわけではなく、豊臣の刀狩令が近世を通じて農民の実力を去勢したわけでもなかった。農民は一揆的世界の確立を通じて、農民にふさわしい「武器」を獲得したのであり、その「武器」がひとたび一揆衆の手に握られたとしても、近世を通じてそれ自体が発展したわけでもない。体制的正当性による一揆や国訴と異なり「変革的正当性としての独自の民衆的正当性を主張している」(佐々木氏)世直し騒動においても、得物の原則は貫徹している。いやむしろそのなかで、「敢えて人命をそこなふ得物はもたず」「民の操をまもれるものにこそ」といった、得物の意識化がみられたといえよう。その意識化は、地域の正義を代弁する懲悪行為としての激しい打ちこわしを通じて獲得されたものであることは容易に推測がつく。体制的正当性、いいかえれば既存の秩序と制度に寄りかかる部分が少なければ少ない分、それだけ民衆の広範な願望、希求、不安は思いがけぬほど高揚したエネルギーとなって表現される。この世直し一揆の世界においては、国家に対する地域の意志という形ではなく、地域社会の共同幻想として表出されている。地域社会の共同意志であれば、誰かがそれを国家との間で媒介することもできたが、不定形な共同幻想であるかぎり、国家につながるチャンネルを見つけることは容易ではなかった。

世直し一揆は、民衆が国家との依存関係を前提としない形で運動としての正当性を主張した点において、国訴や強訴という訴の系列につながる民衆運動から離れた、独自の位置を占めたが、実力を基準とすればいまだ近世の百姓一揆の伝統上にあった。ところがその伝統をもみずから放擲し、一揆史上の転換を示したのが新政反対一揆である(7)。そこでは「度々願意を聞き候得共一向不言、唯火を放ち家を毀ち官員に狼藉致すのみ」という状況が現れ、これまでの得物に代って竹槍が一揆勢の「武器」となった。「竹槍仕事」とは一揆を指すこととなり(8)、それと符節をあわせるように「竹槍蓆旗」という通念も生まれた。近世を生きてきた民衆と成立したばかりの明治国家との間には、かつての公儀と百姓のような恩頼・依存関係が存立していないからである。新政反対一揆が著しく「保守的」「反動的」側面を示すのは、そのゆえであろう。

しかし明治国家と民衆との関係が転換するならば、それも必然的に変る。再び民衆は「公的権威に依りかかりその解決機能に期待」するようになる。その結果訴願運動が展開し、そこでは再び委任関係が形成される。その一例を明治一四年(一八八一)、榛名山中秣《まぐさ》場騒動に求めれば、そこでは「夫々《それぞれ》主裁ノ任無之テハ、衆民ノ志願貫徹難致儀ニ付、大小聯合ノ惣代」を投票で選んでいる。その一人青木秀五郎の場合、自村を含む一五カ村の村惣代(一九名)による選挙で選ばれ、「然ル上ハ各村名儀ニテ右権限ノ事、結局迄依頼仕候、就テハ六四ケ村協議ノ上相定候日当・入費ノ儀ハ差支無之出金可仕候」との委任状を受けている。もはや「頼み証文」ではなく、明瞭に「委任状」とされ、それも選挙で選ばれている。明確に(代議制的)委任関係といっていいだろう。

このようにして選ばれた惣代人は群馬県庁に対し出願を繰り返すが、県の容れるところとはならず、村に一、二名の惣代に任せていてはとても叶わぬとの檄文が回されることによって、各村人民が一堂に集会、惣代人に疑惑を募らせ、罵詈暴言に及んでいる。その結果議論は、あくまで県庁に出願するか、それよりも前年の和解にもとづいて入会林の伐採を行うかに分れるが、そのとき大惣代の真塩紋弥は「たとえれば自分は舟、集会の村惣代らは水であるから、その流れに従いどこの岸にでも漂着する」と述べている(9)。

先の委任状によれば最後まで依頼するとの約束であったが、ここに至って受任者と委任者の関係が逆転してしまっている。村惣代と大惣代の間の委任関係が、各村人民の直接行動によって動揺させられ、果ては人民によって大惣代は「捉え返さ」れているのである。運動を通じて民衆の間に形成される委任関係は、国家によって認可され、安定化しない限り、このような捉え返しは避けられない。代議制という制度は、それを実現したものだということができるであろう。

(1) 水本『近世の村社会と国家』(東京大学出版会、一九八七年)。なおこの点、中田薫氏はすでにつぎのように述べている。「此の如く村役人は村の代表機構ではあるが、其代表権たるや村民より授与された惣代権であって、村民の明示若くは暗黙の委任に基づくものの如く考えられて居る」(傍点引用者、前掲論文一〇八二頁)。
(2) 森田家文書(『羽曳野市史』五)。
(3) 長光徳和編『備前・備中・美作百姓一揆史料』二、所収。
(4) 安丸前掲書、深谷『八右衛門・兵助・伴助』(朝日新聞社、一九七八年)。
(5) 佐々木「一揆・騒動史研究の方法」(『近世民衆史の再構成』一一二～五頁)。

(6) 平川「地域主義と国家」『歴史学研究』六一〇(一九九〇年)。のち『紛争と世論』(東京大学出版会、一九九六年)。
(7) とはいっても運動様式の上では、新政反対一揆も近世の百姓一揆の伝統の上にあった。
(8) 上杉聰・石瀧豊美『筑前竹槍一揆論』(海鳥社、一九八八年)四三頁。
(9) 『群馬県史資料編』二〇、三七〜四八、一五一〜五頁。

おわりに――近代への展望――

1 内からの変革と外からの解体

国訴と郡中議定が追求したものを、幕藩体制とのかかわりでみれば、株仲間と頭組織の解散であった。したがってそれが、最終的に行われるまで国訴はつづく。

明治元年(一八六八)幕府は倒れたが、それを受けた新政府は当初、株仲間を存続させる方針をとった。認可にともなう運上金が目的であったとされるが[1]、このとき大阪府では、河内の毛綿織屋仲間が富田林と八尾の各業者のイニシアチブの下で金三〇〇〇両を出金し、株仲間を認められた。同年閏四月のことである。その後、仲間帳の作成・提出へとすすむが、この過程で彼らは国訴の噂を耳にする。すなわち、この辺りは機場より大坂の仲買人へ直売りするので、それを厳重に取締れば、「油方菜種之様ニ成行歟、此辺百姓人気強、万一国訴等も出来可有之歟、夫のみ心配」と歎くのである。果せるかな河内一一郡の村々は四月二二日、国訴状を提出しており、毛綿屋仲間の運動は大きな壁に直面、くわえて当初からあった主導権争いも手伝い、この計画は七月二五日、なんら実質的機能を始めないまま挫折する。この経緯を回顧して富田林の毛綿問屋は、「河内木綿往古ゟ株と申事、決而御免事無之候儀者、当国第一の産物故、〆括《しめくく》り相成、手狭窮屈にては、「百姓障り相成事故」と記し、往時の国訴をも追想している。明治二年五月二八日のことである。[2]

他方、廻在者についていえば座頭(盲人)について、河内諸郡では同二年二月、つぎの出願をしている。[3]

> 一、盲人共之儀村々へ罷越、施物等乞請候節ハ、村役人共ゟ相当之恵ニ差遣分者勿論、時分ニより候て食事も為致(中略)御一新之御折柄、廃疾之者可憫御趣意ニ付、村々ニ於ても厚奉蒙、猶又厚取斗致遣候処、却而盲人共心得違仕候哉、近頃他国之盲人五人或者七人連等ニ而村々へ罷越施物を貪(中略)今般願上候筋ハ、当国之盲人一国限抱(マヽ)介仕、已後他国盲人入交廻在不致様御取締奉願上候

それは廻村する盲人を他国と自国に分け、自国の盲人のみを介抱しようとするもので、徳山藩などの扶持米制と類似している。国訴と郡中議定のもった地域管理制は、ここでも維持されている。

客観的にみれば国訴と郡中議定は、株仲間と頭組織——したがって身分(社会)集団の解散を要求するものであったが、現実にそれを成し遂げたのは彼らの運動ではなかった。株仲間解散は大阪では五年四月(全国的に五〜六年)、盲人仲間は四年一一月の盲官廃止令、また頭組織も四年から五年にかけて、いずれも廃藩置県を境に中央政府により成し遂げられた。かくて国訴と郡中議定は終焉を迎える。

このように国訴が終焉を迎え、運動が退潮したあとの組織はどうなっていったか。もちろん運動のないところに、頼み証文を交す国訴惣代制は存在しない。したがって焦点は、組合村—惣代庄屋制の行方にある。これについてはすでに久留島浩氏の報告[4]が明らかにしている。それによれば倒幕後から明治四年の間に、越後・甲斐・備中といった幕領—直轄県では、組合村—惣代庄屋制のもった二面性——惣代機能つまり村役人の合議機関的性格と上意下達的機能——のうち、前者を排除し、後者を地方行政機構のなかに組み込み、最終的に解体する。

河内国でも事態は共通していたと思われる。この地域は大阪府―河内県―堺県とへるなかで、当初組合村―八分惣代制は存続したが、二年五月それを廃止、のち一〇月あらためて再置されるが、このとき組合村は従来の関係を無視して、一組七〜八〇〇〇石から一万五〇〇〇石の単位で置かれた。惣代は三カ月ずつの当番制であった。[5] また摂津では五年五月、郡―区―組合村が置かれ、組合村は一〇〇〇石、一区は一万石が目安とされた。[6] 旧来の関係や伝統を無視した機械的な石高基準の区域編成である点において、両者は共通している。またこのような区域編成の下で負担方式は高割と、一方で戸籍編成のすすんでいた戸数割によって行われた。かつて地域的入用制の下では村割・高割または家割のように、村落の不均衡による負担の偏重を是正するシステムと協議制が働いていたことに比べれば、ここでの負担方式は単純である。関東の改革組合村がそうであったように、上意下達的機構としてはこの方が適合的であった。

このようにして廃藩置県後も、近世的な中間支配機構は大小区制や郡区・番組制という形をとって存続していた。しかし大小区制は村の上に、国政委任事務を受ける最小単位の受け皿として権力的に設けられたため、そこでの行財政は村と区の二元性をとった。奥村弘氏によれば、[7] 小区財政は警察費・地券入費・中学校費など国政事務費が圧倒的で、池番・山番・土木・祭礼といった共同体経費は村で賄われている。加えて小区にかかる国政事務は、区費の増大を通じて村入用の増加、すなわち民費負担増をもたらし、大小区制下の一大矛盾を形作った。この矛盾は区戸長と町村人民の間にあり、とくに町村の金穀公借や土木起功といった財産的行為において紛争を生じ、彼ら区戸長の独断専決を規制し、町村人民(不動産所有者に限る)の参加の道を開いたのが、明治九年の太政官布告第一三〇号である。[8]

本来近世後期の組合村においては、民費協議制ともいうべき村役人の協議が慣行され、国訴などでは負担の公平化と軽減が地域ごとに図られた。そのような慣行と蓄積からみるとき、大小区制下の行財政が彼ら農民に大きな問題として映ったのは当然である。[9] このようにして区戸長の官僚的支配を特徴とする大小区制は行き詰り、地方三新法が準備される。

2　成熟した政治社会と委任関係の積み上げ

近代政治社会の成立という観点から近世後期の民衆運動をみるとき、国訴や一揆のもった委任関係をたどることによって、日本における代議制の途を考えることが可能である。

福田歓一氏はヨーロッパ近代における代議制の特質を論じて、①近代(国民)国家の規模を考えると、代表(原理)を入れないで民主主義を機構化することはむずかしい、②身分制議会に示される代表原理は、それ自体が民主主義的でない、③それが民主主義の機構原理となるのは、政治社会の規模の問題と政治のリアリズムを民衆の選択に結びつけるからだ、として「本来民主主義と関係なかった議会という機構に、社会における多数を反映させるという圧力(つまり民衆運動――引用者)が実現することによって議会は民主主義の道具となった」と述べる。[10] ここには制度・機構としての代議制と、多数派形成の民衆運動の関係が示唆されている。

日本でいえば国訴や百姓一揆は、一面では惣代制と直接行動という対比を示しながら、それぞれに多数派を形成するなかで委任関係を育んだが、それがけっして近世にとどまるものでなく、また近代日本の代議制と具体的にかかわった点に注目したい。遠山茂樹氏は自由民権運動にふれるなかで、明治一一年(一八七八)九月の愛国社再興大会から一三年一一月の国会期成同盟第二回大会の間に、各地で大量の国会開設請願署名が集められたことについて、署名方法に一括署名と個々の自主的な署名とがあったと述べている。[11] 具体的にいえば豪農民権家杉田定一が自郷社を組織して活躍した南越地方では請願運動の前期に一八八七人、後期に五〇七〇人もの署名簿が集められているが、その署名には、(イ)各村の署名が前後の区別もなく入り交じり、字体も異なって連記されているものと、(ロ)一村ごとに同じ筆跡できれいにまとめて連署されているものがあるという。(イ)は演説会が開かれたときに、その場で得た賛同者が思い思いに記名したものであるのに対し、(ロ)は村内の有力者に委託して仕上げられたもので、数のうえでは圧倒的に(ロ)が多い。各村の署名者は連記することで総代への委任関係を結んだのであるが、ここでの二つの署名方式は、近世後期の民衆運動で認められたものと比定することができよう。つまり有力者の地域秩序を前提とする(ロ)は国訴惣代制に示されたβ型に、署名者が自主的にサインしている(イ)は一揆の惣代に示されたγ型の委任関係に通じるものがあるといえよう。

杉田は、このように(イ)(ロ)二つの方式で集められた七〇〇〇人の署名者総代として上京するのであるが、同じく国会開設請願のため福島県から総代として上京した耶麻郡平民原平蔵に対しては、委任に際し盟約が交されている。[12]冒頭、彼を総代とするとしたうえで、⑴滞在往復六四日間の費用(一日金一円)を支給すること、⑵もし滞在日数を変更するときは、委任者の同意を得ること、⑶委任状以外のことは、受任者が専断することを許さないが、各地の総代と気脈を通じて将来の稗益をはかるのはよい、というものである。総代に対する委任がきわめて厳密である点では国訴惣代のそれ(β型)と一致するが、彼に対する委任が米岡村平民三浦信六、宮川村平民原平三といったように村をこえ、合計二一カ村二五八人が署名するという形式は一揆(γ)型の委任関係である。いいかえれば近世の民衆運動が作り上げた二つの委任関係が総合されてここにはみられ、それを委任者と受任者の盟約という形で作成されているところに、この委任状の歴史的位置がある。[13]

また浜松県の民権家岡田良一郎、和歌山県の児玉仲児らには、地租改正反対運動を体験するなかでの委任関係がみられる。浜松県では明治九年、県が決めた石代相場をめぐって人民騒然となるが、このとき「官ヲ罷メテ家ニ有」った岡田に対し、「居村ノ人民余ヲ押シテ惣代人トシ、以テ官命ヲ拒絶セン事ヲ乞フ」。それに対し岡田は「一国ノ民余ヲ押シテ師タラシメハ、余或ハ応スル事有ランモ、一孤村ノ為メニ身ヲ監獄ノ門ニ投スルハ余《わ》レ為ササルトナリ」と答えている。その後岡田は青山宙平とともに県令と交渉、妥協点を探り、次回改訂のため登量試験を採用することを決め、県下の戸長・人民惣代に提案する。このとき岡田らは登量試験の方法は民会を開いて決めることですでに県の内諾を得ていると述べたのに対し、もし県庁が「食言したらどうするか」との質問が飛ぶ。それに対する岡田の答えは、

国乱生センノミ、其際ニ当テハ、余カ輩徒《いたずら》ニ之ヲ他人ニ委任セス、若諸君ノ推挙ヲ得ハ、首魁ト為テ先発スヘシ、国今日ヲ以テ乱ルルモ、五年ノ後ニ乱ルルモ、乱一ノミ、唯政治ノ日ニ改良シ、民権伸張、人智ノ進歩スルニ及ンテ此挙ヲ為サハ、人ヲシテ無謀ノ刑ニ触レサラシメ、事必ス遂ケ易シ、是レ余カ今日ヲ緩ニセント欲スル所以ナリ

というものである[14]。運動の過程で成立する委任関係が、臨場感たっぷりに伝わってくるとともに、委任を受ける豪農民権家の意識がよく現れている。このようにして民権家の体内で代議制が成長していくのであろうが、彼らの参加を得て民権運動は、結社を起点に、近世の民衆が育んだ委任関係を受け継ぎ発展させたとみることができる。

これを下からの、あるいは農民的委任関係とおくならば、日本の近代成立期にはもう一つ、上からともいうべき委任関係があった。小路田泰直氏は拙論にふれながら、「具体的委任関係を欠いた、いわば上からの代表意識の存在に眼を向ける必要がある」として、東雲新聞の「壮士論」の一節を引いている[15]。

壮士は公議輿論の要素となりて活発に運動を為すものとなり、壮士は(中略)農工商の社会より出て、別に一個の社会を成し、愛国憂世の情に富み、勇気あり知識あり、能く農工商の社会を代表し、其利害得失感情を表はし、

以て一国の公議輿論を振作する。

このような志士的代表意識には愚民観が色濃く、また民衆運動との接点をもたない限り、委任関係は具体性を欠き、観念的にならざるをえない。またそれが欧米輸入の公議輿論を受け皿とした点で、農民的・在来的な委任関係と対照的である。しかし下からの、農民的なそれが町村を起点に、郡や国(つまり府県)といった規模の政治社会においてしか存立、機能しえなかったのに対し、上からの志士的代表意識は国民国家を構想する点において相補うべき特徴をもった。

こういった代表意識は士族・民権派・官僚層にひろく共有されていたので、日本の近代化過程は下からと上から、二つの委任関係の交差するところに展開したと説くこともできよう[16]。またこれら二つの委任関係が町村から日本国に至るそれぞれの政治社会において制度的契機を得る、すなわち議会をもつことによって、近代日本の政治社会は委任関係を積み上げることとなる。それは村役人と成員という村社会内部の、単一な委任関係しかもたなかった近世社会と対比することができるが、国訴や百姓一揆といった近世後期の民衆運動がそれを用意したのである。

しかし「運動としての代議制」が「制度としての代議制」に結実するとき、失われたものがあったことにあわせて注意を払うべきである。この過程において失われたもの、それは百姓一揆や世直し運動がもった運動構造の底の深さ、多様な思想的可能性、個性溢れる人格的範疇といったものである。運動としての代議制が制度的契機を得るとき、これらを失うことは不可避的であったかと問われれば、その答えは実にむずかしい[17]が、後進国型近代化の道を歩んだ日本ではそうであった。「運動としての代議制」から「制度としての代議制」への過程は、ちょうど自由民権運動として展開したが、その特質に大きく規定された。その特質とは一つに民権運動が士族および豪農が主として担ったということ、二つには西欧近代思想の圧倒的な流入の下に展開したということである。鹿野政直氏の言葉を借りれば西欧近代思想の流入は、人々の開眼を早めたと同時に、他方でその西欧志向性を定着させ「制度信仰という特性を生んだ」のである。[18] 国会をはじめとする代議制が、この「制度信仰」に含まれることはいうまでもない。その反面が百姓一揆へのレッテル貼りであり、「竹槍蓆旗」論である。たしかに民権運動が平民的要素を加味するなかで、一揆の伝統への肯定的評価は生まれはしたが、小室の「東洋民権百家伝」が示したように、やはり近世の百姓一揆の歴史と伝統に対する重大な変形は隠せない。

3　最下単位としての町村

最後に町村[19]についてふれれば、村請制の下、近世の村には村役人と成員の間に直接的な、また成員全体からなる委任関係が存在、機能しつづけた。いいかえれば村役人は、建て前として成員の委任をうけた惣代でありつづけた。この点は大小区制下でも変らず、村社会にあって戸長らを規制しつづけた。したがって村にあっては、代議制の導入はなじみにくいものであった。その理由として三点あげる。

第一に近世村を前提とする限り、村役人↕成員という直接的委任関係がその根幹をなしていた。その基盤に全員一致の寄合があった。したがって村成員の委任をうけた村役人(戸長)を起点に、委任関係が村の外へひろがることは容易でも、その反対に村のなかにそれとは別の委任関係が複数、成立することは困難である。大阪府では明治六年(一八七三)開明的地方官渡辺昇の下で、府会・区会が設けられたが、ここで議員となるのは区戸長であった。なぜなら公選の「区戸長ハ人民一般ノ名代人タル故」であった。[20]

しかし、村のなかに村役人(戸長)とは別に、委任関係が成立することは絶無ではなかった。第四節で述べたγ型の委任関係がそれである。しかし注意を要することに、それは運動のなかでこそ成立したものであったため、制度的契機をもちにくい。制度化されたのが江戸時代を通じて百姓代のみであったことに、その点はよく示されている。これが第二点。

第三には町村会の前提となるべき村の規模が小さく、かつ不均等であった事情があげられる。この点については、第一回地方官会議(明治八年)における議長木戸孝允の発言がある。彼は町村会の必要を認めながらも、当時の規模があまりに零細なため「真ニ選挙者タルヘキ者」が少なく、町村会開設は不適切と述べる。[21] 要するに村のなかに代議制をもちこむには、村の規模が小さすぎるというのである。

したがって、村社会において代議制が本格的に展開するためには、いくつかの条件が必要となる。第一に村役人・戸長といった単一者への委任関係から、議員という複数者への委任関係に村のなかの委任関係が転換しなければならない。本来、村成員との委任関係のなかにいた戸長らがその外に出て、国家の側に取り込まれることは、この転換を促した。三新法によって①戸長の給与を協議費から地方税にかえ、②その過失を官吏懲戒令によって罰し、さらに③一七年改正によって官選としたことは、そのような状況を村社会に押し広げた。[22]

第二に運動を含めてγ型の委任関係が、多数、村のなかに成立、機能することである。[23] その一つとして地租改正の過程に成立する地主と地主代表との委任関係がある。その結果、総代の一つとして議員が成立する。それが寄合＝全員一致にかわり、多数決制の受け皿となる。

第三の要因は町村合併を含む、村の政治社会としての規模の拡大、適正化である。それは一七年改正における、戸町役場管轄区域の拡大としてスタートする。こののちの展開は、すでに本書の範囲をこえている。

(1) 宮本又次『株仲間の研究』(有斐閣、一九三八年)。

（2）「明治元年河内木綿株設立一件」（『富田林市史研究紀要』三、一九七三年）。

（3）「御触書留帳」（羽曳野市役所蔵矢野家文書）。

（4）久留島前掲論文。

（5）前掲「留帳」（注（3））。

（6）『明治大正大阪市史』六。

（7）『「大区小区制」期の地方行財政制度の展開」（『日本史研究』二五八、一九八四年）。

（8）この布告については、とくに福島正夫・徳田良治「明治初年の町村会」（明治史研究連絡会編『地租改正と地方自治制』御茶の水書房、一九五六年）が明らかにしているが、大島真理夫氏によれば、この布告のもととなった兵庫県令神田孝平案は、町村の金穀公借等の問題に町村の不動産所有各員を直接参与させるところに意図があったのに対し、内務省から太政官（法制局）・元老院へと上申される過程で区の金穀公借・共有物取扱・土木起功の問題が追加され、総代人制度が設けられるとともに、町村についても総代人制度が導入されるように変った（「神田孝平の『町村金穀公借等規則』建議と兵庫県地方民会」大阪市立大学『経済学雑誌』八一―三・四、一九八〇年）。その意味でこの布告は、神田の意志や兵庫県の実態をはなれて、より一般的な大小区制下の区戸長と一般人民との対立を前提に決定されたものといえよう。

（9）その例証として明治七年飾磨県での区戸長会計をめぐる騒擾（奥村弘「三新法体制の歴史的位置」『日本史研究』二九〇、一九八六年）と、同九年八月佐賀県下で最初に開設された三八大区三小区会の活動（堤啓次郎「地方民会活動の展開」『日本史研究』二一七、一九八〇年）をあげる。

（10）福田『近代民主主義とその展望』（岩波新書、一九七七年）。

（11）遠山『日本近代史』Ⅰ（岩波書店、一九七五年）第一章、五六、六四〜五頁。なお大槻弘『越前自由民権運動の研究』（法律文化社、一九八〇年）によると、愛国社第三回大会から四回大会（八九年一一月〜九〇年三月）にかけて自郷社などの啓蒙宣伝活動の盛んな時期―同時に地租改正反対運動の気運もあった―には署名獲得数は少なくとも、形式としては（イ）の多いことが確認されているが、それだけ委任関係は自主的で、代議制的形態としては本来的である。その後の国会期成同盟第二回大会(九〇年一一月)までの時期になると署名数もふえるが、それだけ総代への委託署名、代議制でいえば前期的形態が顕著となる。もちろん自主的であったとしてその署名が村内のどの層までふかく浸透したかといえば、やはり上層農民が主力であった(同書、第二章第三節、四四~五五頁)。

(12) 庄司吉之助『日本政社政党発達史』(御茶の水書房、一九五九年)一五一頁。

(13) このほかにも河野広中への委任状(庄司前掲書五二~三頁)、天橋義塾沢辺正修への委任状(原田久美子ほか『丹後に生きる　京都の人びと』三省堂、一九八七年、九七頁)などが知られ、後者では委任文言のうちに「部理代人」という言葉がみえる。これは「総理代理」に対する言葉と考えられ、委任が限定的であったことが示されているが、杉田定一を地租改正請願惣代に頼んだ依頼書(明治一二年、『福井県史』史料編近代、三四四頁)、明治一四年群馬県秣場騒動における委任状の届け出(『群馬県史』資料編二〇、一五一頁)などにもみえ、委任関係を示す概念が成立しつつあったことがわかる。

(14) 岡田「漂洋紀事本末」。なお原口清『明治前期地方政治史研究』上(塙書房、一九七二年)参照。

(15) 小路田「明治憲法体制確立期の地域と『官僚制』についての覚書」(『日本史研究』二八九、一九八六年)。

(16) 代議制の舞台ヨーロッパにおいても二つの代表委任論があった。杉原泰雄氏によれば、それは命令的委任と代表的委任で、フランス革命後前者は人民主権、後者は国民主権と一体となって展開した(『国民代表の政治責任』岩波新書、一九七七年)。一方、樋口陽一氏は、国民代表概念と直接民主制の原理的対抗関係として市民革命後の議会制を描く(『議会制の構造と動態』木鐸社、一九七三年)。

(17) なぜならば世直し型の底辺民衆が主体となった運動にも、委任関係が常に存在したからである。現に秩父事件にも困民一同の委任状が作られており(井上幸治『秩父事件』中公新書、一九六八年)、前年の群馬県負債農民騒擾でも、小幡生産会社との談判のために委任状をもって惣代を頼んでいる(福田薫『蚕民騒擾録』青雲書房、一九七四年、六一~二頁)。また明治一〇年の阿蘇谷一揆でも戸長の不正を糾すため、多人数では穏便でないので籤を引いて惣代人を決めることを各地で村民が申し合せている(水野公寿編著『西南戦争期における農民一揆』葦書房、一九七八年、三八頁ほか)ように、委任関係は運動のあるところでは、ふんだんに底から沸き上がるように生み出されていたのである。問題はそれをどこまで深くつかみ、制度化の道に乗せるかであろう。その点で日本では、下からの命令的な委任関係は十分に育たなかったといってよいであろう。

(18) 鹿野政直『日本近代化の思想』(講談社学術文庫、一九八六年)第一章「近代化と伝統　4義民の復権」八〇〜九四頁。

(19) 町村については、すでに中田薫氏がつぎのように述べていたのが、きわめて示唆に富む。維新後も大体において徳川時代と大差なく旧態を保持していた村は、明治・大正の頃から「多少矛盾する二つの方向」をとって重大な変化を生じる。その一は町村の戸長が次第に村を外部に代表する権限を失ったこと。その理由は戸長が、地方行政事務を分担することによってあたかも地方行政吏のようにみなされたことである。その二は町村の議決機関の発達で、それは徳川時代以来の町村寄合の進化である。その結果「複多性が勝を占めて居る所の、単一的総合体である」町村は、前者の方向において解体作用を示したが、それにかかわらず後者において「総合人としての町村の単一性が、益々抽象される度合を高め」成体作用を示すことによって「総合人としての面目を充分に保持し得た」(傍点中田氏)。その最大の要因は「町村が自治団体として、自主自存の目的を有って居るものであると云うことが、年を逐うて法律上益々明確に意識されて来たこと」にある(前掲論文一〇八六〜一一〇一頁)。

(20) 北崎豊二『近代地方民衆史研究』(法律文化社、一九八五年)。

(21) 「地方民会議問」(『明治文化全集』憲政篇)。

(22) 大島美津子『明治のむら』(教育社新書、一九七七年)。

(23) 「議員ハ其地総代ナレハ、公正ノ心ヲ以テ勤」めるようにとの文言は、兵庫県民会議事章程ほか、明治初年の町村会規則に散見する(福島・徳田前掲論文)。

付　論　地域史研究の立場

はじめに

歴史学に一定の「潮流」というものが、その時々に存在するとすれば、こんにち地域史は明確にその一つだろう。誰それの発言を引くまでもなく、それは、多くの歴史学関係者が諸々の学界誌、一般誌などに日常、接することによって抱く素直な感想であろう。私もその一人にすぎず、地域史についてわずかに一度、学界動向に求められて発言した[1]以外、これといった仕事をしていない。むしろ自己の関心を拠りどころに、地域史研究に関する論説や発言に耳を傾け、先学の研究に学ぶものの一人である。したがってひろく歴史学界を見渡し、潮流としての地域史を系統的に捉えることはできない。なおさら黒田俊雄氏のように、「地域史についての新しい原理と内容は、地域住民の立場にとって必要であるだけでなく、今日の科学的歴史学の新しい発展の契機ともなりうる大きな意義をもつ」(「あたらしい地域史のために」『日本史研究』八三、一九七七年)というほどの壮大な見通しは皆無に近い。

私の立場はといえば、自分の狭い領域から一度、頭をもたげて広く「世界」を見渡してみたいと望むとき、どうやらコレは、その数少ない踏み台になりそうだと感知しうるにすぎない。しかしそれだけに、いつも先学の立場や研究に拠るのではなく、一度は自分自身で、その立場の危っかしさや固さを叩いて確かめる必要があろう。それが後進の者としての責任であると考え、歴史学研究の手ほどきを得た大阪歴史科学協議会の創立二〇周年という節目に勇気づけられて、拙論をつづることにする。目配りのきかない未熟な論稿に対し大方のご批判、ご叱正を得たい。

一

いま私たちが眼前に思い浮かべている地域史の潮流が、日本の歴史学にとって幾度めの波であるか――この問いに答えるために、人はよほど深い洞察と綿密な整理をもとめられる。だが幸いなことに、塚本学氏の手になる労作「地域史研究の課題」(岩波講座『日本歴史』別巻2、一九七六年)が私たちに有効な手がかりを与え、私はここから出発したい。それゆえ本稿では、近年――具体的には一九七〇年代後半以降の地域史をめぐる議論にアプローチし、私の立場を述べてみたい。

近年の地域史を考えるとき、この課題はつねに「誰のために」という設問を座標軸にして展開してきたように思える。「誰のために」という視点は、それぞれの地域史の立場を集約しており、黒田俊雄氏はそれを、㈠「中央」の研究者にとっての地域史、㈡行政当局にとっての地域史、㈢住民の立場からみた地域史、の三つに分ける(前掲論文)。地域史と並ぶ研究潮流である民衆史や国家史には、第二の行政当局の立場がありえないことからもわかるように、戦後、膨大な自治体史編纂事業が日本全国で行われるようになったことをぬきに、この立場は存立しえない。この大事業に「中央」の研究者は数多く携わり、すぐれた成果も生み出してきた。しかしこの事業への参加も、「彼にとってその地域の歴史は日本史のなかの一地方の歴史であるにすぎ」ず、「全体史のための地域史である」。このような「日本の歴史の一般的展開を小型にした(中略)日本史研究の単なる一部分として」の地域史を、黒田氏は第一の、「中央」の研究者の立場とする。したがって氏の採るところは、第一・第二の立場いずれでもなく、第三の「住民のもとめる地域史」である。

氏はこの立場についてさらに「地域における生活とその場の構築の努力やたたかいの歴史こそが、新しい地域史の原理」でなければならず、「地域生活構築の歴史とは、地域史が今日標準型になっているように一般的な社会発展史・階級闘争史の一例や社会経済の発達史であることを、やめることを意味する」と述べる。

行政当局の立場はしばらく措き、「中央」の研究者か、住民のためか、という問題に黒田氏の説くところを絞れば、「戦後は、郷土史研究というよりも、日本史の基底としての地方史研究というたてまえ」が強調されたと説く、和歌森太郎氏の発言とも軌を一にしている。和歌森氏は、「おかげで盛んになった地方史研究は、日本史の地方版を続々と産み出すことになった」と、その成果を『宮城県史』や市町村史の編纂にみるが、その半面、これらの成果が地元の郷土人にどういう効果を及ぼしているかを考えると、「郷土史から地方史へと変ってよかったな、と思う半面、郷土人のための歴史が埋もれている」「もう一度、郷土史という意識をとりもどす要がありはしまいか」と問う(新版『歴史の見かた』一九七三年)。このように住民自身のためか、「中央」の研究者のためか、という設問は、戦後歴史学自体が育んできた、地域史の枠組であったといえよう。『郷土史研究講座』四(一九七〇年)における木村礎氏の主張「『地方史』より『郷土史』への回帰と新しい発展」とも重なる。

和歌森氏から黒田氏へ「見失われた問題意識」は引継がれ、それがあらたに「地域史の原理」として探究されようとしている。ここに共通の枠組をめぐる一つの継受関係を見いだすことができるが、黒田氏の主張には、単なる継受関係以上に、もっと積極的に「新しい歴史科学の体系的構築に寄与する」との判断があり、そこに氏の独創的な立場がよみとれる。

ところで地方史研究協議会は、「郷土史から地方へ」の変化のなかで結成をみたものだが、黒田氏は同会編『地方史研究必携』(一九五二年)を取り上げ、そこに「全体史のための地域史」という立場をよみとる。同会には『近世地方史研究入門』(一九五五年)という姉妹作があるが、中村政則氏はそれによりながら、地方史研究には二つのタイプがあるという(『日本近代と民衆―個別史と全体史』一九八四年)[2]。それは黒田氏のいう第一、第三の立場に対応し、前者はいくつかの地域を比較総合するために、地域史研究を行うタイプ、後者は特定の地域の歴史的個性を究明するタイプである。そして中村氏の場合、自分は東京に住み、どちらかといえば前者のタイプと自認する。

中村氏には「中央」の研究者か、住民のためか、どちらがという発想はない。むしろ前者の立場を自認、保持しながら、「地方史研究の現段階的な特徴」を論じ、方法上の変化を追う。「地方は基本法則検証の場にすぎないか」とこれまでの研究史を問い、地域史と全体史をつなぐ媒介環を力説するところに中村氏の所論の特徴がある。「全体史のための地域史」とする限りではそのとおりだが、「全体史あるいは中央史というのは、各地方史の算術的合計ではない」とするところに、「中央」研究者による地方史の新しい立場が表明されている。

媒介環として中村氏のあげるものは、㈠商品流通・市場問題、㈡権力あるいは政策的契機、㈢国際的契機、の三つで、そこに政治・経済の優位性と背景としての国家を看取することは容易だ。

この立場の新しさは、歴史地理学の分野からも立証できる。矢守一彦氏の言によれば、従来の歴史学の地域論は、均等地域・類型地域を念頭においたものが多く、結節地域・特殊地域の認識を欠いていたが、近年「各次元の結節地域の階層構造として近世日本の構造を捉える方向を志向するようになった」(藤岡謙二郎編『日本歴史地理総説』近世編、一九七七年)。いくつかの次元の結節地域の階層構造を、中村氏のいう地域史と全体史をつなぐ環に、おきかえることができよう。

「誰のための地域史か」という設定はこのように、戦後における地域史研究がもった共通の枠組であり、現在それは、双方の立場で継受関係をもちながら、何番めかの研究潮流を形成している。本節では黒田・中村両氏の見解を引いて、双方の今日的立場を確認した。双方の立場は潮流としてみるとき、対極的であり、その間の距離は広い。それゆえ安易に接合すべきではないだろう。容易に接合しえないことは、ひろたまさき氏が山本茂実氏の『あゝ野麦峠』にふれて、「飛騨の農村と製糸工女たちの関係はよくみえるけれども、彼女たちが働く岡谷地域社会での位置が不透明だ」(「日本の近代化と地域・民衆・文化」『現代と思想』三三、一九七八年)[3]と評したことにもうかがわれる。

二

こんにちの地域史は、二つの立場に拠って双系的な発展をはかるべきだ、とするのが私の見解だ。それぞれに地域史として、全体史への視座を含み、新しい課題をかかえていると思う。

「地域史の新しい原理」に即していえば、地域史と民衆史の問題がそれに相当する。地域住民の立場にたつ地域史論は、必ずといってよいほど「民衆」をとりあげ、民衆史との間に境界線を引くべきかどうか迷いこむことがしばしばある。木村礎氏は「一定の地域内の民衆の生活を具体的にかつ豊富に描くこと、そこにこそ地方史研究の本来の性格がある」(『地方史を生きる』一九八四年)と断言してはばからず、その目標のために関連諸学の協力が必要になってくると述べる。地域史＝民衆生活史としてよい見解である。この立場から『生活』という、人間にとって日常性・持続性の最も強い部分を中心に据えて研究する場合(中略)歴史における一回性、事件性への執着を捨てる決意が必要」

だとの主張が出る。

他方、佐々木潤之介氏も「地域と民衆とは、切り離されて存在するのではない」といい、両者の浅からぬ関係を説くが、氏の場合「国家・変革の問題を抜きにしては地域史は成り立ちえない」(『近世民衆史の再構成』一九八四年)と述べる。

民衆(生活)史への足のかけ方によって、両者の地域史はなんと対照的だろう。地域史といいながらその実、民衆史こそがそれぞれの地域史の内容=目標を規定しているように思える。

こう記したとき、民衆史とは「正確には地域自体の歴史への観点ではなくむしろ超地域的な概念」「眼前の地域そのものをとらえるための発想でなく(中略)本質的には地域という契機を欠如した概念である」との黒田氏の指摘(4)に、胸を衝かれる。

民衆史的地域史の立場からいえば、民衆史こそ地域という契機を包含した概念であるはずだから、右の所説には本来、きびしい反論があって然るべきだろう。現在そのような反論が、どのように闘わされているのか、不勉強にして私は知らない。地域史と民衆史との浅からぬ関係とその弁別については、今後、深い関心を払って追跡してみたい。

問題関心(領域)の重複といえば、今日さかんに取沙汰される「社会史」も、人間の生活空間への強い関心を示すと鹿野政直氏はいう(「歴史意識の現在」『歴史学研究』五三二、一九八四年)。鹿野氏は「『変化』へのこうした不信は、人びとのうちに、みずからが生きている『場』=『空間』への関心の回帰を促す」として、社会史における「空間」設定を、エコロジー型とコミューン型にわけ、それぞれに即して最近の諸研究を追う。「社会史」についてこれほど目鼻立ちの整った要約を示してみせた論稿に、無精にして私はこれまでお眼にかからなかった。もし鹿野氏のこの把握に信をおくならば、地域史と社会史との境界(5)は、地域史と民衆史とのそれに劣らず定かではない。地域史といい、社会史・

民衆史といい、それぞれの発想の背景にある現在の思潮が、大きく捉えてみれば共通のもの[6]であることに、このような印象を与える原因があるのかもしれない。それぞれの手法に「歴史の〝全体史〟的把握という目標」がかかげられ、「歴史の新たな綜合」が期待され、隣接諸科学との協働が謳われ、それでいて同時に「視野といい方法といい、ソフィスティケートされた学問」として、それぞれの境界領域が不透明であるところに、これら新しい潮流の特徴があるといえるだろうか。

さて「全体史のための地域史」を唱える立場においても、問題はあらたに展開されなければならない。先に引いた矢守氏の結節地域論について、木村礎氏は「やや年季の入った近世史研究者は、その内容があまりにも耳なれたものであることに逆に驚く」との感想をもらす(前掲書)。しかし私は——新米の近世史研究者だからかもしれないが——、「一つの地域と他の地域とがどのような構造のもとに連関しているかという問題は、それ自体としてあまり検討されていない」(傍点はひろた氏)とするひろた氏の判断(前掲稿)に共感する。ひろた氏はつづけてつぎのようにいう。「『地域』という概念は、すぐれて空間的な構造の問題を提起するのであって、それは一定の地域内における構造の問題でもある」。ところが「日本社会の空間構造(その意識の諸形態)を、それ自体として歴史的に追求することは、(中略)ほとんどなされていない」。ひろた氏は不均等発展による地域差を、先進・後進などと区別し、特徴を指摘しただけではなにも明らかにしたことにならないと、均等・類型地域論にもとづく見方を批判する。「問題は、そうした諸地域間がどのような矛盾的な構造をもって関係しあっているか」にあるというとき、それは結節地域論の視点にたつ主張である。くわえてひろた氏は、それを経済的関係だけでなく、「観念としての諸地域のイメージとその間の構造」として究明をもとめる点でユニークだ。

しかし私には、空間構造としての地域史を論じるとき「その意識諸形態」より前に——私にとってのみ「前に」である、念のため——明らかにすべき問題がある。それは木村氏の表現をかりれば「小地域から巨大地域に至る各種の地域の重層と総合」という問題である。

人間の生活空間として「地域」に考えを及ぼしてみるとき、地域にはいくつもの種類や段階がある。村や町のような小地域から、ことによると国家をこえるような、ヨーロッパとか東アジアとかいったものまで。およそこのような諸種の地域、諸段階の地域は、歴史的にどのような「重層と総合」の構造をもって展開してきたのだろうか。

西洋史家の樺山紘一氏は、その著『「地域」からの発想』(一九七九年)のなかで、この問題についてヨーロッパでは「歴史学の志向、地理学の視野」という二つの分野からの試論があったことを教える。一つの分野である地理学からは、地域というものが小さなものから大きなものまで、地球の上に段階的に成り立っていることを理論化した業績が生み出された。同書のなかで樺山氏は、「ジオトープ」から「ゾーン」に至る八つの段階を紹介し、フランス地理学派が発見したこのような地域理論は「フランス国民国家という唯一不可分の地理的実態を相対化してしまった」という。

このような「ヒエラルヒー的積層構造」に対し、歴史学の方からは、「それにたいしてはむしろ攪乱的な横断的地域構成」が提示された。その例としてフェルナン＝ブローデルの『フェリペ二世時代の地中海と地中海世界』、テオドル・マイヤーの『ヨーロッパ史におけるアルプス』をあげ、たとえばセーヌ流域という地域は「パリ盆地、セーヌ県、シャンパーニュといった地域的つみかさねを横につらぬく別の原理によってできあがっている」と説明する。

同じ発想から例を日本海という地域にとれば、日本、ソ連、朝鮮、韓国という領域的な構造とは別の原理の構成が、そこに予想されるともいう。この発想は、すでに塚本学氏や網野善彦氏によって、日本史の分野での提言となっている(塚本前掲稿、網野『東と西の語る日本の歴史』一九八二年)ことは、人もよく知るところだ。

ヨーロッパでも一般には積層的な領域構成の単位だけを、地域と指称してきたそうだが、日本ではとりわけその感が強い。なぜなら段階的な積層構成の地域論をとる場合でも、「日本という巨大地域」で完結するのが常である。「日本列島には国家・社会・民俗がセットになって入っている」(木村氏前掲書)との先入観が、私たちを支配していたからである。

このような事情のもと、地域史のあらたな展開は、国民国家や民族の問題を相対化せずにはおかない。近年の地域史の発想に共通してみられる論潮は、実にこの点にあり、増田四郎氏はそれを、「国民国家や国民経済の枠組みの相対化と、中世以来の『小国家』の伝統とを橋渡しする考え方として、あらためて歴史的・地理的に、そしてまた経済的・文化的に形成された広狭さまざまな『地域』のまとまりを、政治的な国境線に一応かかわりなく、いわば社会集団の営みの場として、できるだけ総合的にとらえようとする新しい思想」と要約する(『地域の思想』一九八〇年)(7)。網野氏が中世における東国社会を、社会集団上の概念である「民族」の観点から考察する(『東と西の語る日本の歴史』)のも、その一傾向である。

三

樺山氏のいう「地理学の志向」は、日本にもあった。先にも引いたが、矢守一彦氏が結節地域論にたち「各次元の結節地域の階層構造」として近世日本の地域構造を捉えようと提起するとき、これはかの地における積層的な地域構成と等置できよう。

このほかにもわが国において、積層的な地域構成の展開を歴史的に跡づけようとするとき、歴史地理学者の諸研究は私たちに多くの示唆を与える。たとえばすでに水津一朗氏は『社会地理学の基本問題』(一九五四年)などで地域集団を地域的ひろがりの面から、⑴自然集落やムラのテリトリーに積分するもの、⑵そのテリトリーの一部を基盤とするもの、⑶行政村、⑷より広い地区を背景とするもの、に四分類した。そして⑴と⑵はその完結性を強める力をもち、⑶と⑷は封鎖的な殻を破ってより広い地域に開かれる機能をもつとし、この最小の地域的統一体としての「集団積分体」のおかれる場を「基礎地域」と名づけた。

基礎地域はそれを構成する諸要素(たとえば屋敷や農地といった)の均衡と複合を、詳細に解明することによって体系化するミクロな方向を提起する。同時にまた「基礎地域を包む、より上位の『階層的な結合』を示すさまざまなレベルの地域との間にとりもつ『力動的均衡』を探究する」マクロな方向の体系化も考えられると同氏は述べる(『地域の構造』一九八二年)。

山澄元氏はこの基礎地域論をうけて、「その上部単位であるムラないし行政村と、その構成要素ともいえる小地域集団との関係」こそ、地域構成論の基本的課題とおく。そして「歴史的領域」の基本単位である藩政村の構造、藩と藩政村の中間にある、各地の特色ある中間的な「歴史的領域」、明治以降の「形式地域」たる行政区画との関連を論じている(『近世村落の歴史地理』一九八二年)。

彼らが「歴史的領域」とよぶとき、他方には「制度的(形式的)地域」という概念が用意されている。周知のように律令制下の日本には、国・郡・郷・(里)の階層的な地域構成があった。制度的地域としてこの階層構造は江戸時代にまで持続し、近年高唱される「国郡制」論の支柱ともなっている。しかし歴史的領域としてそれをみるとき、里・郷はもちろん、国・郡すら重大な変容を蒙っている。たとえば高重進氏は、古代村落制の郷(一次郷)が、なんらかの理由でその内部に小規模なムラができて分裂し、そのムラが行政区画として最下級単位としての機能をもつようになると、それが郷と称されるようになった事例を実証し、和名抄にみえる郷（一次郷）に対し二次郷とよんだ。この二次郷が、中世をへて近世的村落に移りかわる過程の究明を、高重氏はつぎの課題として、その規模縮小の意味するところを村落内部の社会構造から解明することを説いた（『古代・中世の耕地と村落』一九七五年）。

山澄元氏や近藤忠氏らの研究は、近世的村落（藩政村）の側から藩政村と共同体的なムラ（基礎地域）との相互関係の包括的な究明をめざしたものである。その結果ムラの構成要素をなす地域集団として、小字・垣内・講・カド・小名などの諸種の地域単位の存在(8)が明らかにされている。

民俗学もこのようなムラの内部組織に早くから着目した学問領域だが、近年の論調ではムラの組織が家を単位として交替する「番」によってつくられる関東地方と、ムラが「衆」で示される長老たちの集会によって運営される畿内との対比に、「自分たちのすむ世界をどのようなものとして作るかという人々の主体的な歴史形成の歩み」を読みとろうとする。すなわち近畿地方で人々は、ムラとしての結集を指向し、居住空間の面でそれを集落の姿で表現した。家よりも個人をムラの構成員と考え、個人を組織する機構や集団が顕著である。それに対し、関東はじめ他の地方では、家が基本となり、その家連合としてムラが存在するという考えが強く、景観的には個々の屋敷が浮び上がる（福田アジオ「民族の母体としてのムラ」『村と村人』一九八四年）。

これまで小農自立の展開度としておもに量的に、この地域差は解釈されてきたが、福田氏の説は型の問題として解釈する試みである。家と個人の境目が私には理解しがたいが、小農共同体＝村とのみおかないで、彼らのとり結ぶ結合関係の形態的な側面——村の組織とか景観とか——に焦点をあてた考察はもっとやられてよいと思う。

ムラより上位の歴史的領域として山澄氏らが着目するのは、郷・郡である。郷については中世後期の村落史研究のなかで、惣郷の存在がよく知られている。山科七郷にみられるように惣郷は、土一揆への参加や費用負担・構成村落間の紛争解決、惣郷としての祭祀・立法など、政治的・社会的機能をもつ地域（的法）共同体である。担い手や規模を異にするが、中世後期にこのようなメンバーシップに結ばれた地域的法共同体は、惣村・惣郷（庄）・郡中惣・惣国一揆と重層的に存在していた。郷・庄・郡・国といった歴史的領域は、地域的法共同体として浮び上がっているといえよう。

それが歴史的領域であって、制度的地域でないことは、甲賀郡中惣を素材に小林健太郎氏が指摘している。小林氏によれば、中央政府や荘園領主の発給文書では、律令制以来の「甲賀郡」が一貫して使用されるが、土豪山中氏をはじめ郡内の居住者の間で交換される文書においては、「甲賀上郡」や「甲賀東郡」といった呼称が、南北朝以降、使用される。戦国期に入ればその使用頻度は増し、山中氏や大原同名中による甲賀郡中惣も、その実質的基盤は、野洲川の上中流域であって、信楽高原は含まないと推論される、と説く（小林「甲賀郡中惣の領域と甲賀上郡」『月刊歴史』一七、一九七〇年）。

制度的地域と歴史的領域のズレの問題は、同じ論旨から郡のみならず、国にも妥当するだろう。惣国一揆の代表として知られる山城国一揆も、「山城国人集会」「一国土民等群衆」「一国中面々掟法」などの史料表現にもかかわらず、近年の研究ではその実体は相楽、綴喜、久世といった木津川流域の三郡一揆だとされる。(9) 山城は八郡であるから、この惣国一揆は、当初考えられた以上により小規模だといえる。人々が取り結ぶ地域的結合に、空間的な意味をよみとるとき、「大乗院寺社雑事記」などにみえる山城国人らの一揆をもって、京都をはさみ北の葛野と南の相楽、両郡の国人たちが当時、一揆結合をなしえたと考えることの方が非歴史的かも知れない。

しからば律令制以来制度的地域として延命している国や郡を、継承復活させえたのは誰だろうか。確信をもっていうのではないが、豊臣政権とその後継者徳川幕府のもとで、制度的地域としての国・郡は復活、機能したと考える。

豊臣政権における国郡知行の存在や、国郡制原理にもとづく検地・戸口調査、徳川幕府における国絵図・郷帳の徴集などに、その例証をもとめることは許されるだろう。

統一権力が制度的地域としての国・郡を、再び自己の掌中に収めたとき、中世後期・戦国期に存在した重層的な地域的法共同体は重大な変容を余儀なくされた。検地や刀狩り、喧嘩停止令などの諸対策によって、その変容過程は推し進められたが、郷を例にとれば、生産的であることはもちろん、政治的、宗教的な地域結合であった惣郷は結合の契機を分解され、わずかに水郷・山郷・宮郷などとして存続したにすぎない。水郷とは水懸りによる、山郷とは入会山をめぐる村落結合、宮郷とは惣宮座の系譜をひく村落間の祭祀結合をいい、山澄氏や大越勝秋氏によってその存在が明らかにされている(10)。中世後期に比べれば、「領域としての実質的意義を失」(山澄氏)ったために、従来の研究が見落していただけである。

従来の研究が見落したものとしては、郡もその一つで、木村礎氏は率直に、自著『封建村落』(一九五八年)は「津久井郡を対象にしながら、その『郡』のもつ意味を問おうともしなかったのは、全く迂闊」(『地方史を生きる』)と認めている。

私たちの眼には中世的な惣郷制の変化、残存としての水(山)郷・宮郷などよりも、大名領国における郷支配のほうがはるかに強い存在感を与えるように、郡といえば近世国家の下での国郡制支配における郡が想起される。だが仔細に観察するならばこの社会のなかに、それとは異種の郡の存在に気づく。いまここで取り上げるのは、近世後期に現れる郡中議定であって、それは領主制の枠をこえて結ばれた村落結合を基盤に成立している。郡中議定については東北村山郡のそれがつとに知られているが、河内における議定の存在を、私は最近提示した(『羽曳野市史』五、一九八三年)。ここでの郡は、近世の民衆が在地社会において、その生活空間の拡大のなかで歴史的実体を付与したものであって、統一権力が前代より継承・掌握し、その国家支配構造のなかにおきかえした制度的地域としてのそれではない。また郡中惣の残存・遺制でもなく、まったくあらたに近世社会において自生的に、再生されたものである(11)。

郷や組といった地域単位においても、このような再生は村落結合の形をとって現れ、村法・郷法・郡中議定といった重層的な地域的法共同体を、この時代にも立証できるように思える。また国訴が、この郡中議定を基盤として闘われたとすれば、その運動構造のなかに、村→(郷)→郡→国といった空間構成の重層性を見いだすことができるのではないか。

近年、関東の近世史研究において注目される「領」も、後北条治下の支配単位であった「領」の継承と同時に、歴史的領域としてはあらたに再生された側面を見失うべきではないだろう。

組・郷・郡・領といった、支配領域としての国や藩と村との中間に位置する歴史的領域に関する研究は今後、多くの成果が期待される。それと比べるならば、国《クニ》は相当に複雑な相貌をもち、もはや紙幅のない本稿では論及を控えておきたい。

おわりに

> 近代以降の歴史学は、不当にも国民国家史の枠組みのなかにすべてを囲いこみ、あらゆる地理的まとまりをそのなかに従属させた。そしてときには中央と地方という序列関係すらも強要した。

樺山氏の著書『「地域」からの発想』より引いた一節だが、同氏に限らず、近年の地域論のなかで多くの人が説くところである「中央と地方という序列関係」の転換が座標軸となって、近年の地域史はあらたな潮流を形成している。「郷土史」や「地方史」ではなく、「地域史」とするところに特定の価値観がこめられ、より積極的にその立場を「地域主義」とよぶ論者もいる。[12]

日本史研究の領域における序列関係の転換は、和歌森太郎氏や黒田俊雄氏の所論として主張されている。和歌森氏は日本史の地方版の盛況の下に埋もれた「郷土人のための歴史」を再発掘することをいい、黒田氏は「中央」の研究者のための地域史から、地域住民のための地域史への大転換を唱える。

この「住民のための地域史」を高唱する立場から、具体的には「地域生活構築の歴史」をあらたな原理とする地域史が提起される。定住の景観にはじまり、生産、流通、社会組織、支配関係、衣食住、衛生、言語、芸術など地域生活の諸側面に応じて、旧来の歴史学は、考察対象の拡大に対応すべく新しい総合科学への再生の道を歩むことが期待される。[13]

ところが他方この立場には、民衆史を地域史とほぼ等値におく見解があり、この点で民衆史は地域の契機を欠如した概念とする前者との差異を際立たせている。地域史のたましいをどこに求めるかという点で、両者は共通性が色濃く、そのため原理上の差異をめぐる論争はさほど活発ではないが、今後どのように展開するのか、見守りたい。

ところで「中央と地方の序列関係の転換」は、「中央」の研究者による地域史の領域にも、方法論上の反省・転換を迫った。一言でいえば全体史のための地域史から、全体史と地域史への転換であり、全体史そのものが一つの地域史とみる立場の確立である。前者を「場」の視点の拡大(焦点は民衆)というならば、これは縦と横への「場」の視点の積み重ねである。

この立場にもいくつかの研究動向をうかがい知ることができ、中村政則氏は地域と全体との媒介環を、近代日本に即して主張する。ひろたまさき氏の空間構造とその意識諸形態の解明を説く見解にも、地域と地域の関連性が着目されている。細かくみれば、ひろた氏に比べ中村氏の見解には、地域の全体への従属性が強くみとめられるが、いまは無視することにしよう。この関連性は、現実の歴史的構造のなかでは、タテに積極的な地域構成か、それを攪乱してヨコに横断的な地域構成をとるか、そのどちらかであることを、樺山紘一氏は西欧の歴史学・地理学の成果として私たちの前に提示する。

タテ・ヨコどちらの地域構成をとろうとも、固有の地域という立場において、国民や国家、民族さらには言語を相対化する視点を含んでいる(14)。それゆえ地域史は、民衆との親近性ばかりでなく、国家や民族(民族体も)の歴史性を照らし出す作用を持つといえるだろう(15)。安易にこの道を走り、観念的に陥ることは慎むべきだが、反対にそのような学問的挑戦を閉じてしまうことも厳に戒むべきだろう。

地域史における地理学と歴史学の協働は西洋ばかりでなく、日本でもみられたが、地理学者による制度的(形式的)地域に対比される「歴史的領域」論は、私などのように制度的地域の偏見にとらわれた人間には、現実の地域へのあらたな眼を開いてくれて有益である。

私は重層的な地域構成にいま関心をもち、その貧弱なる思考の一端をここに記したが、郷はともかく国以上の地域的まとまりについてはなにも述べていない(16)。国家や「中央」といったものについてはなおさらで、これらの問題についてはア・プリオリでなく、具体的に考察を行わねばなるまい。

私自身は地域としての畿内に関心とフィールドをもつ一人だが、それが往々にして「先進」「中央」そのものとすり替りえない経験をもつ。それだけに「エゾや琉球という地域が、幕藩体制においてどのような位置づけや性格を付与されていたかということをぬきにして、北海道や沖縄の地域史のみならず、それらの地域の媒体制を介して安定を観念しえていたその他の地域史をも論ずることができないのではないか」(傍点ひろた氏)とするひろた氏の指摘を、頭に叩き込んでおきたい。

日本海地域といったような横断的で、タテに重なる領域的構成をときとして破る地域論については、当面私の筆の及ぶところではない。今後の課題としたい。

このように書いてきて、地域史研究のいずれの立場も共通して、定住者の見地に支えられていることに気がつく。こんにち職住の分離がひどく、サラリーマンや労働者のみならず農民ですら、出稼という形で移動性が増している。激しい移動性は人をして、住への回帰を促す。このような時代相を社会学者の高橋勇悦氏は「家郷喪失」の状況と捉え、拠るべき生活拠点、いつかは帰るべき心の拠点を失うに至った私たちを「漂泊の現代人」とよぶ。それだけに新しい家郷、生活拠点の創出は、いよいよ重大な課題になってきた(『家郷喪失の時代』一九八一年)。定住者としての地域観が、歴史学はもちろん、さまざまな分野での論説によりいっそう顕著に現れているのには、右のような背景があるのだろう。

現在、地域史という研究(思想)潮流の基礎にあるのは、戦後の高度成長下に変貌をとげた定住者の今日的な姿であって、戦前の「郷土研究」のそれではない。地域史をめぐる座標軸の転換は、かつての定住者(郷土人)が、都市・農村を問わず強い移動性と回帰性をもつ定住者(地域住民)へと変貌をとげるという、別の過程をともなっていた。その結果、こんにちの地域史は、本来の意味での漂泊者の視点を欠落させかねないようにみえる。漂泊者と定住者という対比は、民俗学の好んで用いるモチーフだが、もし地域史があらたな歴史の綜合性を回復しようとするならば、移動する人々の視点をどのように組入れるのだろうか。[17] このような視角から地域史を論じることも、今後の課題としたい。

(1) 一九八〇年度日本史研究会大会の全体会シンポジウムにおける三浦圭一氏報告「日本中世における地域社会」への筆者

のコメント（『日本史研究』二二三、一九八一年）。

（2）古島敏雄・和歌森太郎・木村礎編『郷土史研究講座』四（朝倉書店、一九七〇年）において、木村氏も「研究者的」地方史と「郷土史家的」地方史の二つの研究態度について述べ、この種の捉え方がかなり広く承認されていたのではないかと思える。

（3）ひろた氏の論評は、三浦報告が地域社会形成の内的契機を重視する反面、外的契機を欠落させているとした私のコメント（注（1）参照）とも重なるように思う。

（4）黒田氏は別の著書『歴史学の再生』（校倉書房、一九八三年）のなかで、民衆生活史を、歴史の〝全体史〟的把握という目標をもつテーマだとして、その諸側面を働く民衆、主張する民衆、考える民衆、地域を築く民衆に分け、それらの総合された叙述を歴史研究者にもとめる。それゆえ地域史と民衆（生活）史は、それぞれの原理によって歴史の〝全体史〟的把握をめざすことになる。

（5）鹿野論文の注に「柳田国男が提唱して以来ひろがる『郷土研究』は、郷土という空間を設定しての総合の学であった」（傍点引用者）との一節がある。また樺山紘一氏の『「地域」からの発想』（日本経済新聞社、一九七九年）のなかに、新しい地域史の視点は、地域を「生態学的諸条件の複合」としてみる、との指摘がある。

（6）この「共通のもの」を鹿野氏は「未来の不透明性」といい、黒田氏は「社会革新の展望と変容」（『歴史学の再生』）、佐々木氏は「激動を予感させる現実」（『近世民衆史の再構成』）と表現する。ここに現れる表現＝認識の差は重大な問題を含み、三者ともにあらたな歴史の綜合性をいいつつ、岐路を分かつ。三者の微妙なニュアンスの差は、もっとも敏感な社会史にふれたとき、色あざやかである。その位置はまた、鹿野氏のいう「時間」重視思考から空間概念提示への、歴史学の枠組転換に対する三者の距離をも示すように私には思える。

（7）増田『地域の思想』（筑摩書房、一九八〇年）や玉野井芳郎『地域分権の思想』（東洋経済新報社、一九七七年）に共有されるこの思潮では、ヨーロッパ中心の物差しへの批判が共通項となっているが、そのなかにマルクス主義が含まれる。そこで批判されるのは奴隷制、封建（農奴）制、資本制という歴史の三分法で、これではヨーロッパの過去についても、ヨーロッパ以外の世界についてもあてはまらない、と述べる(増田前掲書九九〜一〇〇頁)。そのうえでO・ブルンナー『ヨーロッパ―その歴史と精神』(邦訳、一九七四年)で説かれるヘルシャフトとゲノッセンシャフトのたえず押し合う重層的な構造として、中・近世の国制史を捉える見方が強調される。

(8) 木村礎『日本村落史』(弘文堂、一九七八年)、千葉徳爾『民俗と地域形成』(風間書房、一九六六年)、福田アジオ『日本村落の民俗的構造』(弘文堂、一九八二年)など。

(9) 戦国期研究会(代表有光友學氏)における森田恭二氏の報告「『山城国一揆』再考」(一九八三年八月三日、のちに有光編『戦国期権力と地域社会』吉川弘文館、一九八六年)に負うている。

(10) 山澄元『近世村落の歴史地理』、大越勝秋「和泉の宮郷の分布と成立」(『人文地理』一四―九、一九六二年)など。

(11) 村落史研究の側からこのような問題にアプローチするものとして、久留島浩「最近の近世村落史研究から何を学ぶか」(『歴史科学と教育』二、一九八三年)がある。かつての村落史研究が閉鎖的な封建的共同体とその解体論にとらわれていたことへの反省が、このような動向の背景にあると思う。

共同体の解体論は、周知のように大塚久雄氏の『共同体の基礎理論』をもとにわが国の歴史学に多大な影響を与えた。それへの批判は日本中世史の側から黒田俊雄氏が行い(「中世村落史研究と村落共同体の理論」『日本中世封建制論』東京大学出版会、一九七四年)、農業史からは守田志郎氏が『日本の村』(「『日本』が吹っ飛ぶ共同体理論」など、朝日新聞社、一九七八年)で痛烈に批判した。また最近では小谷汪之氏の批判(『共同体と近代』青木書店、一九八二年)が発表された。こうした軌跡を描く歴史学と離れて、日本の民俗学には共同体の「解体」でなく、発展論が早くから示されていた。宮本常一氏は一九五〇年の講演「村共同体」のなかで共同体の発展を語り、「利益のためには血縁的なものよりも地縁的なものが優位になってくることを示している。こうなると、利益共同が、生活共同に代って発展してくるのである。百姓一揆はこうした地盤の上に起きるものと考えられる。そしてそこにいろいろの集団が生まれてくる」と述べ、社会的・政治的・文化的勢力の交錯の上にたつ共同体の発展する様相を、子どもたちにはっきりつかませるべきだと説く(宮本常一著作集一三『民衆の文化』未來社、一九七三年)。

（12）政治史や思想史のように、座標軸が変っても、その呼称の変化しない分野がある反面、地域史は座標軸の転換とともに、その呼称を郷土史→地方史→地域史と変えた。その意味では歴史学でも珍しい分野の一つだろう。この場合、地方史から地域史への変化に十分な根拠があるように、郷土史から地方史への推移にも相応の根拠があったことを忘れるべきでない。それを宮本常一氏は「真の郷土教育は、郷土の一事象を捉えるだけでなく、その背景にある大きな法則に気づかなければならない。そしてこの法則こそは、一般に通ずる道を村の人々に明らかにしてくれる」と述べている（「村共同体」『著作集』一三）。

（13）黒田氏のこの提起との関連で私には、最初に観察者の眼に訴えるもの（有形文化）、つぎに耳を通して得られるもの（言語芸術）、そして第三に感覚に訴えるもの（心意現象）へ、順々に近づいていくべきだとした柳田國男の『郷土生活の研究法』（一九三五年、六七年に『郷土生活の研究』と改題して出版）に学ぶ必要性を感じる。

（14）民族理論の側から、歴史学のこのような視点を支持する見解が出されていることに注目したい。言語学者の田中克彦氏は『言語からみた民族と国家』（岩波書店、一九七八年）のなかで、ソ連邦の民族理論がスターリンの定式の再調査から出発しながら、今日あらたな展開をみせるという。その例として田中氏は、民族学者トカレフやアガエフらによる、近代的民族形成以前の、さまざまな民族的結合体（ナロードノスチ）の歴史的な比較研究をあげ、その関心は民族（ナーツィヤ）でなく、民族的（エスニック）共同体というより包括的な概念に向かっていると記す。その結果、民族的共同体とは「起源、言語、地域、国家的帰属、経済関係、文化の制度、宗教などの社会的諸関係の共有のしかたのうち、一つあるいはいくつかのものを基礎にしたところの人間の共同体」（傍点引用者）と定義される。ところがまことに興味深いことにこの定義によれば、民族的共同体はいったい、「人間の他の共同体形式と何によって区別されるか」と問わざるをえないという。

（15）前掲の塚本論文は、地域史研究の対象を地縁的な社会集団にきびしく限定し、その独自性を「無名の大衆の日常生活史と政治史の結合」とするが、他方で「倭寇的世界」のように、国家＝民族の枠で切断しない地域世界を構想する。このように氏の場合でも、本稿で述べた二つの方向性が存在するように思える。

（16）国について私は、別に考察した支配国と国訴からなにほどかのイメージを得るばかりであるが、塚本学氏らから注目すべき研究が生まれはじめている。また民俗学者の宮本常一氏には、政治的な地域でなくなった国や郡が「無意識の意識」として今日までもち伝えてきた根拠として、地域のシンボルとしての祭をあげた発言がある(「民衆と文化」同氏著作集一三)。地理学については本文中に示した。日本社会の地域構造と地域意識の究明に注がれる幾筋もの方途が、これらの諸研究に示されており、私には学ぶところが大きい。

(17) 民俗学には柳田國男の「郷土研究」に代表される定住者の視点と、漂泊者の視点が共存しているように見受けられる。たとえば宮本常一氏の著作集一〇『忘れられた日本人』にも、「対馬にて」「村の寄りあい」のような作品と、「世間師」「放浪者の系譜」のような作品がともに収録されている。同様の構成は著作集一三『民衆の文化』にもうかがえるが、氏が前書『忘れられた日本人』のあとがきで、「忘れられた世界やそこに生きる人びとを含めて、歴史は(中略)大ぜいの民衆によってつくられていることを知ってもらいたい」と記すように、民衆へのまなざしが両者を包みこんでいる。定住者の視点しかもちあわせていない私などには、この混合状態は新鮮であるが、その反面、民衆史と地域史の境界をどこに引くべきかという点で思索にふける。

(一九八五年五月)

〔補　遺—本書への批評・コメント—〕

一九八七年度日本史研究大会第二分科会に参加して

佐々木潤之介

大会当日には、言いたいことがたくさんあったような気がするが、それから半年ほど経った今、言うべきことに迷っているのが、じっさいの有様である。それにしてもまず想うことは、敗戦後四〇年余りの近世史研究の流れのなかに、たとえば藤田五郎さんなどによって追究がはじめられ、たとえば堀江英一さんなどの先学によって継承発展させられ、私たちもその驥尾に付いて些かの努力をしてきた研究動向として、生産力・経済の発展と社会構造の変化、それらと階級闘争の展開、その階級闘争をになった主体の政治的・社会的・文化的成長などの、総体的把握とその歴史性の解明という問題系列があったし、今もあり続けているということである。これらの問題は全体として、変革の問題、近世史に即して言えば、維新変革の問題と総括されているといえるが、一九八七年度の日本史研究会の「国家をめぐる権力と民衆」をテーマとした第二分科会の報告・討論も、その流れのなかの一環としての、研究史的意義をもつものと理解されるということである。

その目で見直してみると、まず、この分科会が藪田さん鶴巻さんの二つの秀れた報告を立てて、近世・近代の共同報告として組まれたことは、たいへん有意義であったことをしっかりと評価しておかなくてはならない。近代史研究についてはいざ知らず、近世史研究においては、ともすると近代への歴史的展望を欠いたままの研究がおこなわれがちであることを自戒するためにも…。しかし、その共同報告の共同性が成功したかどうかは別問題である。その点については、当日発言したことでもあるからここでは述べないが、少なくとも、「以上日本近代史について素人に等しい私が…言及した」という藪田報告の結びのひと言が状況を示していよう。

その上で、これからは、もっぱら藪田報告について考えなおしてみよう。藪田報告は、藪田さんの前々からの国訴研究をふまえながら、頼み証文や郡中議定などのとらえなおしを通じて、委任関係の展開を重要な論拠として、幕末維新期に農民たちによる在地法秩序や地域管理制が成立したとし、そこから「日本における代議制の途を考える」という、気宇壮大なひろがりをもった報告である。研究の個別分散的現象を嘆く立場から言えば、まことに魅力的な報告であった。そのように総体として評価した上で、二、三といえども、なにかひはんめいたことをいうのは気がひけるが、そうすることがたぶん私の役目であろうから、どうか勘弁していただきたい。

①はじめに、もっともわかりやすいので言葉の問題から言おう。私などにとってたいへん衝撃的なのは、藪田さんは「村と各集団の関係を図示すれば、ここに一つの地域社会が描ける」として図1を提出するさいに、「奉公人・日雇と村」という項目名が語るように、おそらく事実上の賃労働者を主体とするであろう奉公人・日雇を、勧化・廻在者、非人・職人らの頭組織、株仲間・座とならべて、「諸身分(社会)集団」の一つにしてしまっていることである。ここには、あとでふれる農民層分解論にかかわる問題以上の重要問題があるように思えてならない。

「委任」の問題もそうである。近世での研究史上、委任という用語は、とくに天皇の問題との関係で用いられてきた。そしてそれは、一般にも、ある権威・権力なり権限なりをもっているものが、その権威・権力・権限を持たない者に、その権力・権限の一部の行使を委ねることをいうのであろう。藪田さんがいう意味では、この委任という用語は、「代表」とか代理とかの用語のほうが意味内容の上で適切なように思えるし、もしそうだとすると、このような「代表」を問題にしたのは、古く羽仁五郎さんであったのだから、藪田さんの主張は、その羽仁さんやそれ以降の議論との噛み合わせを経て、研究史上でも定着することとなるのではないだろうか。

藪田さんは近世の村がもった二側面の問題として「上意下達的な構造と仲間団体的性格」をあげる。前者については後でまたふれるが、支配の末端機構としての性格という、これまで言われてきた表現では何故いけないのか。後者は共同体的関係を基礎においた村結合と言われてきたものであるが、それを、何故中田薫氏の古い古い―その後の村共同体研究は、さまざまな多くの成果を遺してくれている―仕事をそのまま引用しながら、それに沿って、このように言わなくてはならないのか。このように言い換えたときに、研究史上積み重ねられてきた問題意識と研究成果等のなどの重要な問題が欠落してしまいはせぬか。

すこし言挙げしすぎたであろうか。しかし、私は、この用語の問題は、方法の問題と不可分にむすびあっているものと考え、その観点からこのようなことを言っているのである。そこには、階層・階級・支配・共同体などの問題が、それを問題にしてきた研究史をも含めて、回避されていて、そのことが、問題の本質的把握を鈍らせているとしか思えない。そして、研究者としてかねてから信頼している藪田さんにして、このような問題がありはしないかと思うとき、寒心に堪えないのである。

②紙幅は限られている、急がねばなるまい。一八世紀の半ば、領主・武士やそれと結ぶ特権商人、地主・豪農、半プロを主体とした自小作農民、前期プロを主体とした中下層都市農民のそれぞれに、現実の幕藩制を克服するための構想の芽生えの可能性が、修正封建主義ともいうべき論理、日本型ブルジョアジーの論理、都市プロレタリアの論理、農村プロレタリアの論理―プロレタリアの論理がこの二様にわけられなくてはなたないところに、特質があるのであ

るが─の形成をともないつつ、それぞれの運動の展開と対応しながら、芽生えはじめていたことは、すでに明らかにされていることである。そして、ここでの国訴もその一環をなすものであること、そしてその実態は、ほぼ藪田さんが整理しているようなものであることもまた、それほど異論があるように思えない。

しかし、問題は右の「克服」のそれぞれの構想の対峙のなかで、そのそれぞれが持っている構想の歴史的性格を明らかにすることによってこそ、それらの論理と構想の歴史性が明らかにされよう。ことにこのブルジョアジーの論理・構想が、封建的土地領有とどのように闘ぎあうかということが基本問題であることは、いうまでもないけれども、この点について、藪田さんがまったくといってよいほど配慮していないことは、淋しい。そのことは、ここで言葉の正当な意味で近代化を、情熱をこめて語られているにもかかわらず、絶対主義の問題が完全といってよいほど欠落していることと、密接に関係していよう。

③その小ブルジョア的発展について、藪田さんは山崎隆三さんの分解論をとると明記されている。山崎さんの分解論を私は問題だとは今でも思うけれども、それ自体としては秀れた論理であることに疑いはない。問題は、もし、山崎さんの分解論にたつならば、少なくとも機内については、「富農」をブルジョア的発展の担い手として、その存在形態、基礎としての農民層分解の展開から問題を提起することが、さきに見た研究史の流れに沿った議論の進め方ではないだろうかということである。それを思うとき、この報告にもっぱら、登場するのが、藤田さんや私などが主張してきた豪農であることが、奇異に思えてならないのである。そして、郡中議定などで問題にされてきることの内容は、一面では、私などが豪農論でおこなった特徴づけなどと共通しているのであって、その奇異さはいっそう募るのである。

さて、その豪農が主体となる村役人について、「上意下達的機能」論についてはさきに述べたが、村役人は機能論の限りでは下意を上達する役割を与えられていることも少なくないのであって、その互いに逆方向の二つの意思伝達は、領主の農民にたいする支配の手段であるという点において共通して基底づけられているのだから、支配の問題として特徴づけることが至当なのであって、少なくとも、この程度の機能論的理解では、なんの特徴づけにもならないというべきであろう。

④その他いくつかの問題を考えさせられているが、紙幅ぐらいは約束を守りたいし、論点の主な点については、大会当日、谷山(正道)さんや、津田(秀夫)・三浦・吉田(伸之)・井上(勝生)・今西(一)さんたちが、それぞれ適切でかつ有効な問題指摘をしておられた。記録として本誌に掲載させるであろうから。

(『日本史研究』三〇九、一九八八年三月)

変革期における民衆運動の歴史的役割を描き直す

青木美智男

藪田貫氏は、現代日本近世社会の民衆運動史研究をリードする代表的な研究者の一人である。本書は、その藪田氏が、これまで発表した論文をベースに近世から近代への移行期における担い手と社会基盤を、運動論の観点から大胆に描こうとした野心に満ちた著作である。

日本の近世から近代への歴史的な変革を担った民衆運動に関しては、さまざまなとらえ方がある。それは当然のことながら、明治維新の歴史的な位置づけと近代天皇制国家の性格を視野に入れた問題関心からであった。その中で最近までの代表的見解が、佐々木潤之介氏の豪農―プロ論である。維新変革を担ったのは封建的秩序の権威を基盤に成長した日本型ブルジョアジーである豪農らではなく、大きく変質しつつある農村で、没落したにもかかわらず村落に生活の基盤をおく大量の半プロレタリアート層こそが、旧来の村落共同体のワクを超えて、世直し騒動という広範な闘争を展開し、幕藩体制国家を根底から揺り動かす力となったというものである。

これに対して藪田氏は、近世後期の民衆運動を代表するいくつかの形態の中から、とりわけ畿内近国において展開された合法的訴願としての国訴と、全国的に発生した百姓一揆に、あらたな視点からメスを入れて、そこからあらためて、近世後期から自由民権運動期における民衆運動の歴史的役割を描き直そうとした。

こうした意図から本書は、国訴(前篇)と百姓一揆(後篇)の二篇に分かれ、それぞれの分析に力が注がれ、両者に共通性を見出すことにとって、一貫性をもたせている。しかし、どちらかといえば国訴の分析に比重がおかれ、国訴概念の成立からその構造や負担に関する全篇の分析は圧巻である。そして一言でいえば国訴とは、近世後期に畿内に生まれた固有の運動形態であり、それは地域性原理によって組織された郡中惣代制といわれる地域的結合によって担われ、「頼み証文」にみられる村落間の代議制的で民衆的な性格を強く持ったもので、その基盤は村＝農民である、というものである。しかもそれは摂・河・泉によってやや組織形態を異にして、歴史的にも組合村を基盤とするものへ移行するが、地域性原理は共有されている。

こうした「村」の役割を重視し、村落間に生まれた地域的な結合と代議制的な関係の度合いの差が国訴と一揆という運動形態の差となってあらわれ、その点で近世から近代への移行期の民衆運動における役割に優劣がない、とするのが藪田氏の主張である。

こうした藪田氏の立場は、この間の近世の村落共同体の役割を再評価する研究成果を土台に構築されている。その点で、村落共同体の変質や解体を前提とするこれまでの近世後期研究では描ききれなかった移行期に関するあらたな歴史像を提示したといえるだろう。

しかし、これほど明確に提起するにしては、なぜ国訴の基盤である地域性原理の単位は、郡規模なのか、村落内部の動きは、郡中議定にどこまで反映されているのか、百姓一揆の役割や旗さし物で、一揆の組織や構造をどこまで性格づけられるのか、などなど、細かな疑問がつぎつぎと噴出するほど解決すべき問題も多い。そしてなによりも、村落の指導者たちを、地域の代議制の代表として、これほどまでに位置づけてよいものか、などという疑問をもたざるをえないが、本書が日本の近世から近代への移行期研究に今後大きな影響をあたえるほど研究のあらたな展望を示したことはまちがいないだろう。

（『週刊読書人』一九九二年九月二八日号）

渡辺尚志　書評『国訴と百姓一揆の研究』

本書は、藪田貫氏がこれまでに発表された国訴と百姓一揆についての諸論文を基礎に成ったものである。まず、その章立を紹介しよう。

序章―本書の課題と方法―
前篇　国訴の研究
第一章　国訴の再検討―支配国と地域経済―
第二章　国訴の構造

第三章　国訴の負担と村
第四章　国訴と郡中議定
後篇　百姓一揆の研究
第一章　得物・鳴物・打物
第二章　百姓一揆と得物
第三章　百姓一揆の構造―国訴とかかわって―
第四章　「竹槍蓆旗」論―自由民権期の百姓一揆観―
終章　近代化と国訴・百姓一揆―近代成立期の民衆運動と地域社会・国家―
付論　地域史研究の立場

本書における民衆運動分析の方法的特徴として、A多数派の形成、B民衆運動と制度、C民衆運動と実力、という三つの視点から日本の近代化問題にアプローチしようとしたことがあげられる。そして、Aは委任関係と惣代制の問題として、Bは「運動としての代議制」から「制度としての代議制」への道の追求として、Cは百姓一揆の「得物」論として、具体的に分析されている。

前書においては、第一章で、国訴は近世後期に摂河泉を中心とする地域に形成された一つの社会通念であるとして国訴に地域的限定を与えたうえで、国訴と支配国、および国訴と地域経済の問題を検討している。第二章では、国訴の広域性原理には領主制原理と地域制原理とがあり、前者は幕領組合村や私領村村の惣代庄屋によって狙われ、後者は支配領域を越えた郡中寄合とそこで撰ばれた郡中惣代が中心になるとする。摂河では、当初の国訴は地域性原理によって結合していたが、文政六年（一八二三）の国訴では両原理が併存し、それ以後は幕領村々の組合村―惣代庄屋制による村落連合（すなわち領主制原理）が国訴の組織過程を主導するようになる。これに対して、和泉国では領主制原理が一貫して基軸であった。そして、頼み証文による委任関係を重視してこれを「代議制の前期的形態」と位置付け、近世日本の民衆運動は一揆それ自体の発展を示しながら、それを中軸に右に国訴、左に世直し騒動を分離・独立させたとしている。第三章では、国訴の経費負担について初めて立ち入った分析を加え、経費負担の面から国訴の組織・運動構造を照射している。第四章では、国訴の基礎に願時のみにとどまらぬ郡中議定・郡中寄合が存在していたことに注目して議定・寄合の内容・性格の検討を行い、それが村落の対等性を原則としていること、百姓相続を求める農本主義が基調であること、強い階層性と排他性をもっていること、などを指摘している。

後篇第一、二章では、百姓一揆は近世を通じて「得物」と呼ばれた農具を手にして決起したのであり、兵具・武器にイメージされる武力はもたなかったし、そこに兵農分離と惣無事令の影響を見ている。そして、百姓一揆と山論・水論との連続性や、新政府反対一揆における竹槍の登場について述べている。第三章では、近世後期の百姓一揆には、愁訴・越訴と強訴との選択肢が存在し、その分岐点は、民衆が多数派形成の道筋を代議制的形態（惣代制）にとるか、直接行動に求めるかにあったとし、代議制的形態と直接行動という民衆運動における多数派形成の二つの道筋は、百姓一揆において互換性・流動性をもつとする。そして、一揆と国訴の相違点を委任関係・経費負担・参加契機の諸側面から検討し、一揆は代議制的形態と直接行動の互換性をもつものに対し、国訴は代議制的形態のみである点に基本的相違をみている。第四章では、一揆といえば「竹槍蓆旗」という通念は自由民権家によって作られたものだと指摘されている。

終章では、近世後期の地域社会のイメージを掲示して、摂河泉の郡中議定と他地域の組合村議定・郡中議定との比較・類型化をおこない、さらに近世後期に民衆のもった委任関係をα、β、γ、の三つの型に整理して、近代への展望を示している。

以上が本書の大筋であるが、本書の特に注目すべき点として、第一に、国訴と郡中議定を関連づけることによって、国訴を一九八〇年代に大きく前進した組合村論とリンクさせたこと、第二に、これまで主に闘争主体や要求内容などが問題とされてきた国訴や百姓一揆について、その組織・運動構造に着目したこと、第三に、多数派形成の道筋に着目して国訴と百姓一揆の共通点と相違点を明らかにし、もって近世の民衆運動をトータルに把握しようとしたこと、があげられる。総じて、本書では非常にスケールの大きな議論が展開されており、近世史研究全体に問題を提起する刺激的な著書だといえよう。

以上の評価を前提としつつ、以下私が感じた若干の疑問点を指摘したい。その際、藪田氏の議論に対して既に出された先学の諸批判に多くを負っていることと、私の能力不足のため百姓一揆の得物論についてコメントできなかったことを、あらかじめお断りしておきたい。

疑問点の第一は、領主制原理と地域性原理との関係についてである。藪田氏は、国訴の組織原理のなかに領主制原理と地域性原理の両者を見いだし、事実関係の上では一貫して領主制原理であったとし、価値評価の点では、地域性原理を「まったく新しい人間関係の形成」(九〇頁)だと高く評価している。まず、事実関係についていえば、河内国においても文政期以前から両原理は混在しており、地域性原理が規定的であったことは必ずしもいえないのではなかろうか。たとえば、八六頁では、地域別惣代としての郡中惣代の登場する程度は郡によって大きな差があり、それは領主制原理の影響力の強弱に基因するとされているし、一〇八頁では、安永六〜七年の河内国の訴願において両原理が併存していたことが述べられている。また大和国では一貫して領主制原理であったことが谷山正道氏によって指摘されている(「近世後期の地域社会の変容と民衆運動」、『歴史学研究』六二六号)し、和泉国が一貫して領主制原理であったことは藪田氏自身が述べている。とすると、一部に地域性原理から領主制原理への転換がみられた地域があったとしても、国訴を全体としてながめたときには、その結集に際して組合村―惣代庄屋制の果した役割が国訴の当初からもっと高く評価される必要があろう。

次に価値評価に対して。藪田氏は、〈制度的地域としての郡〉に歴史的内実が吹きこまれて〈歴史的領域としての郡〉が誕生した(一五八頁)として、郡単位の結集を地域制原理の成果だと高く評価するが、それは組合村―惣代庄屋制にも当てはまることではなかろうか。幕領においても、当初は支配の枠組としてあったものが、惣代庄屋層の運動によって次第に新たな内実を獲得していったのであり、この点も正当に評価されねばならない。

総じて、事実としても、価値評価についても、幕領の組合村―惣代庄屋制をもっと重視すべきではないかというのが私の第一の疑問である。以上の点に関しては久留島浩「近世後期の「地域社会」の歴史的性格について」(『歴史評論』四九九号)を参照されたい。

第二は、国訴の分析に当たって村や地域内部の動向があまりに勘案されていない点である。この点は既に谷山正道氏が「(藪田氏が―引用者注)国訴は『日常的な村落秩序を現状維持して展開』されたとされるその『日常的な村落秩序』そのものが当時どのように変貌をとげつつあったのか、国訴惣代制の起点をなす村役人と村落構成員(諸階層)との関係(＝国訴をめぐる階層配置)はどうなのか、という問いかけを欠落させている」と批判している(「国訴研究の動向と問題点」、『新しい歴史学のために』一九四号、七〜八頁)。藪田氏は本書の中でこの点に関して自説を述べているが(九八〜九九頁)、私は谷山氏の批判が本書に対しても当てはまると思う、また、久留島氏が備中幕領の郡中騒動を分析して、小前百姓主導の騒動の結果、小前百姓への帳簿の公開原則が生まれたことを明らかにしようとしたように(「幕領における郡中入用と組合村入用について」、『日本近世史論叢』下、吉川弘文館、所収)村や地域内の動向によって惣代制のあり方も変わっていくのであり、この点は国訴や郡中議定においても同様であろう。

つまり、組織・運動構造の面からいえば確かに村内民主化闘争と惣代制とは直接リンクしないが、国訴の評価は主体の階層性や具体的欲求内容をも加味して行う必要があるということである。すなわち、村・地域の各階層が多様な要求をもつなかで、国訴や郡中議定はそのうちのどの層の要求をどの程度反映していたものなのかを確定することが重要であり、それがないと地域論としては不十分であろう。そして、この点の解明には、村内部に踏み込んでのよりきめ細やかな分析や、国訴の要求項目や郡中議定が最終的に成文化されていく過程における村・地域内での議論の内容の検討などが必要なのではなかろうか。

総じて、本書は民衆運動の組織・運動構造に着目して大きな成果をあげているが、他方闘争主体や要求内容といったこれまでの民衆闘争史研究が中心的に解明してきた成果を組み込む点で不十分さがあるのではないかというのが、疑問の第二である。

第三は、世直し状況論との関連である。この点は近世後期の民衆運動を扱う場合に避けて通れない問題であり、藪田氏も佐々木潤之介氏を研究目標としてきた旨述べられている(四〇四頁)。ところが藪田氏は「佐々木氏の方法的立場をとらない私は、したがって騒動と一揆とに分けるという近世の民衆運動全体にかかわる理解もとらない」(三三三頁)と最初に断っておきながら、一〇四頁では「一揆と(世直し)騒動を峻別する佐々木潤之介氏の所論は、この点で説得的である」としているは矛盾ではなかろうか。また、農民層分解論については山崎隆三氏に依拠する旨明記されているが(三二九頁)、他方三〇九頁の畿内の事例から抽象された地域社会の図では、村内の諸階層が豪農―小生産者―半プロとして描かれている。これは佐々木氏の所論と同じであって、山崎氏のそれとは異なっており、この点にも矛盾があろう。そして、この点は佐々木氏自身が既に指摘しているところである(『日本史研究』三〇九号)。このように、一方では世直し状況論に対して重要な問題提起を行いながらも、他方で批判の姿勢が首尾一貫していないのではないかというのが、批判の第三である。

第四は、地域社会の理解についてである、三〇九頁の図に即していえば、C、D、Gが村社会の外に描かれているが、Cのうちの在方の商人、Dの職人・非人・髪結、Gの貧民の一定部分などは村社会の構成員なのではなかろうか。藪田氏の図では、実態以上に農業中心的な村社会のイメージになっているように思う。また、一六三頁では、小生産者と奉公人・職人とを別個のものとしてとらえ、両者の間に厳しい矛盾・緊張関係をみているが、両者は階層として峻別できるのであろうか。むしろ、終章の基礎となった一九八七年度日本史研究大会報告の討論で、吉田伸之氏が述べているように(『日本史研究』三〇七号)、民衆理解のためにはF、G、Dをトータルにとらえる必要があろう。

総じて、藪田氏は国訴や郡中議定を素材に地域を論じているためか、村役人の結合を中心に地域社会をイメージしており、それ以下の、あるいはそれ以外の民衆の多様な存在形態・意識・運動のあり方が十分解明されていないように思う。藪田氏は、三五一頁で、近世日本の構造を各次元の結節地域の階層構造として捉えるべきだとする矢守一彦氏の言を肯定的に紹介しており、この点は私も同感だが、藪田氏の図では逆に均等地域的な地域理解になってしまうのではなかろうか。

第五は、近世から近代への移行のイメージが今一つ不明確な点である。それは、藪田氏の移行期論が「代議制」をキーワードとしながら、その概念規定がはっきりしないことと関っている。氏は、代議制を「運動としての代議制」と「制度としての代議制」に分け、さらに前者を「代議制の前期的形態」と「本来的形態」とに分けている(二五、二四九頁)。ここで、氏はいかなるものを典型的な代議制、すなわち代議制を論じる場合の基準と考えているのだろうか。私は、代議制といえば近代以降の、上は国会から下は村会に至るまでの、国家機構の中に定置された議会制度をまず思い浮かべるし、これが常識に近いと思うのだが、藪田氏は百姓一揆の中にみられる委任関係を「代議制の本来的形態」としており、これは常識とは相当に異なっている。氏は近代的代議制を「本来的形態」に対してどう位置付けるつもりであろうか。そして、百姓一揆における委任関係を「代議制の本来的形態」とするなら、国訴惣代制を「代議制の前期的形態」とするのはいかなる意味においてであろうか。近代議会制度を「本来的形態」とするなら国訴惣代制を「前期的形態」として位置付けることが可能かもしれないが、百姓一揆を「本来的形態」とするなら、百姓一揆は国訴に先行もしくは並行して存在していたのだから、国訴惣代制が何に対していかなる意味で「前期的」なのかが明示されなければならない。ともあれ、これまでの近世史研究であまり用いられてこなかった概念を、しかも常識的な使用法とは異なる意味で使うのであれば、もっと丁寧な説明が必要であろう。

また、藪田氏は、移行期を考える際の焦点として組合村—惣代庄屋制の解体の問題をあげ、久留島浩氏の議論に依拠して論を進めている(三三七頁)。しかし、この点については、谷山正道氏の批判(前掲「近世後期の地域社会の変容と民衆運動」)を受けて、久留島氏自身近稿では「結果的に、直接県は、…幕領の組合村—惣代庄屋制を否定できなかったのではないか」というかたちで自説を修正しており(前掲「近世後期の「地域社会」の歴史的性格について」二七頁)、この点に関する藪田氏の理解は研究の現段階では再考の必要があろう。

第六に、細かい問題を二点述べたい。①国訴の費用負担方法について。藪田氏は、費用負担方法には、機械的な高割と、村割・高割を適宜併用するなど地域の実状に即した割賦方式とがあり、前者は幕領組合村にみられる割賦方法であって、これでは負担が不均衡となると述べている(一三五、三二四頁)。村割・高割の併用が負担均等化の一手段であることは間違いないとしても、一律高割が不均衡な負担方式だと断定するのはいかがであろうか。藪田氏は、一律高割は石高の大きな村に過重負担になるとしているが、そうした場合があると同時に、高割の方が公平負担方法である場合も考えられるのであり、費用負担における公平さとは個々の事例に即して具体的に検討されなければならない。この点は、藪田氏が幕領組合村制を低く評価していることと密接に結びついている問題点であろう。

②慶応元年の国訴の評価について。藪田氏は前篇第三章において、国訴の経費中に占める、組合村や郡中を単位とする地域的な村落結合の限りで要した経費と、全体からの割賦分とを比較して、後者の増加を国訴が郡中という足元のしっかりした構造から頭でっかちの構造へ転換したことへの現れと評価している(一二二〜一二三頁)。とすると、慶応元年国訴では後者が七〇パーセントを超えているのだから、これは頭でっかちな構造の最たるものといえそうだが、この国訴について藪田氏は「自主性と地域ごとの個別性が復活していると思う」(九三頁)として高い評価を与えている。この点は論旨が矛盾しているように思われ、より立ち入った説明が必要であろう。

以上六点にわたって、私が疑問とするところを述べてきたが、ここから以下の点が残された課題をして導き出される。①幕領の組合村─惣代庄屋制にこだわり、それを基軸に近世・近代移行期を分析すること。②地域社会の分析を、下は村内部にまで下降して、上は領主権力との関係をふまえて行うこと。③世直し状況論をはじめ、農民層分解論、ブルジョア的発展論などの分厚い研究史と正面から取り組み、批判点と継承点を明確にして、新たな歴史像を対置すること。④地域社会を多様な諸階層の多様な利害が渦巻く場として複合的に理解し、そこから統一的な地域の意向が形成されるプロセスを解明すること。⑤近世・近代移行期の歴史像をもっと近代に踏み込んで描き出すこと。

最後に述べておきたいのは、私に批判が仮に当たっていたとしても、それは藪田氏の著書の評価を低めるものではなく、今後の課題として指摘した点は近世史研究者全体で共有すべきものだろうという点である。すなわち、この本は、私のような後進が近世民衆史研究の到達点と今後の課題を確認し、自らの研究方向を見定めようとするうえで、非常に有益な一書であった。

書評『国訴と百姓一揆の研究』

平川　新

　ここ数年、忘れられた国訴の再生に取り組み、得物という新しい視点から百姓一揆を見なおしてこられた藪田氏の論稿が、一書にまとめられた。既発表論文をベースにしてはいるが、大幅な補訂・改編が加えられているので、藪田氏のいだく民衆運動や地域についての全体構想が見えやすい内容になっている。全編を通じて問題提起的であり、刺激の多い著書である。各章ごとの内容紹介は紙幅の関係もあるので省略し、ここでは私の粗雑な読後感を記して書評の責めをふさぎたい。

　国訴と百姓一揆をとらえなおす藪田氏の視角は、民衆運動における多数派形成の経路を「頼み証文」を基軸にした委任の論理＝代議制的形態から解明する点に第一の特徴がある。その委任関係は国訴だけではなく、百姓一揆にも通底するというのが第二の視角であり、近代代議制の歴史的前提＝内的契機論として問題が提起されている。だが、国訴と一揆を分別する最大の要素は実力の行使である。その実力の内実から、近世百姓一揆の得物(武器としての農具)原則を検出し、一揆の時代性を際だたせたのが第三の特徴ということになろう。

　近代日本は、外圧や西欧的諸制度の導入によってのみ成立したのではない、という見方は、これまでに封建解体の国内的要因の究明、資本主義化の前提になる国内市場形成過程の解明、あるいはプレ近代官僚制としての幕領官僚制の位置づけなど、いくつかの大きなテーマのなかで、強く意識化された課題であった。そこには、前近代日本におけ

（『歴史評論』五一九、一九九三年七月）

る自主的・内的到達点と異文化の交差・接合の問題として、歴史動因を複眼的にとらえようとする姿勢があったように思う。だが、代議制はなお、民権運動の要求があったとはいえ、西欧的制度の上からの移植というイメージが支配的であった。藪田氏が本書で掲示した「前期的」ないし「本来的」代議制論は、その意味で、日本における前近代と近代の架橋に新生面を切り開いたといえよう。

やや意外であったのは、訴願闘争としての国訴だけではなく、百姓一揆にも委任関係＝代議制的要素を読み込んでいる点である。意外だという受けとめ方は、藪田氏も指摘するように、私もまた一揆がもつ暴力性に目を奪われていたからにほかならないが、これまでの、一揆指導者の人格的範疇論などとは異質な側面からの切り込みに、意表を突かれた思いがあったからである。それはともかく、藪田氏はまぎれもなく、一揆の組織原理に新しい要素を見いだしたのであった。得物論もまた、たんに一揆実力の特質論にとどまらず、刀狩令・惣無事令が生みだした近世的秩序との関係、明治期の新政反対一揆における転換など、時代的特徴が明確に把握されており、百姓一揆がもつ「竹槍蓆旗」イメージの否定も明快である。

委任関係＝代議制的要素を通じて、近世と近代に橋を架けたのみならず、異質な形態である国訴と百姓一揆の架橋をもめざし、得物論では中世と近代を射程にいれるなど、総じて、民衆運動を主題に、時代を縦横に論じる意欲が感じられる著書であった。藪田氏は、地域経済論や支配国論など、畿内を対象にした論稿を別にもつが、一読者の立場からいえば、これらを一書に編むことで、時代の縦横だけではなく、地域論としての深みも、さらに得られたのではないかと、残念な思いをもつ。

大筋のイメージが強烈なだけに、無いものねだりをし、細部をあげつらうのも気がひけるが、書評の責務として、いくつかの留意点を如何に記しておきたい。ただ藪田氏の旧稿に対し、かつて地域論や運動組織論として異見を述べたことがあるので(「地域主義と国家」歴史学研究六一〇、「国訴の論理と運動構造」『日本史研究』三三七)、ここでは、それ以外の論点に限定しておく。

第一。藪田氏は、国訴を一揆系列とする佐々木潤之介のシェーマを継承しつつも、国訴に「階級闘争としての独自の位置づけ」がないと批判し、国訴と一揆の委任関係の質的差異から、その課題に迫ろうとしている。その趣旨は理解できるが、民衆運動全体を見通すためには、各地・各集団によって展開した訴願運動も射程にいれてほしかった。その理由の一つは、権力に対する運動として、国訴や一揆よりも、量的には諸種の訴願の方が幅広く底辺を形づくるが、これまでの民衆運動論では、ほとんどその性格が議論されていないからである。二つは、近世の各地に国訴・惣代庄屋型(β型—村役人型委任関係)の普遍化を試みようとしているが(三四〇頁)、β型が地域的に限定され、国訴を畿内に特有の小ブル的運動とする以上、これは論理と対象の飛躍である。国訴や惣代庄屋ほど恒常的ではないが、一般訴願のもつβ型とγ型(個人的委任関係)から幅広く歴史的前提を検出する方法もありえたように思う。

第二。地域管理秩序に権力が深く関与する関東や出羽村山などの体制を第一類型、仲間団体的性格の強い摂河泉を第二類型とするが、このほかにもうひとつ設定されているのが、「構想された地域秩序」としての世直し一揆である。だが、これと前二類型との関係がわかりにくい。世直し一揆的地域秩序は、この二類型の内部に胚胎してくるのか、それとも別なのか。右の分別でいえば、世直し一揆は第一類型の地域に集中したといえそうだが、地域管理体制の類型的特質と世直し一揆との関係が論理的にみえてこないのである。

第三。藪田氏は畿内の郡中議定に、強い排他性と階層性を読みとる。だがそれは、地域内部の異質な存在に対する排除意識などではなく、地域外的存在に、より強く向けられている点を見落としてはならない。たとえば、あげられた髪結・大工の、外部的存在(大坂三郷の床仲間、中井役所または摂津十組問屋)による支配関与の否定であり、座頭もまた「当国之盲人」ではなく「他国盲人入交廻在」の拒否であった(三三七頁)。彼らが地域外の職能的団体や集団と結びつき、その外延を拡大することへの拒否であった。諸身分を含み込む地域の共同性は、決して破綻したわけではない。この点への留保がないと、地域がもつホスピタリティは容易に評価の対象にはいらず、地域社会もまた農民エゴに満ちたイメージしか生み出さないように思える。

第四。同じく階層性の根拠とされる奉公人や日雇の労働規制は、はたして彼らの「高給貪り」のみによる矛盾の発生であろうか。「貪り」のようにみえる現象の一方には、高給を条件とする雇主が存在する。賃金抑制への集団的根拠は、たしかに階層的矛盾の顕現だが、同時に経営者間競争の激化も想定されるべきであろう。「繰り返し制定」される賃金抑制に効果がないのは、「貪り」の圧力とともに、雇用をめぐる雇主間競争の拡大が存在するからである。それを階層矛盾のみに還元しては、国内市場形成過程とパラレルな地域社会の変動を、一面的な把握にとどめてしまう。郡中議定がもつ共同幻想性は、異身分・異職分的存在との対峙だけではなく、農民＝小生産者それ自体の横の関係によっても深められるのではないか。

第五。国訴の初期段階は地域性原理が村落結合の主体だが、文政六年国訴を画期に領主性原理が中核となり、幕領惣代が運動の中心をになう一方、地域性原理も併存するという。このあたりの論理展開は釈然としないが、いまは久留島氏の批判(『歴史評論』四九九号)に譲り、別な論点をあげておこう。藪田氏は、幕領主導の要因として、幕領惣代組織の恒常性をあげ(八二頁)、その主導性にともなう「配慮」(一三三頁)から、国訴経費の幕領負担率が高いと指摘する。現象からみればそうもいえるが、主導性がなぜ負担の配慮になるのか。経費配分率が運動ごとに揺れ動き、慶応国訴では高割に一元化されたことなど、むしろ参加村間における対立が想定できるのではないか。その対立が運動のヘゲモニー(主導権)と無縁だという根拠はなく、ヘゲモニー獲得と組織拡大の拮抗が先の「配慮」を生んだ可能性も否定しきれない。じっさい、分裂の要素を内包した文政国訴(九六頁)以降、負担率の変動が激しい(一二九頁以下)。負担をめぐる「協議」に「配慮」や「負担の公平化」だけを読みとると、民衆運動を過度に理想化しかねないように思う。

第六。百姓一揆に内在する代議制とは、あげられた事例によるかぎり、直接行動へ転換する以前の越訴の段階までである。代議制と直接行動は互換性・流動性をもつというが、選択の問題からいえば、強訴は代議制の否定のうえに成り立つとの見方も可能である。広範な強訴の存在は、民衆的要求における代議制の限界を示すともいえる。強訴への飛躍(代議制の否定)の契機の一つとして藪田氏は、暴力闘争が獲得する成果への経験則をあげるが(二二八頁)、ならば近代における委任関係の成熟は、逆に暴力的方法の限界の問題としてもとらえられる必要があろう。大正期の騒擾は得物原則を保持したとするが(二二九頁)、近世一揆にくらべ、暴力的方法はかなり限定された課題と局面でしか発揮されてないように思える。「日本における代議制の途」(二三九頁)は、はたして民権家等の「制度信仰」によって定着したのか。得物原則で一揆的伝統を語るだけでは、民衆自身による代議制否定の否定という方向や、民衆運動内部における代議制と直接行動の相克、一揆的要求を支える前提条件の変化などは、十分にみえてこないのではないか。

もはや与えられた紙数もつきた。文意をつくしきれず、残された論点もまだあるが、ひとまず以上としたい。批判がましき論点は自分の課題でもある。本書から多くのことを学べたことに感謝し、この書評が的外れでないことを祈りたい。

(『日本歴史』五四三、一九九三年八月)

久留島浩　書評『国訴と百姓一揆の研究』

1

ある大学の教師が学生に「先生は学生のとき運動は何をしていらっしゃったんですか」と問われ、「学生運動を少々」と答えたところ、この教師は何を言ってるのだろうという顔をされたという。もちろん、言った本人は軽いジョークの積りだったのだが、これがもうジョークにならなくなってずいぶん久しい。いささか不謹慎だが、本書を読んでまず頭に浮かんだのはこういうものだった。本書は、一九八〇年代に藪田氏が精力的に行ってきた国訴と百姓一揆についての研究をまとめたものであるが、氏自身の現状認識が序章の書出部分で吐露され、一貫して本書の底辺を流れているように思われたので、こういう感想を抱いたのである。そこには、変動する国内外の状況のなかで、自分たちで何か具体的な行動を起こそうとか、何かじっとしてはいられないという気持ちの昂ぶりが、多くのひとびとにとっては共通のものにならないといった藪田氏の苛立ちを見ることができる。しかも、それは、「最近の若い者は…」といった年寄りじみた感想ではなく、自分たちの世代を含めてそうなのだという認識と重なったとき、一方では無力感に、他方で、ではお前は何をしてきたのか、何をしようとしているのかという問いに即答できない私自身の焦燥感とも深く関わるものなのである。

このようなたわいもない話から始めることの意味は、「世直し状況論」研究の最盛期に研究を始めた私自身が、そのときの「変革主体」という考え方、就中私も含めて多くの人々がそれぞれの条件のもと、多様なかたちで「変革主体」になりうるとしたらどのような筋道がありうるのか、という点の解明が必要なのではないかということに、いまだにこだわり続けているからにほかならない。無論、変革的民衆＝前衛的＝指導的＝ポジティブ（矢印）受容的＝保身的＝ネガティブという単純な二項対立図式が通用するはずもないし、「運動論」や「運動のための組織論」そのものについての再検討も不可欠である。さらに、どこに自分たちの変革の基盤を置くのかについても再考が必要で、実はもし「地域史研究」や「地域社会」の歴史的考察が活きるとすれば、この点にこそあると思われるのである。その意味では氏の仕事に刺激を受けつつも、本書での氏の重要な論点であるはずの「空間（地域）論的視点」（二三頁）や近世から近代への移行期における「地域社会」の運営方式、「地域社会」と「民衆」との関係、総じて氏が提示する「地域社会」像については疑問を禁じえない。

2

とは言え、私自身は、氏の研究から触発されたことは少なくない。とくに、幕領の組合村―惣代庄屋研究が持つ意味を自分なりに位置付け直すきっかけになった。また、近世から近代への移行過程についての研究の意味付けや方向性について、とくに日本史研究会の近代史研究者に与えた影響は大きい。忘れかけられていた明治〇年代の研究の意義を再認識させたと言ってもよい（これは奥村弘氏らに積極的・発展的に継承されたことによるものではあるが…）。少なくとも、①近世から近代への移行の問題を社会の質の問題にまでおろして考えようとしたこと、②しかも近世後期の「地域社会」が獲得していた自主的・自律的な運営体制が、近代の「地域社会」に継承されていくという方向性を示したこと、③「階級闘争」という観点から自由に、「民衆運動それ自体の固有な分析」を行おうとし、国訴を百姓一揆というこれまでの研究史では十分に統一して捉えられなかった近世の民衆運動の到達点を解明しようとしたこと、など氏の提起それ自体は重要な意味を持つと思われる。また、前篇第三章のように国訴の具体的な経費とその割り方について新たに書き加えたところも貴重な成果である。

本書については、すでに神山知徳氏（『論集きんせい』一五号、一九九三年五月）、渡辺尚志氏（『歴史評論』五一九号、一九九三年七月）、平川新氏（『日本歴史』五四三号、一九九三年八月）の書評がある。また、私自身も「近世後期の『地域社会』の歴史的性格について」（『歴史評論』四九九号、一九九一年）のなかで、限定された観点からではあるが、氏の「地域社会」の理解の仕方についてわずかな批判を行ったことがある。とくに前三者の書評は、それぞれ独自の観点からの多岐にわたる批判であり、もはやつけ加える点はないようにも見える。しかし、ここでは重複をおそれず、私なりの観点から論じてみたい。

3

本来ならば本書の構成に沿って内容を紹介する必要があるが、構成を示すにとどめ（各章については渡辺・神山氏の箇にして要をえた整理を参照されたい）、本書にまとめるに際して藪田氏自身が自己評価された部分を中心に、氏の中心的なモチーフについて述べておきたい。構成は、以下のとおりである。

氏の中心的なモチーフは、「近世の民衆運動を階級闘争史の一分野としてではなく、『民衆運動それ自体の固有な分析』として描」(一九頁)くことにある。しかも、この民衆運動をとらえる視点を「日常的な生活意識に即して捉えようとする態度」(柴田三千雄氏)や「日常性と並んで『集合心性』や『結合』概念を民衆運動史研究のあらたな理論的起点として重視」(二宮宏之の方法)する態度に学ぼうとする。そして、「民衆運動の『民衆運動』たる所以はなにか」(二〇頁)と問うことから始め、「多数派の形成と、そのうえでの実力の展開」であろうとする。具体的には、前篇で国訴、後篇で百姓一揆を扱うが、A「多数派の形成」、B「運動と制度」、C「実力」という大きく三つのそれぞれ深く結びついた論点をかかげる。まずAでは、「領主支配関係を越えて村々が連合する『地域性原理』」が国訴の組織過程で重要な意味を有したこと、それを国訴に要した費用の内容や負担方法の分析から確認しようとしたこと、さらにこうした「地域性原理」が「郡中議定」に象徴されるような支配関係をも越えた「地域」運営によって支えられていること、が重要であるとする。そのうえで、氏は「国訴という非日常的運動」を「郡中議定という日常的な地域秩序とリンク」させて「両者の志向する地域秩序や地域構想の検討を通じて、国訴そのものの評価」を変えようとした。そして、氏は村役人層によって担われた地域的結合や郡中議定に注目することで、「空間(地域)論的視点」を「大きく打ち出し」たと自己評価する(二三頁)。

Bについて氏は、惣代頼み証文の発見と検討によって「多数派のなかに生まれる委任関係」(二四頁)に注目し、「国訴や一揆の場において形成される惣代制を、代議制として捉えようとする」(二五頁)。その際、「運動のなかの代議制」「運動としての代議制」から制度としての代議制へという視点をとって、運動と制度との関りを重視する。その結果「明治維新後輸入された議会制論に日本的内実を与え」(二六頁)たものとして、多数派形成の過程で民衆が獲得した惣代制を高く評価する。ここでの氏の方法の特徴は、国訴も一揆もともに、「民衆運動が多数派形成のうえで必然的にもった委任関係」(三二九頁)という観点から共通に論ずることができるとする点である。このうち国訴は、「村役人への団体委任」(三三〇頁、これをα型の委任関係とする)を前提として積み上げていく方式であり、本質は「村役人間の委任関係」(三三〇頁、β型の委任関係)であるとする。また、一揆は、「村のなかの成員同志の間から発生する委任関係」(三三一頁、γ型の委任関係)で、「村役人を頂点とする日常的な村落秩序」を「暴力的または党派的契機」(同前)によって乗り越えていくものであるとする。前者は合法的、後者は非合法的であるという図式を批判しつつ、前者の安定的な「地域の意志」と後者の「地域社会の共同幻想」(三三四頁)との差異にも留意するが、一貫して「委任関係」に注目して統一的に捉えようとするのである。

Cの「実力」とは、この多数派形成をふまえて行われるものであるとするが、ここでの氏の成果は一揆の得物に注目したこと、さらに百姓一揆＝竹槍蓆旗像が自由民権期に民権家達によって「創出され」たことの持つ意味を考えさせたことである。

4

以上、氏自身の自己評価を中心に、本書から私が注目した点について簡単にまとめた。以下、若干の批判を試みてみたい。

〔民衆の日常性を本当に評価しているか〕

まず、本書での方法的な特徴でもある、氏の「(運動)組織論」についてである。氏は国訴の二つの組織原理として「領主制原理」と「地域性原理」をあげる。前者は、惣代庄屋―幕領組合村と惣代庄屋―私領村々で典型的にみられ、日常的には領主支配を地域的に支えるものである。氏自身が明示しているわけではないが、その本質は中間支配機構であり、「支配部分の経費が村入用を圧迫する」(三二四頁)というイメージを持っているようである。後者は、郡中惣代―郡中寄合というかたちで、領主支配の単位を越えた一国、一郡レベルでの地域的なまとまりに見い出せる地域運営の原理レベルであり、勧化や諸宗教者、浪人などの廻在者への集団的対応として、一八世紀後半以降、畿内や出羽村山地方で典型的に発見できるとする。これは「みずからの共通する利害関係の一致という合意」(三二四頁)に基づくもので、その共通経費の分担方法を含めて氏が「近代化過程の特徴を占う一概念」である「民費協議制」として高く評価するものである。次に氏は「公儀との依存関係」を有していることがあるという限界があるものの、郡中議定や国訴など「地域性原理」からつくりあげられていく「地域管理制」(三二一頁)「地域秩序」を「第二類型」として位置付ける。これに対して、関東の改革組合村に代表されるような、幕藩権力からの地域的再編の結果生まれた「地域管理制」を「第一類型」とする。「第一類型」は「国家支配の側面」が、「第二類型」は「村の仲間団体的性格」が強いが、それは近世の村が有していた二つの側面である「上意下達的な構造と仲間団体的性格」(三二七頁)に対応するのだとする。そして、この二つの類型のほかに「構想された地域秩序」が想定できる(「構想された」もので現実のものではないが、とりあえず第三類型とする)とする。これは「底辺民衆の反乱、すなわち世直し一揆」(三三七頁)のなかで「イメージ」された「安穏で穀物ゆたかな共同性の(地域)世界」である。

こうして、「領主制原理」「地域性原理」という二つの原則と三つの「地域」類型が設定されることになるのだが、まずこれらの相互関係がわかりにくく、論理序列を考えて図式化するのは難しい。とくに、二つの原理の論理的関係が不明で、文政六年の国訴を境に「地域性原理」から「領主制原理」への国訴の組織原理が大きく変化したという指摘は繰り返し行われていて、ここが大きな画期であるはずなのに、なぜそうなのかについての説明はまったくない。また国訴の前提に「地域性原理」があったという評価と「国訴という民衆運動を通じて、村々を起点に郡・国という歴史的領域が形成されていったともいえる」(八二頁)という評価とは矛盾しているが、これについても説明がない。わずかに、郡中惣代＝地域別惣代の登場する程度は郡によって大きな差があることをあげ、郡や国による地域差を問題にしようとしているが、これとても「比較的大きな私領の存在する丹北・丹南郡ではほとんど見かけない」(九〇頁)とか、「日常不断に働く領主制原理の影響力の強さゆえであろうか」という指摘にとどまる。そもそも「領主制原理」と「地域性原理」という二項対立的な図式の設定に問題があると考えるが、さらに問題なのは、「地域性原理」についてはていねいに論証しようとするのに対して、「領主制原理」とは何かがまったく説明されないことである。「領主の支配」の実態などこれまでの近世史研究の成果で明らかだとでも言うのかもしれないが、氏がわずかに示すように、非領国地帯であっても、分散・錯綜性の度合いによって領主制原理の強弱があるのだとすれば、この点の解明がまず不可欠なのではないか。

また、私には、「領主制原理」の発見が幕領の組合村であったことへのこだわりがなさすぎるように思われる。実は、「地域性原理」も畿内や出羽村山の幕領組合村の存在抜きには成り立たなかったのである。さらに氏は、「地域性原理」の言わば延長線上に形成された「民費協議制」—地域的入用を「近代化過程を占う一概念」として高く評価するが、何故そうなのかについての説明はない。そもそも地域的入用そのものの分析が欠如している。

畿内の幕領についての地域的入用である郡中入用・組合村入用などは、あらためて言うまでもなく、幕領の日常的な運営の問題としてこれまで検討されてきたものである。こうした地域的入用のそもそもの「出所」である幕領での郡中入用・組合村入用の再検討(分析を深めること)が不可欠である。摂河泉に関して言えば、前田美佐子氏の分析が大変貴重な成果であったはずであるが(「摂河泉幕領における郡中惣代制について」『ヒストリア』一〇七号)、この成果が十分に生かされているとはいえない。ここで注目すべきは、前田氏が分析した数年間の日常的な支出のなかで、年貢減免の歎願当訴関係費用、惣代間の連絡経費用の占める比重が高いことである。しかも、他の代官所管下の幕領と連携して闘争を組織しようとさえしている。幕領の惣代庄屋らは、日常的にはそれぞれの代官所管下単位(「郡中」)に、陣屋運営費などの徴収や代官所役人の接待、年貢米・金の差し立て、「御八分割」に関する職務を遂行するほか、歎願闘争を行うという「惣代としての機能」を果たしていたのである。

摂河泉の幕領(二六万石余)は七—八人の代官所の管轄地に分れていたが、この摂河泉の幕領全体を「御八分」(あるいは「御七分」)と呼び、全体としてひとまとまりを形成していたため、その日常的運営費用が「御八分割」というかたちの入用になっていた。ここでは、「御八分割」—「郡中割」=(個々の代官所管下全体)—組合割という重層構造になっていたのである。個々の代官所管下は広域にわたって分散して設定され、しかもその管轄地はしばしば変更されたり(最寄替え)、幕領などに移管されたり(支配替え)した。それにもかかわらず「御八分」という全体としてのまとまりや個々の代官所管下ごとの幕領のまとまりは機能し続けた。その日常的機能を反映したそれぞれのレベルでの「入用」も存在し続けたのである。極端な言い方をすれば、昨日までは他の代官所管轄下や藩領だった村と今日は組合村を形成し、明日からは連絡をとりあったり、相談しあいながら組合村の運営、さらには郡中(個々の代官所支配下全体)の運営を行っていくのである。藪田氏は、このような、変化にも即応しながら広域に展開する日常的な結合関係をなぜもっと正当に位置づけしないのだろうか。

かつて氏は「摂河支配国」論のなかで、こうした広域支配の問題、就中畿内あるいは摂河といった国のまとまりと法的支配との関係に注目して積極的で貴重な論点を提起したことがある(「『摂河支配国』論」『近世大坂地域の史的分析』)。この支配国と畿内に散在する幕領との関係をふまえたうえで、はじめて地域論としての畿内論が成り立つものと思われる。この点、岩城卓二氏の用達研究などからもうかがうことができるような、畿内の幕領の支配の特質は何かについての検討が切に求められる(「上方八ヶ国幕領支配について」『日本文化論集』所収、「大坂町奉行所と用達」『日本史研究』三五五など)。幕領の組合村論からスケールの大きな全国的な地域論にまで展開させようとする氏の努力には最大の敬意を表する。しかし、「代議制」の発見がやはり幕領であることともかかわって、氏の幕領理解の不十分さが、逆に氏の論理全体のアキレス腱となってしまったことは、たいへん残念である。

また、氏の「組合村」理解にも疑問がある。組合村は「村の組合せ」ではなく、村が「結合」「連合」することに意味があり、その点で水本邦彦氏の「村連合」論は的を得ていたのだが(『近世の村社会と国家』)、不思議なことに藪田氏はこの点は無視している。結合の契機や共通の利害は変化するし、運営方法も主体も変化するのである。したがって、その歴史的変遷をていねいに追うことから始めざるをえない。上からの編成による組合村だとしても、ではなぜ民衆が唯々諾々として従うように見えるのかと問わねばならない。実は、一見そう見えても、民衆は、その枠組みのなかではあるが変革していこうとするのではないか。その意味では、常に目的意識的ではなくとも、枠組みそのものの位置付けを捉え返すべく運動を進めているのだという視点が必要ではないか。そのためにも、組合村内部の日常的な運営の在り方について、変化も含めて検討することこそが不可欠なのである。この点で、氏の関東の改革組合村への評価は一面的ではないか。改革組合村が幕府によって上から設定され、中心的な担い手が豪農層であったとしても、組合村騒動などを経てその運営が下から改革されていく側面もあることにもっと注意を払う必要がある。また、生命・財産の安全が領主の力だけでは守れないことが明らかになったとき、豪農も含めて民衆的な安全保障の方策の必要性が自覚されるのである。それゆえに、改革組合村は明治初年になってもその機能を継承させるのではなかったか。

氏が「領主制原理」よりも「地域性原理」を、「第一類型」よりも「第二類型」を、さらには「第三類型」を高く位置付けようとすることに異義を唱えるものではない。しかし、民衆の「日常性」を重視して民衆運動を検討するはずの氏にとって、「領主制原理」の持つ日常的な側面が逆に考慮の対象外に追いやられてしまうのはなぜなのだろうか。私には、徹底して日常性のなかから変革性を発見する、あるいは変革性を育てていく努力こそが不可欠だと思われるのだが。

〔運動と制度の捉え方は正しいか〕

第二に、氏のもう一つの大きな柱である「委任関係」あるいは「代議制の前期的形態」とされる点についてである。これについては、先に述べたように氏はα、β、γの三つの委任関係を設定する。氏が小前百姓を起点とする、村を超えた委任関係γに思い入れをしていることは間違いないと思うし、私自身もそのような道筋の発見は重要であると考える。にも拘わらず、氏がこの事例としてあげるのは、文化一〇年の美作久米南条・北条郡江戸越訴と伊那谷の一揆頭取米川伴助の場合の二例のみである。このうち後者は、惣代の「個人的性格」によるところが大きいとされるだけで、肝心の委任関係の質については検討されていない。これに対して前者の経緯はこうである。文化一〇年、小田原藩の飛地領村々五二ケ村(美作の久米北条・久米南条・勝北郡に散在)が収公され、大坂鈴木町の代官重田又兵衛の当分預りにされたことに端を発する。大坂の代官による支配ということで、旧小田原藩による支配同様西川(現久米郡旭町)に出張陣屋を置いてほしいとする旧大庄屋グループと、大坂の代官所の「直支配」を願う久米北条郡宮下上村など一七ケ村の村役人たちとの対立から、争論になった。「直支配」を願うグループからは、惣代が「村中百姓一同」たちの支持をえて江戸へ出訴し、粘り強く歎願闘争を行って、結果的には勝利をおさめる。藪田氏は、この過程で「一揆惣代と村々のメンバーの間の委任関係の誓約ぶりがよく示されている」(三三一頁)と高く評価する。氏の論理の構成から言って、重視されるべきγ型の委任関係が具体的によくわかるはずの唯一の事例である。たしかに氏は、注意深くγ型の委任関係は「運動の真っ只中でしか成立しない」(三三二頁)のような性格であるともされている。しかし、この一件は一貫して村役人たちのリーダーシップのもとでとられた村単位の行動であり、むしろα・β型の委任関係にもとづいた運動なのである。また、争点のなかで明らかになっているように、彼らの意図は、せっかく幕領になるのだから、かつての陣屋元の権威的な大庄屋支配体制をやめて近隣の幕領同様組合村―惣代庄屋制に変え、郡中入用の軽減、代官所「御用」事務の合理化(「御用」の郡中請けによって)を図ろうとすることにあった。このことにこそ注目すべきなのである。また、結果的に、美作の他の幕領同様組合村―惣代庄屋制がとられるようになっており、二人の惣代のうちの少なくとも桑下村貞助は、幕末には生野代官所管下美作領の惣代庄屋となっていることが確認できる。ここでは、γ型ではなく、むしろ良質のα型やβ型の運動→制度という道筋が検出できる。

次に、惣代制は負担軽減の問題とも深く関わるという点である。この点で、国訴の惣代頼み証文のなかの「他領之人へ相頼候へハ入用高無覚束」という論理や、「一領ニ一人ニ而ハ入用多ク候得共、無心置」いから「一領」ごとに惣代を頼む方がよいとする論理は興味深い。前者では、他領の惣代に頼むと費用がどのくらいかかるか覚束ないと言い、後者では領主支配のまとまりごとに惣代を出すと訴願闘争に参加した組織全体の費用は多くなるが、安心できるという。一見すると矛盾するかのようにも見えるが、氏の言う「領主制原理」に基づく惣代の方が安心だというわけである。また、全体の費用は増えても、個別の領主支配単位では軽減できるという認識がある。氏は、地域惣代の選出の方に経費節減の趣旨を読み取ろうとし、この論理(「領主制原理」に基づいた論理)を越え、この「境界をこえ、どこの馬の骨か分からぬ人間に訴願惣代を委任することは、まったく新しい人間関係の形成を意味」する(九〇頁)とする。しかし、領主支配ごとに惣代を選出するという論理がなぜだめなのか、それを越える契機は何だったのかについての説明は、実はない。ここにも、先述したように「領主制原理」＝悪、「地域性原理」＝善という二極対立的な図式化の持つ問題が露呈している。「負担軽減の論理が、直接行動ではなく惣代制をとらせた」(九六頁)とし、それが「国訴闘争の蓄積と経験に支えられた歴史的な選択」だと評価することは正しい。国訴という運動自体、そこに参加する民衆の主体的力量を高めるのだという観点もたいへん重要である。しかし、その一方で、「領主制原理」に基づく入用のなかに「支配関係」の費用が多く転嫁されることは事実だが、そうした費用を民衆が負担することの意味をどう考えるか。私は、実質的には地方税まで継承されるような種類(たとえば幕領の郡中入用・組合村入用)の支出が、一八世紀後半以降、支出項目や額を限定しながら、農民負担のなかに位置付けられていくのではないかと考えている。陣屋行政の実質的な請負、代行が持つことの意味を領主制の側からだけでなく、村々の側から見たらどうなるだろうか。幕領の組合村では惣代庄屋たちが「領主制原理」のもとで日常的に陣屋行政の代行を行ったり、さらに金銭的に請負を行う用達の監督をしてきた。そのための費用については、惣代庄屋らが支出責任者であったのだから、先にのべたように「領主制原理」に基づいた惣代庄屋に惣代を託す論理は否定されにくかったわけである。「地域性原理」の持つ意味が近代の地域社会との関係で重要であるとしても、民衆のなかから同一領主支配単位の惣代に期待をかけることの持つ意味について、歴史的に解明する必要があるのではないか。

最後に、国訴の「出訴費用を高割、村割で折半し、全村に割賦するという負担方式」(九一頁)が「平等性」を示す根拠とされている点については、すでに渡辺尚志氏が批判されたことでもあるが、平等かどうかという観点からだけでなく、石高負担そのものの持つ意味についてもう少し考えてみてもよいのではないか。菅原憲二氏によれば、村入用のなかで、棟役(家掛り)が共同体的なものや村方の人足などの費用負担であるのに対し、持高割り(高掛り)は、A領主夫役の貨幣化したもの、B年貢納入関係の入用、C狭義の村入用のうち、どちらかといえば、「村役人出張経費、回状飛脚賃、村政諸経費」などに関わるようなものが中心であった(「近世村落と村入用」『日本史研究』一九九)。いわば、村の公的、政治的な役割への負担は高掛りであったととらえることができる。また、岩城氏が出作高の持つ歴史的意味についての研究のなかで「国家的基準にもとづいた高の秩序」が村社会に入りこんでいるという指摘をしていることもこれと関わる(「近世村落における出作百姓の役割」『地域史研究』二一―三)。そして、何よりも、地域的な行政関係費用がかなりの比重を占めている幕領の郡中入用・組合村入用などはすべて高割りである。高割りの持つ意味についてさらに検討することが求められているのではないか。

以上、氏の意欲的な問題提起に対して雑駁な感想と無いものねだりに終始してしまった。また、本書の後半では氏は、百姓一揆勢の携行品(得物・鳴物・打物)分析をふまえて、明治以降百姓一揆＝「竹槍蓆旗」観が成立することの歴史的意味を問うているのだが、ここではとりあげることができなかった。氏および読者の寛恕を乞う次第である。ここで述べた多くは私自身にとっても今後の課題であることは十分に承知している。

(『日本史研究』三八一、一九九四年五月)

あとがき

本書を書いていた一九九〇年三月二〇日、本日をもってこの大学を卒業をするという日に私のゼミ生たちが、英語版の立派な地球儀を贈ってくれた。感謝のしるしとして何か贈りたいが、という彼女たちの申し出にこたえた私の希望を容れてのプレゼントであった。一一年に及ぶ、私の京都橘女子大学時代最後の春のことである。

ところがそれから半年あまりのうちに東・西ドイツが一つになり、翌年にはソビエト連邦が解体。地球上の社会主義国のスペースが、うんと小さくなってしまい、いまやその立派な地球儀も半身不随である。それほどに世界は、短期間のうちに大きく変わってしまった。これまでに書いてきたものを取り纏めて、一書にしようと着手しはじめた頃には、今日の事態は予想だにできなかった。

一九八六年五月、早稲田大学を会場に歴史学研究会大会が開かれた折り、新緑のしたたる銀杏の樹の下で山田晃弘氏から、「これまでの仕事をまとめてみませんか」と声をかけられたのが、本書の生まれるきっかけであった。思いがけない言葉に感動し、そうしてどうにか辿りついたのが本書である。その時から数えれば、六年の歳月を要したことになる。くわえてこの間の、世界の変わりよう。歴史学を学んでいて本当によかったと文句なく思ったが、その反面、日々送られてくる民族や民衆の動きを伝える情報と映像に眼と耳は奪われ、筆はいっこうに進まない。書き表わそうとする民衆運動と、現実に起こる民衆運動。優劣の差は蔽いようがないが、最後はやはり自分を信じるほかない。そう覚悟を決めて、どうにか「あとがき」に到着した。

いまは、全力挙げて書き上げたこの小さな本を、静かに〝船出〟させてやりたいと思う。

さて私は、一九六七年に大阪大学に入学して、はじめて歴史学を学んだ。その手ほどきはまず井上薫先生に付けていただいたが、ひきつづき時野谷勝、梅溪昇、黒田俊雄、脇田修の諸先生から教えをうけた。だが大学は「学園紛争」の真っ只中。ほとんどドサクサに紛れて卒業したというのが、正直なところである。なにしろ反対派に殴られて負傷(それ以来、私は「暴力」にこだわっている!)、救急車で運ばれて入院していた病室で、見舞いにこられた脇田氏とあったのが最初の出会いであった。しかもそれが脇田先生であるとは、まったく知らなかったのである。そんな奇妙な出会いであったが、その後、先生にはみっちり仕込まれた。論文の書き方を教え、藤田五郎や堀江英一の偉大さを語り、また批判されても決して引き下がるなといって、歴史学研究会の大会発表にひとり私を送り出したのも先生である。そして佐々木潤之介氏の傍で学ぶ機会を作ってくださったのも、先生である。それ以来私は、佐々木潤之介氏を研究目標として、これまで勉強してきた。その一端は、本書にも現れているはずである。

また一九七九年より、京都橘女子大学で研究をつづけることができたのも、先生との縁があってのことである。そこで脇田晴子・田端泰子の両氏に出会ったが、一緒に机を並べている間に、脇田氏は『日本中世都市論』を、田端氏は『中世村落の構造と領主制』をそれぞれ著わされ、また共同で「総合女性史研究会」を推進された。その成果は『日本女性史』、『日本女性生活史』、『日本中世の女性』などとして結実しているが、そのお二人を身近にみて、自分もかならず一書をものにしようと心に誓った。遅れ馳せながらもその誓いは守られたようで、本書に収めた旧稿のうち、もっとも早い「得物・鳴物・打物」(後篇第一章)をはじめとして、ほとんどすべてが同校在任中の論文である。

一九八八年の四月から半年間、自由な研修の機会を与えられたが、実り多く、また思い出ぶかい半年であった。ひとつだけ思い出を記せば、岐阜県吉城郡国府町に調査に入った折、大原騒動で江戸惣代の一人となった山本村彦兵衛に宛てた「頼み証文」を同町郷土館で見つけた。ところが帰ってみればその彦兵衛が、〃少年少女人物日本の歴史〃二一『農民一揆』(小学館)のなかに出てくるのである(六六頁)。わずかワンシーンだが、「首がとぶのはかくごのうえだ」との吹き出しが付いている。マンガとはいえ、これまで古文書を読むなかで実に多数の民衆の名前を何気なく見てきながら、顔まで浮かんだ古文書はこれだけである。そこで写真にして収めたかったが果たせず、国訴の初見文書と梅村騒動の竹槍、「おすわり請け合い」幟の三点を収めた。竹槍も幟も、研修調査の成果である。

それらの意味で本書は、私の橘女子大学時代の産物、記念碑である。余談になるがこの記念碑には、私の教え子たちが本書のなる二年半も前の八九年一一月、本書の出版祝賀会を開いてくれるという珍事のおまけまでついている。その時集まって、また手紙や電報で前祝いしてくれた人たちに、「おーい、いまできたぞー!」と大声で知らせたい思いでいっぱいである。

その後九〇年四月に、私は関西大学に移ったが、津田秀夫先生の後任であったのはなんとも奇縁である。津田先生のお仕事は、卒業論文を書くなかで必死になって読んだ。結果的に村方騒動を選ぶことになったが、四回生のはじめ、先生の書かれたものを読みながら、卒論のテーマを村方騒動か国訴かと迷っていたのである。したがって村方騒動から始め、ついに国訴に至ったというのが私の研究軌跡であるが、どちらにしても先生の掌の上を歩いていたことになる。それなのに先生を差し置いて、「国訴」を冠する最初の書物を私が出す巡り合わせになった。なんとも申し訳ない気がする。なお「こくそ」と読むか、「くにそ」と読むかについては判定できなかった。いまは津田説に倣って、「こくそ」と読んでおきたい。

序章にも書いたように本書は、ここ一〇年の間に書いたものがもとになっている。したがってそのうちのいくつかについてはすでに論及され、また批判も出されている。とくに前篇「国訴の研究」にその傾向が強く、一つの評価が定まりつつあるように思える。しかし本書は、あくまで国訴と百姓一揆を二つの原点にしてスタートしたものであるので、私からいえば前篇のひとり歩きである。この機会に、私の研究の初心が、本書を通じて理解されることを願う。

また後篇「百姓一揆の研究」の一つの柱となっている得物についても、一言注釈しておきたい。この問題に最初に着目したのは、序章でも記したように斎藤洋一氏と私である。したがってそれを彗星の発見にたとえるならば、「サイトウ・ヤブタ得物」論とするのがルールである。いま信州の地に腰を据えて被差別部落の研究に打ち込んでいる氏には、九〇年九月に初めてお会いして、こんな形で本書を出すことについて了解を得たことがある。斉藤氏のご配慮に、心から感謝したい。

思えば大学で歴史学に接してからこのかた、大阪歴史科学協議会・日本史研究会・大阪歴史学会・歴史科学協議会・歴史学研究会・民衆思想研究会など、いくつもの場で先学・後学を問わず、多くの人々の学恩を蒙ってきた。嬉しいかぎりである。また京都橘女子大学・関西大学をはじめ、私の拙い講義を聞いてくれた学生たちからも多くのことを学んだ。これからもこのような関係は続くだろうが、いまの世に、大学で歴史を教えることができて本当に幸せだと思う。だからこれからも一層、精進しよう。

本書を著わしてあらためて、地域史と民衆史のおもしろさがわかってきた。今後それに本格的に取り組んで、いつの日か、本書の姉妹編を作ることができればと思う。

最後に私事にわたるが、本書を作る過程で私は、新しい人生を歩むことにした。そんな私に時に苦言を呈しながら、今日までつねにあたたかく包んできてくれた母に、茨木のり子さんのつぎの詩の一節(「最上川岸」から)とともに本書を捧げたい。

農夫の息子よ
あなたがそれを望まないのなら
先祖伝来の藁仕事なんか　けとばすがいい

和菓子屋の長男よ
あなたがそれを望まないのなら
餡練るへらを空に投げろ

学者のあとつぎよ
あなたがそれを望まないのなら
ろくでもない蔵書の山なんぞ　叩き売れ

人間の仕事は一代かぎりのもの
伝統を受けつぎ　拡げる者は
　その息子とは限らない
　その娘とは限らない

一九九二年三月一日　誕生日を前に

藪田　貫

新版　あとがき

いまごろ、二十余年前の著書の新版をだすのはなぜか？　そう問われると答えに窮するが、再版を思い立った大きな理由は、旧版が古本市場で一万円を超えていると聞いてショックを受けたことにある(発売定価七五〇〇円)。実際、ネットで探して入手してみたが、価格は一万三千円であった。これでは誰も、買って読みはしないではないか？　そこで、出版から二十年余り経っているが、再版できないものだろうかと考え、まず浮かんだのはオンデマンドでの出版。出版元の校倉書房に打診したが、「その予定はないが、別の出版社で新版を出すことがあれば了解する」という返事であった。ならばーと日頃、お世話になっている清文堂出版に相談したところ、快諾され、一気に、新版の出版へと事が運んだ。

もうひとつ新版を出す機縁になったのは、関西大学の定年退職である。二〇一五年三月末をもって、二十五年間、勤めた関西大学を定年退職すると決めていたので、退職の記念に新版をだしてはどうか、と考えはじめた。というのも旧版は一九九〇年四月、関西大学に就職した頃に原稿ができ、二年後の一九九二年五月に上梓されている。その新版を、退職を機に出すのも悪くはない。本来なら、新著を出して退職を飾りたいが、この十年の間、とてもその余裕はなかったので、次善の策として新版を出そう！という気持ちが固まっていった。

しかし、旧版とまったく同じものを、出版社が代わっただけで、新版として出すのも気が引ける。どこに新味を出すか、何か書き下ろしを付けるか、それとも国訴の史料編を付け足すか、などアイデアは浮かんだが、その準備はまったくできていない。万策尽きたところで思い浮かんだのは、旧版に寄せられた書評を掲載するという苦肉の策である。幸いなことに、青木美智男・平川新・久留島浩・渡辺尚志といった錚々たる研究者が、批評を書いてくれている。読んでみると、どれもこれも真剣な批評を加えており、しかも共通した部分に批判が及んでいる。自分の思い描いた画像に、大きく修正が加えられているという印象を強く持った。しかも、そのひとつひとつの批判は、のちに旧版に与えられたやや定式化された評価とは異なって臨場感がたいへん強い。旧版がまだ「生きていた」二十年前の雰囲気を、書評は伝えている。

もちろん書評は、評者のものか、それとも著者のものか、といえば、通常、評者の作品として扱われることが多い。しかし原著がなければ、書評も生まれないわけで、その点では原著者の権利も認められるだろう。というわけで、評者のみなさんとそれぞれの掲載誌に了解を得て、補遺として書評を収めた(引用頁は新版に合わせた)。あわせて佐々木潤之介氏の大会批評を、それに加えたが、それには理由がある。

これまでの研究論文を元に、著書としてまとめる上で、最後の関門として準備したのが、一九八七年度日本史研究会大会近世史部会報告である。それに対し、尊敬する佐々木さんから大会報告批判として批評が寄せられた。今は亡き佐々木さんの「世直し状況」論を目標に研究をしてきたので、自分の考えていることが、それとどう違うのか、知りたいと思って読んだ記憶がある。再読してみて、佐々木さんの強烈な違和感、苛立ちがコメントに滲んでいることに驚く。「世界の中の日本」という問題意識、わたしたちの民主主義という自覚において共通項を持ちながらも、この苛立ちはなにを意味するか――それを認めることは、今後の研究の発展の上で大事な遺産となるであろう。

こうして新版『国訴と百姓一揆の研究』は、わたしの構想し、叙述した本編部分に、刊行前後に寄せられた批評からなる「補遺」が付くという形になった。わたしの研究がどういうものであるかはもちろん、当時、どう理解されたか、あるいはどこが評価され、どこが批判されたのかを読み取ると共に、それが、その後、定式化された研究史上の位置づけとどう異なるのかについて理解されるなら、二十余年ぶりに新版を出す意味があるといえるだろう。

とくに思うのは、本書を著した時、日本の若者はスポーツという運動しかしらなかったのに、新版を出す作業を続けている昨今、三・一一後の原子力発電所再稼働問題や安保法制をめぐって、デモという運動が若者たちの間でうねっているという現実の姿である。日本の若者たちの間に運動がよび戻されている——そのことに胸が熱くなる。新版の出版に対し、エールを送ってもらっている気がする。

なお新版にあたっては、より文意が通じるように一部、文を改めた箇所がある。また出版後に発表された関連文献を［補注］として入れ、参考文献については可能な範囲で最新の書名などを追記したが、故人になられた人の名前や史料の所蔵機関名などは当時のままである。

最後になるが、新版の出版を認めていただいた校倉書房の山田晃弘氏、ならびに新版出版・編集の労を執っていただいた清文堂出版前田博雄氏と松田良弘氏に衷心からの謝意を表したい。

たのしみは　そぞろ読みゆく　書のなかに　我とひとしき　人をみし時　（橘曙覧）

二〇一五年一〇月

藪田　貫

ふ

へ

ほ

ま

に

ね

の

は

ひ

ち

つ

て

と

な

す

せ

そ

た

お

か

索 引

1．本書(補遺を除く)のなかの歴史的用語，地名，人名，著書，著者名，史料名のうち重要なものを採り，50音順に配列し，掲載頁数を記した。なお一揆，百姓一揆，国訴，惣代は頻出するため省いた。
2．古文書，自治体史ならびに一揆関係の基本史料(『編年百姓一揆史料集成』など)は省略した。
3．地名は郷名以上とし，村名は採らなかった。また旧国名を付記した。
4．用語と著書名が同一名なときは，文献の方を括弧「　」で括った。

藪田 貫（やぶた ゆたか）

〈略　　歴〉
1948年　大阪府松原市に生まれる
兵庫県立歴史博物館長　関西大学名誉教授
博士（文学、大阪大学）

〈主　　著〉
『国訴と百姓一揆の研究』（校倉書房、1992年）
『女性史としての近世』（校倉書房、1996年）
『男と女の近世史』（青木書店、1998年）
『天保上知令騒動記』（清文堂史料叢書第100刊、1998年）
『民衆運動史　近世から近代へ』3「社会と秩序」（青木書店、2000年）
『近世の畿内と西国』（編著、清文堂出版、2002年）
『女のいない世の中なんて』（フォーラム・A、2003年）
『日本近世史の可能性』（校倉書房、2005年）
『近世大坂地域の史的研究』（清文堂出版、2005年）
『地域史の視点』（共編著、吉川弘文館、2006年）
『長崎聖堂祭酒日記』（共編著、関西大学出版部、2010年）
『武士の町　大坂―「天下の台所」の侍たち―』（中公新書、2010年）
『大坂西町奉行新見正路日記』（編著、清文堂史料叢書第119刊、2010年）
『EU と日本学―「あかねさす」国際交流―』（共編著、関西大学出版部、2012年）
『近世大坂と被差別民社会』（共編著、清文堂出版、2015年）

新版　国訴と百姓一揆の研究

2016年4月20日　初版発行

発行者　前田博雄
発行所　清文堂出版株式会社
〒542-0082　大阪市中央区島之内2-8-5
電話 06-6211-6265　FAX 06-6211-6492
ホームページ＝http://www.seibundo-pb.co.jp
メール＝seibundo@triton.ocn.ne.jp
振替00950-6-6238
印刷：亜細亜印刷株式会社　製本：渋谷文泉閣
ISBN978-4-7924-1047-6　C3021

帝国日本と地政学
―アジア・太平洋戦争期における地理学者の思想と実践―
柴田陽一
現実政治には不可欠の地政学。地政学史に始まり、京都帝国大学の小牧実繁、満洲国、南満洲鉄道の三系統の地政学を比較したもう一つの太平洋戦史。
九六〇〇円

東方正教の地域的展開と移行期の人間像
―北東北における時代変容意識―
山下須美礼
晴耕雨読に勤しんできた東北の給人たちが藩の崩壊の矢先、改革期ロシアの申し子ニコライと出会い、新たな人生の指針を得るに至る道程を活写する。
七八〇〇円

近世の建築・法令・社会
妻木宣嗣
西日本の寺院を主たる舞台に、施主・工匠といった「人」と規制法令の関係を基軸に、近世社会と建築の関係を照射する。
九四〇〇円

近世日本の対外関係と地域意識
吉村雅美
平戸における英蘭商館の記憶や辺境防衛組織としての「藩」意識の芽生え等、内在化した対外関係が地域社会にもたらした影響を考察する。
八七〇〇円

近世城下町の運営と町人
松﨑範子
熊本町奉行廃止後の熊本城下町の町人が、藩庁との直接の関係下で流通政策や都市政策、社会政策まで手がけるに至る成長過程を描出する。
九二〇〇円

価格は税別

清文堂
URL = http://seibundo-pb.co.jp E-MAIL = seibundo@triton.ocn.ne.jp